2000

CRUZAR EL UMBRAL

Comprender la energía
del nuevo milenio

Kryon
Libro VIII

LEE CARROLL

2000

CRUZAR EL UMBRAL

Comprender la energía
del nuevo milenio

Kryon
Libro VIII

EDICIONES OBELISCO

Si este libro le ha interesado y desea que le mantengamos informado de
nuestras publicaciones, escríbanos indicándonos qué temas son de su interés
(Astrología, Autoayuda, Ciencias Ocultas, Artes Marciales, Naturismo,
Espiritualidad, Tradición...) y gustosamente le complaceremos.

Puede consultar nuestro catálogo en www.edicionesobelisco.com

Colección Nueva Consciencia
KRYON VIII. CRUZAR EL UMBRAL
Lee Carroll

1ª edición: mayo de 2003
3ª edición: mayo de 2004

Tíulo original: *Kryon VIII. Passing the Marker.*

Traducción: *Montse Ribas*
Maquetación: *Marta Rovira*
Diseño de portada: *Julián García Sánchez*

Edita: Ediciones Obelisco S.L.
Pere IV, 78 (Edif. Pedro IV) 3ª planta 5ª puerta.
08005 Barcelona-España
Tel. 93 309 85 25 - Fax 93 309 85 23
E-mail: obelisco@edicionesobelisco.com

ISBN: 84-9777-038-2
Depósito Legal: B-26.139-2004

Printed in Spain

Impreso en España en los talleres gráficos de Romanyà/Valls S.A.
Verdaguer, 1 – 08076 Capellades (Barcelona)

Prefacio

Dice el autor...

¡Bienvenidos al octavo libro de Kryon! Al igual que tantas otras obras que se publican en esta época, este libro está dedicado al nuevo milenio. El título, *Cruzar el Umbral*, es la descripción que hace Kryon de nuestro paso a esta nueva energía del año 2000, y hace ya casi once años que Kryon viene hablando sobre el tema. Si leen ustedes este libro después del año 2000, pueden estar seguros de que seguirá siendo relevante en cuanto a los acontecimientos del momento.

Desde el inicio de la redacción del Libro I de Kryon en 1989, *Los tiempos finales*, el tema de las enseñanzas de Kryon ha apuntado hacia lo que está ocurriendo ahora mismo, y también hacia los doce años siguientes (hasta el año 2012). Aunque normalmente no publico un libro de Kryon todos los años, la información que está llegando es sustancialmente diferente, y casi que exige ser publicada en este momento.

¡Hay mucha alegría en este libro! Si se acercan ustedes por primera vez al sistema de canalización o a Kryon, puede que esta información les parezca mucho menos alarmante de lo que pensaban. La canalización se empieza a percibir como mucho más humana, cuando comenzamos a fusionarnos con lo que Kryon llama «nuestro Yo superior», o «la divinidad interior». Supongo que eso significa que a medida que nos acercamos más al Yo divino, empezamos a sentir realmente la información del otro lado. Se convierte en algo más próximo, más familiar, y se parece mucho más a una llamada telefónica que a una visita sobrenatural del más allá.

La alegría, el respeto y las alabanzas que puede que sientan que emanan de este libro son debidas al hecho de que ahora hemos pasado a una energía a la que Kryon se refería ya en el año 1989 en su mensaje principal. Hace once años nos dijo que no era necesario que las profecías apocalípticas se cumplieran. Nos dijo que estábamos situados al borde de la evolución humana, y que podríamos ver su potencial en nuestra vida cotidiana: en las noticias, en la climatología, y en nosotros mismos.

Éste es un artículo que escribí en 1999 para una revista, titulado «¿Se habían dado cuenta?». Cuenta una historia con un importante mensaje.

¿SE HABÍAN DADO CUENTA?

Puedo recordar perfectamente cómo me sentía cuando inicié mi conferencia en 1995. Aquellos que se habían reunido en la sala 7 del comité de Naciones Uni-das estaban allí para escuchar un mensaje, pero el que yo tenía para darles probablemente no era el que ellos habían imaginado. ¿Cómo se iban a tomar mi mensaje de nueva esperanza en esta prestigiosa pero atormentada organización, constantemente sumida en la agitación y en los conflictos por resolver? Además, ¿qué estaba haciendo un canal metafísico de California hablando con diplomáticos sobre la situación mundial?

Empecé mi charla diciéndoles: «En Oriente Medio, donde las profecías nos habían dicho que las arenas del desierto estarían ahora mismo enrojecidas por la sangre, ¡tenemos en lugar de ello a dos antiguos enemigos nego-ciando sobre los derechos por el agua!». Continué diciendo que a pesar de que los «apocalípticos» pudieran dominar los medios de comunicación más populares, la visión general acerca de la realidad de la situación mun-dial era mucho más esperanzadora y avanzaba hacia una nueva dirección. Resulta mucho más espectacular y comercial asustar que tranquilizar, y los expertos en ese mercado nos estaban dando justo aquello que sabían que nos asustaría.

Mientras que sólo diez años atrás los gritos que se escuchaban en Oriente Medio eran de «venganza» y «territorios históricos», actualmente están decidiendo qué territorios ceder, de qué zonas retirarse y están diciendo: «¿Cómo podemos hacer que esto funcione?». ¿Se habían dado cuenta?

Mientras que sólo diez años atrás estábamos inmersos en una guerra fría que constantemente nos hacía plantear la cuestión de si nuestros hijos iban a poder sobrevivir, actualmente estamos enviando 1.500 millones de toneladas de trigo a una Rusia afligida –el lugar donde el «imperio del mal», el antiguo enemigo, solía estar. ¿Se habían dado cuenta?

Mientras que sólo diez años atrás había una atroz guerra civil en Guatemala, que duraba ya treinta años, una que ya se había cobrado las vidas de más de 50.000 ciudadanos, todos ellos miembros de la familia, actualmente hay paz. Dieron por terminada su guerra en el año 1997. ¿Se habían dado cuenta?

Mientras que sólo diez años atrás no existía ningún atisbo de otra cosa que no fuera odio y muerte entre dos religiones cristianas en Irlanda, actualmente ambos bandos están intentando sostener que la paz es mejor que la guerra, y están trabajando para cambiar el paradigma de cómo negociar sus diferencias. ¿Se habían dado cuenta?

Hace diez años teníamos inmensos ejércitos y arsenales todavía más grandes. Actualmente tenemos menos de un tercio de esos ejércitos y nos estamos preguntando cómo desmantelar un montón de armas oxidadas e inservibles. El tema de las subvenciones ha pasado de «qué podemos hacer para construir armas más potentes» a «cómo podemos destruir las viejas». ¿Se habían dado cuenta?

Mientras que sólo diez años atrás estábamos consternados por las terribles profecías acerca del inminente milenio que antiguos y nuevos profetas iban transmitiendo, actualmente aquí estamos, sin que ninguna de ellas haya ocurrido en la época en que nos dijeron que ocurriría. ¿Se habían dado cuenta?

Algo está pasando. La consciencia de la humanidad está empezando a cambiar, de manera lenta pero segura. La prueba está ahí, si deciden mirar a su alrededor. El tema es la paz y no «quién tiene razón y quién no». El comunismo casi ha desaparecido, a petición del pueblo, y ahora la mayor parte de conflictos mundiales son tribales. El principal problema es cómo llevar a los máximos bandos opuestos posibles a la mesa de negociaciones. ¿Se habían dado cuenta?

He sido invitado a volver dos veces más a Naciones Unidas, la última de ellas a finales del 98. Ahora esperan escuchar las «buenas nuevas», y muchas veces me encuentro con una sala llena de rostros sonrientes. También ellos han percibido la visión global. En ese edificio de la ciudad de Nueva York, donde parece que nunca existe ningún acuerdo ni resolución, están presenciando un cambio de consciencia. Los seres humanos de la Tierra están empezando a odiar menos y a amar más. Hay más paciencia. Hay más esperanza. Hay más compasión. Están cambiando sus deseos y pasiones de «qué podemos conseguir» a «cómo podemos llegar a un acuerdo para que todo el mundo salga ganando».

Sí, claro, la vieja guardia del pasado sigue intentando hacer volver las cosas a como estaban antes, con coches bomba y actos terroristas desesperados, pero los jefes siguen regresando a la mesa para fumar una vez más la pipa de la paz. Sí, es cierto, los expertos en el mercado están exagerando los programas y las películas de tema apocalíptico para que nos preguntemos si lograremos sobrevivir, pero sus guiones se han quedado obsoletos y resultan triviales comparados con los milagros reales que podemos observar a nuestro alrededor.

Antiguos prisioneros políticos son ahora jefes de estado. Déspotas y tiranos que gobernaron durante largo tiempo han sido derrocados por sus propios súbditos. Nuestro Papa actual predica el perdón y de repente habla claramente de temas que la Iglesia Católica nunca antes se había atrevido a tocar. Personas de elevada consciencia están trabajando en un Consejo de Ancianos, un consejo de sabiduría compuesto por pueblos indígenas de todo el mundo, ¡uno que incluso podría aconsejar a Naciones Unidas! ¿Se habían dado cuenta?

Busqué la palabra milenio en el diccionario. Tenía dos definiciones: 1) un período de mil años; 2) un período de alegría, serenidad, prosperidad y justicia largamente esperado. ¿Lo sabían ustedes?

En diciembre de 1999 algunos de nosotros nos reunimos para ver entrar el mundo en el nuevo milenio. Celebramos el hecho de que mientras otros optaban por preocuparse, nosotros decidimos estar en paz, confiando en una fuerza mucho más grande que el miedo. Decidimos voluntariamente confiar en nuestro Dios interior: esa chispa de grandeza que siempre escogerá el amor por encima del odio, la paz antes que la guerra, el perdón antes que la venganza. Confiamos en un nuevo tipo de ser humano, representante de la verdadera evolución del espíritu humano.

Qué contienen estas páginas...

Una vez más, la mayor parte de este libro fue transcrito a partir de canalizaciones realizadas en diversas partes del mundo. En esta ocasión la diferencia es que las canalizaciones están fechadas y representan una línea energética secuencial. Es decir, que podrán experimentar las canalizaciones a medida que nos acercamos al milenio, cuando cruzamos el umbral y después de pasar a la nueva energía.

Asimismo, igual que en ocasiones anteriores, quiero comentar el estilo de Kryon. Suele ofrecer un mensaje amoroso y de alabanza durante los diez primeros minutos de cada canalización. Es algo que tiene mucha fuerza. En cada ocasión algunos de estos mensajes van dirigidos a oídos nuevos, pero podrían sonar a superfluos si los repitiéramos una y otra vez en estas páginas. Como ya he hecho antes, he eliminado algunos de los comentarios de este estilo para dejar más espacio libre. A veces cierta información espiritual básica se repite de ciudad en ciudad. En este caso he decidido conservar parte de estas duplicaciones porque no está de más que las oigamos una y otra vez.

Capítulo 1. Contiene una explicación y una descripción de algunos temas muy desconcertantes y difíciles, de los que Kryon trata a lo largo del libro. La realidad, el tiempo y los temas multidimensionales son conceptos difíciles de explicar, pero que es preciso mencionar antes de empezar con las canalizaciones. No se salten este capítulo. Es un texto necesario para intentar simplificar algunos conceptos muy básicos, pero que normalmente no discutimos.

A medida que la energía del nuevo milenio empieza a funcionar en nosotros, tendremos que ir aceptando el hecho de que lo que antes veíamos como nuestra conocida e invariable realidad está ahora cambiando para convertirse en otra cosa. ¿Cómo funciona esto? ¿Cómo puede el propio tiempo ser variable? Este capítulo es un intento por mi parte de explicar cosas que son casi inexplicables, pero que representan conceptos que tendremos que utilizar de forma cotidiana.

Capítulos 2 al 7. Contienen las canalizaciones anteriores al cambio de milenio.

Capítulos 8 al 12. Contienen las canalizaciones transmitidas después de cruzar el umbral, hasta el mes de junio del año 2000.

Capítulo 13. Contiene dos conceptos de Kryon ampliados por Jan Tober (coautora del libro *Los niños Índigo* y compañera en el trabajo de Kryon). Muchos habrán oído hablar del Fantasma de la Muerte (El Fin de la Sombra es como lo llamaba Kryon), y Jan lo explica a partir de una experiencia personal. A continuación hay una estupenda entrevista de Rick Martin de *The Spectrum*, un periódico de Las Vegas, en la que Jan aporta información adicional sobre los Niños Índigo, uno de nuestros temas más populares.

Capítulo 14. Contiene escritos de tres personas que están llevando a cabo un seguimiento en profundidad de la información que Kryon canalizó en Naciones Unidas en 1998: Marc Vallée, y Woody y Catie Vaspra. Kryon habló de la creación de un Consejo de Ancianos en el planeta, un grupo indígena de jefes tribales que podría aportar sabia información acerca de nuestra época al resto del mundo, información de la que ahora mismo existe necesidad.

Capítulo 15. Es una actualización científica de algunos de los temas que Kryon trató en sus libros anteriores y también en el presente. Normalmente se trata de conceptos canalizados que han sido corroborados desde la última publicación de Kryon. También contiene un debate sobre mi continua búsqueda de pruebas sobre las propiedades magnéticas del ADN... algo que está empezando a convertirse en una posibilidad real. Siempre resulta divertido observar cómo la ciencia oficial corrobora alguna dudosa información canalizada anteriormente, ¡y aquí lo tienen, en este capítulo!

Capítulo 16. Es una recopilación de algunas de las noticias de Kryon, maneras de conectarse con nosotros vía Internet y un apartado que describe los productos de Kryon y cómo conseguirlos.

En el momento de escribir este prefacio, Jan Tober y yo acabamos de regresar de un viaje por el Canadá francés y por Europa (mayo del 2000) con Robert Coxon (el compositor canadiense de la Nueva Era de mayor venta), y Gregg Braden (geólogo, conferenciante y escritor). En un período de diez días, realizamos presentaciones colectivas ante más de 5.300 personas (en Montreal, Bruselas y París). Los encuentros fueron extraordinarios por su energía y todos nos sentimos abrumados por el cariño que recibimos.

Durante años me he preguntado quién más podría poseer el mensaje de Kryon, uno que dijera que tenemos la capacidad de cambiar nuestro futuro mediante la consciencia y la compasión humanas, uno que dijera que el auténtico poder de la divinidad reside en nuestro interior. Ahora he recibido un obsequio: las profundas investigaciones de Gregg Braden demuestran que el divino mensaje que he estado recibiendo durante los últimos once años ¡también está presente en antiguos textos de escrituras perdidas que recientemente han sido descubiertas!

The Isaiah Effect (El efecto Isaías) de Gregg Braden (descodificación de la olvidada ciencia de la plegaria y la profecía) es uno de los mejores libros espirituales publicados en el año 2000. En estas páginas hay pruebas de que la información ofrecida por Kryon, que nos ha permitido cambiar nuestra realidad, también se nos dio hace mucho tiempo a través de los textos de los profetas. En el libro de Gregg encontrarán pruebas evidentes de que la compasión de un ser humano puede cambiar la realidad de la Tierra, ¡y que éste ha sido un mensaje sagrado que se había extraviado!

Cuando Gregg, Jan y yo dábamos charlas juntos, éramos conscientes de que desde perspectivas totalmente diferentes estábamos transmitiendo exactamente el mismo mensaje. Gregg, geólogo y diseñador de sistemas informáticos; y Jan y yo, canales y espiritualistas, estábamos ofreciendo una verdad profunda: que *ustedes* tienen el poder, y que mucha información sobre ese poder ha sido ocultada. Estamos aquí para descubrir el amor y la compasión que reside dentro de la chispa divina de la condición humana, algo que ha sido bien escondido, como parte de nuestra prueba.

Queridos lectores, siento auténtica alegría por poder ofrecerles una vez más lo que se ha convertido en mi misión en la Tierra: intentar transmitir la amorosa información y compasión de un ángel maravilloso llamado Kryon... a sus ojos y a su corazón.

Lee Carroll

Capítulo Primero

CONCEPTOS DIFÍCILES
por Lee Carroll

CONCEPTOS DIFÍCILES
Lee Carroll

Considero que mi misión como canal estriba principalmente en traducir. La traducción de lo que Kryon ha llamado «el Tercer Lenguaje» consiste en trasladar la voz del Espíritu a un lenguaje humano. En mi caso es el inglés. Sé que algunos de ustedes estarán leyendo este libro en una de las trece lenguas que han sido autorizadas para publicar estos escritos, ¡así que estarán leyendo la traducción de una traducción!

Durante estos últimos años, Kryon ha canalizado constantemente conceptos que son muy difíciles de comprender en cualquier idioma. He querido empezar este libro ofreciéndoles mi propia impresión y explicación sobre algunos de los conceptos más difíciles que Kryon ha transmitido. Al hacerlo espero que algunas de las canalizaciones que siguen resulten más fáciles de descifrar y de comprender.

Me estoy refiriendo ahora a varios conceptos y también a una metáfora que Kryon ha presentado reiteradamente. En esta exposición trataré de las siguientes ideas canalizadas por Kryon:

1. El tiempo del «ahora» (y el tiempo variable).
2. La realidad humana.
3. Dimensionalidad y la metáfora del tren.
4. La eterna alma humana.

... temas bien ligeros todos, ¿no les parece?

El tiempo del ahora

De acuerdo, el tiempo es el tiempo. Miro el reloj y siempre avanza al mismo ritmo. Además, esos científicos que se ganan la vida midiendo el tiempo nos han dado unos relojes atómicos, calibrados según la física finita y con un margen de error de sólo unos segundos en varios miles de años. Así que podríamos decir que el tiempo es absoluto y que la ciencia lo ha demostrado, ¿cierto?

En realidad es todo lo contrario. El tiempo es variable y la ciencia también ha demostrado eso. Kryon dice que vivimos en cuatro dimensiones. Los científicos de hecho le han puesto la etiqueta de «tres más una», pero me estoy adelantando al tema puesto que todavía no he hablado de dimensiones. Tengo que decirles aquí que Kryon considera que el tiempo es una de las cuatro dimensiones que nosotros, como seres humanos, reconocemos como nuestra realidad. Recientemente también los físicos lo han expresado así. Kryon también dice que cada una de esas cuatro dimensiones es variable y conceptual por naturaleza: longitud, altura, anchura y tiempo. Éstas son las cuatro. Observen asimismo que ninguna de ellas describe *cosas*: son conceptos. Seguiremos hablando del tema más adelante.

Aunque nuestros relojes avanzan a un ritmo preciso, y al parecer en una sola dirección (hacia delante), uno de nuestros grandes científicos tenía otras teorías al respecto. En 1917 Albert Einstein nos ofreció la Teoría de la Relatividad, que explicaba el tiempo variable. No voy a interpretar en estas páginas la fórmula de $E=mc^2$. Yo soy canal, no científico (¿no se alegran por ello?). Pero me gustaría comentarles el concepto básico que Einstein nos dejó.

Dijo que el tiempo era variable (o relativo) dependiendo de lo rápido que nos moviéramos. Nos dio la paradoja del reloj. Se trata de un curioso ejemplo de ficción sobre unos viajeros del espacio que salen de la Tierra y viajan casi a la velocidad de la luz a un lugar remoto y después regresan. Cuando vuelven de su viaje, ¡todos aquellos que dejaron atrás en la Tierra han envejecido! Al parecer el tiempo se había acelerado para los habitantes de la Tierra, o quizá se había movido más lentamente para los viajeros. Pero en cada caso, ¡los relojes que todos ellos llevaban seguían marcando el tiempo pertinente a cada grupo! Lo que había ocurrido (según Einstein) es que la variable de la velocidad había señalado una diferencia en el tejido del tiempo. Por lo tanto, el tiempo era relativo a la velocidad. A los científicos eso les sonaba bien, pero no pudo ser demostrado hasta que la aceleración de las partículas subatómicas reveló que Einstein estaba en lo cierto. Más o menos por la misma época los astrónomos demostraron igualmente que la teoría de Einstein sobre que la gravedad distorsionaba la luz era correcta. Por lo tanto sabemos, dicho por un eminente científico, que el tiempo realmente es variable.

Yo tengo otra metáfora sobre el tema que contaré después cuando hable sobre el tren de la realidad. Dos trenes salen de la estación al mismo tiempo. Uno va más rápido que el otro y llega antes a su destino. Los relojes de ambos trenes siempre indican lo mismo, pero un tren llega primero que el otro. Ustedes podrían decir: «Pues claro. Es lógico». Sin embargo, la realidad de nuestro tren humano sólo ve el tiempo como «el reloj». No percibimos una dimensión que permite otro tipo de tiempo interdimensional: la velocidad del tren en el que viajamos.

¿Por qué contar esta historia? Para que puedan comprender más cosas sobre el TIEMPO DEL AHORA y la REALIDAD. El TIEMPO DEL AHORA ha sido mencionado una y otra vez en los libros de Kryon. Desde el principio, Kryon nos dijo que nos encontrábamos en un tiempo falso y fabricado artificialmente llamado tiempo LINEAL. La estructura temporal de Dios es el AHORA. Para nosotros es lineal. Puede ser «falsa» según Kryon, pero para mí es tal como funcionan las cosas. Para mí, todas las cosas siguen un camino recto. A medida que avanzan por este camino se va creando una línea temporal que representa lo que hice ayer (el pasado), hoy (el presente) y lo que tengo planeado para mañana (el futuro). ¿Puede haber algo más normal y largamente asumido que esto? Y sin embargo Kryon lo llama una característica artificial creada para nuestras vidas tetradimensionales. Además, Kryon va más lejos y habla (en las canalizaciones científicas) sobre diferentes estructuras temporales en otras partes del universo perceptible.

Kryon nos dice que la «broma» consiste en que ya nos encontramos en el AHORA, pero que nuestra percepción lineal es algo que «le han pegado encima» para hacernos sentir más cómodos. Nos plantea la pregunta: *¿A qué llaman ustedes presente?* La respuesta, naturalmente, es que es eso que llamamos HOY, o AHORA. Y después pregunta: *Cuando lleguen a mañana, ¿cómo lo llamarán?* La respuesta, de nuevo, es HOY, o AHORA. Y entonces pregunta: *Y mañana (que se convertirá en su hoy), cuando miren atrás en el tiempo, ¿cómo es que llamaban al pasado cuando se encontraban en él?* Una vez más respondemos: HOY, o AHORA. Kryon apunta hacia eso y dice que no importa lo que los humanos consideremos pasado o futuro, siempre lo expresamos como HOY o AHORA en el instante de su descripción. Por lo tanto, el AHORA es siempre su realidad y la mía, y el pasado y el futuro no son más que conceptos. Es decir, siempre estamos en el AHORA.

Ya sé que esto suena a esotérico, ¡pero resulta divertido! Significa que la única realidad que tenemos es el AHORA, y que el ayer y el mañana son sólo ficción. Kryon dice que deberíamos examinar el tema, ya que es la base del tiempo espiritual del AHORA. Este debate no tiene carácter científico, sino espiritual, ya que el tiempo del AHORA es necesario para que un ser humano «se siente en la silla dorada» de la que habla Kryon. Forma parte de la energía del nuevo milenio y es preciso que los seres humanos se familiaricen con ello. Permítanme que les explique lo que Kryon describe como la diferencia entre la realidad del tiempo del AHORA y la ilusión del tiempo lineal. Lo haré lo mejor que pueda, pero recuerden que todo ello es un concepto interdimensional y que por lo tanto es —como mínimo— difícil de concebir por una mente lineal (especialmente la mía).

El tiempo del AHORA existe en un círculo. Todo lo que jamás existió o existirá está contenido allí bajo alguna forma.

Nosotros nos encontramos en medio del círculo temporal. Las cosas que hicimos todavía permanecen con nosotros en el AHORA. (¿Conservan algunas fotografías de lo que hicieron hace algún tiempo? ¿Y qué hay de los recuerdos?). Todavía están con nosotros AHORA y conforman nuestra realidad. El futuro, aunque no se haya manifestado en nuestra realidad, existe como «potencial de manifestación» en nuestro círculo del AHORA. Por lo tanto, también está con nosotros AHORA. Todo este círculo del AHORA está influido por una energía llamada NUESTRA REALIDAD, que se compone del presente, de nuestro pasado y de nuestro potencial futuro. Kryon sostiene que a medida que manifestamos (o no) nuestro potencial, el sesgo que tiene la percepción de NUESTRA REALIDAD va cambiando.

A medida que modificamos el potencial de esta combinación de AHORA, también cambiamos nuestra verdadera realidad. Kryon nos dice que el trabajador de la luz es un «modificador de realidad» que es capaz de cambiar la humanidad y el planeta en el que vivimos modificando el AHORA. Éste, por supuesto, ha sido el tema de Kryon desde 1989. Cuando nuestra realidad cambia, las propiedades del tiempo tienden a cambiar también, aunque al igual que los viajeros espaciales del ejemplo de Einstein, no podemos verlo porque todo lo que nos rodea viaja con nosotros, a nuestra misma velocidad.

Estamos acostumbrados al tiempo LINEAL. AYER es lo que ocurrió y que nunca se puede repetir. HOY es lo que nos está ocurriendo ahora –nuestra realidad– y MAÑANA es algo desconocido y sólo un concepto de esperanza. Pero todos esos conceptos existen en una serie infinita de momentos en el AHORA. Acaban de leer esta frase, ¿de acuerdo? Pues bien... ése era su «ahora,» y en un momento estarán leyendo el siguiente párrafo y también él será su «ahora». Así que ¿dónde está el «ahora» real? ¡Está allí donde nos encontremos!

En el tiempo del AHORA, la existencia es una instantánea completa de la energía del pasado, del presente y del potencial existente que hemos creado para el futuro. Por lo tanto, existe una imagen completa y equilibrada de quiénes somos y de quiénes podemos ser. También es una imagen de autocontrol, capacitación y sabiduría. Esta existencia en el AHORA crea un ser humano capaz de vivir con el pasado porque es alguien que conoce el *por qué* de lo que hay tras ello, y que puede estar serenamente en el presente porque es alguien que conoce el *potencial* del *por qué* del futuro. Es éste un ser humano que se da cuenta de que el círculo también es lo suficientemente pequeño para poder ser comprendido y que todo ello –pasado, presente y futuro– se percibe de una forma interdimensional. Este ser humano también comprende que este círculo del AHORA le pertenece. Esto le aporta sabiduría y tranquilidad. Podemos controlar y somos responsables de aquello que hemos creado. La realidad no es eso que «nos está haciendo algo a nosotros».

A diferencia del ser humano lineal, que se lamenta del pasado e intenta bregar con él mientras equilibra el presente y teme el futuro, el individuo del AHORA se siente cómodo con el concepto que dice: «Todas las cosas que una vez fui o alguna vez seré están contenidas en una energía mía, AHORA mismo. Por lo tanto, dispongo de todas las herramientas y el equipo para dirigirme hacia cualquier potencial que haya generado o pueda generar». El futuro lineal puede que aparezca como algo desconocido en su manifestación, pero su energía no es en absoluto desconocida. Ello crea una sensación de «*esto ya lo he vivido antes*» en el ser humano iluminado, aun cuando el acontecimiento que se avecina parece que todavía no es «conocido». Algo así como en una película: nos han contado el final, pero todavía no conocemos los detalles.

¿Han conocido alguna vez a alguien que se sintiera totalmente tranquilo por cualquier cosa que pudiera ocurrir? Quiero decir realmente sereno, no sólo que diga por decir aquello de «Dios cuidará de mí». Si es así, se habrán encontrado con una persona que comprende la naturaleza divina del tiempo del AHORA. Él o ella entiende que sea lo que sea lo que pueda ocurrir, se encuentra dentro del marco de referencia de sus posibilidades, puesto que él mismo ha creado en cierto modo esa realidad. ¿Qué les parece eso como concepto interdimensional?

¿Qué dónde está el truco? Kryon dice que todos nosotros poseemos este potencial, pero que tenemos que «desaprender» lo que la dualidad de la condición humana nos ha enseñado. Todo ello forma ciertamente parte de la prueba en la que estamos participando, la de salir de la casilla tetradimensional en la que estamos encerrados y tomar las riendas de nuestra propia vida.

No hace falta decir que ello no implica ceder nuestro poder a otra persona, ni a ninguna otra entidad del universo. Se trata de la propia capacitación, del propio discernimiento, de la propia responsabilidad, y sí, del desarrollo de la propia estima. Y eso, amigos (que están leyendo este libro) es de lo que trata la Nueva Era.

Ejemplo de realidad A:

> BOB. Esta persona está siempre dándole vueltas al pasado, que le ha convertido en algo que no le gusta. Por tanto, se encuentra en el AHORA y no le gusta lo que ve. Además, esa misma persona puede que sienta miedo del futuro, debido a su experiencia pasada. Así que ha creado un AHORA con una inclinación hacia el temor, el victimismo y la falta de amor propio.

Ejemplo de realidad B:

> BOB. Esta misma persona empieza a comprender cómo funcionan las cosas. Mira hacia el pasado y asume su responsabilidad. Es decir, que fue él quien dio permiso para que ese pasado se manifestara, y que eso le ha aportado un valor a su experiencia actual. Se siente mucho mejor con respecto a sí mismo y ahora confía en que el futuro está lleno de promesas espirituales. Esta persona (la misma) ha creado un AHORA con una inclinación hacia el amor, la comprensión, la responsabilidad y la esperanza.

Así que... por favor, ¿puede el BOB real ponerse en pie? Kryon dice que Bob cambió su realidad. No solamente cambió su opinión o sus proyecciones, no sólo empezó a pensar de manera positiva. Bob cambió su comprensión interior e incluso su estructura temporal. Porque lo que Bob posee ahora es algo que está mucho más en consonancia con su ángel interior.

La realidad humana

Veamos: si la exposición sobre el tiempo y el AHORA resultó difícil, esto lo es todavía más, así que seré breve. La realidad, todas las cosas que nos rodean en este mismo instante: la silla, la lámpara, el olor del aire, parecen ser estables y son las cosas que describimos como REALES. ¿Y qué hay del tema de las realidades múltiples o de cambiar nuestra realidad? ¿Qué es lo que esto significa realmente? En mi caso yo no he visto nunca que las cosas que tengo delante se disuelvan y se transformen en otras, así que ¿qué significa eso? Pues bien, Bob lo hizo (en la página anterior) y su realidad cambió. No parecía tener realidades múltiples... ¿o quizá sí? Quiero destacar algo acerca de Bob: incluso cuando sentía miedo, seguía teniendo su potencial de amor propio. Aunque participaba de una realidad, ¡tenía muchas otras entre las que poder elegir!

Dicho de forma sencilla: existen múltiples realidades para la Tierra y para nosotros, pero *sólo una realidad a la vez.* Pensemos en ello como si fueran diferentes estantes de un archivador vertical. Estamos sentados en un estante llamado *nuestra realidad,* pero también hay otros por encima y por debajo que también son reales y que nos pertenecen. Al fin y al cabo, ¡es nuestro archivador! Cuando manifestamos potenciales en el tiempo del AHORA, tenemos la capacidad de cambiar de estante: arriba o abajo. Más adelante, en este mismo libro, leerán la explicación que Kryon da sobre la maravillosa historia de Abraham e Isaac. Puede que les haga reflexionar. Kryon nos dice que gracias a la comprensión de quien era (y del mensaje que recibió de Dios), Abraham cambió la realidad de su futuro durante su ascenso a la cima de la montaña, de camino para sacrificar a su hijo. La parábola entera adquiere un nuevo significado acerca de la capacidad del ser humano para cambiar su realidad de forma voluntaria. (Pensaban que la historia trataba sobre la fe, ¿no es cierto?). Cuando lean la metáfora del tren, que expondré en breve, todo esto cobrará incluso más sentido.

Por lo tanto, las cosas que tengan delante y que les parezcan reales, serán verdaderamente reales. Lo que pasa es que las *cosas* tienen diferentes potenciales, y ustedes y todos nosotros estamos radicados en sólo uno de ellos a la vez. Igual que los múltiples programas radiofónicos que vuelan por el aire, sólo podemos sintonizar uno de ellos a la vez, pero son muchos los que hay disponibles. Para añadir algo más a este enigmático debate, muchas veces la realidad personal de nuestra situación vital –quizá de preocupación o intranquilidad por lo que nos pudiera ocurrir– no es la misma que la de las personas que nos rodean. Tiene relación con nuestra posición en el AHORA. Recuerden cómo empezamos la exposición sobre el tiempo, y cómo al parecer los relojes demuestran que éste nunca cambia, pero *sí* que lo hace, como la ciencia ha demostrado. Les haré esta pregunta: en la «paradoja del reloj» de Einstein, ¿cuál de los dos era real, el tiempo en la Tierra o el tiempo según el viajero? La respuesta es: «ambos». Es sólo que tenían realidades simultáneas diferentes.

Interrumpo esta exposición para ofrecerles un ejemplo de la vida real que ocurrió mientras estaba tecleando en mi ordenador portátil en un avión, uno de mis lugares favoritos para escribir. La sincronicidad a veces resulta divertida, y con esta energía del nuevo milenio, nunca he tenido corroboraciones y lecciones sincrónicas más rápidas en toda mi vida.

Es el 20 de febrero del año 2000, y voy en el vuelo 229 de United Airlines de Washington D.C. a San Diego. Regreso a casa después de una maravillosa serie de reuniones «En Casa con Kryon» celebradas en ciudades del sur de Estados Unidos (Roswell, Georgia; y Spartanburg, Carolina del Sur). Acababa de escribir el párrafo (dos por encima de éste), cuando de repente todos sentimos una sacudida en nuestro Airbus, algo que no parecía tener nada que ver con las turbulencias típicas de un viaje en avión.

Un hombre sentado en la fila 12, en el lado derecho del avión (ligeramente por detrás del ala) ¡gritó diciendo que estaba saliendo fuego del motor! Los ayudantes de vuelo corrieron a comprobarlo, mirando por la ventanilla desde varias filas mientras que algunos sorprendidos pasajeros intentaban dejarles paso. ¡Sí, había fuego! Corrieron pasillo arriba y un momento después varias cosas empezaron a suceder. En primer lugar, detuvieron la proyección de la película (¡a mí me apetecía verla!). A continuación, se olvidaron de sus sonrisas y se convirtieron en el equipo más eficiente de serios instructores que yo jamás hubiera visto. De pie en los pasillos, esperaron mientras el capitán nos informaba de que habíamos perdido un motor (ya lo habíamos imaginado) y que íbamos a aterrizar en el primer aeropuerto posible (que resultó ser el de St. Louis). Asimismo estábamos descendiendo rápidamente (mis oídos me lo estaban diciendo, ya que fuera estaba oscuro y no se podía ver nada... excepto las llamas que salían de uno de los motores).

La siguiente media hora la pasamos sobrevolando St. Louis en círculo mientras los pilotos seguían todas las normas habituales para emergencias de este tipo, soltaban combustible para reducir peso (lo que nos permitiría aterrizar con seguridad) y los asistentes encendieron las luces y nos explicaron cómo ponernos en posición para un aterrizaje forzoso. (Realmente hubiera preferido ver la película).

Muchas personas estaban asustadas. El hombre que primero había visto el fuego estaba blanco como una hoja de papel. Se había pegado a la ventana, esperando ver más fuego, aunque el motor estaba apagado y frío (eso nos dijeron). Otros estaban empezando a encogerse en sus asientos y realmente se podía ver como el miedo se iba extendiendo por el grupo de ese vibrante tubo relativamente pequeño y presurizado llamado avión que estaba descendiendo rápidamente desde los 9.000 metros de altura a un poco por debajo de los 1.500. Empezaron a oírse otros sonidos que normalmente no se oyen en vuelo, a medida que los pilotos comprobaban sistemas y las bombas seguían soltando combustible. La gente estaba asustada. Los ruidos no ayudaban precisamente a tranquilizarse.

Cerré el ordenador y miré a mi alrededor. ¡Esto era real! Ciertamente no hay nada como la sensación de una realidad que es cualquier cosa menos tranquilizadora. ¡Nos estaban preparando para la posibilidad de que nos estrelláramos!

Detengamos el relato por un momento...

¿Por qué me encontraba allí? ¿Cuál era la lección? Kryon acudió a mí (como siempre hace) y me dijo: *Lee, ¿tienes miedo?* Dije que no. Era extraño, pero la respuesta efectivamente era no. Me parecía que todo estaba bien. Me dijo que me encontraba en el lugar correcto en el momento adecuado, y que debía observar las distintas realidades que se estaban dando en el avión.

Algunos estaban dándole vueltas en su cabeza al reciente accidente de la West Coast Alaska Airlines mientras sentían que el avión ejecutaba convulsos círculos, más lento de lo normal, sobre el aeropuerto de St. Louis. Esto les causaba un gran temor. Otros empezaban a dejarse vencer por el pánico. El hombre de la fila 12 estaba *esperando* ver más fuego. Los ayudantes de vuelo lo sabían, así que hablaron por los altavoces para tranquilizarnos. La sobrecargo nos dijo que ya había pasado antes por una situación similar, etc., etc. (¿Se había estrellado antes alguna vez?). A algunos les sirvió de ayuda, pero otros empezaron a dudar de que les estuvieran diciendo la verdad. El aparato parecía no andar bien. Lo desconocido inspira temor. El temor genera dudas y teorías de conspiración... como la vida misma.

Los ayudantes también dijeron a los pasajeros que el avión podía volar con un solo motor. (Entonces ¿por qué lo habían diseñado para llevar dos?, exclamó la gente casi al unísono). En otras palabras, no importa lo que se dijera, las personas que había en el avión estaban viviendo una realidad compuesta por lo que habían experimentado antes, por lo que estaban experimentando en ese instante y por lo que potencialmente esperaban. Vaya. Qué bonita lección.

¿Mi realidad? Me vi a mí mismo en tierra, en la terminal del aeropuerto de St. Louis tecleando este mensaje para ustedes y tomándome una coca-cola (cosa que, naturalmente, ocurrió). Pero para muchos, la realidad era el temor, el pánico, y ninguna tranquilidad en absoluto con respecto a esa situación tan REAL que se estaba manifestando. Admito que yo he tenido mucha práctica en lo de vivir en el AHORA. Ello ha atemperado mi realidad, y yo sabía de forma absoluta que iba a estar bien. No tenía manera de transmitir ese conocimiento a ninguna otra persona del avión, pero sentí que tenía el control de lo que había creado, y yo no había creado para ese día un accidente aéreo con esa gente. Durante media hora hubo muchas realidades diferentes en ese aparato. Me dediqué a observarlas y me percaté de por qué estaba yo allí.

La historia continúa...

Empezamos a acercarnos al aeropuerto, y yo era consciente de las dificultades que debía de estar teniendo el piloto. El avión estaba dando *guiñadas* mientras realizábamos la última aproximación. Esto significa que parecía como si no fuera capaz de permanecer recto apuntando hacia delante. Volaba en línea recta, pero apuntaba hacia la izquierda, después hacia la derecha, a medida que le daban mayor o menor potencia al único motor. Con sólo ese motor para poder realizar el delicado proceso de aterrizaje, los que estamos acostumbrados a volar percibíamos el avión de forma muy diferente a la habitual. ¡Y estoy seguro de que el piloto también!

A unos 150 metros de altura, la voz del piloto dijo bruscamente por los altavoces: «Agáchense, agáchense.» Todos los pasajeros se agarraron los tobillos y pusieron la cabeza entre las rodillas.

¿Conocen esos tarjetones de emergencia que hay en el bolsillo delantero del asiento? ¡Realmente los utilizamos! ¡Me vi a mí mismo, junto con los demás, inspeccionando bien de cerca mis rodillas!

De una forma bien ensayada, los ayudantes de vuelo recitaron al unísono: «Permanezcan inclinados, no se incorporen; permanezcan inclinados, no se incorporen» a medida que el avión se acercaba al borde de la pista. Resultaba todo muy interesante, pero yo estaba tranquilo. Parecía que en el último momento el avión flotaba por encima de la pista y se enderezaba. Tuvimos lo que pareció un aterrizaje normal. El pasaje prorrumpió en aplausos mientras el aparato aminoraba la velocidad después de tocar tierra, y los extraños que habían compartido varias realidades momentos antes estaban ahora compartiendo una sola, ¡la de la celebración!

Llegamos a una puerta de embarque de la terminal de St. Louis que pertenecía a otra línea aérea y nos siguieron como mínimo ocho camiones de emergencia, con montones de bomberos que no perdían de vista el motor que se había incendiado y que tuvieron que desconectar. Todos queríamos dar un abrazo a los pilotos, pero salieron con rapidez, probablemente para rellenar montones de papeles y dar una explicación de lo ocurrido antes de que se olvidaran de los detalles. Me dijeron que también estaban descargando las cintas de la «caja negra» (que de hecho es de color naranja) para estudiar lo ocurrido para la junta de seguridad de la FAA.

AHORA mismo mi realidad es la que vi durante todo ese tiempo: estoy en St. Louis, en tierra, escribiendo esto para ustedes. Kryon me ofreció una sincronicidad, no para poner a prueba mi capacidad de sentarme en la *silla dorada* (que algunos de ustedes conocen de libros anteriores), sino para observar cómo la REALIDAD es muy diferente según cada persona, incluso dentro del marco de una situación compartida.

Amigos, ¿cómo ven ustedes su vida? ¿Existe algún desafío? ¿Son capaces de sentarse tranquilamente y cambiar su realidad durante algunos de los peores momentos? Si la respuesta es sí, entonces es que realmente comprenden su naturaleza divina. Pueden sentarse en la *silla dorada* (Libro VI de Kryon).

La metáfora del tren (y dimensionalidad)

Kryon hace referencia a su metáfora del tren en varias canalizaciones del presente libro, pero yo voy a darles una versión más completa para que puedan entenderla mejor cuando lean sobre ella en los capítulos siguientes. Esta metáfora trata de tres cosas:

1. La explicación de la dimensionalidad.

2. De cómo los profetas predicen el futuro.

3. Es un ejemplo metafórico de lo que le ha sucedido en las últimas dos décadas a la realidad del planeta.

Kryon asegura que nos encanta clasificar por categorías prácticamente todo aquello que podemos. También que sentimos un deseo de etiquetar o numerar casi todo, incluso los conceptos. Kryon nos comentó que su familia era la del arcángel Miguel. Yo quise inmediatamente saber cómo funcionaba eso. ¿Qué aspecto tenía el organigrama del ángel? ¿Era posible ver la importancia, las dotes de mando y la responsabilidad? Entonces fue cuando Kryon me dijo que no existe ningún *organigrama*. De hecho, ¡no existe jerarquía ni organización vertical! Me pregunté cómo podía ser eso. Estaba acostumbrado a una organización directiva en vertical, donde existe un jefe o dirigente, a continuación unos subordinados, etc. De otro modo ¿cómo sabríamos cuál es la función de cada uno? Kryon dice que la familia del Espíritu es horizontal, ¡de forma interdimensional! ¡Vayan ustedes a saber qué es lo que *eso* significa!

Imagínense que forman parte de una estructura empresarial donde trabajan con otros pero donde no existe ningún directivo y que los empleados de alguna manera toman juntos las decisiones relativas a la dirección del equipo. Esto precisaría de algún tipo de conciencia colectiva similar y de un conocimiento común para que pudiera funcionar. ¡Kryon dice que eso es exactamente lo que hace la familia espiritual!

Kyron dice también que resulta tonto que los humanos quieran *numerar* las dimensiones. Esto es lo nos dice sobre el tema de la dimensionalidad:

1. Todas las dimensiones están relacionadas entre sí y unas contienen elementos de otras. Así que ¿cómo las podemos diferenciar? Una dimensión «más elevada» suele ser una combinación de las inferiores y de la más alta, pero nosotros queremos darle un número y conferirle un grado de importancia;

2. Las dimensiones son conceptos, nunca cosas concretas. Así que ni tan siquiera podemos definirlas sin incluir de algún modo la cosa a la que afectan (son relativas a la cosa que están describiendo).

Por ejemplo, Kryon afirma que vivimos en cuatro dimensiones (¡a él no le gusta decir ni eso!). Pero para que podamos entenderlo, nos dice que somos «tetradimensionales». Como antes comenté, las dimensiones son altura, longitud, anchura y tiempo. Cada una de ellas es un concepto y no tienen mucho sentido a menos que las describamos con relación a algo concreto. Por ejemplo: supongan que tienen una caja cuadrada en el regazo. (Si están leyendo esto de pie, entonces siéntense). La caja tiene altura, longitud y anchura, y se encuentra en su tiempo. Está ahí, con ustedes, en las cuatro dimensiones. Entonces llega un amigo que la coge, le da unas cuantas vueltas y la vuelve a depositar en su falda. ¡Caramba! ¡La *altura* de la caja a la que su amigo acaba de dar la vuelta es ahora lo que antes era la *anchura*! *¿Cuál es la buena?* podrían preguntar. La respuesta es que depende del *tiempo*, del momento en que la observen.

¿Entienden que todas las dimensiones, incluso nuestras cuatro básicas, sólo existen como conceptos que están esperando a manifestarse materialmente mediante nuestra observación? Además, parecen formar parte de un todo y estar relacionadas entre sí. Juntas, todas ellas crean una totalidad, que definimos como *nuestra realidad*. Y al igual que la caja, pueden cambiar dependiendo de las circunstancias que generemos.

Kryon me dice que todas juntas, las dimensiones de nuestra existencia son como un pastel. Cuando partimos un pastel (me va a entrar apetito si sigo por ese camino), no vemos en su interior letreritos que digan: «Aquí está el número uno: el azúcar; aquí el número dos: la sal; aquí el número tres: la harina.» No. Éstos son los ingredientes que componen la totalidad del pastel. Al mirar o saborear el pastel, no reconocemos sus partes. En lugar de ello, las disfrutamos y participamos de todo el pastel. Esto es lo máximo que me puedo acercar para explicar cómo se relacionan las dimensiones entre sí.

Formamos parte de un pastel tetradimensional llamado *condición humana*, que es una mezcla. (No es pues, nada extraño que Kryon no quiera numerar estas cosas). Además, esta mezcla tetradimensional descansa sobre un cuenco de infinitas dimensiones, uno que no podemos ver, pero que contiene ingredientes que se pueden añadir al pastel para hacer que sepa mejor. Todo lo que se precisa es que el cocinero (nosotros) decida que quiere más ingredientes. Igual que una emisión radiofónica que no está sintonizada con una emisora, a menos que «sintonicemos» con los otros ingredientes, puede que ni tan siquiera sepamos que existen. Kryon dice que es en este «sintonizar» donde radica la posibilidad de cambiar nuestra realidad.

El tren: Kryon nos dice que nuestra realidad humana tetradimensional en tiempo lineal es como un tren llamado *humanidad*. Avanza por unos raíles. Somos conscientes del movimiento del tren, que llamamos el paso del tiempo. La vía es nuestra realidad. A medida que el tren avanza, configuramos nuestro valioso pasado, presente y futuro (que nos gusta imaginar que está allí). La vía representa todo aquello que alguna vez existió (y que supuestamente hemos dejado atrás) y todo lo que alguna vez será (parece estar delante de nosotros). Antes de que les revele la característica secreta de la vía, les daré más información sobre algunas dimensiones adicionales.

Una vez más, este tren humano tiene cuatro dimensiones (o tres-más-una, como prefieren expresarlo los científicos). Tiene altura, anchura, longitud y tiempo. Kryon dice que hay un montón de dimensiones más en nuestro tren que no percibimos. Todavía no hemos sintonizado con ellas. También tenemos las dimensiones cinco, seis, siete (si nos empeñamos en numerarlas) y otras más que están por ahí, esperando ser activadas.

De acuerdo, Kryon, ¿cuál es la quinta? Kryon dice que es ¡la capacidad de ponerle *ventanas* al tren! ¿Qué? ¿Nuestro tren no tiene ventanas? *Pues no*, dice Kryon. Sentimos el paso del tiempo, pero no tenemos ni idea de a qué velocidad vamos (mirando por las ventanas), ni qué hay delante del tren (la capacidad de identificar nuestro futuro potencial, o hacia qué energía nos dirigimos). Yo nunca pensé en ello. ¡Ahora comprendo mejor el proceso que siguen los visionarios con una capacidad de visión pentadimensional!

Así es como Kryon dice que la metáfora del tren ayuda a crear una realidad específica que puede ser «vista» por aquellos que tienen visión pentadimensional. Para que puedan entenderlo, debería revelar ahora la particularidad secreta de la vía que antes mencioné. Cuando hablaba de imaginar el tren de nuestra «realidad», puede que visualizaran una vía perfectamente recta para este tren de la humanidad, una que desaparece en el infinito tanto delante como detrás de nosotros. Si esto es lo que vieron, están tan equivocados como lo estaba yo. La vía no tiene nada de recta. En lugar de ello, ¡forma un círculo! Puede que el círculo sea realmente grande, pero el trazado de las vías es circular. ¿Todavía no les recuerda eso el tiempo del AHORA? Por cierto, para regocijo de los matemáticos, Kryon también dice que no existe ninguna línea recta en el Universo.

A medida que nuestro «tren de la humanidad» da vueltas por las *vías de la realidad*, se van lanzando paquetes energéticos a intervalos regulares. (Recuerden, estamos hablando metafóricamente, ¿vale?). Estos paquetes energéticos representan la energía (consciencia e iluminación) de la humanidad en el momento en que caen. Es más o menos como una cápsula del tiempo que indica quiénes somos en un momento determinado. Cuando el tren vuelve a pasar por allí al cabo de un año aproximadamente (dando la vuelta al gran círculo), se lanza otro paquete exactamente en el mismo lugar. Si la energía espiritual de la humanidad es idéntica a la del primer paquete (tal como lo ha sido durante eones), entonces la energía combinada de los dos se amplifica y el potencial del camino se vuelve más grande.

Bien pronto, cualquier visionario que posea «visión pentadimensional» puede ver los paquetes energéticos saliendo de su ventana de la parte delantera del tren. ¡Los paquetes son realmente grandes! Metafóricamente hablando, estos paquetes representan nuestro *potencial* futuro, o lo que *todos juntos estamos creando* para el futuro a medida que avanzamos por las vías. La energía de hoy es el potencial de mañana (más tema AHORA). Además, tenemos que mencionar lo que resulta obvio: si el trazado de las vías es circular, entonces pasado, presente y futuro forman parte del mismo tiempo lineal de la vía. Así pues lo que define la diferencia entre pasado, presente y futuro es la posición relativa del tren en su recorrido (todavía más tema AHORA). ¿No les dije que esto sería divertido?

Antiguos profetas como Nostradamus y los que escribieron las escrituras sagradas, o nuevos como Gordon-Michael Scallion, pueden utilizar su don de poseer una ventana en la parte delantera del tren. Pueden mirar al tramo de vía que hay delante, identificar la energía y ver lo grandes que son los paquetes. Muchas veces nos dan una descripción acertada de lo que estamos creando para nuestro futuro, y cuánto tiempo pasará antes de que los paquetes se conviertan en una manifestación concreta. Siempre y cuando la energía de la humanidad siga siendo la misma, las predicciones se vuelven más fáciles y más precisas (puesto que los paquetes se hacen más grandes con cada vuelta). A la larga tropezamos con un paquete energético de tamaño considerable y entonces se manifiesta en... (ya lo adivinaron) nuestra realidad presente.

En mis libros anteriores les dije que el único objetivo de Kryon es ayudarnos a comprender cómo funciona esto, para que podamos entender cómo hemos cambiado nuestro futuro. Pero hasta ahora, hemos tenido un montón de predicciones proféticas creíbles sobre el fin de nuestro tiempo que parecían «estar alineadas» (que se corroboraban unas a otras). Este hecho ha asustado a muchas personas (algo parecido a estar en un avión con un motor incendiado). Si las azafatas y los pilotos les hubieran dicho a los pasajeros que se iban a estrellar, creo que la realidad hubiera sido ciertamente diferente. Pero observen esto: en nuestro planeta, casi todas las personas con autoridad (las que tienen el don de la profecía) ¡nos han dicho que nos íbamos a estrellar! Pero si se dieron cuenta, cuando tuvimos que aterrizar el 1º de enero del año 2000, lo hicimos. No hubo accidente.

Así que si insisten en ponerles número, la quinta dimensión de nuestro tren es una que nos capacita para ver fuera del tren. Además de ofrecernos una buena idea de lo que hay en la vía frente a nosotros, también podemos ver los árboles como pasan rápidamente (más metáfora), así que en realidad podemos saber a qué velocidad avanzamos.

¿Recuerdan mi exposición sobre la relatividad del tiempo? En realidad no sabemos a qué velocidad vamos. ¡Ni tan siquiera tenemos ventanas! Nuestros relojes siguen avanzando dentro del tren y somos conscientes del paso del tiempo. ¿Pero nos estamos moviendo más rápidamente por la vía? ¿Más lentamente? Eso me lleva a lo que Kryon llama la sexta dimensión: ¡la velocidad del tren! Como ese pastel al que me referí hace un rato, todas estas dimensiones tienen que mezclarse, ninguna puede existir por sí misma. Todas ellas influyen sobre el «sabor del pastel», o en nuestro caso, nuestra «realidad». La velocidad de nuestro tren (sexta dimensión) es por tanto relativa a todas las demás que la rodean, incluyendo la que comentaré a continuación. Quiero que recuerden una cosa: no importa lo rápido que avancemos por las vías, los relojes siguen marcando lo mismo (tal como mencioné cuando empezamos). El tiempo relativo del interior del tren es siempre constante. Aun cuando estemos casi volando por las vías, a nuestros relojes no les importa.

La séptima dimensión de nuestra metáfora del tren es el *color* del tren. ¿Y eso qué significa? En metafísica, el color suele representar el nivel energético de una determinada vibración. Así que en el caso de esta metáfora, el *color* significa el *índice de vibración* del tren, o lo que es lo mismo, de la humanidad. Fíjense en que esto está muy relacionado con el número cuatro, el tiempo; y el número seis, la velocidad. Si el tema se vuelve confuso, ¡simplemente recuerden que Kryon nos dijo que no numeráramos estas cosas! Lo que quiere es que las saboreemos, para que tengamos una idea de la totalidad relativa de las piezas.

Así que ahora tenemos una explicación de siete dimensiones:

1. Altura.
2. Anchura.
3. Longitud.
4. Tiempo.
5. Conciencia de la energía y del tiempo.
6. Conciencia de la velocidad.
7. Conciencia del índice de vibración.

Una vez más me gustaría hacer hincapié en que no existe ningún significado concreto ni empírico para ninguna de estas siete expresiones. Todas ellas describen alguna otra cosa. Eso en mi opinión las convierte en conceptos. Por tanto, cualquier discusión sobre dimensiones va a ser algo difícil de entender. (¡Yo todavía sigo intentando resolver el enigma de Einstein sobre el tiempo!).

Algunos libros recientemente nos han informado de que nos estamos moviendo hacia un estado de ascensión que nos lleva hacia la quinta, la sexta y la séptima dimensión. ¡Estoy de acuerdo! Observen como la metáfora del tren muestra cómo la humanidad está empezando a utilizar los números cinco, seis y siete. ¿Lo entienden mejor ahora? Hay más, e incluso otra metáfora para explicarlo. De nuevo Kryon dice que, igual que una emisora de radio, cada dimensión tiene que ser «sintonizada» por la radio vibratoria de nuestra estructura celular. Si no estamos sintonizados con la emisora, no podremos acceder a una comprensión completa.

Los científicos hace poco nos han dicho que el interior del átomo contiene múltiples dimensiones que no podemos ver, y que tendremos que desarrollar un nuevo modelo de matemáticas para obtener una imagen clara de cómo funcionan las cosas. Para mí, esto es como decir: «todavía no podemos sintonizar con ellas».

De acuerdo, ahora tenemos un nuevo pastel. Tenemos más ingredientes que los básicos que solíamos utilizar antes, y éste es el momento de añadir el chocolate, las almendras o la vainilla (me voy a la cocina). La metáfora del tren no ha terminado. Lo mejor está todavía por llegar.

Cambio de vías: en metafísica, ¿oyeron alguna vez la expresión «el único planeta con libre albedrío»? Siempre me pregunté qué significaba eso. Me parecía algo exagerado pensar que de todos los planetas que probablemente tienen vida inteligente, nosotros seamos los únicos que podemos elegir si tomamos huevos para el desayuno (por ejemplo). Pues bien, esta frase tiene relación con el espíritu humano, así que no se trata del desayuno ni de qué ropa nos ponemos o de adónde vamos. Se trata de una opción espiritual.

Si leyeron el Libro VII de Kryon, *Cartas desde el hogar*, encontraron una canalización llamada «El sentido de la vida» que trataba de nuestro propósito para el Universo. No voy a repetirla ahora, pero la menciono para ayudarles a comprender el significado de nuestra expresión: «el único planeta con libre albedrío». La humanidad había tomado algún tipo de decisión espiritual para sí misma. Y eso cambió el universo.

Kryon nos llama *ángeles que hacen ver que son humanos*. Desde 1989, año en que hizo su aparición en mi vida, éste ha sido su mensaje para nosotros. ¿Recuerdan el tema del primer libro, *Los tiempos finales*? Nos dijo que nuestro futuro había cambiado, y que ninguna de las profecías apocalípticas iba a tener lugar. Bueno... aquí estamos, después de comprobarlo. La mayor parte de las fechas que se dieron para los terribles acontecimientos ya han pasado. También nos dijo que éramos miembros de una familia espiritual que «siempre existió» y que «siempre existirá» (diré más cosas sobre el tema más adelante). Evidentemente, esta familia espiritual llamada humanidad de algún modo había tomado la decisión de progresar desde allí donde se encontraba hasta donde pudiera. La posibilidad de esta elección siempre estuvo allí, pero sólo recientemente nos dimos cuenta de ello y la pusimos en marcha. Esta tierra está poblada por una familia espiritual que puede cambiar las dimensiones. ¡Podemos cambiar nuestra realidad!

Volvamos al tren: nuestro tren de la humanidad ha estado en ese círculo desde tiempos inmemoriales. Cuanto más viajábamos por esas vías, más paquetes energéticos íbamos lanzando. Cuantos más paquetes se iban acentuando con una energía común, más claro estaba que al final de la prueba que habíamos preparado, un cierto futuro se manifestaría. Y venga a dar vueltas. Los profetas de la antigüedad echaron una ojeada a las vías y nos dijeron lo que iba a venir. También lo hicieron los pueblos indígenas de la Tierra, y de forma aún más impresionante, también muchos de nuestros «videntes» actuales.

¿Pero qué ocurrió? Las cuartetas de Nostradamus cuentan una historia que simplemente no sucedió. ¿Acaso los mejores eruditos bíblicos de la Tierra, que interpretaron las fechas de los acontecimientos del libro del Apocalipsis se equivocaron del todo? Muchos pueblos indígenas del planeta, separados por miles de años y miles de kilómetros, nos contaron una historia sincrónica... ¿también *eso* estaba equivocado? Miren a su alrededor. No se limiten a leer este extraño libro y asentir con la cabeza. ¡Pueden verlo por todas partes! ¡Algo ocurrió!

Kryon nos dice que entre 1963 y 1987, el «tren de la humanidad» decidió ¡*cambiar de vía*! Yo no sé exactamente cuándo ocurrió, pero según canalizaciones recientes, la energía del planeta es medida (no puesta a prueba) cada 25 años. ¿Recuerdan la energía de los primeros años sesenta? Hubo una medición espiritual en 1963. En Estados Unidos estábamos sufriendo disturbios raciales, la amenaza del comunismo, teníamos una guerra en Asia, y muchos de nuestros líderes estaban siendo asesinados. Nos encontrábamos en la vía antigua, y nos dirigíamos hacia los paquetes energéticos que todos los profetas habían visto con claridad.

Cuando la tierra volvió a ser medida en 1987 (la Convergencia Armónica), la energía había cambiado sustancialmente. Y lo que es más importante, Kryon nos dice que durante esa época utilizamos nuestro libre albedrío para cambiar de vía. Aunque no se ajusta del todo a nuestra metáfora, a mí me encanta imaginar que escogimos una vía superior, dejando atrás la antigua, con todas sus viejas predicciones energéticas.

Lo que ha pasado desde entonces, incluyendo la energía en la que nos encontramos ahora, ofrece una visión global que no deberían dejar de observar ninguno de ustedes. El comunismo se cayó por sí mismo, arruinando las viejas profecías al eliminar a uno de los jugadores clave. Las temidas características negativas del año 2000 no se manifestaron (otra metáfora espiritual que Dios nos dio para un código genético no preparado para el año 2000). La celebración del día 1º de enero del nuevo milenio no se vio estropeada en ningún lugar del mundo por ninguna predicción de energía antigua, y aquí estamos, en una vía totalmente nueva. En Israel, el anunciado punto de inflamación del fin de los tiempos (según la mayor parte de profecías) no se manifestó.

Hace entre diez y quince años, algunos temas actuales con los que estamos tratando ni tan siquiera se hubieran podido plantear. Políticamente hablando, los americanos casi juzgan a un presidente por algo que los presidentes y el Congreso (en general) han venido haciendo durante años. Los temas sobre moral y la eliminación del «club para los veteranos» son algo de máxima importancia para la sociedad. Miren quién abandonó el Congreso durante todo el jaleo y quién no quiso que lo sometieran a examen (algunas caras bastante famosas).

El principal objetivo de la astronomía actual (según la revista *Discover*) es encontrar vida en el universo. ¡Imagínense! Hace algunos años, eso hubiera sido algo que hubiera provocado grandes muestras de escepticismo. Ahora es un tema aceptado. Toda sonda enviada a Marte a partir de ahora contendrá un elegante equipo para la detección de vida. Muchos astrónomos creen que una de las lunas de Júpiter tiene un mar debajo del hielo, ¡y que también allí podría existir vida!

En lugar de un conflicto global, tenemos conflictos tribales (tal como Kryon nos dijo que podría ser el caso durante la canalización en Naciones Unidas de 1996). Los mayores conflictos que ahora tenemos en la Tierra son entre viejos rivales. El tema moral de más peso en la Tierra es ahora el genocidio: el derecho de los gobiernos a matar a su propia gente. Esto es algo que siempre ha existido, pero ahora se ha convertido en un tema de máxima relevancia. ¿Cómo de importante? Dirijamos la vista hacia Kosovo y la improbable coalición gubernamental que intentó poner fin al caos generado por un dictador. (Por cierto, en el Libro I de Kryon, *Los tiempos finales*, escrito en 1989, se habla de este mismo potencial). Pasó también en Timor Oriental. Por fin existe un consenso en la Tierra de que los pueblos de este planeta no se van a quedar sentados y permitir que eso ocurra. Esto es algo nuevo.

Actualmente gran parte de las noticias hablan de sacar a la luz las malas acciones realizadas en el pasado, ¡y también del tema (¡glups!) de la responsabilidad! ¿Han visto algún departamento de policía siendo sometido a examen hoy por lo que durante la última década o algo así se consideraba simplemente «lo mismo de siempre»? ¿Han visto alguna investigación sobre antiguos dictadores, o el tema de la responsabilidad de gobiernos anteriores por lo que hicieron? ¿Han visto últimamente algún escándalo en el seno de instituciones antes respetables, como la banca o las compañías de seguros? Llámenlo como quieran, pero estamos en medio de una limpieza general de gran envergadura y para eso se precisa un cambio de conciencia.

En una época en que «todo el mundo puede hablar con todo el mundo» vía Internet, las cosas se están volviendo cada vez más difíciles para que un gobierno conspire contra sus propios ciudadanos (incluyendo Estados Unidos). Mientras escribo esto, los titulares de las noticias de hoy hablan de que el Papa actual ¡por fin pide disculpas por la Inquisición! (Supongo que es adecuado, ya que el año pasado se disculpó ante la familia de Galileo por haberlo encarcelado cuando afirmó que la tierra no era el centro del universo). El Papa también está visitando Israel ¡y no tiene miedo de decir el nombre del país! (El último Papa que visitó Israel en los años sesenta sólo se quedó unas horas y no llegó a pronunciar la palabra *Israel*). Este Papa está allí, celebrando con los judíos y participando con ellos en una ceremonia. Incluso ha pedido abiertamente perdón por la pasada opinión de la Iglesia sobre el tema del Holocausto. ¡Las cosas están cambiando!

¿Han presenciado últimamente alguna reacción contra la intolerancia? Muchas organizaciones cristianas fundamendalistas sienten cada vez más que la población se está volviendo en su contra. De hecho se sienten atacadas. En realidad el tema trata sobre la intolerancia humana, no sobre ningún tipo de creencia o doctrina. En un lugar donde casi todos conocen el consejo de Jesucristo de «amaros los unos a los otros», hay seguidores a quien ahora se les cuestiona por qué no hacen precisamente eso. Es una buena pregunta. Todo el tema de la intolerancia resulta bastante curioso. ¡De repente tenemos un mensaje general de la consciencia humana que nos dice «no toleraremos la intolerancia»! Kryon ha hablado de ello en numerosas ocasiones como un potencial para el cambio de la Tierra.

En otras palabras, estamos mirando a una Tierra totalmente diferente. Los problemas que se predijeron no son los mismos a los que nos enfrentamos. A un nivel personal, nacional, internacional, científico y médico, lo que nos dijeron que ocurriría no es lo que estamos viendo ahora. En lugar de ello, tenemos temas de moralidad, genocidio, responsabilidad, intolerancia y antiguas diferencias tribales que salen a relucir, y un despertar a muchos secretos del pasado, secretos que los participantes que todavía viven están impacientes por compartir. ¿El principio de una era de honestidad e integridad? No podemos evitar preguntárnoslo.

Asimismo, echen una ojeada a lo que ocurre con lo que Kryon sugirió en la ONU en 1996 sobre la creación de un Consejo de Sabiduría Indígena, un consejo sin derecho a voto de sabios jefes tribales de pueblos indígenas de todo el mundo, dispuestos a ser consultados acerca de temas de importancia para Naciones Unidas. En el capítulo 14 del presente libro se dan detalles sobre los pasos dados en esta dirección. ¡Está empezando a ocurrir de verdad!

Así que, ¿realmente hicimos un cambio de vía? Si lo hicimos, entonces aquellos que poseen visión pentadimensional no deberían ver NINGÚN paquete energético. Hablemos de ello. Hace años, Gordon-Michael Scallion nos dio un mapa terrorífico, que mostraba muchas de las zonas costeras habitadas del planeta cubiertas por las aguas. He hablado de ello en mis otros libros. En su primer mapa, puso fechas claras a los acontecimientos y publicó lo que había «visto». Puesto que *ninguna* de las cosas horrendas que predijo han sucedido, y todas las fechas originales de su mapa ya han pasado, podríamos por tanto decir que el señor Scallion estaba equivocado. ¡Yo digo que no! Se necesita mucho coraje para poner fecha a estas cosas dentro de tu propio tiempo de vida. Yo creo que el señor Scallion vio lo que vio, y regresó de sus visiones para contárnoslas. Eran *reales* mientras las observaba puesto que era nuestra realidad colectiva lo que vio entonces. Fue a mirar por la ventana delantera del tren, vio los paquetes energéticos e intuitivamente calculó el tiempo que se tardaría en manifestar lo que nuestro tren había estado creando desde tiempos inmemoriales. Perfectamente consciente de que si estas cosas no sucedían sería ridiculizado, de todos modos las publicó. Le felicito por su valentía.

Cuando las fechas pasaron sin ningún incidente, el señor Scallion volvió a revisar su visión. Obviamente algo había cambiado, ¡porque volvió y publicó un nuevo mapa con nuevas fechas! De algún modo sintió que habíamos pospuesto lo inevitable.

Cuando algunas de estas fechas empezaron a pasar también, de nuevo utilizó su don de visión y decidió darnos otro atisbo del camino que tenemos por delante. Lo que tenemos ahora es este tercer mapa ¡sin fechas! Además, ¡ha publicado una «enmienda» que invalida todo el propósito del mapa! Dice (paráfrasis): *la conciencia humana puede modificar cualquiera de estas cosas.*

Por fin puedo señalar ahora hacia un visionario apocalíptico actual que no solamente ha modificado su visión, sino que también acepta que las cosas han cambiado, y que *nosotros* tuvimos algo que ver con ello.

¿Qué hay ahora en ese camino que se abre frente a nosotros? Permítanme que les comente lo que dice Kryon: ¡*Allí no hay nada*! Kryon nos dice incluso que estamos tendiendo los raíles a medida que avanzamos, y esto se llama participación al más alto nivel en la creación. ¿Qué les parece eso, hablando de ser interdimensionales? Repito algo que Kryon nos dijo casi desde el principio: ¡*No existe ninguna entidad al otro lado del velo que les pueda predecir su futuro*! Ustedes han descubierto que pueden cambiarlo mediante la conciencia y la voluntad, y el mundo nunca volverá a ser el mismo. La energía de hoy no es la de mañana. Ésta es la singularidad de una Tierra iluminada: que ha cambiado su realidad.

¿En qué se diferencia? ¿Cuál es ahora la línea temporal? ¿Cuáles son los potenciales? Éste es el propósito del presente libro: traer ante ustedes las canalizaciones del pasado año, justo antes y justo después del «cruce del umbral», la entrada o portal al nuevo milenio.

La eterna alma humana

No puedo dar por finalizada esta exposición sin recordar a los lectores que según mis canalizaciones, somos eternos. Algunos de ustedes se sienten como si fueran «ratas en el laboratorio de Dios». Lo sé, puesto que he hablado con miles de ustedes personalmente a lo largo de los años. Si por fin se dan cuenta de que ustedes ayudaron a planificar todo esto, a llevarlo a cabo, y que esperaban con impaciencia volver a nacer en cada vida, eso podría ayudarles a comprender que ustedes son los *supervisores* del experimento, no *el experimento*. Como Kryon les dijo en el último libro, el examen es sobre *energía*, no sobre *nosotros*. Nosotros somos los que aplicamos el test, y la medición energética es el resultado.

El concepto de ser eterno es algo que no puedo comprender. Kryon dice que somos «eternos en ambas direcciones.» Vaya. Eso significa que no tuvimos principio y que no tendremos fin. Mi cerebro no alcanza. Todo tiene que tener un principio, ¿no? Los científicos se han pasado vidas enteras preguntándose por el inicio del Universo, el inicio del tiempo. Ustedes y yo nacimos, y a nuestro alrededor vemos que todo tiene un principio y un final. Es algo intuitivo en nuestro mundo dual buscar un principio para todas las cosas.

Kryon dice que todo eso forma parte de la ilusión del tiempo lineal en la que vive el ser humano. En nuestra exposición sobre el AHORA en esta misma sección veíamos que el tiempo es circular. Kryon dice que nuestra incapacidad para ver este círculo es la dualidad en su mejor expresión.

Tengo algo curioso que quiero compartir con ustedes, y va sobre este mismo tema: la naturaleza ilógica de la humanidad en general no nos permite ver nuestra naturaleza espiritual, ¡simplemente porque no podemos asimilar las palabras *no hay principio*!

El año pasado, al acercarnos al nuevo milenio, la revista *Time*, una de mis fuentes favoritas para saber lo que ocurre en el mundo, publicó varios artículos sobre religión. Esto era debido obviamente al tremendo peso que las antiguas profecías estaban teniendo sobre los temores y las expectativas de la gente. En un artículo que leí, *Time* decía que según una encuesta, el 85 por 100 de la población de la tierra creía en el concepto de una «vida después de la muerte».

¡Asombroso! Cuando se obtiene este tipo de consenso en el planeta, yo creo que se trata de algo más que una ilusión. Se da en todas las religiones y culturas, e incluso en esas tribus de la selva de Nueva Guinea que hasta hace tres años jamás habían visto a un occidental. La mayoría de ellos creen también en una vida después de la muerte. Cuando esto ocurre, creo que se trata de una intuición celular, y la mayor parte de sistemas de creencias que giran alrededor de Dios tienen también ese denominador común.

Aquí está la parte curiosa: según la creencia generalizada de la humanidad (85 por 100) no morimos cuando llega la muerte física, sino que avanzamos hacia algo más. Tenemos almas que son interdimensionales. Pero, según la mayor parte de religiones, ¡nada de eso puede ocurrir hasta que nacemos biológicamente en la Tierra! ¿Lo ven? Aunque la mayor parte del planeta cree en una vida después de la muerte, ¡la mayoría *no* cree en una «vida antes de la vida»! Es posible que ahora seamos eternos, ¿pero antes de que llegáramos aquí no existíamos? Si fuera así, ¿de dónde hemos salido? Pongo esto como ejemplo de cómo funciona la dualidad. Es algo ilógico, pero lo aceptamos como pensamiento generalizado.

La metafísica no es la única filosofía que dice que el alma existe antes de encarnarnos, pero como nosotros creemos abiertamente en vidas anteriores, somos aquellos de quienes más se ríen en el mundo occidental. Cuando recapacitamos y adoptamos una perspectiva general, para mí tiene todo el sentido del mundo que si tenemos un alma, ésta ya existía antes de que llegáramos aquí. El reconocimiento de este hecho a la larga abrirá la puerta a la posibilidad que tal vez, sólo tal vez, pudiéramos haber estado aquí muchas veces, en el círculo del AHORA, y que la familia sigue avanzando por él, igual que el tren.

Disfruten de este octavo libro canalizado de Kryon.

Capítulo Segundo

TIEMPO Y REALIDAD

(1ª parte)

«TIEMPO Y REALIDAD»
(1ª parte)

Canalización en directo
Indianápolis, IN – junio 1999
Auckland, Nueva Zelanda – agosto 1999

La canalización en directo que damos a continuación
fue transcrita como una combinación de dos eventos en
dos continentes distintos... ambos con el mismo mensa-
je... dado en directo. Ha sido revisada y contiene pala-
bras e ideas adicionales para permitir que la palabra
escrita resulte más clara y comprensible.

Saludos, queridos. YO SOY Kryon del Servicio Magnético. Ésta es una magnífica reunión, ¿no es así? La sensación que se tiene en este bonito día, mientras van llegando las personas a esta sala, conociendo quien se sienta en estas sillas, conociendo a la familia y a quienes leen esto, es la de una preciada familia. Produce una sensación de dulzura. Porque los encuentros generan este sentimiento: una actitud de elevadísimas expectativas y amor.

Ya hemos dicho esto antes a muchos de ustedes que han venido y se han ido, han venido y se han ido, pasando tan poco tiempo «en casa»: están ahora en una era que está cambiando mucho, en un planeta que resuena bajo sus pies con cambios vibratorios. El ser humano está aquí y se pregunta por su poder, sin comprender de qué se trata. La humanidad se queda senta-da y teme al clima, sin entender ni darse cuenta de que la Tierra es su compañera. ¡Ustedes forman parte de un todo! El control está en sus manos.

Ahora voy a revelar qué significa la afirmación que han escuchado durante tantos años, la que yo doy cuando me pre-sento ante ustedes para saludarles. Digo: «YO SOY Kryon del

Servicio Magnético». ¿Quizá pensaron que me estaba identificando ante ustedes? Si es así, tenían razón. Pero hay más, porque mi saludo identificativo contiene una afirmación oculta. Dentro de la expresión «YO SOY» hay un saludo de una consciencia colectiva. En el «YO SOY» hay una transmisión energética. Cuando Kryon dice «YO SOY,» ¡eso es la descripción de la conexión con ustedes! Porque el «SOY» de la frase es «la familia». Cuando se juntan las dos palabras para formar «YO SOY», dicen esto: el Kryon es parte del todo, y el «SOY» son *ustedes*, también parte del todo. Así que cuando vean una afirmación de alguna otra entidad que contenga el «YO SOY», comprenderán, se darán cuenta y sabrán que es un reconocimiento de la familia. No se trata sólo de un saludo. Es un saludo sagrado que se comunica con las partes más elevadas de su identidad. Por lo tanto, ¡es un saludo familiar!

Son esas «partes más elevadas» en ustedes –la familia– las que están aquí hoy, sentadas conmigo. En este dulce lugar les daremos informaciones que precisan saber. Tal vez cuando hayamos terminado comprendan más acerca de lo que se está presentando en esta nueva energía, pero si me permiten continuar con el tema del «YO SOY» les diré esto: hay más en la frase de lo que se ve a primera vista. Porque la frase contiene una energía que es intraducible. Cuando ven la frase «YO SOY lo que YO SOY», es el reconocimiento del «ahora». Porque el «YO SOY lo que YO SOY» dice que existe un círculo dentro de la frase que sigue dando vueltas. El «SOY» que forma el círculo gira, y el «YO» que está en medio también gira. Estamos dándoles símbolos del «*ahora*». Les estamos dando la geometría de un círculo ininterrumpido y perfecto en su geometría de base 12, porque necesitan escuchar esto, queridos. Les hemos repetido en numerosas ocasiones que estamos en «el ahora». Ustedes, como seres humanos, viven en el tiempo lineal. Esta explicación no es sólo un montón de palabras. Significa mucho más para ustedes en esta nueva energía de expectativa.

Éste es el tema para esta noche, porque es hora de que empiecen a comprender las particularidades innatas de su esencia: que *no* es una línea recta, que en lugar de ello es un círculo. Si pudieran ver el milagro de la geometría de los miembros de la familia que están reunidos aquí con ustedes (y con aquellos que están leyendo esto), verían muy pocas líneas rectas. La geometría de hecho está compuesta por círculos (y líneas rectas que crean la simetría y forma de los círculos), que casi siempre se repiten y se cierran en su perfección. En su estado natural y sagrado nunca verán una línea recta que llegue hasta el infinito. Eso no concuerda con lo que ustedes realmente son: una «parte de Dios». Y sin embargo eso es lo que el ser humano percibe, algo que es unidimensional y muy lineal. Cuando miran hacia atrás en su camino, añaden una dimensión. Eso es bidimensional. Si miran hacia arriba, eso son tres. Si tienen en cuenta el tiempo que se tarda para ir de un lugar a otro de su camino, ya son cuatro. Y dentro de esas cuatro dimensiones es donde los seres humanos funcionan un 90 por 100 del tiempo. ¡Y sin embargo les estamos pidiendo que vivan en cinco, seis y siete dimensiones a medida que vayan subiendo de vibración! Cuando se sitúen en el «ahora», lograrán este cambio interdimensional.

Como ya dije antes, éste es realmente el tema de esta transmisión: vivir más allá de sus dimensiones aparentes, vivir en «el ahora». Ya se ha comentado antes que es necesario que ustedes, como trabajadores de la luz, como seres humanos ascendidos, comprendan este concepto del «ahora». Estas cosas les ayudarán a cruzar el puente de la transición hacia la nueva energía, una energía que ciertamente está con ustedes en este mismo instante en que estamos hablando.

Voy a darles algunas características del «ahora», cosas en las que quizás antes nunca pensaron. Las razones por las cuales les llevamos en este viaje informativo son las de demostrarles que lo necesitan para comprender a sus nuevos hijos. El Niño Índigo llega a la Tierra con un aspecto que ustedes no tenían, y mi compañero (Lee) ya lo ha mencionado con anterioridad. Porque el niño mira al mundo que le rodea, y en un nivel celular, este niño dice: *«Esto está bien. Me merezco estar aquí».* Dentro de la mente del niño hay un sentimiento de merecimiento y de pertenencia, incluso de propósito. No existe confusión y no hay nada oculto. Todo está bien. Hay paz en el proceso del nacimiento y cuando llegan se dan cuenta de que «esperaban» estar aquí. Cuando abren los ojos y miran a los de sus madres y padres, ven a la familia espiritual que esperaban ver. ¿Se han preguntado por qué muchas veces actúan como si pertenecieran a la «realeza»? A no ser que ustedes les indiquen otra cosa, ¡ellos ven al rey y a la reina en ustedes!

¿Les extraña acaso que en cuanto pueden hablar, esos niños muchas veces hablan de dónde han estado o de quienes «eran» antes de esta encarnación? Saben, ellos piensan que *ustedes* también son conscientes de ello. Ni se imaginan que puede que éste no sea el caso. Después de todo, ¡ustedes son las personas sabias que les dieron la vida! Muchas veces es el devastador descubrimiento de su ignorancia con relación a este tema lo que provoca que se retiren a su interior y se aíslen socialmente.

Existe un aspecto con referencia a estos niños que ustedes todavía no han reconocido. Ni tan siquiera está en la publicación que tienen frente a ustedes (habla del nuevo libro *Los Niños Índigo*). Saben, ellos tienen un rasgo distintivo en su impronta del ADN del que ustedes carecen: entienden el tema del «ahora». ¿Cómo es que un niño puede ser tan sabio? ¿Cómo es que un niño parece conocer un sistema mejor que el que les ofrecen los adultos, en el que las cosas podrían funcionar? Y también: ¿cómo puede un niño entender un sistema que no ha visto nunca antes? La respuesta es que *sí* lo han visto antes, en un círculo, en «el ahora». Tienen la particularidad del conocimiento, de «esto ya lo he vivido antes». Debido a este «saber» también poseen el rasgo distintivo de que son niños supuestamente difíciles. ¿Han intentado alguna vez contarle a alguna persona algo que ya sabía o que quizá conocía incluso mejor que ustedes? Piensen en ello. Puede que cueste creer ya que estamos hablando de niños, pero esto es exactamente lo que está ocurriendo.

Permítanme que les explique la diferencia entre el tiempo lineal y el tiempo del ahora de una manera que tal vez no habían imaginado antes. Este *«tiempo del ahora»* es una manera espiritual de ser, a la que tendrán que acostumbrarse, y voy a llevarles por algunas características de la humanidad y demostrarles que es necesario conocer la diferencia entre la percepción lineal y la del «*ahora*». También les ayudará a comprender por qué el ser Índigo es un ser de paz, un ser que entiende el equilibrio. Queridos, los Índigo solamente se desequilibran cuando la cultura que les rodea les desequilibra. Y cuando hacemos perder el equilibrio a un Índigo, créanme, lo pierden de verdad. No es algo trivial. Cuando desequilibramos una dinamo, sale volando en pedazos. Los Índigo anhelan el equilibrio. Es su estado natural. Pertenecen al «*ahora*».

Los seres humanos ven un camino delante de ellos y otro de atrás. Como una vía de tren infinita por la que se mueve la locomotora de la vida, el ser humano también puede entender la infinidad –algo que nunca termina– un camino que sigue eternamente. Pero el ser humano no puede comprender que algo no tenga principio (¡el infinito en la otra dirección!). Hay una razón para ello. Es porque en su estado sagrado no existe nada parecido a una línea recta que no tenga principio. De hecho, es muy frecuente que el miembro de la familia que está escuchando o leyendo esto diga: «*No puedo entender algo que no tiene principio*». Les diré por qué: porque es algo fuera de su estructura celular, ¡una estructura que existe dentro de un círculo!

Si pudieran realmente ver la línea recta cómo desaparece detrás de ustedes y cómo desaparece hacia el infinito delante de ustedes, más allá del horizonte, lo comprenderían. Igual que una carretera perfectamente recta sobre la tierra, a la larga tiene que encontrarse consigo misma debido al hecho de que la tierra es redonda. Así pues, incluso la línea recta, aparentemente unidimensional, es un círculo. El «no principio» que ustedes no pueden comprender es aquello que en realidad están observando en el futuro. Si fijan la mirada en el futuro durante el tiempo suficiente, consumiéndose de preocupación por lo que podría venir, ¡eso dará la vuelta y les atacará por detrás!

Puede que ahora esto les suene a algo muy críptico, pero esperamos que lo vaya siendo menos a medida que avancemos en nuestra explicación. ¿Cuál es la diferencia entre el ser humano que camina en línea recta por un tiempo lineal y el ser humano que entiende lo de estar en un círculo abierto? Imagínense por un momento en su propia vida, caminando por un sendero recto. Algunos de ustedes pueden realmente visualizarse andando ¡y sienten que cuanto más recto es el camino, mejor! Porque, podrían pensar: *Verdaderamente estoy caminando por un sendero de «luz», recto como una flecha, con conciencia espiritual.* Para el ser humano siempre existe un horizonte. No puede ver más allá de él, así que siempre hay algo oculto. Mientras haya algo oculto, eso irá alimentando la parte humana que genera karma. Hablamos de temor y ansiedad (partes de la creación del karma). Hablamos de la sincronicidad para cometer errores. Hablamos de la dignidad. Para ustedes, siempre hay algo oculto. Está justo detrás del horizonte, y no tienen ni idea de cuándo aparecerá ni en qué consistirá. Ésta es una limitación inherente en la conciencia y el pensamiento humano, algo muy unidimensional. Refleja un modo de vida alimentado por la vieja energía.

Ahora, humano, usted que está en formación, usted que está despertando espiritualmente, usted que se da cuenta de que éste no es el final de la prueba, y que en lugar de ello descubre que es el principio de una nueva tierra, es hora de que usted ocupe su lugar en el «ahora». Lo que antes se consideraba el final se está mezclando ahora con un nuevo principio. ¿Recuerdan lo que acabamos de decir sobre ese camino en línea recta? Ciertamente se encuentra consigo mismo más allá del horizonte. Lo que parecía ser el fin no lo es. Por eso los Niños Índigo están aquí, para encontrarse con ustedes en el supuesto fin del camino de la Tierra, para guiarles hacia la extensión del final... hacia un nuevo principio.

Imaginen esto: la vida es un círculo. Permanezcan en este pequeño círculo conmigo. ¿Ven el camino a su alrededor? Pueden verlo completo. Ahora vayan dando la vuelta y obsérvenlo minuciosamente. Si quieren giren hacia atrás y observen lo que hay allí, mientras el camino dibuja una curva y se convierte en su futuro. Está todo allí. Ninguna parte del camino queda oculta, todo él es visible. Benditos sean los Niños Índigo porque ellos saben que está todo allí. ¿Quieren saber por qué el niño Índigo conoce los viejos sistemas? ¿Quieren saber por qué este niño tiene un modo mejor de hacer las cosas? Porque el niño vive en un círculo vital y lo sabe. Pertenece a la humanidad, pero reconoce la sabiduría de lo que «ha sido». Tiene una intuición de la que ustedes carecieron sobre el estar en el *ahora*. Cuando se les pide a los Niños Índigo que hagan algo nuevo, normalmente aceptan de inmediato el reto. Y cuando les ven «aprendiendo», quizá sepan reconocer que en realidad se están «volviendo a familiarizar» con algo que ya conocían. ¡No es realmente nuevo!

Déjenme que les explique la diferencia básica entre el actual ADN del Niño Índigo y el suyo. Henos aquí, hablando una vez más de biología; parte de ello es metafórico y parte real. Hemos hablado de una envoltura que recubre el ADN. Esto es metafórico. El recubrimiento está allí, pero no se puede detectar con instrumentos. La metáfora consiste en que la envoltura es cristalina. En el idioma inglés la palabra *cristalino* tiene connotación de «reminiscencia de energía». Aquellos de ustedes que hayan utilizado la energía cristalina, quizá manifestada en piedras y gemas o quizás usada de una forma astral, recibieron el mismo tipo de energía, el recuerdo de una «impronta». Y dentro de la estructura cristalina de cualquier cosa hay «memoria». Dentro de la estructura cristalina hay conjuntos de instrucciones que están esperando ser transmitidas. No espero que comprendan esto, por lo menos no todo a la vez. Después daré una descripción mecánica que tal vez quieran volver a consultar más adelante, cuando su ciencia alcance el nivel de lo que estamos diciendo aquí. El tipo de información que se está transmitiendo al ADN es la conciencia de saberse en un estado de «ahora», en lugar de en un estado lineal. Es algo espiritual y también biológico.

La envoltura cristalina que rodea el ADN contiene toda la memoria de un código genético perfecto. Un código genético perfecto no solamente contiene semillas para un ciclo de vida de

950 años, sino también la consciencia del chamanismo. Ya se lo hemos dicho antes. ¿Quieren saber de dónde proceden las curas milagrosas? Cuando los milagros ocurren, vienen desde dentro, por la vía de su propio proceso divino. Existe una entidad divina en ustedes llamada el Yo superior. No es sólo energía angélica o espiritual, sino que más bien está relacionada con su biología. Es un miembro de la familia divina, y la física y la química real de lo que ocurre con cualquier milagro es que la memoria cristalina lentamente imparte al ADN las instrucciones de cómo irse perfeccionando, porque la envoltura conoce la perfección del código. Es este recubrimiento, por tanto, lo que controla espiritualmente la evolución humana.

Ustedes se podrían preguntar: *¿Qué es lo que activa la envoltura? ¿Cómo podemos acceder a ella?* Eso, queridos, está ligado con la información que dice que ustedes son «el único planeta con libre albedrío», y pueden decidir activarla en cualquier momento. Es la intencionalidad del individuo, en su pureza, lo que le descubre su naturaleza divina y le dice a su propia biología: *«Es hora de cambiar la envoltura, de instruir otro trocito de ADN, otro trocito de memoria para hacerla más perfecta».* ¡Este proceso de hecho cambia el propio planeta!

Algunos preguntarán: «¿Cómo funciona eso?» Siempre está el científico que quiere conocer el proceso exacto. ¿Cómo «habla» la envoltura con el ADN? Les daré algunas pistas. ¡Magnetismo! El magnetismo no es lo que provoca el cambio, sino más bien el medio de transporte. Porque las instrucciones pasan de la envoltura al ADN, utilizando el magnetismo, con una codificación que le habla al ADN. Las instrucciones dicen: «es hora de que vuestros procesos genéticos y biológicos trabajen mejor. Tengamos una mejor conciencia de equilibrio en las células. Comuniquémonos mejor». Esto es lo que contiene la envoltura. ¿Cómo funciona? ¡Magnetismo!

Les daremos otra pista. Se trata del mismo proceso, queridos, que existe en la sustancia celular de sus cerebros. Las sinapsis que ustedes llaman inteligencia y consciencia son un sistema eléctrico de conexión formado por cables que nunca se tocan.

¿Lo sabían? Las partes biológicas se acercan unas a otras, pero no se tocan. ¿Cómo se pueden transferir mensajes de un lugar a otro a una velocidad increíble cuando los «cables» ni siquiera se tocan? Aparentemente es un misterio. Y sin embargo se trata del sistema de transmisión que está en este momento en marcha en sus propias mentes y cerebros. Les permite pensar y tener consciencia humana. También es un proceso que se llama *inductancia* y que su ciencia oficial conoce bien cuando se aplica al magnetismo, a la electricidad y al flujo de la corriente.

Ésta es una información que nunca habíamos compartido hasta ahora. No es ninguna predicción, sino más bien una afirmación de cómo funciona su biología interna. Algún día su ciencia lo reconocerá y puede que ustedes recuerden haberlo leído primero aquí. Recientemente su ciencia descubrió que el ADN no era una hebra, ¡sino más bien una hélice! Ello significa que se repliega sobre sí mismo y que está dentro de un círculo [¿sorprendidos? vayan a la página 397]. Lo que también se acaba de descubrir es que el ADN transmite electricidad con las mismas características de un cable muy enfriado. Es decir, ¡su ciencia ha descubierto también ahora que el ADN es un superconductor de corriente! [consulten la página 396].

Aquí tienen una hipótesis para que reflexionen sobre ella. El ADN consiste en cadenas de código con una corriente uniforme pero a menudo única que fluye entre ellas. La corriente origina un pequeño campo magnético, que permite la transmisión de información mediante el magnetismo. Científicos: ¿se preguntaron alguna vez por qué gira la cadena del ADN? Parte (pero no toda) de la respuesta es porque es magnética, y por tanto está polarizada. Las proteínas polarizadas en sus grupos codificados de doce hebras se mueven con una simetría que gira como reacción a la atracción y repulsión de su polarización magnética.

El sistema magnético de la tierra (la rejilla magnética) facilita la posibilidad de que la envoltura realice sus milagros. Como ya les dijimos en 1989, estamos aquí para mover la rejilla. ¡Ahora saben por qué! No sólo el cambio en la rejilla afecta a su espiritualidad, ¡también permite un nuevo refuerzo para la salud en un nivel celular! Cuando esta información empezó a llegar, su ciencia negó que el sistema de rejilla de la tierra tuviera efecto alguno sobre su sistema biológico. Actualmente, diez años después, han aprendido y están descubriendo que el efecto del magnetismo es verdaderamente profundo y diverso en todos los seres vivos, en el nivel celular de toda materia viviente.

Así que la rejilla terrestre permite que la envoltura realice su trabajo de transferir nueva información al ADN. ¿Cuál suponen que es el catalizador para que las instrucciones de la envoltura pasen al ADN? Es una intensa energía que puede modificar la materia, y que se llama la consciencia humana de *intencionalidad*.

Cuando existe intencionalidad, la envoltura libera la información magnética que cruza los campos magnéticos de las cadenas de ADN, y mediante el proceso que ustedes llaman inductancia, la información llega a la estructura polar de su composición celular.

La mayor parte de esta composición celular ya está colocada en su sitio en el caso de los Índigo. Aquello que ustedes se tienen que esforzar para conseguir, ellos lo tienen de forma natural. Han tenido más transmisiones a su ADN en forma de memoria informativa básica de la que ustedes poseían al nacer. Ahora están poniéndose ustedes al nivel de aquello con lo que ellos ya nacieron: una capacidad de entender y trabajar con un concepto del «ahora». Es por lo que llamamos a los Índigo «la siguiente evolución espiritual de la humanidad».

¿Cómo pueden estar en «el ahora»? ¿Qué significa eso? ¿En qué se diferencia de una línea recta? ¿Cómo pueden utilizarlo de una manera práctica? Hablemos de ello, de por qué el temor, la ansiedad y la sincronicidad, e incluso la propia estima, resultan tan difíciles para el ser humano lineal. Es porque están viviendo en una línea recta. ¿Cuál es la diferencia entre el ser humano iluminado que permanece en el centro del círculo y el que sigue la línea recta? Se lo diré. Primero hablemos del temor. Ya lo hemos hecho en varias ocasiones, y ahora es momento de darles la información de una forma distinta.

¿En qué consiste el temor? El temor se genera cuando hay algo «oculto». ¿Sentirían algún temor si su futuro fuera un libro abierto? ¿Qué ocurrirá a continuación? ¿Cómo irán las cosas? Si tuvieran todas esas respuestas, ¿estarían asustados? La respuesta es: ¡por supuesto que no! Sin embargo, la persona que permanece dentro del círculo, tiene una visión global, la imagen completa. ¡No hay nada oculto! Es una sabiduría espiritual y esa persona está en paz y no tiene ningún temor.

Ustedes podrían decir: *«Oh, Kryon, ¡aquí falta algo! Vivimos en una estructura temporal lineal. No puedes cambiar eso. Existió el ayer, existe el ahora y el mañana y, a menos que eso cambie, Kryon, yo no sé lo que va a ocurrir mañana. De hecho, Kryon, nos has dicho que nadie puede hablarnos del mañana porque modificamos la energía a medida que avanzamos».*

Cierto. Así que, ¿qué hacemos con un «ser humano circular» en una estructura temporal lineal? ¿Cómo funciona eso? Permítanme que les dé una pista. Tenemos a un ser humano situado en una línea recta en un tiempo lineal, que se está retorciendo las manos, que teme al futuro, que no sabe qué es lo que va a pasar mañana. Cojamos a ese ser humano y pongámoslo en el círculo del *ahora*. ¿Sabe lo que va a ocurrir mañana? No. Así que ¿dónde está la diferencia? Presten atención, porque ésta es la clave: aquel que reconoce la naturaleza divina de su interior y por tanto participa en la creación de su realidad, está verdaderamente controlando aquello que no entiende y que supuestamente está oculto. Aquel que habita en el círculo de su propia creación es el que posee la paz. ¿Cómo podemos temer aquello que nosotros mismos creamos? Piensen en ello. Porque lo que es creado, ¡pertenece al creador! Y los creadores son *ustedes*.

Déjenme que les dé otro ejemplo, mis viejos, temerosos y ansiosos amigos. Se preocupan por las sincronicidades, ¿no? Algunos podrían decir: *«Kryon, háblame de la sincronicidad; es algo que no entiendo. ¿Qué pasa si la dejo escapar? ¿Qué ocurriría?».* Visualicen de nuevo su camino, ahora mismo. La mayoría de los humanos volverán a ver el camino que sigue hasta el infinito, más allá del horizonte, recto como una flecha. ¡Ése no es en absoluto el camino! Empiecen a visualizar un camino circular. Podrían decir: «*Kryon, ¡eso significa que estoy dando vueltas en círculo!*». ¡Exactamente! ¡Ya lo han captado! [Risas].

¿Qué les dice eso? ¡Les dice que pasamos por el viejo territorio una y otra vez! ¡En realidad no hay nada nuevo! ¡Eso es! ¿Cómo es que el trabajador iluminado puede enfrentarse a una situación que para otros resultaría devastadora? ¿Cómo encuentra la paz el trabajador de la luz? ¿Qué es lo que sabe el gurú que ustedes no sepan? ¿Qué hay de los que están allí sentados, con total serenidad, en medio del caos que les rodea? ¿Qué saben ellos que ustedes no sepan? La respuesta es: no sienten miedo ni se atormentan por algo que ellos crearon y que controlan. No existe el temor en aquello que han creado. No hay miedo porque todo resulta familiar. En lugar de ello hay paz, porque están sentados en el círculo, creando su propia realidad. Aunque podrían tener la sensación de no ser capaces de ver más allá del horizonte, tienen la confirmación espiritual de lo que está allí. Saben que el futuro también es el pasado y que no hay nada realmente desconocido.

«*Kryon, ¿qué pasa si cometo un error y dejo pasar mi sincronicidad?*». También podrían decir: «*A veces estoy atascado, simplemente estoy allí, y no puedo moverme, ni hacia delante ni hacia atrás*». Déjenme que les diga lo que ocurre cuando ustedes creen que están estancados. Empecé por decirles que están en un círculo. Bueno, ¿adivinan dónde está la familia? Está entre ustedes y el centro. Muchas veces ustedes se mueven en una dirección y la familia en otra. Si comprenden el tema de la concentricidad, podrán visualizarlo. Mientras que puede que su círculo esté en el lado exterior, moviéndose en el sentido de las agujas del reloj, muchas veces la familia avanza en el sentido contrario al del reloj. Si por casualidad ustedes se detienen, ¡ellos no! No se sientan sorprendidos si creen que están estancados, ¡pero en retrospectiva verán que fuimos nosotros quienes les detuvimos para que la sincronicidad pudiera alcanzarles! Y mientras se están retorciendo las manos preguntándose qué está pasando, rezando para poder progresar, el Espíritu ha estado sosteniendo una gigantesca «señal de

STOP» que dice: «*Por favor, esperen*». La perspectiva humana durante este proceso muchas veces es la de: «*¿Qué me pasa?*». Los que están en el «*ahora*» comprenden que no hay nada malo en ello. ¡Lo celebran! Porque se dan cuenta de que la parada es para permitir que aquello que pidieron se manifieste.

Se trata de un círculo divino. A veces se mueve a velocidades fantásticas y a veces está quieto. A veces el centro se mueve más rápido que la parte exterior, y la sincronicidad en ocasiones vendrá en su busca aun cuando esté «parado esperando». ¡A veces incluso lo golpea desde atrás! Me gustaría ponerle un nombre a ese proceso: amor, cuidado y protección. Nosotros, su familia, no estamos en un vacío mientras le sostenemos. ¿Cuáles fueron los primeros mensajes de Kryon en 1989? Que ustedes tienen «guías». Nunca están solos. Sabemos quiénes son y por lo que han pasado. ¡Eso nunca ha cambiado! Aquí están, en el año 1999, con un grupo de acompañantes que han tenido durante toda la vida. Cada uno de ustedes tiene una compañía de la que no son conscientes. Pueden decir tal vez que se trata de dos o tres guías. Lo que no entienden son las «almas superiores», las conexiones interiores, y lo que no ven es el grupo de apoyo que hay detrás de todos y cada uno de los miembros de la familia sentados ahí en las sillas o leyendo esto. No importa quiénes sean ustedes ni la edad que tengan. Ese apoyo, queridos, se activa mediante su intencionalidad pura.

El temor, la ansiedad y la falta de amor propio tienen que desaparecer cuando están creando su propio futuro y cambiando su realidad. Déjenme que les diga lo que ocurre cuando es así. Aquel que decide intentar comprender la interdimensionalidad de su esencia es el que pone un pie en el *ahora*. Eso es intencionalidad. Durante años les hemos hablado de experimentar serenidad ante cosas que parecen ser caóticas, tolerancia frente a lo intolerable. Les hemos hablado sobre el potencial del futuro. Una y otra vez les hemos dado instrucciones sobre cómo tener más serenidad y alejar los temores. Hemos transmitido siempre esta información desde el amor puro y ahora empezamos a explicarles la mecánica de su funcionamiento. Es así: están empezando a tener la capacidad, literalmente, de estar más cerca de los atributos de la entidad que realmente son en el ahora. «Vibrar más alto», queridos, no son sólo palabras. Ni tan siquiera un concepto. Es algo real. La persona, el ser humano, que vibra a un nivel elevado, es aquella que ha elegido ir hacia arriba. Pueden llamarlo como quieran, pero eso es *ascensión*, ¡y les diré que sus secretos están siendo revelados ahora en este planeta!

Los Maestros les dieron ejemplos. Echen una ojeada a los avatares de todo el planeta cuando les mostraban que podían crear materia mediante su intencionalidad consciente. Les mostraron la paz en la muerte. Emanaban amor. Excaven todo lo hondo que quieran, en los textos sagrados que deseen, y cuando lleguen al núcleo de los originales, los que fueron escritos por las plumas de seres iluminados, descubrirán que sus canalizaciones trataban de una humanidad que puede cambiarse a sí misma. El cambio es la norma, y ése es el don. Avancen en línea recta, pero colóquense en el círculo. Y cuando lo hagan, ¡la paz estará con ustedes en el círculo! Vengan aquí con nosotros, humanos. Vivan una larga vida y *creen* el mañana; no lo teman.

Permítanme que les hable de un potencial. Se está dando un cambio de consciencia en este planeta, y lo están empezando a ver por todas partes. ¡Quién iba a pensar que llegaría incluso a los políticos! Ahora empezarán a ver cómo se infiltra en las religiones de todo el mundo. Observen bien. Habrá líderes religiosos que decidirán cambiar las doctrinas. Quiero que piensen en ello por un momento. Para aquellos que le dirían a Kryon: *«Espera un momento, las doctrinas religiosas de todo el mundo son invariables. Están basadas en tablillas, en pergaminos y en elementos sagrados que les fueron dados a los humanos para explicarles la manera en que funciona Dios».* Tienen razón.

Déjenme que les ofrezca una analogía. Hay un ser humano en la cama, en una habitación. El «humano que duerme» es una metáfora de la dualidad. La parte que está durmiendo es la conciencia de que el humano también es espiritual y poderoso, y está dormida, se desconoce. A lo largo de los años se ha ido desarrollando una metodología, un protocolo de cómo cuidar del humano dormido en la habitación, que la humanidad entera puede ver y utilizar. Esto se ha convertido en instrucciones espirituales para el humano dormido. Este ser está cuidado. Se vigilan sus funciones corporales, la ingestión de alimentos, la tranquilidad, la calidez. Existen formas de controlar la temperatura y de crear salud, y el humano es respetado y bien atendido. Los procedimientos para estos cuidados están escritos en libros, tablillas y rollos de pergamino. Muchas de estas instrucciones fueron descubiertas en cuevas y en mares largo tiempo desaparecidos. Los métodos son absolutos. Siempre funcionan y el ser humano dormido recibe cuidados espirituales dentro de la dualidad en la que duerme.

Ahora déjenme que les pregunte: cuando el ser humano despierta, ¿qué van a hacer con las instrucciones para un humano dormido? Ya no son aplicables. «*Kryon, ¿qué estás diciendo?*». Estoy diciendo que habrá una consciencia chamánica que va a cambiar las reglas de los cuidados espirituales, ¡porque la población está despertando! ¡Los aspectos divinos de lo que realmente son los seres humanos individuales van a cambiar! Los dones, las herramientas, el poder, la iluminación –incluso la misma luz– están cambiando en este gran planeta de libre albedrío. Y cuando se trata de los cambios de las doctrinas religiosas, lo sabrán, lo sentirán y lo verán por ustedes mismos. Estén atentos. Es algo inevitable y tiene que ser así. ¡No pueden pretender que una doctrina divina que sirve para un individuo dormido funcione cuando este ser ha despertado y se ha ido de la habitación!

¿Comprenden esta analogía? Incluso algunos de sus mejores libros espirituales ya no servirán como antes. Están bien escritos y canalizados, pero son para un humano diferente a ustedes o a los niños que están trayendo al mundo. Tendrán que reescribir los libros. Y cuando lo hagan, llámenlos los textos sagrados del «ahora», las escrituras «circulares», instrucciones para la «Era del Ahora» del ser humano.

¿Y qué pasa con *ustedes*? ¿Dónde se ven dentro de todo esto? ¿Están andando por la línea recta, preocupándose por su caminar solitario, o se ven en la sala con todos nosotros? Permítanme que les diga que la realidad está aquí mismo, en esta sala, con nosotros y con aquellos que están leyendo esto: ¿dónde está su realidad? ¿Creen acaso que se encuentran en una sala pública en una tierra tridimensional, o sentados solos leyendo algo? ¿Nuestra realidad? ¡La familia está aquí! Si todavía no la han percibido, quizás ahora sea el momento. Si les dan permiso, se manifestarán ante ustedes físicamente. ¡Entonces sabrán que ese día les dieron un abrazo desde el otro lado del velo, y que incluso les lavaron los pies! ¿La realidad? Es que no están solos, que realmente están aquí con nosotros. Todo lo demás es ilusorio. A medida que respondan a esto, la linealidad de su vida lentamente se irá curvando y se juntará con las demás partes que siempre están, y estuvieron, en un círculo. ¡Lentamente se convertirán en los seres circulares que poseen los sagrados atributos de crear allí donde van!

Hay tanto amor aquí. ¿Comprenden el respeto que sentimos por ustedes? ¿Comprenden lo que ocurre cuando parte de la familia se marcha y alcanza la grandeza? ¿Saben qué se siente cuando parte del grupo va a visitar la familia cuando está en el campo haciendo su trabajo? Pues bien, ¡nosotros sí! Este grupo ha venido hoy a visitarnos porque ustedes están haciendo el trabajo. Y este grupo es el que les lava los pies y les abraza desde el otro lado del velo y les dice: «Os amamos».

Algunos de ustedes podrán volver a sentarse frente a esta compañía. No es la última vez que venimos. Cuando lo hagan, queremos que recuerden el saludo y lo que ello significa. Queremos que comprendan lo que es el «YO SOY». Queremos que vean el círculo cada vez que oigan decir: «Saludos, YO SOY Kryon del Servicio Magnético». Queremos que comprendan que hoy les ha visitado la familia.

Ya hemos dicho que ésta es la parte más difícil. ¿Cómo cogemos a miembros de la familia y los separamos? Sabemos que no existen las auténticas despedidas en un círculo, porque siempre estamos allí. Pero esta reunión está a punto de terminar. Mi compañero ha pedido que la energía de este amor sea transmitida hoy para que muchos puedan recibirla. Hay mucho más de lo que se ve a simple vista. Déjenme que les diga que las cosas no son siempre lo que parecen. Hoy se han sembrado aquí semillas, entre miembros de la familia que caminan por este planeta, que están sentados en estas sillas, que leen estas palabras. Queremos decirles que sabemos por qué vinieron. Van a salir de esta sala llevándose la energía que solicitaron. ¿Creen que podíamos ignorar sus peticiones? ¿Creen que al Espíritu le divierte su confusión? ¡Al Espíritu le encanta verles disfrutar del «ahora»!

Así pues, querida familia, es con un poco de pena que nos retiramos de esta sala y de su zona de lectura. Una vez más les decimos esto: ¡Nunca están solos! La energía que hoy han sentido pueden recuperarla siempre que quieran. Pueden venir con nosotros a este lugar circular. ¿Se sienten estancados en su camino? Celébrenlo mientras la sincronicidad se acerca a ustedes. ¿Sienten que están varados, sin ningún rumbo aparente? Celebren el conocimiento de que todo es relativo y de que están parados para que otros puedan alcanzarles o aparecer por el frente o por un lado, o incluso desde atrás (el pasado) cuando sea el momento. Celebren el hecho de que todo está en movimiento, pero que su linealidad les hace creer que están detenidos. En realidad, la familia está en continuo movimiento alrededor de ustedes, al igual que el increíble amor que sentimos por ustedes no se detiene jamás.

Y así es.

Kryon

Capítulo Tercero

TIEMPO Y REALIDAD

(2ª parte)

«TIEMPO Y REALIDAD»
(2ª Parte)

Canalización en directo
Nancy, Francia – mayo 1999
Santa Fe, Nuevo México – julio 1999
Melbourne, Australia – septiembre 1999

La canalización en directo que damos a continuación fue transcrita como una combinación de tres eventos en tres continentes distintos... todos con el mismo mensaje... dado en directo. Ha sido revisada y contiene palabras e ideas adicionales para que la palabra escrita resulte más clara y comprensible.

Saludos, queridos. YO SOY Kryon del Servicio Magnético. Esperemos un momento mientras una familia muy especial se acerca hasta aquí, un momento muy valioso mientras se prepara la sala para equipararse con los corazones de aquellos que han venido a escuchar y a leer. Utilizamos ahora con frecuencia la palabra *valioso*. En lugar de ser sólo información para compartir durante un rato y que algunos podrían llamar académica, esta experiencia de canalización se ha convertido en una reunión de primer grado.

Hay algunos de ustedes aquí que podrían decir: *«Esto no puede estar ocurriendo. Realmente es el producto de una fértil imaginación por parte de todos los asistentes»*. Están escuchando una voz humana, y sin embargo nosotros les decimos: «Dejen que la energía divina de esta sala sea la prueba de lo que realmente está sucediendo». ¡No pueden tener ángeles de pie en los pasillos, detrás de sus asientos y arrodillados delante de ustedes sin sentirlos! ¡No pueden tener a aquellos que han conocido en forma humana, algunos pequeños y otros grandes, viniéndoles a visitar y dándoles quizás un golpecito en el hombro o un abrazo por la espalda y no sentirlos! ¿Se preguntan por qué vinieron? ¿Se preguntan por qué leen estas palabras? Oh, queridos miembros de la familia, ¡les conozco tan bien! Algunos han venido como un regalo para los que se sientan a su lado. Algunos de esos podrían estar diciendo: «*Esta charla espiritual no me afectará. Esta energía no me alcanzará*». Yo les digo: «No tienen por qué sentirse afectados. ¿Por qué no se quedan simplemente sentados y se dejan querer?». Si sólo llegan hasta allí, siempre será mejor de lo que estaban cuando llegaron, ¿no es cierto? ¡Siéntense y sientan el amor de la familia!

Pasamos tiempo con este grupo, con esta familia, porque formamos un todo con aquellos que vendrán a visitarnos desde el otro lado del velo. Son muchos más los que están aquí, caminando entre las sillas, volviéndoles a saludar después de todo ese tiempo, pidiéndoles que reconozcan la energía. ¿La sienten? Lector, ¿la siente usted también? Habrá algunos de ustedes que no necesitarán oír las palabras en inglés que van a ser pronunciadas aquí. Algunos de los que estén escuchando la charla abandonarán su consciencia para que simplemente puedan ser amados, para que puedan flotar y disfrutar. Después están aquellos de ustedes que tendrán que escuchar, leer y comprender lo que se dice, porque está dirigido específicamente a ustedes.

El mensaje es para todos ustedes. Es una continuación de la última vez que ofrecimos una canalización sobre este tema. Porque, hace unas semanas, pasamos cierto tiempo con la familia, algo muy parecido a lo de ahora, en una sala similar a ésta. En esa sesión hablamos sobre el tiempo del «ahora», y dimos muchas metáforas y enseñanzas durante la charla. Explicamos la diferencia entre el tiempo lineal del ser humano y el tiempo espiritual divino del «ahora» en el que se mueve la energía sagrada de su interior, llamada «Yo superior». Lo que ahora presentaremos será simplemente una continuación de ese estudio.

Esta vez vamos a darle un nombre distinto. Esta segunda parte no tiene literalmente nada que ver con el tiempo lineal y circular, como lo tuvo la primera. Esta lección se titulará «Cambiar la realidad». Es hora de que la escuchen y la comprendan mejor. Porque de todos los conceptos que el ser humano debe conocer en su estado ascendente, éste es el más difícil. Pero todavía no estamos listos para empezar. [Lee se ríe].

¿No se creen que sepamos sus nombres? ¿Creen que podrían ser una especie de ser humano genérico y simplemente quedarse aquí sentados? Hagan lo siguiente: examinen todas las cosas que han dispuesto para este día y que les permiten «estar sentados en la silla» ahora mismo. Es un grupo finito, las partes de Dios que están aquí escuchando y leyendo. Es un grupo finito que yo conozco y que ustedes conocen desde hace eones. Se conocen de manera tan íntima como a su propia familia. Muchas veces se han visto los unos a los otros entrando y saliendo. ¡*Ustedes*, descendientes de Lemuria, chamanes, seres divinos! ¿Qué opinan sobre las características de esos que están despertando ahora mismo? ¿Por qué ustedes? ¿Qué les trae a este lugar para escuchar y leer? ¿Por qué enfrentarse a las invectivas y a los ataques verbales de aquellos que les mirarán y les dirán que se han vuelto totalmente locos por escuchar a un canalizador? [Risas].

Es el ser divino de su interior, que está despertando, el que está empezando a comprender cómo funcionan las cosas. Ustedes, queridos, están empezando a cambiar el mismísimo tejido de la realidad de su vida. Utilizamos expresiones como creación compartida y contrato, pero el ser humano todavía no comprende eso de «cambiar la realidad». Y por ello mientras seguimos aquí, quiero que entiendan que sabemos quiénes son. Están sentados exactamente allí donde esperábamos que se sentaran. ¿Lo sabían? De otro modo no sabríamos a quien mandar llamar para que les diera un abrazo. [Risas]. Solamente queremos que comprendan que los ojos y los oídos que miran esta página y escuchan estas palabras son los ojos y los oídos de miembros de la familia, conocidos y amados por nosotros.

71

Realidad

¿Qué es la realidad para el ser humano? Es una propiedad invariable que constituye uno de los postulados de la existencia. Vayan y pregunten a cualquier ser humano, no necesariamente uno que esté versado en temas espirituales. Pregúntenle: «Qué es la realidad?». Puede que conteste algo así como: *«Es aquello en lo que puedo confiar. Es aquello que nunca cambia. Es la madera de la silla, el suelo que piso, el aire que respiro. Es algo constante y siempre igual. Puedo confiar en lo que es real para mí porque puedo tocarlo y sentirlo. Mis sentidos siempre reaccionan a ello de la misma manera. Mi realidad es algo real. Es física. Es biología. Es el cómo funcionan las cosas. Es la vida en el planeta Tierra».*

Voy a darles un ejemplo de su realidad en el que puede que no hayan pensado antes, y yo se lo haré recordar. ¿Forma parte el tiempo de su realidad? ¿La manera en que avanza, el efecto que tiene sobre su vida? Bueno, nuestra lección dice que la *realidad* es tan relativa como lo es el tiempo. Les hemos dado muchos ejemplos (igual que algunos de sus científicos) sobre la variabilidad de esta constante que ustedes pensaban que era inmutable: la del tiempo. Si el tiempo es relativo, entonces ¿por qué *parece* ser tan constante? ¿La razón? Porque la humanidad está escondida en su interior. Cuando cambia, todo cambia con él y nadie se da cuenta. El único que podría saber que cambió sería un observador que estuviera a un lado y no formara parte de la humanidad y por tanto no se viera afectado por la alteración temporal. Un ser interdimensional también sería consciente de ello, ya que las otras dimensiones lo pondrían al descubierto. Pero, ¿recuerdan la física? El tiempo es relativo según la velocidad.

Pregunta: ¿Qué pasaría si la humanidad y la Tierra estuvieran vibrando a un ritmo más acelerado que el de hace cincuenta años? ¿Qué pasaría si los mismos átomos estuvieran vibrando más rápidamente en la Tierra, en el sistema solar y en todas las cosas de la zona en la que se encuentran? ¿Qué pasaría si este «cambio de velocidad» vibratoria modificara el transcurso del tiempo? ¡Ustedes nunca lo sabrían! Puesto que todos se encuentran en el mismo «barco» vital llamado Tierra, para ustedes sigue teniendo el mismo aspecto. Sólo el Universo que les rodea lo sabría, sabría que su «realidad» cambió pero que a ustedes les parecía que seguía igual.

Otra pregunta: ¿Qué pasaría si se encontraran en un tren sin ventanas, dirigiéndose hacia un destino todavía desconocido (como la vida, por ejemplo)? Son conscientes del movimiento y del hecho de que van hacia delante, pero nada más. Mientras viajan en el tren, éste cambia de vía, moviéndose sutilmente en otra dirección, y por tanto hacia otro destino. Para ustedes, que no podrían verlo, les parecería que nada habría cambiado. El tren sigue moviéndose hacia delante y al parecer nada ha cambiado, ¡pero sí lo ha hecho! Ahora se dirigen a alguna otra parte. ¡Ésta es la relatividad de su realidad! Por lo tanto, les traemos la noticia de que la REALIDAD también es variable.

El círculo de energía: una metáfora

Imagínense por un momento un círculo de energía. Adelante, si lo desean hagan que tenga forma de donut, con lo que ahora posee también la dimensión de altura. En el círculo de energía existe una fuerza, digamos que una «fuerza vital», y hagan que empiece a fluir, dando vueltas y vueltas dentro de la estructura de donut, con una velocidad siempre igual. Es la fuerza vital de la humanidad. También representa la realidad de la humanidad. Consideren que esta visualización es su *realidad*: una energía inmutable, una que verdaderamente es circular. Sigue y sigue eternamente.

Algunos han comparado esta metáfora con el tren que antes comentamos que avanza sobre unas vías, dando más y más vueltas. Nunca cambia. Siempre es el mismo tren y siempre va a la misma velocidad. Aunque este tren tiene muchas dimensiones, el ser humano sólo percibe cuatro: altura, longitud, anchura y tiempo. Otras dimensiones que el humano no puede ver en el tren son:

73

1. La posibilidad de mirar por la ventana del tren y ver las cosas de fuera pasar.
2. Controlar la velocidad de la locomotora.
3. La posibilidad de observar las vías que hay frente al tren.
4. La composición del tren. Existen otras, pero éstas representan una metáfora de cuatro dimensiones adicionales que están presentes pero que ustedes no pueden ver.

En la última canalización mencionamos el hecho de que todo es circular, y que incluso los caminos que pensamos que avanzan hasta el infinito también son circulares. Les dijimos que no existen las líneas rectas. Las líneas que parecen ser rectas simplemente se curvan para a la larga encontrarse consigo mismas. Por lo tanto, el tiempo y la realidad son circulares. Por eso los potenciales de su futuro se pueden medir, y se pueden hacer profecías, porque los potenciales del círculo regresan continuamente como temas que están familiarizados con la constante. Así, en lugar de un futuro que desaparece en el horizonte como un misterio desconocido, su futuro es un gran círculo que vuelve una y otra vez dando vueltas. Forma parte del tiempo del «ahora» que comentamos en la última canalización. Por eso lo potencial se puede volver manifestación, a medida que el círculo regresa a la energía que generó el potencial. Aquellos que son capaces de profetizar tienen un don interdimensional. Pueden atisbar borrosamente por una ventana de la parte delantera del tren. Por ello pueden ver lo que hay en la vía, directamente frente al tren, y así pueden darles ideas de lo que podría ocurrir.

Como ya les hemos dicho que el tren avanza en círculo, los potenciales energéticos se ven, y más adelante se convierten en realidad cuando el tren vuelve a pasar por allí. La dificultad para los que profetizan es esta cuestión: ¿Cuántas veces tendrá que circular el tren por encima del potencial antes de que éste se convierta en realidad? Así pues, incluso un buen profeta puede equivocarse en la fecha, pero el acontecimiento sigue siendo un potencial que efectivamente podría ocurrir.

Este tren de fuerza vital, el «círculo de energía», a ustedes les parece que nunca cambia. La energía es sólida como una roca. Pueden alargar el brazo y tocarla. Ese tren es el de la «Realidad-A». Avanza y avanza, durante milenios, eones, y los profetas lo utilizan para generar los potenciales de los que acabamos de hablar. Mientras el círculo continúa estando en la «Realidad-A», los potenciales lentamente se convierten en manifestaciones de creación propia, y el círculo produce una realidad que concuerda con lo que los profetas predijeron. Piensen en su realidad en la Tierra. Parece que sea inmutable, que siempre sigue igual. Es algo en lo que pueden confiar, algo que pueden alargar el brazo y tocar. Para algunos es la energía enraizadora de la fuerza vital de la existencia. Algunos puede que prefieran llamarla los atributos de la Cuadrícula Cósmica, que ya hemos explicado antes. Es siempre constante, siempre potente, siempre presente. Están verdaderamente acostumbrados a ella.

El catalizador divino

Ahora quiero introducir un «viraje» en este ciclo inmutable de existencia. Entra en el círculo algo que nunca antes estuvo allí. ¡Ahí llega! Tiene un aspecto parecido a un cristal alargado. Algunos dirían que tal vez es una «varita». Tiene polaridad. ¡Es otra fuerza! No es una fuerza vital humana, pero tiene una característica humana. ¡Observen hacia dónde se dirige! ¡Se dirige al centro del círculo! Tiene la fuerza necesaria para hacerlo sola, puesto que se llama «divinidad» o «Dios». Vamos a llamar a esta nueva fuerza independiente «el catalizador divino». Cuando esta divinidad cristalina, parecida a una varita, penetra en el campo de la fuerza vital, afecta a su potencial. Altera el potencial y permite que cambie. Modifica las propiedades constantes al dejar que la fuerza cambie de dirección. La fuerza vital humana se hace más potente durante el proceso, como la locomotora de un tren capaz de subir cuesta arriba. De repente, cuando este tren cambia de vía y empieza a ascender cuesta arriba, hacia una vía más elevada, esta energía circular inmutable llamada «Realidad-A» se convierte en la «Realidad-B», en otra vía. (Por cierto, el Espíritu llama a todas las realidades simplemente «realidad»).

¿Qué ha ocurrido y qué es lo que ha cambiado? O más importante aún: ¿quién se percató de ello? La realidad sigue siendo la realidad. El tren sigue avanzando en un círculo, pero ahora tiene unos sutiles atributos que son distintos, unos atributos que no son necesariamente perceptibles para todo el mundo. Observen lo que pasó: el tren simplemente cambió a una vía más elevada. Para la gran mayoría, nada parece haber cambiado, pero lo cierto es que todo el tren (la vida en la Tierra) tiene un destino diferente. Ahora lo podemos llamar «Realidad-B», o vía B, si lo prefieren. El ser humano, que sólo puede percibir cuatro dimensiones, sigue viendo esas mismas cuatro, igual que antes: altura, longitud, anchura y tiempo, ¡que siguen teniendo el mismo aspecto! El tren continúa siendo el mismo, y sigue avanzando por una vía a la misma velocidad. Lo que el ser humano no ve es que ahora se encuentra en una vía diferente y mucho más elevada.

Vean cómo cambió: cambió porque un catalizador divino se cruzó con la antigua fuerza vital constante llamada «Realidad-A». La intersección de la varita divina, por tanto, creó un nuevo potencial –un cambio de vías– y sin embargo la mayor parte de la humanidad no se percató de ello.

Les acabo de dar la imagen, queridos, de lo que el *nuevo* ser humano iluminado hace cuando él o ella recorre su camino por el planeta. Porque esa varita divina, ese objeto cristalino, es *usted*. Ésta es la metáfora de cómo una persona que alcanza la condición de ascensión cambia el planeta y cómo la vieja realidad de las pasadas profecías queda anulada. Se encuentran ustedes en un planeta cuya realidad ha sido cambiada –absolutamente modificada– ¡y son *ustedes* quienes lo han hecho! Saben, cuando se sitúan en el centro de la fuerza vital que cambia, no son conscientes de «A», de «B», de «C», ni de «D». Es simplemente realidad, ¡y sin embargo el tren de la realidad cambió de vía! Por tanto, el círculo en el que se encuentran está ahora en otro plano. Imagínenlo como varios círculos, unos encima de otros, y que a pesar de que cambiaron de vía para acceder a un círculo más elevado, su tren sigue avanzando y no son conscientes del nuevo círculo.

«*Kryon*», podrían preguntar, «*¿estás hablando de una realidad personal o planetaria?*». No podemos separarlas. Todo empezó a un nivel personal, y decenas de miles de seres humanos empezaron a cambiar. La consciencia de la humanidad alcanzó un punto en el que la Tierra tenía que cambiar debido a lo que los humanos que la habitaban estaban haciendo, y el resultado fue un cambio de realidad, tanto en un nivel personal como planetario. Casi la totalidad de este cambio tuvo lugar entre los años 1962 y 1987, ¡y vaya cambio!

«*Kryon, ¿estás diciendo que existen múltiples realidades, y que simplemente pasamos de una a otra? ¿Quizás existen múltiples Tierras?*». No. Sólo existe «una realidad» y una Tierra. Lo que sí existe son múltiples «potenciales». La única «realidad» es aquella en la que se encuentra su tren humano. Puede que haya cientos de vías, pero sólo son vías potenciales para su tren. Cuando el tren no viaja por ellas, no manifiestan nada. El tren es la energía de la vida. Cuando se encuentra en una vía energética, responde a los potenciales de la nueva vía. ¿Comprenden? La realidad, eso que pueden tocar, ¡es la vía en la que se encuentra su tren! Pero muchas veces el cambio de vías resulta invisible para ustedes. Por lo tanto, podrían mirar a su alrededor para ver algunas de las cosas que les están indicando que sí, que su realidad ha cambiado.

«*De acuerdo*», podrían decir, «*pero ¿cómo podemos verlo? ¿De qué sirve hablar de algo que ni siquiera podemos discernir?*». Lo que hace que se descubra el pastel es que las profecías eran para la vía inferior. Por tanto, no ocurrirán ahora, puesto que pasaron de la vía llamada «Realidad-A» al nuevo trazado circular, más elevado, llamado «Realidad-B». No pueden existir manifestaciones de un potencial anterior cuando el viejo potencial fue creado con una energía más baja. El círculo de la fuerza vital humana se encuentra ahora en una más alta. Los viejos potenciales que los profetas vieron ¡eran una visión de las antiguas vías, no de las nuevas! Puede que esto les parezca críptico, pero es la manera en la que funciona su dimensión.

Aunque es posible que no se percataran de ningún cambio de realidad, pueden observarlo fácilmente en la vida que les rodea, en el planeta. Ninguna de las profecías se ha cumplido, ¿se dieron cuenta? Vamos a recordarles algunos otros temas y a centrarnos en el elemento humano que contienen, para que puedan comprender claramente el alcance de lo que significa una realidad terrestre cambiante.

Siete indicativos de su realidad

Empecemos con lo más grande y después vayamos hacia lo pequeño. Existen siete indicativos de los que deseamos hablar.

1. **Política:** Observen cómo está ahora su planeta. Oh, queridos, hay una zona de su Tierra que políticamente ni tan siquiera se acerca a lo que su vieja realidad decía que sería. Hace siete años que lo venimos mencionando. Hemos acudido a las grandes asambleas y lo hemos hablado aquí [se refiere a las tres visitas realizadas a Naciones Unidas para ofrecer una canalización]. No obstante, debido a que pasaron flotando sobre ellas como si se tratara de una suave ola, no entienden cuántas modificaciones de realidad han tenido.

Estoy hablando de Israel y de Oriente Medio. ¿Saben lo que representa esa zona? En primer lugar, me gustaría decirles quien vive allí: ¡la familia! Nunca se separen debido a posiciones geográficas ni idiomáticas. Nunca se aíslen de la familia por temas culturales. Ustedes han formado parte de muchas culturas en el pasado; su realidad actual simplemente es la que eligieron para esta encarnación. Tienen familia allí en Oriente

Medio, y como ustedes, esa familia está allí en el año 1999, después de esperar algo a un nivel celular muy diferente de lo que están actualmente experimentado.

Permítanme que les explique la realidad que es Israel. Israel está listo para experimentar el potencial del tercer Éxodo. El primero fue el de sacar a las tribus de la esclavitud y salir de Egipto. El segundo Éxodo fue pasar de un grupo impersonal a otro con un país que contenía su energía de nacimiento. El tercer Éxodo, el más profundo de todos, es aquel que traerá la Nueva Jerusalén que debe empezar en el mismo Israel.

Este tercer Éxodo es el de la «consciencia»: pasar de la antigua consciencia de luchas a la consciencia iluminada de la paz. El milagro divino es que en la vía de la antigua «Realidad-A» no existía este tercer Éxodo. Las profecías eran claras, y el destino del tren era dirigirse hacia un potencial que no contemplaba otra cosa que la manifestación del cumplimiento de esa profecía. Cuando el tren cambió de vías entre 1962 y 1987, ustedes no se percataron. Había desaparecido el círculo en el cual se iban a encontrar con la manifestación de lo viejo. Fue reemplazado por un nuevo trazado de vías, por un nuevo destino, y por el potencial de un tercer Éxodo para una humanidad que está cambiando de energía.

Quiero que echen un vistazo a lo que está ocurriendo ahora mismo en ese territorio. El país tiene un nuevo líder, uno que ha sido elegido por su pueblo, ¡y escogieron a su guerrero más grande! Su pasado es bien conocido, y sus acciones también. Proviene de una energía en la que Israel le dijo al resto del mundo: «*Merecemos estar aquí. Ellos (el enemigo que les rodeaba) no pueden tener nuestro país. Vamos a recuperarlo a toda costa. Esta Guerra Santa hace siglos que dura, ¡y todavía no ha acabado!*». ¿Recuerdan esa energía? ¡Fue no hace tanto tiempo! Ahora quiero que escuchen lo que el nuevo líder-guerrero está diciendo, el dirigente elegido por la consciencia del pueblo de Israel.

Este antiguo guerrero está diciendo ahora: «*¿Cómo podemos instaurar la paz, y a qué tenemos que avenirnos para hacer* *que funcione? ¿Cómo podemos tener a cuatro —o más— importantes sistemas de creencias compartiendo los mismos Lugares Santos que también para nosotros son sagrados? ¿Cómo podemos coexistir sin terrorismo? ¿Cómo podemos llegar a crearlo? ¿Cómo podemos hacerlo sin negatividad ni culpabilidad? ¡Empecemos ya!».*

¡Bienvenidos a la «Realidad-B»! ¿Es esto lo que se profetizó? ¿Coinciden las fechas? La respuesta es ¡NO! Las nuevas vías de realidad tienen un nuevo destino: la paz. La antigua desapareció. En ese mismísimo lugar, ahora mismo, en el año 1999, se suponía que iba a estar el punto central de la exterminación y el horror! En lugar de ello, el nuevo gobierno se pregunta: *«¿Como podemos instaurar la paz?»*. Háblenme de *esa realidad,* ¡de una realidad tangible! ¿Cuáles eran los potenciales? Su planeta tiene libre albedrío. La *opción* de la que hablamos es la opción que tienen de cambiar el tejido de la realidad en este planeta, el único que existe en el universo con estas características.

2. Cambios en la Tierra: Aquí tienen otro ejemplo. ¿Qué hay de los cambios en la Tierra? ¿De la física de la Tierra? No hace falta que yo les diga que ha existido una gran aceleración en los cambios en la Tierra. Lo que están observando es una aceleración de la evolución geológica de la Tierra, casi como si los años transcurrieran más rápidamente que antes. Están viendo cambios que tal vez no habrían visto en décadas, pero que están ocurriendo *ahora.* ¡Y se preguntan por qué los océanos se calientan y la tierra tiembla! Eso es porque la tierra que tenía una consciencia vieja está reaccionando ante los cambios de realidad. Cuando su tren de la realidad cambió de vía, la Tierra también se apuntó a ello. ¡Esto es un cambio de realidad! Oh, pero no se acaba aquí. ¿Qué hay del próximo evento [se refiere a la canalización ofrecida en julio de 1999 en Santa Fe]? Ya saben, aquel tan temible. Oh, queridos, ahora todos ellos son temibles, ¿no? ¿Y qué pasa con el 11 de agosto de 1999? Algunos predijeron que esta fecha sería catastrófica, un alineamiento astronómico, una energía como ninguna otra. *«¿Qué vamos a hacer?»* se han preguntado los humanos: *«No sirve de nada. Algo está ocurriendo».*

Déjenme que les cuente sobre una antigua realidad que solía avanzar en círculo. Muchas de las cosas que han aparecido en su camino en los últimos años, desde 1987, han tenido diferentes potenciales y energías puesto que la vía se convirtió en otra nueva. Estos eventos físicos tienen nuevas realidades. En lugar de exterminio, ahora tienen «celebración», y esta fecha era una de ellas. Les desafío a todos ustedes. Piensen en ese día y recuerden estas palabras: «Quiero que lo celebren». Estudien primero la numerología: 8, 11, 1, 9, 9, 9. La suma da «11». [Recuerden que en numerología los números dobles iguales se consideran un número irreducible, como el 11].

¿Cuál es la energía del Kryon? ¿Recuerdan la primera enseñanza que di en 1989? Es la energía del «11». Hace casi diez años que lo saben. También les hemos hablado de la energía del «9». Representa la totalidad, y por tanto, ¡el «9» y el «11» son los atributos de Kryon! ¡Cuántos de ustedes han pensado alguna vez en multiplicar estos números? El resultado es el año que están viviendo ahora: «99». ¡Ésta es la hora clave! Éste es el mensaje de Kryon y sus compañeros, que tiene una profundidad nunca vista antes, porque se encuentra inmerso en los cambios de realidad que han generado, cambios de los que les hablamos hace años. ¡Ahora los están viviendo! Ésa fue la segunda lección.

3. Espiritualidad: ¿Qué pasa con la espiritualidad del planeta? Estamos haciendo un repaso, así que seré breve. Hay algunos de ustedes que dicen: «*De acuerdo, acepto lo de los cambios de realidad en política y en la Tierra, pero hay algo que nunca cambia, y eso es Dios. Dios es el mismo ayer, hoy y siempre*». Tienen razón, ¡pero la relación Dios/ser humano no es la misma! Ha cambiado, ¡y los juegos de instrucciones para la humanidad han cambiado!

Retrocedan y repasen lo que les conté en la Parte I de esta canalización. ¿Recuerdan la metáfora del ser humano dormido? Se escribieron miles de libros sobre cómo cuidar de un humano dormido, y entonces de repente va y se despierta. ¿Qué hacemos con esos libros? Ya no resultan válidos. Son muchos los que están despertando a un nuevo paradigma de espiritualidad. ¿Se sienten ansiosos? ¿Sienten que su conexión espiritual ha sido cortada, o como mínimo alterada? Enhorabuena por su despertar. ¡Las viejas formas «dormidas» ya no funcionan!

Va a haber un despertar de espiritualidad en este planeta que irá mucho más allá de cualquier cosa que hayan visto hasta ahora. *«Kryon, ¿significa esto que todo el mundo será metafísico?»*. No. Tal como ya les hemos dicho, eso nunca ocurrirá, ni debería ocurrir. Estamos hablando de una capa de sabiduría que será para todas las doctrinas y culturas. Observen bien. Muchas creencias que parecen ser sólidas como una roca en sus viejas proclamas energéticas cambiarán para ajustarse a temas planetarios como el exceso de población, el comercio y la tolerancia de antiguos enemigos. Nunca antes habrá existido un cambio espiritual como éste. Observen al nuevo Papa para ver cambios profundos. Irá en contra de muchas cosas que siempre han sido iguales, y cambiará la propia fibra de las creencias de sus seguidores. Es un proceso que creará polémica. Miren hacia los países islámicos y vean como se dirigirán hacia una tolerancia con los demás, y para ellos buscarán una comprensión actualizada de cuál es la mejor manera de respetar sus creencias y al mismo tiempo estar dentro de la nueva energía de derechos humanos y más poder para las mujeres. Se elevarán desde un viejo paradigma de culto y entrarán en uno nuevo, sin menoscabar su tradición ni su devoción a Dios. Hay mucho más, y lo verán con sus propios ojos, incluyendo el cambio de un gobierno que engloba más de un cuarto de la población terrestre, a medida que cambia y se va suavizando gracias a la espiritualidad de su pueblo.

¿Les suena esto a realidad antigua? ¿Qué tipo de poder es ése? ¿Qué es lo que está pasando que permite estos cambios? ¿Un cambio de realidad, tal vez?

4. Materia: La materia también es variable, y es tan relativa con respecto a la realidad como el tiempo. Por supuesto que tiene sus reglas, sólo que todavía no las conocen todas. Kryon ha comentado que también la materia se encuentra en un círculo. Permítanme que se lo defina mejor: no está en un círculo. La materia y la biología, la consciencia y la fuerza vital, forman bucles. «*Kryon, ¿cuál es la diferencia entre un círculo y un bucle?*». Ésta es la diferencia: un círculo no tiene punto de inicio. Siempre se mueve de la misma manera con la energía. No tiene desviación. Pero un bucle indicaría (en inglés), un regreso a una fuente inicial. Por lo tanto, estamos aquí para decirles que sus científicos irán encontrando bucles en todos los elementos básicos de la materia. Las partículas más pequeñas que puedan imaginar tendrán estas formas. Eso responderá a algunas de las cuestiones más profundas sobre por qué hay tanto espacio entre el núcleo y la nube de electrones. ¡Busquen los bucles!

En biología ya han encontrado algunos, y eso es sólo el principio. ¿Qué pensaron cuando sus científicos descubrieron que el ADN no era sólo una hebra [información que les ofrecimos en la Parte I de esta serie]? ¿Qué les dice eso ahora sobre el ADN? ¡Que es una hélice! ¿Por qué creen que debe tener esta forma? ¡Es porque tiene que transmitir corriente eléctrica! El ADN es pues un pequeño motor eléctrico. Este motor es sensible a las influencias magnéticas puesto que la corriente transmitida de forma helicoidal crea su propio campo magnético. ¿Comprenden ahora por qué la envoltura cristalina puede alterar magnéticamente el ADN con líneas de flujo cruzado que lo «despiertan» [una información técnica que Kryon les dio en la Parte I de esta serie]? ¡Su nueva realidad les está otorgando poder sobre su propio ADN! Recuerden que la consciencia puede cambiar la materia. Pregúntenles a los físicos cuánticos. Y, ya puestos, recuerden también que INTENCIONALIDAD es igual a consciencia.

«*Bueno, Kryon, para mí la materia es materia. Siempre se comporta de la misma manera y es constante. No puedo acabar de entender todos estos temas científicos*». Bien, porque ahora les daremos un ejemplo de aquellos que están en el planeta y que pueden cambiarla a voluntad, ¡frente a sus propios ojos! ¿Es eso suficientemente real para ustedes? Estamos hablando de los avatares que están aquí, de aquellos que pueden coger la INTENCIONALIDAD y crear y cambiar la materia al parecer de la nada. Hablamos del avatar Sai Baba y de otros que ustedes no conocen, que tienen esas mismas capacidades. Si pudieran verlo se asombrarían. Aquellos de ustedes que quieren ver, sentir, tocar y saber que la materia existe tendrán que «re-pensar» la realidad de la materia.

Hace unos años les dijimos que poseían importantes capacidades de influir sobre la materia. Queridos, no hace falta que sean avatares. Déjenme que les pregunte: «¿Qué creen que ocurre cuando se da un milagro de sanación en su vida?». No importa a qué grupo espiritual pertenezcan, ni cuál sea el nombre que haya sobre la puerta del edificio en el que se encuentran. Saben, todos estos grupos contienen a la familia humana divina. Cuando invocan el amor de Dios, cuando ofrecen «intencionalidad» pura, ocurren los milagros. Y cuando los huesos se recolocan en su sitio, y aparece tejido allí donde antes no había y los tumores se desvanecen, ¿qué creen que está ocurriendo? ¡Eso es «intencionalidad», «consciencia» y «divinidad», que aparecen como una varita cristalina en ese círculo de la vida y lo trasladan a otra realidad! Cuando eso ocurre, tenemos un milagro. Cuando eso ocurre, ¡tenemos un cambio de la materia y del sistema biológico! ¡Aquellos que antes estaban ahí sentados, deformados, ahora pueden andar milagrosamente, con huesos que no tenían antes de que se alterara la materia! Eso es divino, ¡y es un milagro! Proviene de la misma naturaleza divina del interior del ser humano, y cambia la realidad.

5. Camino espiritual: Quiero volver a hablar sobre su camino espiritual, tal como ya hice en la Parte I de esta serie. Todo ser humano presente en la sala y que lea estas palabras ve su camino como una línea recta que se pierde en la distancia. No pueden ver adónde va porque desaparece tras el horizonte. «Tengan fe», les dicen, «siempre aparece alguna solución en el último minuto», les dicen. A pesar de ello, se ven a ustedes mismos caminando hacia futuros desconocidos, y algunos de ustedes sienten temor. Eso se percibe de forma muy diferente a sus experiencias pasadas en un camino espiritual.

Les dijimos que su camino no forma una línea recta, sino un círculo. Es exactamente igual que el tren circular que hemos discutido. Su camino personal cubre «territorio viejo» una y otra vez. Ahora se encuentran en una vía nueva, pero algunos de ustedes se sienten ansiosos por ello. Hemos hablado de por qué muchos de ustedes se sienten estancados y qué es lo que eso significa. Les dimos instrucciones sobre qué hacer al respecto: «Siéntense y celébrenlo», dijimos. Celebren el hecho de que su círculo dentro de este rompecabezas concéntrico simplemente se ha detenido por un tiempo. ¿Saben por qué se detuvo? Porque expresaron su «intencionalidad» de alcanzar el estado de ascensión.

¡Así de poderosos son ustedes! Su camino espiritual está realmente aguardando los elementos de creación compartida que comentamos al principio de esta canalización. Está esperando el catalizador divino de su nueva toma de poder para crear nuevos potenciales en las nuevas vías de su vida. Muchas cosas han cambiado en el funcionamiento de su camino espiritual, y muchos seres humanos tienen miedo porque el cambio les produce una sensación de extrañeza.

¡Celébrenlo! ¿Acaso no es esto una prueba adicional de que su realidad ha cambiado? ¿Cuándo se sintieron antes así en el pasado? Esto es nuevo, y forma parte de su nuevo cambio de vibración.

6. Naturaleza humana: ¿Pensaron alguna vez que serían testigos de la evolución humana durante el transcurso de su vida? ¿Qué tipo de realidad es ésa que atrae a niños que son tan diferentes que ustedes tendrán que reaprender a cómo educarlos [habla de los Niños Índigo]? ¿Cuántos años hace que los seres humanos tienen hijos? Y de repente este grupo es diferente.

Queridos, los niños que están naciendo ahora representan un nuevo tipo de ser humano. Pueden ponerle el nombre que quieran a este fenómeno, pero yo voy a etiquetarlo: es un cambio en la «naturaleza humana».

Hay aquellos que dirán: «*La naturaleza humana siempre será ambiciosa e irá tras el poder, y ésa es nuestra perdición como humanos. No importa lo que lleguen a mejorar las cosas, esa característica humana dará siempre al traste con ello».* Hay una nueva realidad en vías de preparación. Los niños que llegan ahora no representan al antiguo paradigma de la naturaleza humana. Sí, claro, tendrán rasgos humanos que serán muy parecidos a los que ya conocen. Pero observen a esos niños (así como a los hijos de esos niños), porque ellos están mirando a su alrededor, diciendo: «¿Por qué las cosas están como están?». Y en un nivel celular poseen la sabiduría, el conocimiento y la profunda capacidad de crear un mundo donde la paz sea el objetivo principal. La tarea de la humanidad es cómo unir a toda una población mundial y hacer que funcione, que puedan comerciar unos con otros, que se toleren mutuamente y que las fronteras sean libres.

Muchos han dicho que la humanidad tiene toda una historia a sus espaldas para demostrar que eso no puede ocurrir. *«La naturaleza humana básica a la larga acabará con esa esperanza»*, suelen decir aquellos que sólo ven negatividad. Pues bien, la naturaleza humana ya no existe de la misma manera en que pensaban que existía. Para cuando llegue la segunda generación, verán un nuevo tipo de liderazgo. Verán la integridad del interior de las semillas del individuo vencer a las semillas de la antigua naturaleza, que eran ambiciosas y sólo buscaban poder. Verán el deseo para mejorar la humanidad, y no lo que antes solían llamar «Realidad-A». Estos niños son diferentes y van a darles un nuevo planeta si les dejan. ¿Se han fijado en ellos? ¿Qué les parece eso como cambio de realidad? ¿Creen que estarían viendo eso si su tren no hubiera cambiado de vía? ¿Les da eso esperanza para el futuro? Debería.

Éstos son los potenciales con los que se encuentran, queridos, al cambiar este fantástico tren llamado humanidad de la vía «A» a la vía «B», a la «C», a la «D». Cuando miren a los ojos de estos niños lo verán, verán que son «almas viejas». ¿Saben cuáles son sus características? No proceden de ningún otro lugar más que de la Tierra. Empiecen a mirarles a los ojos y vean si los reconocen como miembros de la familia. Tienen un objetivo distinto al de cualquier otro ser humano que haya nacido anteriormente en este planeta de libre albedrío. Tienen un estupendo propósito, y existe una gran diferencia entre cómo estaban las cosas cuando nacieron ustedes y tal como están ahora. Saben, su objetivo es colectivo, pero su contrato es individual. Ustedes nunca tuvieron un objetivo colectivo. No era posible que eso pudiera estar en su estructura espiritual. Pero de repente lo podrán ver en esos niños. Todo forma parte de la nueva vía a la que cambió su tren.

7. La parábola de la realidad: El último tema es una parábola que ha sido canalizada cinco veces. La primera vez que fue transcrita fue en otra lengua y en otro continente. Esta canalización tiene que ser transmitida ahora en inglés en este continente y en otro. Por lo tanto, será la última transcripción y en total habrá sido presentada en tres continentes distintos. La damos aquí por la misma razón que hemos esperado a ofrecerles la canalización sobre el cambio de realidad. Queremos demostrárselo mediante una parábola que conocen bien para que puedan saber qué representa realmente un cambio de realidad. Empecé la canalización de hoy con el saludo que siempre digo. Les dije: «Saludos, queridos. YO SOY Kryon del Servicio Magnético». ¿Recuerdan lo que comentamos en la Parte I de esta serie? El saludo del YO SOY es una señal de identificación sagrada del origen familiar. No es una identificación de nombre personal. Por lo tanto, «YO SOY Kryon» significa «YO SOY de la familia de Dios» y ustedes también lo son. Como puede que recuerden, el «SOY» es ustedes. Mi nombre es Kryon. El «YO SOY LO QUE YO SOY» es un círculo idiomático que significa que ustedes y yo somos eternos en ambas direcciones, para siempre una entidad universal. Es un saludo sagrado. Recuérdenlo cuando oigan y lean algo que quizá sientan que ya conocían. Lo que sigue a continuación podría cambiar su realidad en cuanto a la comprensión de las cosas.

La parábola de la realidad: Era un día caluroso cuando Dios se presentó ante Abraham con la noticia. Abraham nunca la vio venir. Cuando Dios le dio a conocer su petición de que tenía que sacrificar a su único y querido hijo, Isaac, sobre el altar de la cima de la montaña, Abraham se quedó emocionalmente sin habla. No podía creérselo. Era el principio de una hermosa lección para él, una que ahora podemos revelar como algo más que una parábola de obediencia a Dios.

La obediencia de Abraham no era ciega. Poseía el «manto de sabiduría» del que hablamos, que le permitía comprender que había algo sagrado en esta prueba. Ni por un momento dudó de que lo iba a hacer, pero no se trataba de obediencia ciega. Abraham «sintió» la importancia de este reto, e inmediatamente se puso a rezar para que alejaran de él esa lección. Incluso cuando organizaba a los porteadores para el viaje a la montaña e informaba a su hijo sobre el mismo, oraba para que no tuviera que pasar por la prueba. No le dijo a ningún miembro de la expedición cuál era el propósito real de la ascensión. Sólo Abraham lo conocía, y sólo él llevaba la carga de la realidad que iba a presentarse.

Tardarían tres días en llegar al sitio donde tendría lugar el sacrificio. El punto al que se dirigían era sagrado, allí se habían sacrificado antes muchos corderos en honor del Espíritu, siguiendo la costumbre de la época. Esta vez iba a ser diferente y Abraham empezó a mirar hacia el futuro, hacia una realidad que le resultaba ofensiva, una realidad en la que él asesinaba a su querido hijo, al hijo que había llamado «su milagro de Dios». Este milagro le fue concedido a una edad muy avanzada cuando su esposa, que no podía tener más hijos debido a su edad, quedó encinta.

Abraham no había dormido la noche anterior y ocupó un puesto en la retaguardia del grupo. No era propio de él ir el último, pero esta vez lo hizo por un motivo: no quería que nadie le viera llorar. Su hijo le hacía muchas preguntas, pero Abraham seguía aferrado a su versión –genuina– de que iban a realizar un sacrificio en la cima de la montaña, uno especial que sería recordado durante toda una vida. Abraham se encontraba en el punto más bajo de su vida, pero intentó no desfallecer cuando pasaron el primer día en el pedregoso camino, un camino que había recorrido muchas veces antes.

Cuando llegó la hora de acampar la primera noche, Abraham literalmente se desplomó, lejos del campamento, y empezó a sollozar mientras le rezaba a su Dios, justo y amoroso. «Querido Dios, ¡por favor llévate esta prueba de mí!» decía. «Querido Dios, no hay nada que tú no puedas hacer. Llévate esta carga de mí ahora que sabes que realmente realizaré la acción. Ayúdame a entender todo esto. ¡Por favor!».

En el silencio, exhausto y medio dormido, Abraham oyó claramente la voz de Dios.

—Abraham, permanece tranquilo y conocedor de que YO SOY Dios.

Abraham no supo qué hacer con esa respuesta. «Querido Espíritu, cómo quieres que esté tranquilo? Mi corazón está roto y mi alma vacía. Sigo teniendo la sensación de que lo estoy soñando todo. Es una pesadilla para mi existencia. Es una realidad horrenda. ¿Dónde está la tranquilidad en todo ello? ¿Dónde está la paz? ¿Me pides que esté tranquilo? ¿Cómo?». Abraham se hundió por la desesperada fatiga y la sensación de derrota. De nuevo llegó la respuesta.

—Abraham, permanece tranquilo y conocedor de que YO SOY Dios.

Abraham empezó a dormirse y a despertarse. Cada vez que se despertaba tenía la misma plegaria en los labios. Estaba en el suelo, postrado ante Dios, pidiendo y solicitando más respuestas de las que había obtenido. Sus sueños le presentaron una realidad que le resultaba terrible: allí estaba Isaac, sobre el altar, con su propio padre empuñando la daga del sacrificio, a punto de penetrar en su corazón. Abraham sintió como agarraba la empuñadura del arma e iniciaba el golpe. Se despertó.

De nuevo el grupo empezó a ascender y de nuevo Abraham ocupó el último lugar. Sentía la falta de sueño y andaba como un autómata, simplemente colocando un pie delante del otro. Durante todo el día el sol les abrasó y Abraham no podía quitar los ojos de su hijo, de su amado hijo. Cada vez que hacían un descanso, Abraham le pedía a Isaac que se sentara a su lado para poder admirar su juventud y amarle durante esos pocos momentos de vida que le quedaban. El mayor temor de cualquier padre es vivir más que sus hijos. Y ahora aquí estaba él, dispuesto a hacer que esta fatal realidad se cumpliera.

Una vez más cayó la noche. Era la última, y mañana cubrirían el tercer y último tramo hasta la cima donde el «hecho» sería cumplido. Abraham volvió a buscar un rincón para estar solo, alejado del grupo. Construyó su propio altar y le pidió a Dios que permitiera que fuera él el objeto de sacrificio, allí mismo, en ese instante. Intentó establecer comunicación con Dios, pero al parecer no obtuvo respuesta. Cuando sintió que Dios ya no estaba allí, de nuevo llegó la respuesta. Esta vez era ligeramente distinta.

—Abraham, ¡escucha! —fueron las palabras.

—Escucha, permanece tranquilo, Abraham —dijo la voz—. Sabes que YO SOY Dios».

Abraham levantó la cabeza. ¿Era esto una respuesta, o sólo Dios haciendo de Dios? Parecía como si hubiera un mensaje en esta afirmación, un mensaje con quizás algo de esperanza. ¿Por qué haría Dios algo así? Recordó sus enseñanzas, algo que una vez le había dicho el Espíritu. Recordó que le había dicho que Dios no se regocija con el sufrimiento de ningún humano. Recordó que Dios le había dicho que todas las lecciones trataban sobre soluciones, no sólo de obediencia. Abraham sabía que algo diferente estaba en el aire. Empezó a comprender. Al principio sólo fue un pequeño atisbo de lo que podía significar; y después empezó a ver el cuadro completo.

Abraham comprendió que para generar paz y serenidad tendría que cambiar su visión, o su realidad de lo que iba a suceder en la cima de la montaña. Empezó a imaginarse junto a su hijo, en una merienda campestre en la montaña. Todos participarían del banquete, festejarían el amor de Dios, y su hijo sería el invitado de honor. Abraham sostuvo esta visión y creyó en ella con todo su corazón. Era la única manera en que podía crear la tranquilidad que se le pedía. Cuando su corazón empezó a calmarse y su bienestar empezó a volver, se le entregó el resto del mensaje.

¿Fue el YO SOY una señal? ¿Tal vez un mensaje? No era en absoluto una referencia a quien era Dios. Era un mensaje dentro de un mensaje, siguiendo el estilo en que habían sido escritos los textos sagrados. Abraham sabía y comprendía cómo los de la época habían utilizado el método *pesher* de redactar textos sagrados. Aquí podía tratarse del mismo tipo de metáfora. ¿Qué podía significar «sabes que YO SOY Dios?». Entonces Abraham tuvo la revelación. ¡El YO SOY era él! Era el círculo de la divinidad que él sabía era su manto de Espíritu. El mensaje era éste: «Abraham, estate tranquilo en el conocimiento de que somos Dios!».

Abraham no podía creerlo. Gritó de alegría. Había estado postrado de bruces durante horas y horas, rezando y diciendo que «Dios podía hacer cualquier cosa». «Dios podía alejar esa carga de él». «Dios podía cambiar la realidad». Ahora se percataba del mensaje. ¡Él era una parte de Dios! Abraham estaba a punto de cambiar su realidad con el poder absoluto que sentía en su interior. Abraham ya lo estaba festejando cuando se puso en primera línea del grupo y subió por la montaña, con su hijo a hombros. Iba a hacer exactamente aquello que le había pedido a Dios que hiciera. El mensaje estaba claro, y Abraham percibía el poder que poseía para realizar él mismo el cambio.

Ya saben cómo termina la historia. ¡Abraham celebró un festín junto con su hijo en la cima de la montaña! ¿Verdad que no es precisamente ésta la moraleja que recordaban? ¿No es exactamente así la lección que les enseñaron sobre esta historia? Trata sobre cambiar la realidad. Trata del poder del ser humano para crear soluciones visuales para las lecciones más horrendas que puedan existir. Trata del triunfo sobre el temor, y trata sobre la paz.

Pregúntense a sí mismos en este momento, mientras están sentados aquí: «¿En qué parte de la montaña me encuentro? ¿Me hallo en la parte del *pobrecito de mí*? ¿Estoy rogando al Espíritu que me ayude? ¿O... estoy celebrando la visión de una solución final que era imposible que antes supiera cómo hacer que ocurriera?».

¿Cuál es su realidad, queridos? ¿Están caminando con temor por una realidad llena de posibilidades catastróficas y falta de esperanza? ¡Ésa es la vía antigua! ¿Por qué no crear la nueva? Disponen totalmente del poder para hacerlo. El significado completo del mensaje de hoy es: USTEDES SON CAPACES DE CAMBIAR SU REALIDAD. POR LO TANTO, ¡HÁGANLO! Empiecen por la visualización de la esperanza. Intenten generar serenidad, no importa cuál sea el problema. Compréndanlo dentro del contexto del plan general y sean parte de esa visión global. Entonces, como Abraham, con una intencionalidad pura, empiecen a cambiar el tejido de la realidad que les rodea. ¡Ocurrirá!

Les ofrecemos este mensaje con amor. Nos retiramos del lugar donde han estado escuchando y leyendo, pero nos sentimos un poco tristes porque el tiempo no ha podido ser más prolongado. No nos alcanzó para abrazarles suficientemente. No llegamos a contarles otras historias, innumerables historias sobre el poder del ser humano, de alegría, revelación y cambio de realidad. ¡La historia está llena de ellas!

Pero lo haremos, cuando nos permitan regresar y amarles de nuevo de esta manera.

Y así es.

Kryon

Capítulo Cuarto

HACER EL EQUIPAJE
PARA EL NUEVO MILENIO

«HACER EL EQUIPAJE PARA EL NUEVO MILENIO»

Canalización en directo
Portland, Oregón – agosto 1999

Esta canalización en directo ha sido revisada y contiene palabras e ideas adicionales para permitir que la palabra escrita resulte más clara y comprensible.

Saludos, queridos. YO SOY Kryon del Servicio Magnético. Sentimos una muy buena energía entre nosotros, a medida que los compañeros llegan a este lugar, porque ustedes han pedido que así sea. Hay una energía que sólo se puede sentir mediante la intencionalidad de los seres humanos en un momento como éste. Hay una fuerza de amor que fluye hacia sus cuerpos y que sólo se puede sentir mediante la intencionalidad pura de los seres humanos que así lo quieren.

Sí, también hay algunos aquí que dicen que una cosa así no puede ser, eso de acudir desde el otro lado del velo, venir a este lugar para escuchar a través de un ser humano la voz de una entidad que no vive en la Tierra, que dice que es de la familia. Dejen que la prueba de ello sea el amor que ahora mismo está fluyendo en esta sala. No importa si están escuchando en el AHORA o leyendo en el AHORA; para nosotros es exactamente lo mismo. Dejen que la prueba de este fenómeno esté en la calidad del amor del que mi compañero ha hablado, que puede hacerse notar en esta sala y en la zona que rodea su asiento. Algunos de ustedes lo notarán por la presión que sentirán.

Algunas personas de esta misma sala o que estén leyendo estas palabras captarán el mensaje de por qué están aquí.

Ésta es la energía que esperaban. Porque así es. Hay una entidad amorosa y un grupo que está llegando y que les conoce por sus nombres. Estos compañeros les conocen por un nombre que nunca se puede pronunciar en su idioma. Los compañeros que ahora caminan por los pasillos entre ustedes, detrás de ustedes, delante y al lado de la silla del lector, han esperado que se sentaran exactamente allí donde están sentados y han estado aquí desde hace días, anticipando el potencial de este momento. La única razón por la cual este grupo está aquí es para experimentar esto con ustedes, esta reunión, por respeto a su intencionalidad. La intencionalidad del ser humano es la energía que permite que el amor de Dios fluya hasta aquí y les toque personalmente, que les rodee con sus brazos y les diga: «¿Nos recuerdan? ¿Recuerdan esta sensación de Hogar?». Ésta es la energía que está fluyendo ahora por esta sala.

Así pues, como hay muchos que desean recibir esta energía, que así sea. Para aquellos de ustedes que han venido aquí esta noche o están leyendo esto, con la esperanza de que eso cambiara algo en ustedes, tal vez estén realmente en el lugar adecuado y en el momento apropiado. Quizá necesitan oír y leer estas palabras. Sabemos por lo que han pasado, conocemos todos los disgustos y todos los cambios. ¿No creen que hemos estado aquí todo el tiempo? ¡Ha habido tantas celebraciones, aun cuando ustedes estaban arrastrándose por el suelo con sus penas! ¿Acaso no creen que los compañeros estaban aquí? Saben, nunca puede existir una situación en la que no estemos presentes, querida familia. Querido ser humano, usted forma parte del grupo. Querido ser humano, la dualidad quiere que crea que es usted singular, que vive en una línea recta, pero no es así. Forma parte de un grupo, y este grupo, igual que su vida, tiene forma circular. Este grupo está siempre con ustedes, y ahora vamos a hablar un poco más sobre el tema.

Hay algunos de ustedes aquí reunidos escuchando esto que ya no necesitan oír nada más. La parábola que sigue puede que no sea para ustedes, así que sepan que habrá otras cosas que daremos más adelante y que necesitarán más que la parábola. Nos estamos refiriendo a la canalización individual, disfrazada como «el Tercer Lenguaje». En este momento sólo está disponible para las personas presentes en la sala.

¿Y para el resto de ustedes? La energía que se verterá en su cuerpo ahora será sólo aquella que han solicitado, ninguna otra. ¿Y para los que han venido para una sanación? Que empiece ahora. ¿Creen que no sabemos quién está aquí? ¿Creen que no sabemos qué ojos se están posando en este mensaje? Para la situación venidera sobre la que se sienten inseguros, es hora de tener paz, ¿no? En estos minutos siguientes, hagan algo por nosotros. Hagan algo por ustedes mismos: es hora de tirar a la basura esas cosas que les podrían impedir una realización total. Es tiempo de eliminar esas cosas que podrían obstaculizar el camino de un ser humano iluminado, y ustedes saben cuáles son. No les hará ningún daño dejar todas esas cosas, mientras se elevan por encima de ellas y sienten la energía que está aquí presente.

El grupo de acompañantes está aquí, y está completo. Este grupo está sentado con ustedes, de pie con ustedes, y les abrazará durante unos minutos, mientras explicamos la parábola. Sepan que este mensaje tiene que ser transcrito. Está expresado en el estilo de la energía del AHORA. Esta energía del AHORA que tiene la canalización de Kryon es de lo que estamos hablando a los *lectores* de la transcripción AHORA mismo. Porque también sabemos quienes son ustedes. Todos los potenciales que contienen los ojos que están leyendo las palabras que pronunciamos ahora, así como los oídos que están escuchando, son conocidos nuestros. Querida familia que recibís estas palabras: al escuchar esta parábola sabed que también hay un grupo que tiene los ojos posados en las mismísimas palabras que ahora estáis oyendo. Porque ésta es la realidad del Espíritu: que todos los potenciales de la realización divina, del reconocimiento de la naturaleza divina interior, están juntos en un solo punto. Está en el centro, y nosotros lo vemos como una revelación en su interior, en los lectores más inmediatos y en aquellos que lo leerán más adelante. Para nosotros está ocurriendo todo simultáneamente. Para nosotros, es la impronta de energía de esta Tierra lo que lo hace tan diferente de cuando todo empezó, queridos. Cuando empezamos con esto, no podíamos hablarles de esta manera. ¡No podríamos haber dispuesto de tanta energía fluyendo en una sala como ésta! Las cosas eran distintas entonces. Ustedes no habían hecho más que empezar a despertar.

Tenemos algunos en esta sala, ahora mismo, que están empezando a temer que la energía es real, pero en lugar de temor, ¡aquí hay amor! El amor que sienten lo pueden etiquetar de la forma que quieran, pero es el amor de Dios, viene del *hogar* y representa a una familia que está aquí con ustedes. Queremos que sepan que incluso después de que se levanten y se vayan de aquí, donde están escuchando o leyendo, hay una familia que esta noche caminará con ustedes. Está allí tan a menudo como deseen reconocerla, porque realmente siente un gran respeto por ustedes.

La parábola de Wo y la maleta

Les traemos una parábola. Y esta parábola contiene cosas divertidas, pero también una enseñanza. Por eso pedimos que este mensaje sea transcrito. Porque las parábolas siempre contienen significados dentro de otros significados, y hay algunos incluso más profundos que aquellos que los oídos oirán o que los ojos verán. Para esta parábola de nuevo vamos a utilizar un personaje que presentamos en el pasado. Se llama *Wo*. Ahora bien, no se trata de un hombre ni de una mujer. En la parábola vamos a referirnos a Wo como *él*, pero saben, Wo es realmente una mujer (en inglés: «*wo-man*»).

Vemos a Wo frente a nosotros, con muchas maletas. Está listo para el cambio de milenio, y está listo para cruzar ese puente que lleva de la vieja energía a la nueva. A Wo se le considera un ser humano iluminado que se encuentra en un camino de ascensión. Es decir, la característica de la vida de Wo que está *ascendiendo* es su «intencionalidad vibratoria». Así que Wo se considera a sí mismo un trabajador de la luz y ha hecho las maletas, dispuesto a pasar por ese puente. La intención de Wo es convertirse en un ser humano que va a cambiar su vida. Va a pasar a una nueva energía y a convertirse en algo diferente de lo que es ahora. Wo está en proceso de transformación y rejuvenecimiento, y lo sabe. Está «en obras», ¡y así es como se siente!

Ah, pero falta algo, saben. Tiene las maletas a punto y está dispuesto a partir, pero Wo tiene que ir a visitar a un ángel antes de que pueda pasar por el puente de la intencionalidad hacia esta nueva energía que desea. Se trata de un hermoso ángel, y para hacer la parábola más divertida, les diremos que va a encontrarse con el «Ángel del Equipaje». ¡Éste es el ángel que va a inspeccionar las maletas de Wo!

Wo es inteligente. Es un ser humano espiritual y se siente preparado para el viaje. Ha empacado muchas cosas en sus maletas que sabe que necesitará para pasar a esta nueva zona de su vida, todavía por cartografiar. Así que saluda al gran Ángel del Equipaje que le va a aconsejar sobre qué puede esperar allí, y sobre qué cosas debería llevar consigo y qué cosas *no*. Wo se siente totalmente seguro de que lo ha hecho todo de manera apropiada y correcta, y de que sus maletas han sido bien «preparadas espiritualmente». Tiene una explicación para cada una de las cosas que se lleva. ¡Está preparado!

Wo saluda al Ángel del Equipaje con un maravilloso y afectuoso abrazo.

—Qué alegría verte —le dice Wo al Ángel del Equipaje.

—Lo mismo digo —contesta el ángel—. Te estaba esperando.

—Estoy listo para irme y ésta es la última parada antes de que pase a la condición de ascensión. Mi intencionalidad está empezando a llevarme por un nuevo camino. —Wo se hincha con confiada ilusión—. Por favor inspecciona mis pertenencias.

La maleta de la ropa – Estar preparado

—Veamos la primera maleta —dice el ángel con una sonrisa.

Wo abre la primera maleta y empieza a salir ropa, no sólo unas cuantas piezas, ¡sino un montón! Hay ropa para toda clase de clima y sin ningún tipo de orden. El gran ángel no le dice nada a Wo sobre el hecho de que nada hace juego.

—Wo, ¿qué es toda esta ropa? —pregunta el gran Ángel del Equipaje.

—Quiero estar bien preparado —dice Wo—, y me voy a lugares donde incluso el Espíritu ha reconocido que nadie sabe lo que puede ocurrir. No sé qué tiempo hará, así que me he traído todo lo que pudiera necesitar. Estar preparado es una virtud. —Wo sonríe, pero se queda horrorizado cuando, unos momentos después, el Ángel del Equipaje empieza a sacar toda la ropa y la coloca con suavidad en el suelo.

—No creo que vayas a necesitar ninguna de estas cosas, Wo —dice el Ángel del Equipaje iniciando su enseñanza—. Bendito es el ser humano que comprende que cuando se adentra en esta nueva energía, aunque él no sepa qué esperar, está rodeado por un grupo que sí lo sabe. ¡Bendito es el ser humano que confía en esta compañía y la ama! Lo único que el ser humano necesitará es la ropa, literalmente, que lleva puesta. —Y ésa es una metáfora que significa que los seres humanos *ya están completos tal como están.* Respetar la incertidumbre es la metáfora. El ángel prosigue:

—Benditos son los seres humanos que comprenden que la incertidumbre se irá resolviendo mientras avanzan por el camino, que los preparativos que antes hicieron ahora no son necesarios. No tienen que traerse ropa para los cambios, porque metafóricamente hablando, todos los cambios serán reconocidos y solucionados a medida que se presenten.

🔴 🔴 🔴

Este ángel estaba enviando un importante mensaje a Wo, queridos. Comprendan que este ser humano, el que está sentado escuchando o leyendo en este momento, con la intencionalidad pura de pasar a la nueva energía, no tiene que preocuparse por tener que estar preparado para lo desconocido. ¿Recuerdan lo que les dije? Hay un grupo que les acompaña. ¡Nunca están solos! Queridos, permanezcan firmes. No necesitan todo ese equipaje. El estar preparado puede que fuera una virtud en la vieja energía. El conocimiento y la serenidad de lo desconocido, así como la capacidad de trabajar con ello, son las virtudes de la nueva.

La maleta de los libros – Referencia espiritual

El ángel abre la siguiente maleta. Es la más pesada de todas y contiene libros. Mira a Wo y de nuevo le pregunta:

—Wo, ¿qué vas a hacer con todos estos libros?

—Pues bien, querido Ángel del Equipaje, estos son mis *libros espirituales*. Voy a necesitarlos para consultarlos en mi camino espiritual. Si te fijas, cada uno de ellos habla de Dios. Voy a tener que conservar estos libros porque están llenos de información espiritual. Me hacen sentir bien y es imposible que recuerde todos sus contenidos, así que tendré que llevármelos y consultarlos en mi nueva vida espiritual.— El ángel mira los libros, se vuelve hacia Wo y sonríe; entonces vuelve a mirar los libros. De nuevo Wo se sorprende cuando el ángel empieza a desempacar los libros y los coloca en el suelo con la ropa.

—Tampoco los vas a necesitar —dice. Wo siente desilusión y confusión. El ángel se explica:

—Wo, coge el libro más espiritual de esta maleta y echémosle una ojeada. —Wo lo hace y saca el que él considera el libro espiritualmente más elevado y lo sostiene con reverencia.

—Es éste —le dice Wo al ángel. El ángel lo reconoce.

—Wo, ¡está ya caducado! Déjame que te pregunte: te traerías un cuaderno científico de hace 150 años, o un libro de texto que tuviera más de 2.000 años y que tratara de ciencia?

—¡Claro que no! —exclama Wo—. Porque permanentemente hacemos nuevos descubrimientos sobre el funcionamiento de las cosas.

–Exacto –dice el ángel–. Espiritualmente, la Tierra está cambiando mucho. Lo que ayer no podías hacer lo *puedes* hacer hoy. El que ayer era el paradigma espiritual no será el mismo mañana. Lo que te dijeron como chamán sobre la energía espiritual y que ayer funcionó, no va a funcionar mañana, porque la energía está cambiando y se está refinando. Tú te encuentras justo en ese cambio, y debes fluir con la corriente de la nueva energía. Wo, tú mismo escribirás tu propio libro a medida que avances, y es el único que necesitarás.

–Con el debido respeto, señor Ángel del Equipaje –Wo se estaba preparando para exponer su opinión– ¿qué pasó con la frase *lo mismo ayer, hoy y siempre*? ¿Acaso no es una frase sobre la permanencia de Dios? ¿Cómo puede estar anticuada?

–Verdaderamente se refiere a Dios –contesta el ángel–. Pero te describe los atributos de Dios, no de la relación de los seres humanos con Dios. Todos tus libros son juegos de instrucciones escritos por humanos sobre cómo comunicarse, acercarse y avanzar por la vida con Dios. Dios es siempre el mismo. La familia es siempre la misma. El ser humano es el que está cambiando, y los libros tratan de la relación humana con Dios. Por lo tanto, el libro está anticuado.

Wo lo entiende ahora. ¡Pues claro! ¿Por qué no se había dado cuenta antes? Él es una parte completa de la divinidad. Todos los mensajes y enseñanzas están contenidos en su interior. Si necesita información, el grupo que le acompaña y su Yo superior se la ofrecerán al instante. Además, Wo es muy consciente de que las cosas están cambiando mucho en un sentido espiritual. Después de todo, por eso está ahí. Realmente, ¡su relación con Dios es muy diferente!

–¡No necesito estos libros! –exclama Wo–. ¿Qué me pasó? Estoy tan agradecido de que estés aquí, Ángel del Equipaje. Gracias por hacérmelo ver. ¿Me puedo ir ahora?

–Todavía no –dice el ángel con un guiño–. ¿Qué se esconde ahí abajo? Parece que es un mapa. –El ángel saca un largo rollo de pergamino de debajo de los libros que está descargando.

El mapa – Rumbo

–Por supuesto ¡debo tener un mapa para saber adónde voy! Este mapa me lo dio un maestro espiritual, así que esto lo cualifica para estar en esta maleta espiritual. Me lo dio un chamán de primer orden–. Esto parece lógico. Ciertamente el ángel le permitirá tener un mapa para ir a un nuevo territorio, especialmente si es espiritual.

–Veremos –responde el ángel–. Echemos un vistazo a este mapa, Wo.

Wo coge el mapa de manos del ángel con un gesto ceremonioso. Se siente orgulloso de esta adquisición y siente que su solicitud de llevárselo para el viaje está bien justificada. Lo desenrolla y lo coloca en el suelo, para que el ángel lo contemple en toda su grandeza. ¡El mapa está total y absolutamente en blanco! El ángel sonríe. Wo está conmocionado.

–Ah, sí, creo que conozco a ese chamán –dice en tono meditativo el ángel–. Realmente es un sabio chamán. Olvídate del mapa, Wo. No lo vas a necesitar. –Wo no lo entiende.

–¿Por qué me daría un chamán un mapa en blanco si sabe que voy a un territorio al parecer sin cartografiar? –pregunta Wo–. Un territorio donde sólo un chamán sería capaz de guiarme.

Detengámonos aquí por un momento. Creo que algunos de ustedes que están escuchando y leyendo ya conocen la respuesta a esta profunda cuestión. La enseñanza es la siguiente, queridos. El mapa es una metáfora de su camino. Por favor visualicen su camino. Como hemos dicho antes, seguramente lo verán extenderse frente a ustedes en una línea recta y estrecha, que parece avanzar hasta el infinito. Y como ya les hemos informado antes, su camino no es el misterio que ustedes piensan que es. Su camino no se extiende hasta el infinito, sino que forma una espiral, un círculo. Les hemos hablado de los acontecimientos sincrónicos de su camino que forman un círculo.

Muchos otros miembros de la familia también caminan por sus sendas con intencionalidad pura, en círculos concéntricos, tanto por encima como por debajo de ustedes. Algunos se encuentran dentro de su círculo, y otros más allá de él, todos ellos círculos que giran en distintas direcciones. Ésta es la complejidad de la creación compartida y de la sincronicidad. Les hemos comentado que el camino está cerrado. Les hemos hablado del respeto y del amor que hay en ello. Saben, este camino espiritual es mucho más corto de lo que creen, y siguen pisando el mismo terreno. Es por lo que empieza a parecer cómodo y familiar a aquellos que se van iluminando. El camino no es un misterio, y el mapa no es necesario. Porque siguen moviéndose por el mismo terreno espiritual, pero es un terreno que sólo resulta evidente para aquellos que poseen una vibración elevada. De allí es de donde proviene la serenidad, ¿no lo comprenden? La familiaridad les hace decir: *He estado aquí antes. He hecho esto antes, me resulta familiar y me hace sentir bien; sé lo que tengo que hacer.*

En palabras del mismo Wo: «¿Por qué iba un chamán a darme un mapa en blanco cuando sabe que voy a un territorio al parecer sin cartografiar? Un territorio donde sólo un chamán sería capaz de guiarme». El nuevo chamán, con el perfecto mapa interior, ¡es Wo! Tiene razón. Sólo un chamán puede guiarle, y él ha sido ungido y ordenado por su intencionalidad pura para pasar a su perfecto yo espiritual. Wo es ahora su propio consejero. Es su propio mapa.

La maleta de las herramientas – Temor

–¿Qué es esta maleta tan pesada y de forma tan extraña, Wo? –El ángel está levantando la maleta para abrirla–. ¿Qué hay aquí?

–Bueno, señor Ángel, éstas son mis herramientas. –Wo está empezando a sentirse un poco tonto por las cosas que ha traído, pero tiene que repasar todo el juego de maletas con el ángel, y lo sabe. Se está convirtiendo en algo parecido a una inspección aduanera en algún país totalmente desconocido.

–¿Tus herramientas? –pregunta el ángel.

—Sí —dice Wo tímidamente. De la maleta que el ángel ha abierto sale una enorme pala.

—Wo, ¿para qué vas a necesitar esta pala? —El ángel espera mientras Wo se recupera e intenta explicarse.

—Bueno... —Wo sabe que ahí se ha metido en un lío, pero se aclara la garganta y prosigue— Yo, bueno... yo sé que van a venir cambios para la Tierra, y quiero ser capaz de sacarme yo mismo lo que se me venga encima. —Mira al ángel igual que lo haría un niño que hubiera sido pillado con la mano en el bote de caramelos. Prosigue:

—La próxima semana se va a producir un gran cambio en la Tierra [se refiere al eclipse del 11 de agosto de 1999]. No sé lo que va a ocurrir, pero la gente dice que la tierra temblará y tengo que estar preparado, con mi pala y otras herramientas. ¿Puedes echarle la culpa a alguien por eso? Son acontecimientos espirituales los que ocurrirán en la tierra, ¡así que necesito mi pala!

Wo sabe que esta explicación no está teniendo mucho éxito, pero el ángel simplemente hace un gesto con la cabeza y Wo descarga la pala y el resto de herramientas pesadas, que por cierto hubieran sido adecuadas para salir excavando de una tumba. Wo no dice nada. Sabe que el ángel tiene razón. Eso está relacionado con el miedo, y ése *no* es un atributo del ser humano que asciende.

Detengámonos de nuevo por un momento...

Queridos, hablemos de lo que va a ocurrir la semana próxima ¡y celebremos esta oportunidad! La abertura se empieza a mostrar el 11 de agosto de 1999. ¿Qué saben sobre la numerología de esta oportunidad? Hablemos de algo en que quizá no hayan pensado antes. ¿Cuál es la energía de Kryon? ¿Cuál es el número que les dimos hace diez años? Esta energía de totalidad, de amor, es una buena nueva y un mensaje para toda la humanidad. La energía que ha sido identificada para ustedes como el «número maestro de Kryon» es el 11. También responde y tiene relación con aquello para lo que servía su 11:11. Ésa fue la ocasión en que les preguntaron, como seres humanos, si consideraban apropiado que en la Tierra se permitiera una evolución de su ADN humano, algo que no había cambiado en eones. Si piensan en su nueva promesa, verán que contiene el número maestro del 11 por todas partes. Por eso mi número corresponde con el permiso que ustedes otorgaron el 11:11.

Ahora quiero que se fijen bien en una cosa. La abertura inicial empieza con un eclipse el 11 de agosto de 1999, y se verá en una parte diferente del mundo [no en América, donde se está realizando esta canalización]. Este eclipse lleva una energía maravillosa en su interior, que también da paso a un alineamiento de planetas. Observemos numerológicamente el alineamiento de la abertura. El sol tiene un ciclo de once años. ¿Lo sabían? Pregunten a sus científicos. Es un ciclo de once años que tiene que ver con la radiación y la luminancia, y en estos momentos está en el punto álgido de su brillantez. La energía está en su cénit sólo una vez cada once años. Éste es el primer 11.

Va a suceder el día 11 de este mes. Éste es el segundo 11. Ahora les invitamos a que sumen toda la fecha y recuerden que en numerología las cifras de un número maestro nunca se suman entre sí. Sumen (11) + 8 + 1-9-9-9, y cuando lo reduzcan a una sola cifra (de un total de 47), ¡tendrán un 11! Hay tres 11 puestos en fila, ¡y tendrían que estar festejándolo! ¡No hay que sacar ninguna pala! En lugar de ello, ¡es tiempo de celebración!

Es tiempo de que una nueva energía sea transmitida al planeta. La última vez que ocurrió esto fue cuando el cometa Hale-Bopp se les acercó. El cálculo numerológico de la fecha del momento en que más cerca estuvo de la Tierra nos daba el sagrado número 7, y sin embargo muchas personas tuvieron miedo, se pusieron a temblar y huyeron a las montañas. Estamos en lo mismo. ¡Wo no necesita esa pala, ni ustedes tampoco! ¡Celebren la astronomía! Celebren los alineamientos,

¡incluso aquellos que llevan una profecía negativa pegada a ellos! No todo es como parece.

¿Qué hay de la energía que se transmitirá el 11 de agosto de 1999? Será el principio de una entrega de energía femenina, que el planeta necesita desesperadamente para equilibrar a los que ya están aquí, y para dar fuerza a esos niños cuya propia naturaleza contiene los atributos de la evolución espiritual humana, atributos para los que ustedes otorgaron su permiso con el 11:11.

La maleta de los regalos – Programación

–¿Qué hay en la siguiente maleta? –El Ángel del Equipaje está ahora embalado, por decirlo de algún modo. Wo necesita un descanso de la suave pero clara reprimenda que está recibiendo con la no aceptación de todas sus pertenencias. Pero este caso es distinto, y siente que pasará la inspección. Los objetos contenidos en esta maleta muestran su amor hacia los demás, o al menos eso es lo que él cree.

–Esta maleta es muy respetable–. Wo se siente justificado.

–Contiene regalos para mis amigos, aquellos a quienes conoceré y que se convertirán en mis amigos en esta estructura temporal del AHORA de la que siempre hablas. Por tanto me estoy preparando para DAR a otros. –Wo se siente buena persona, aunque no le dura mucho.

–Wo –dice lentamente el Ángel del Equipaje–, ¿crees que si les ofreces regalos te tratarán mejor? –Wo ve venir el martillazo de la culpabilidad.

–Bueno, sí –dice Wo–. Siempre ha funcionado así. Quiero decir, eh...– Wo también está perdiendo este razonamiento, y lo sabe. –Es algo protocolario, eso de ofrecer regalos. Es una muestra de respeto, y la gente te trata mejor si lo haces.

–Creo que tendremos que dejar los regalos aquí –dice el ángel mientras los deposita sobre la creciente pila en el suelo.

Wo observa como el montón se va haciendo más alto y al ángel le divierte todo cada vez más.

● ● ●

Queridos, los regalos que están en la maleta de Wo tienen que ver con una programación. Han vivido toda la vida de una manera y esperan que los seres humanos reaccionen de una manera determinada. A veces el sesgo cultural obstaculiza el propósito espiritual, pero de todos modos se aferran a él. Si les dan esto, ellos harán aquello. Ésta es la programación. ¡Benditos son los seres humanos ascendidos que comprenden que los dones más elevados que pueden llevar consigo en cualquier situación son los de la honestidad, la integridad y el sostener su luz espiritual! No existen mejores regalos que un ser humano pueda ofrecer a otro. Sin programaciones, sin regalos físicos, el ser humano iluminado entrega el regalo más elevado de todos, que es el del amor incondicional. Wo no necesita esa maleta llena de chucherías, porque allí donde va, él destaca. Posee la bendita naturaleza divina, una chispa de Dios que contiene una luz inmensa. Ése es su regalo, y no necesita llevarlo en una maleta.

La pequeña maleta técnica – Seguridad

El ángel está llegando a las últimas maletas, y Wo se alegra. El Ángel del Equipaje coge una muy pequeña y dice:

—Wo, esta maleta es pequeña y contiene algo técnico. ¿Qué es?

—Bien, señor, eso es mi teléfono. —Se produce un silencio mientras el ángel mira a Wo fijamente, y Wo le devuelve la mirada. Transcurre un minuto, y entonces el ángel no puede reprimir su hilaridad. ¡Le encanta ese humano que tiene delante!

—Wo, ¿por qué necesitas un teléfono? —pregunta el afectuoso y amable ángel. Wo sabe que su explicación sonará a raro, pero de todos modos se lanza a ella.

—Sabes que a veces surgen problemas en el camino. Tú mismo has dicho, ángel, que en el reino espiritual no todo va a ser maravilloso. Voy a tropezarme con algún desafío. ¿No es así? —Wo se sienta, feliz de que para variar sea el ángel quien tenga que contestar.

—Sí, eso es lo que te ocurrirá, Wo —responde el ángel. Se produce una incómoda pausa.

—Pues bien, en los momentos de apuro, ¡necesito mi teléfono para llamar a la gente y pedir ayuda! ¿Me negarías la posibilidad de pedir ayuda cuando la necesite? —El ángel levanta suavemente el pequeño paquete y lo coloca junto a la ropa, los libros, las herramientas y los regalos. Wo sabe que está diciendo adiós a su falsa seguridad.

—Wo, es hora de que saques el teléfono de tu equipaje —dice el ángel mientras mira seriamente a Wo y le cuenta los motivos— Bendito es el ser humano que está en el camino de la ascensión —sigue diciendo el ángel—. ¡Porque él sabe que NUNCA ESTÁ SOLO!— El ángel hace una pausa para ver si Wo realmente *lo entiende* esta vez. —El humano que vibra de un modo elevado tiene la seguridad de todo un ejército, de una legión de ángeles llamada *familia*. Esta familia es mejor que un teléfono, porque siempre está a mano, nunca en un punto muerto, nunca necesita un número de contacto, y está despierta aun cuando el humano no lo esté. Más que eso: son de la familia. ¡Eso significa que *te quieren*, Wo!

Wo se está empezando a sentir bien por esta experiencia. Ha aprendido mucho de este Ángel del Equipaje, y sabe que todavía hay más. El ángel se vuelve hacia otra maleta. Está sola entre el equipaje descartado y los artículos personales que Wo está a punto de dejar atrás. Se pregunta si ésta pasará la prueba.

La maleta de las vitaminas – Salud

—¿Qué hay en esta maleta que hace ese ruido cuando la levanto? —pregunta el ángel.

—Querido Ángel del Equipaje, éstas son mis vitaminas y mis hierbas. Las necesito para tener salud y equilibrio durante mi viaje hacia la nueva energía. A veces me siento frágil y como conoces tantas cosas de mí, sabrás que soy sensible a ciertas sus-

109

tancias y alimentos. Así que necesito estas hierbas y vitaminas para estar en forma y mantenerme fuerte para el viaje.

Wo siente que ha expuesto bien sus razones, y se siente nervioso por si el ángel también requisa esos artículos. Cree que los necesita. Se produce una pausa.

—¿Vas a quitarme mis vitaminas y mis hierbas? —Wo mira al ángel con expresión de cachorro apaleado.

—No, Wo, no voy a tirarlas —replica el ángel. «Pero *tú* sí lo harás, a la larga. A medida que avances por el camino y te percates de su potencial como ser humano ascendido, lentamente comprenderás que tu ADN está cambiando. Tu sistema inmunitario está siendo modificado y reforzado con energía de las estrellas. Habrá mensajes y juegos de instrucciones que se transmitirán a tus células desde la propia estructura cristalina de la Tierra, y sabrás con toda certeza que estos suplementos, aunque valiosos para ti ahora, irán desapareciendo a medida que recobres tu bienestar. Ninguna energía ni atributo terrestre será capaz de hacerte daño. Ninguna sustancia ni alimento te volverá a afectar de esa manera. En lugar de volverte más vulnerable con la iluminación, tu organismo se reforzará y nada podrá penetrar en la luz de la que serás portador. Lentamente podrás ir dejando cualquier ilusoria dependencia de la química con la que viajas. En lugar de ello, descubrirás nuevos suplementos, nuevas energías y talentos, y nuevas maneras de obtener la nutrición que tu cuerpo necesita. No te sorprendas cuando descubras que tu *nuevo* cuerpo y sistema biológico necesita nuevo equilibrio. No, Wo. Puedes guardarte tus vitaminas y hierbas, pero llegará un día en que tu cuerpo ya no las deseará. Entonces sabrás de qué te estoy hablando.

Eso es una victoria para Wo. No solamente consigue quedarse con algo (por fin), sino que también es la última maleta. Se siente feliz y está listo para atravesar el portal hacia un nuevo mundo, donde la vida está más en el AHORA, una vida donde puede llevar su luz y aportar algo a la Tierra y a la humanidad que le rodea. Se siente entusiasmado.

—Querido ángel, gracias por toda tu ayuda —exclama Wo mientras cierra la maleta.

—No hemos terminado, Wo —dice el ángel mientras vuelve a abrirla.

—¿Qué quieres decir? —pregunta Wo nerviosamente. El ángel mete la mano en la maleta y busca en ella. Wo sabe lo que está haciendo.

—Hay algo escondido aquí, Wo. —El ángel descubre un compartimento negro, cerrado con cremallera, que estaba hábilmente escondido en el forro de la maleta que contiene las vitaminas y las hierbas.

El compartimento secreto – Drama

Wo está temblando. Baja la mirada. No quiere quedarse allí de pie, y no quiere que lo que contiene ese compartimento secreto sea revelado ni abierto. El ángel lo respeta, y simplemente se queda allí, con la pequeña bolsa, sin abrir, en su mano. Espera a que Wo hable.

—Por favor, no —dice Wo con voz suplicante.

—No lo abriré —dice el ángel—, porque te quiero, Wo, y nunca te haría sentir incómodo a propósito... pero tampoco puedes llevarte esto, y tú lo sabes.

🌑 🌑 🌑

Vamos a ver, queridos, ¿qué creen que había en esa pequeña bolsa? Detenemos de nuevo la historia para desarrollar al máximo esta parábola. La respuesta es la que van a darme en sus mentes mientras les formulo a ustedes, los que escuchan, y a ustedes, los lectores, esta pregunta: *¿Quién es aquel al que no quieren dirigirle la palabra en su vida? ¿Quién, querido candidato a la ascensión, es aquel a quien no puede perdonar en esta vida? ¿Quién es aquel con quien tiene algo pendiente, que no puede recuperar su amor? ¿Quién le ha traicionado? ¿Quién está en la lista negra de su mente humana?*

Ésta es la energía que hay en la bolsa negra que el ángel sostiene. Es fea. No encaja con una vibración elevada. No se puede mezclar con la intencionalidad pura de un individuo que está a punto de iniciar un nuevo camino de vibración más alta, y no puede seguir siendo un secreto. Hablaremos más de ello después de cruzar el umbral.

¿Les suena todo esto? Si es así, déjenme que les diga lo que hay en otro compartimento secreto llamado la divina alma humana. Es el poder y la fuerza para ir más allá del drama que se está representando en los rincones más oscuros de su mente. Es la LUZ que puede brillar sobre cualquier situación. Es la esencia del perdón, de la madurez y de la sabiduría. Personifica la unción del nuevo ser humano. Es la confirmación de que son ustedes una parte de Dios y de que la familia que les rodea ha cumplido también su parte como fragmentos de Dios. Fuera lo que fuera lo que hicieran, sean quienes sean y estén donde estén (incluso muertos), ahora los ven como jugadores de su mismo nivel, inmersos en un gran juego que ambos ayudaron a crear. ¿Pueden ver la imagen completa? ¿Pueden ver cómo se precisan DOS para crear la energía que guardan en la bolsa negra? ¿Pueden perdonarlos y amarlos? ¡Sí pueden! Éste es el milagro de la nueva consciencia humana evolucionada, que está allí para ustedes si la solicitan. ¡Ése es el poder del ser humano ascendido!

🌑 🌑 🌑

—Por favor coge la bolsa —dice Wo con lágrimas en los ojos. Ponla con el resto en el suelo, que es a donde pertenece.

—¿Qué bolsa? —pregunta satisfecho el ángel—. Desapareció hace un momento con tu intención de perdonar y con la sabiduría de la que eres portador, mi querido humano. Felicidades por tu comprensión. Felicidades por tu graduación. Felicidades, Wo, por vibrar a un nivel superior.

Wo se despide del ángel y le vuelve a abrazar. Con una pequeña maleta, desaparece por la puerta que es la metáfora del deseo del ser humano de penetrar en un territorio donde nada es lo mismo que antes, una tierra llena de promesas y amor, y también de grandes retos espirituales. En ese lugar Wo se une a un grupo de trabajadores de la luz que sostienen la energía de una nueva Tierra que está empezando a surgir.

Wo se siente ligero, en paz y muy amado, mientras desaparece de nuestra vista.

Queridos, esta parábola habla de *ustedes*. ¿Cuál es su percepción sobre vibrar más alto y ser portadores de una energía de ascensión? ¿Es algo que hacen entre el almuerzo y la hora de los recados? Si es así, no entienden de qué se trata. Esto no es algo que se *haga*. Es algo que se *vive*.

Lo que tienen frente a ustedes es la más intensa y renovadora energía espiritual que jamás ha existido en la historia humana. Lo que tienen frente a ustedes es la capacidad de cambiar la propia esencia de su existencia, de vivir vidas más largas, de tener una realización con mayor paz y gozo, y de poder cambiar la misma tierra que pisan. Por el camino van aprendiendo más y más. Y también por el camino serán amados sin medida y empezarán a sentir a la *familia*, ya que están un paso más cerca de ustedes, espiritualmente hablando, de lo que nunca estuvieron antes. Estos *no* son los tiempos finales. En lugar de ello, se trata de un nuevo principio.

Hay una familia que está al lado de su silla. Y en esa familia se encuentra el Kryon, cuya existencia desde hace eones ha consistido en amarles y darles información... sin preguntar nunca... sin programa preconcebido... sin exigir jamás. Sigo siendo su amigo y su familia. Sigo en el amor, observándoles hacer algo que nadie esperaba: cambiar el propio universo. Seguiré en la Tierra hasta que haya terminado. Y eso, mi querida familia, será dentro de mucho tiempo.

Les dejamos con el mismo amor con el que llegamos y, por supuesto, volveremos. ¡Que el oyente y el lector sepan que en este día son amados tiernamente!

Que la nueva Tierra empiece con aquellos que están despertando a su poder, aquellos que escuchan y leen estas palabras. Ustedes.

Con amor,

Kryon

¿No hay cielo ni infierno?

Con respecto al cielo
Escrito por el Papa Juan Pablo II – julio de 1999

«En el contexto de la Revelación, sabemos que el "cielo" o "felicidad" en el que nos encontraremos no es ni una abstracción ni un lugar físico situado en las nubes, sino una relación viva y personal con la Santísima Trinidad. Es nuestro encuentro con el Padre que tiene lugar en el Cristo resucitado mediante la comunión del Espíritu Santo. Siempre es necesario mantener una cierta circunspección al describir estas "realidades finales" puesto que su definición nunca resulta satisfactoria. El actual lenguaje personalista es más adecuado para describir el estado de felicidad y de paz del que disfrutaremos en nuestra comunión definitiva con Dios[1]».

---

1. *L'Osservatore Romano:* «El cielo es la total comunicación con Dios»; oficina editorial y directiva; Via del Pellegrino, 00120, Ciudad del Vaticano; 28 de julio de 1999; dicho por el Papa en una audiencia pública el 21 de julio de 1999; el artículo completo se puede consultar en www.vatican.va.

Con respecto al infierno
Escrito por el Papa Juan Pablo II – agosto de 1999

«Las imágenes del infierno que las Sagradas Escrituras nos presentan deben ser interpretadas correctamente. Muestran la total frustración y vacío de una vida sin Dios... Más que un lugar, el infierno indica el estado de aquellos que voluntaria y definitivamente se separan de Dios. El infierno no es un castigo impuesto externamente por Dios, sino la condición resultante de actitudes y acciones que las personas adoptan en esta vida. Las Escrituras utilizan muchas imágenes para describir el dolor, la frustración y el vacío de la vida sin Dios. Más que un lugar físico, el infierno es el estado de aquellos que voluntaria y definitivamente se separan de Dios, la fuente de toda vida y gozo. Así que la condenación eterna no es obra de Dios sino que en realidad es algo que provocamos nosotros mismos[2]».

---

2. *L'Osservatore Romano:* «El infierno es el estado de aquellos que rechazan a Dios»; oficina editorial y directiva; Via del Pellegrino, 00120, Ciudad del Vaticano; 4 de agosto de 1999; dicho por el Papa en una audiencia pública el 28 de julio de 1999; el artículo completo se puede consultar en www.vatican.va.

Capítulo Quinto

CINCO CAMBIOS
EN LA ENERGÍA ESPIRITUAL
DEL MILENIO

«CINCO CAMBIOS EN LA ENERGÍA ESPIRITUAL DEL MILENIO»

Canalización en directo
Cleveland, Ohio – Octubre de 1999
Singapur – Octubre de 1999

La canalización en directo que damos a continuación fue transcrita como una combinación de dos eventos en dos continentes distintos... ambos con el mismo mensaje... dado en directo. Ha sido revisada y contiene palabras e ideas adicionales para permitir que la palabra escrita resulte más clara y comprensible.

Saludos, queridos. YO SOY Kryon del Servicio Magnético. Éste es un tiempo muy valioso para nosotros, mientras nuestros compañeros entran en esta sala. Oh, queridos, este tiempo es especial debido a lo que este grupo en particular, que llamamos *familia*, ha hecho, no sólo en este planeta y para el Universo, sino para aquellos de nosotros llamados la compañía de Kryon que llenan este lugar. Ciertamente hay muchos más de ustedes que están despertando de lo que piensan. Incluso algunos que están aquí preguntándose de qué va todo esto han venido siguiendo la llamada de sus corazones espirituales. Si esto encaja con el lector o el oyente, ahora es el momento de que sientan en qué consiste este nuevo milenio.

Siéntense pacientemente en la silla hasta que la energía fluya hasta ustedes. Porque este encuentro, queridos, trata sobre el amor de la familia... hacia la propia familia. Trata del hecho de que tantos de ustedes, ángeles todos, son partes de Dios, disfrazados de humanos. Entran y salen con tanta rapidez, ¡y se les echa tanto en falta! Este valioso momento que han solicitado nos permite fluir desde nuestro lado del velo al suyo. ¡No vamos a esperar ni un minuto más! Fluimos hacia este lugar en masa, vertiendo sobre ustedes el amor del Espíritu y de la familia.

Nos movemos por los pasillos, al lado de los asientos, nos detenemos y dudamos. Cada miembro del grupo acompañante asignado a un humano, no importa en qué parte de la sala se encuentre, está lleno de un profundo conocimiento de que son hermanos y hermanas de los que están aquí sentados escuchando y leyendo. Se toman su tiempo para lavarles con cariño los pies, y sólo hay una razón por la cual harían algo así, y es porque este encuentro es real y transmite la sensación de ser único para todos nosotros. Hay tantas palabras para describir la realidad de lo que está ocurriendo en este preciso instante, entre ellas: *honor, amor, parabienes y sentimiento de adecuación.*

No faltan muchas semanas para que lleguemos a un umbral, un umbral que dará la vuelta al propio planeta. Aquí estamos todos nosotros, a unos pocos momentos del cambio de milenio. Muchos seres del Universo nunca hubieran reconocido que este grupo concreto de ángeles llamados humanos lograran realizar un cambio de tal magnitud en este planeta donde se pone a prueba la energía. Y sin embargo, mientras estamos aquí sentados, están celebrando el hecho de que sí han sido capaces de realizar ese enorme cambio.

Todos esperamos el umbral, esperamos que ese reloj empiece la cuenta atrás y dé paso a la energía del año 2000, y que el nuevo milenio avance hacia el año 2012. Ésta será una época en que muchas cosas podrán cambiar, un período de doce años que permitirá que algunos de los nuevos niños crezcan, que algunas personas de esta sala cambien profundamente y también la reserva de energía de este planeta, de formas que nunca antes pudieron imaginar.

Ya les hemos dicho esto mismo a otros grupos. Es información básica y dice así: ¡Nunca antes ha existido una época en toda la historia de la humanidad en que la energía vaya a descender sobre el planeta del modo en que está previsto que lo haga ahora! ¡Nunca antes ha existido una época en la historia humana en que la humanidad haya despertado hasta el grado en que lo ha hecho ahora! Así que les decimos a ustedes y a la familia: «Benditos sean, chamanes todos, que escogieron volver de nuevo a la Tierra y llevar a cabo la misión para esta vida y cumplir la finalidad del plan para la Tierra». Algunos de ustedes puede que decidan que ésta es la última vez. Todos los de esta sala han tenido un irresistible impulso en un nivel espiritual para asegurarse de que esta prueba se llevaba a cabo hasta el final, y aquí están, haciendo exactamente eso.

¡Estoy sentado frente a aquellos que lo pusieron todo en marcha! Me siento frente a aquellos que ayudaron al Kryon antes de que la humanidad existiera, preparando la energía del sistema de rejilla de modo que alimentara a la humanidad y sus atributos espirituales para que la dualidad tuviera fuerza. En estos últimos años, ustedes han cambiado todo eso. Algunos han dicho esto: *«Oh, querido Kryon, si es realmente cierto eso de que sabías quienes acudirían aquí y conoces nuestros nombres, entonces dinos cuáles son. Kryon, ¿quizás en esta etapa nos querrías decir nuestros nombres espirituales?».*

Voy a decirles la verdad. Esta entidad llamada Kryon no puede hacer eso. No existe el modo en que podamos expresar la grandeza de su nombre real con los limitados recursos del lenguaje de los humanos que aquí están sentados. Han escogido tener unas dimensiones limitadas en este planeta. Tal vez lo entenderán un poco mejor si les digo qué sensación nos produce cuando «sentimos» su nombre en el otro lado. Porque llegará un tiempo, queridos, en que me volverán a ver. Y en esos momentos, cuando nos reconozcamos unos a otros en mi lado del velo, de nuevo se acercarán a mí ¡y me CANTARÁN su nombre con LUZ! ¿Cómo puedo darles ese nombre mientras tengan forma humana, piezas de Dios, divinos cada uno de ustedes? ¿Cómo puedo transmitirles esa gloriosa experiencia dentro de las reducidas dimensiones que actualmente poseen? No es posible.

Es hora de que su manera de pensar englobe la realidad de quienes son, porque este grupo que está escuchando y leyendo el mensaje acerca de los días que se avecinan forma una avanzadilla. ¡Estamos impacientes por tenerles de nuevo con nosotros, querida familia! Estamos impacientes por darles el mensaje que dice: ¡No sólo estuvieron en la Tierra durante eones, sino que cambiaron el mismísimo tejido del Universo! La energía de la realidad de mi lado del velo ha cambiado debido a lo que ustedes han hecho en la Tierra! ¿Lo sabían? ¿Y se preguntan por qué el grupo les ama tanto? Oh, queridos, algunos de ustedes han venido a sentarse aquí y pedir una sanación que hace tiempo que está pendiente. Están sentados aquí leyendo y escuchando esto, ¿y acaso piensan que no sabemos quienes son? Sabemos quienes están aquí sentados, conocemos sus nombres, y conocemos su condición de seres eternos. Son hermanas. Son hermanos. Así que les decimos, con la energía que está aquí frente a todos nosotros: «Que empiece la sanación».

Les decimos a aquellos de ustedes que han acudido a esta energía de amor: «Que empiecen los cambios de luz y que se derrame sobre este grupo la esencia de amor propio que tantos han venido a buscar aquí.» Que se sepa que cuando hoy terminemos aquí, los integrantes de esta familia podrán levantarse de las sillas en que están sentados e irse sintiéndose diferentes de cómo llegaron. ¡Y la diferencia será que habrán recibido una sanación espiritual!

El milenio va a cambiar muchas cosas en su planeta. El umbral que representará el año 2000 es un umbral de «permiso». Muchas de las cosas que han sido retenidas han estado esperando ser transmitidas, para el caso de que llegaran a este umbral... y llegarán. La retención ha sido hecha a propósito, para que las energías fueran las correctas y adecuadas, para que las posiciones astronómicas fueran las correctas y adecuadas para que el planeta pasara de la vieja a la nueva energía. Muchos de ustedes no sentirán nada, ningún gran cambio, pero se habrá cruzado el umbral. Esta energía tocará a la raza humana de una manera que nunca pensaron que podría hacerlo, ¡y se preguntan por qué nos sentimos tan ilusionados!

CINCO CAMBIOS
EN LA ENERGÍA ESPIRITUAL DEL MILENIO

Nos gustaría hablar sobre algunos temas relativos a las próximas energías del milenio. Quisiéramos darles cinco características de las nuevas energías del milenio, algunas de las cuales forman parte de la información básica, mientras que de otras no hemos hablado nunca antes. Vamos a empezar con la más significativa: los cambios en el ADN de los seres humanos.

ADN

Algunos dirán: «*Kryon, hace mucho tiempo que dices que el ADN está cambiando en el ser humano. ¿Seremos capaces alguna vez de verificarlo?*». Queridos, en las próximas dos generaciones humanas, los científicos empezarán a ser capaces de mirar por sus microscopios y ver diferencias entre el nivel celular de los seres humanos más viejos y los más recientes. Hablamos ahora de las dos hebras helicoidales (o bucles, como nosotros los llamamos) del ADN físico responsables del nombre químico que se les da, de las hebras que ustedes pueden ver y estudiar. ¡Una de las revelaciones del actual estudio del genoma humano será que éste cambia! No habrá mejor medida de la evolución humana que cuando este estudio esté completo, porque entonces podrán comparar el código total (comprendido o no) con los códigos que tendrán los nuevos niños en las próximas dos generaciones. Ya les hemos dicho antes que a medida que su ciencia progrese, también lo harán sus descubrimientos sobre algunas de las propiedades más extrañas que nosotros les hemos dado acerca de la existencia humana. De nuevo les decimos que las rarezas de la Nueva Era de hoy serán la ciencia del mañana.

Pero no sólo su ADN estará cambiando. La química corporal humana también cambiará con respecto al tema de la inmunidad. El sistema inmunitario es el primero en cambiar, como así debería ser, pero habrá más. En un nivel celular, detectarán anomalías que nunca vieron antes, puntos fuertes que nunca observaron antes. Incluso las células se dividirán de forma diferente. El ser humano estará cambiando, y la «conciencia celular» será modificada. Muchos se preguntarán si siempre fue así, sólo que nunca había sido observado antes, pero éste no es el caso, porque lo que a la larga será considerado un nuevo tipo de sistema biológico empezará a extenderse por el planeta. Algunos lo llamarán el principio de las «células inteligentes». Algunos biólogos se preguntarán por qué nunca detectaron antes algunos de los procesos inteligentes en el nivel celular que se les revelarán ahora. Algunos comprenderán que son nuevos, y otros se rascarán la cabeza preguntándose cómo los procesos podrían haber cambiado del modo en que lo habrán hecho, con prácticamente la misma química de antes. Lo que a muchos les pasará desapercibido es lo que nosotros llamaremos un ADN capacitado: el siguiente paso de la evolución humana.

Permítanme que les diga dónde empieza esta evolución. Muchos creen que empieza con los Niños Índigo que están naciendo ahora. Pueden pensar que para tener un ADN evolucionado se tiene que nacer con él, ¡pero eso no es cierto! Los cambios celulares empiezan con una INTENCIONALIDAD ESPIRITUAL PURA. *«Kryon, ¿quieres decir que con intencionalidad pura podemos realmente cambiar nuestra estructura celular?*. ¡Sí, pueden hacerlo! De nuevo les digo que los más grandes milagros jamás realizados en este planeta han surgido «de dentro a fuera». Es decir, la parte divina del interior del ser humano es la que en realidad generó los cambios en la estructura celular que fue capaz de crear materia a partir de la consciencia.

¡Existen en este momento avatares en el planeta que pueden crear materia a partir de la consciencia! Si esto es verdad, entonces ¿no es lógico que el siguiente paso para el ser humano avanzado sea hacer lo mismo? En esto consiste el milagro, y se puede generar en su cuerpo del mismo modo en que lo hace el avatar, porque los principios son exactamente los mismos. En el momento en que empiecen a ver quienes son en realidad y que empiecen a ver ese «miembro de la familia» espiritual dentro de ustedes, cambiarán. ¿Qué tiene un gran avatar que supuestamente no tengan ustedes? La respuesta a esta pregunta es: COMPLETA CONCIENCIA DE SÍ MISMO. Cuando se descubre la naturaleza divina interior, el ADN cambia para acomodarse a la realidad de ese descubrimiento. Esto también se llama «crear su propia realidad», un tema que ya hemos explorado antes.

Su ADN es perfecto, pero han permitido que les coloquen inhibidores en el cuerpo que producen un tiempo de vida corto, enfermedades y desequilibrios. Con la intencionalidad, estos inhibidores se reducen y el ADN puede acercarse más a su diseño original. Todo esto fue creado por ustedes y para ustedes. Ahora se les brinda la oportunidad de poder llevar el ADN a un estado que responda al de su propia consciencia.

Existe otra característica con respecto al ADN que ya hemos mencionado antes. Es el nacimiento de los nuevos niños llamados «Índigo». Éste es un atributo planetario, queridos. No se limita a una sola cultura o continente. La llegada de estos niños es el resultado directo del permiso que ustedes otorgaron espiritualmente el 11:11, hace siete años. Estos son los humanos que nosotros decimos que son portadores de las semillas de la evolución humana, y es importante que se den cuenta de que esta discusión sobre el ADN trata de TODAS las hebras, no sólo de las que puedan observar bajo el microscopio. (Kryon muchas veces habla de las doce hebras del ADN, muchas de los cuales no son químicas y por tanto no resultan visibles).

¡Qué apropiado! El 11:11 se abrió la posibilidad para el permiso que se otorgó en el más alto nivel de la consciencia humana a principios de los años noventa. La pregunta fue formulada a todos los seres humanos del planeta: «¿Dan ustedes permiso para autorizar un cambio en el ADN hasta el extremo de que aquellos que nazcan después de ustedes sean portadores de una consciencia que ustedes no poseían?» La respuesta dada en esta oportunidad del 11:11 fue un SÍ unánime.

Desde un buen principio el mensaje de Kryon ha sido que no sólo lograron pasar por aquellas cosas desastrosas de la vida que los profetas «catastróficos» estaban absolutamente seguros

de que iban a ocurrir, sino que mediante su esfuerzo consciente, las cambiaron. Es importante darse cuenta de que Kryon no
tuvo nada que ver con esta posibilidad de permiso ni con el trabajo que ustedes han realizado en el planeta. En lugar de ello,
estas buenas noticias tienen relación con los humanos/ángeles
que viven en este planeta: ¡USTEDES! Tienen que ver con una
raza humana que tiene más poder. En conjunto, su planeta ha
elegido comprender gradualmente que las cosas podrían ser
diferentes y que la humanidad tiene la capacidad de cambiarlas.
Por fin comprendieron un código que nosotros les hemos mencionado en numerosas ocasiones: que ustedes tenían la capacidad de cambiar el curso del tiempo, de cambiar las profecías y
de crear un nuevo futuro. ¡Y eso es lo que hicieron!

La principal característica del cambio humano para el nuevo
milenio es la modificación del ADN, y los trozos y las partes de él
que ustedes no pueden medir serán las primeras en cambiar. Estas
partes que no pueden medir son las que están influidas magnéticamente. Estas partes influidas magnéticamente están concebidas
para despertar fragmentos de química en ustedes. Muchos pensarán que es algo milagroso: la capacidad de prolongar el tiempo de
vida, de sentir paz en medio del desorden, de sentir en sus corazones el amor que pidieron, o de calmar en gran medida sus niveles de ansiedad. El cambio también les permite observar por fin la
parte de Dios que ustedes son. Todo esto empieza en un nivel
celular, porque dentro de las células del ser humano está el plano
de una vida espiritual y física. Representa todo aquello que antes
han sido y la razón por la cual están aquí; los atributos kármicos
traídos del pasado (lo que nosotros llamamos la «receta» y la con-
figuración de su vida) están representados en este plano del ADN.

El camino – Movimiento

A medida que vayan cruzando ese punto de demarcación llamado el milenio, pueden esperar algunos cambios relativos al
segundo tema: el CAMINO. Algunos de ustedes se han senti-

do «detenidos» en su crecimiento espiritual. Han experimentado algo parecido a un parón en lo que, en el pasado, les había dado la sensación de «movimiento hacia delante». Ahora, incluso eso ha desaparecido. Ser humano, trabajador de la luz, sanador, miembro de la familia: ¿Realmente cree que ha atravesado eones enteros sólo para detenerse frente a un «stop» en el año 1999? ¿Le suena eso a nueva energía? [Risas]

Permítanme que les diga lo que está ocurriendo. Poseen la facultad de percibir el movimiento de una forma lineal y en lo que ustedes llaman REALIDAD, tal como mi compañero les describió [en la primera parte del seminario]. Incluso espiritualmente perciben el movimiento espiritual de manera lineal. Es hora de que esa percepción cambie. Anteriormente mi compañero [Lee] describió un tren que se mueve por una vía como metáfora de su fuerza vital en la vieja energía. Déjenme que les haga esta pregunta interdimensional: ¿Qué le ocurriría a esa metáfora del tren viajando por una vía circular si les dijéramos que *el tren estaba en el mismo lugar, pero la vía seguía moviéndose?*

La pregunta para ustedes es ésta: ¿Sigue moviéndose el tren? Y también: ¿Están viajando hacia alguna parte? La respuesta a ambas es un SÍ interdimensional, pero desde sus cuatro dimensiones podrían cuestionárselo. Esto es porque su sistema de «detección de movimiento» ha sido atraído actualmente hacia la estructura temporal del AHORA. La razón por la cual se sienten parados es muchas veces porque en el AHORA (una vibración más elevada), están en un movimiento interdimensional que se percibe de manera muy diferente a lo que han sentido espiritualmente antes. Está fuera de las habituales cuatro dimensiones humanas. La vía se está moviendo y las ruedas siguen girando, pero ustedes podrían decir: «Estoy parado». NO están parados. La vía se sigue moviendo debajo de ustedes, así que la locomotora todavía está en marcha y funcionando correctamente, pero la percepción es ahora menos lineal. Es más relativa a lo que les rodea, y se sienten parados desde un VIEJO paradigma energético de comprensión.

Para aquellos que no puedan entender esto, les daremos una agradable visión para ayudarles a tener paciencia. Imaginen que están haciendo una pausa espiritual, ¡simplemente esperando que algo maravilloso se acerque a ustedes! La sensación de movimiento es, en un sentido espiritual, total y absolutamente diferente a lo que era antes. Además, muchas veces han medido el movimiento por la sincronicidad que tiene lugar en sus vidas. No solamente eso, sanadores y trabajadores de la luz, sino que también tienden a medir el movimiento y la espiritualidad por lo bien que las cosas funcionan dentro de sus estructuras particulares. ¿Saben lo que le ocurre a una fábrica cuando cierra para ser renovada o cambiar su maquinaria? Se para. ¿Saben qué les ocurre a los empleados cuando les dejan sin trabajo durante un par de semanas pero CON sueldo? ¡Lo celebran! [Risas]. Así pues, tenemos que preguntarles lo evidente: Si se sienten parados, ¿por qué no se unen a la fiesta? Para aquellos de ustedes que se sintieron paralizados por los obstáculos durante este tiempo de renovación, ¿por qué no se despiertan por la mañana alegrándose por este tiempo de descanso?

Lo primero que hacen por la mañana al despertar, ¿es acaso recordarse a sí mismos que están en un planeta que ustedes han cambiado? ¿Lo festejan? Sus primeros pensamientos al levantarse podrían ser algo así como: *Gracias, familia. Me siento agradecido por no estar nunca solo; gracias, familia, por esta oportunidad de desafío en este planeta de libre albedrío; gracias, familia, por permitirme ser parte de esta magnífica experiencia.* En lugar de salir arrastrándose de la cama y quejarse de la vida, intenten decir: «*Voy a celebrar este día, ¡no importa lo que me traiga!*». Quizás eso sea un poco distinto a lo que están haciendo ahora pero, saben, las cosas no siempre son lo que parecen.

El camino – Aceleración del tiempo

Hablando del camino espiritual en el que se encuentran, deberían saber que otra característica de la nueva energía será la *ace-*

leración del tiempo. Es lo que ustedes han pedido para el cambio vibratorio tanto físico como espiritual. En esencia, ustedes, mediante su decisión, han hecho que la propia estructura atómica de esta parte concreta del universo vibre de manera más rápida. ¡Su tiempo se está acelerando! Lo que ahora ven en la geología terrestre también es debido a una estructura temporal acelerada. Los geólogos les dirán que los cambios que están teniendo lugar ahora en la Tierra son cosas que no esperaban ver hasta dentro de 20 o 30 años, pero aquí los tenemos. *«Pero Kryon»*, podrían decir ustedes, *«¿por qué los relojes siguen igual si el tiempo está acelerando? ¿Acaso no deberían ir más rápidos?»*. ¡No según su ciencia! ¿Recuerdan el enigma científico de la relatividad llamado «la paradoja del reloj»? Comparamos dos relojes. Uno está en poder de los humanos de la Tierra, el otro en el de un viajero que se está alejando de la Tierra a una velocidad muy alta. Los relojes parecen señalar la misma hora para cada grupo, pero cuando el viajero regresa, descubre que la tierra ha envejecido ¡y él no! Pero su reloj parecía normal en todos los sentidos mientras viajaba. La velocidad cambió su estructura temporal, pero su reloj parecía normal. Sólo al compararlo con el de su casa vio que el tiempo había variado.

En los años venideros sus astrónomos y sus físicos podrán empezar a resolver la singularidad del tiempo relativo y la parte que ustedes juegan en ello. Están cambiando el tiempo en su zona, pero no tienen ninguna otra estructura temporal con la que compararlo. Por lo tanto, el tiempo parece ser el mismo, pero en el nivel celular la mayoría de ustedes son conscientes de la aceleración que está teniendo lugar. Aunque puede que esto no tenga sentido para ustedes, llegará un tiempo en que la ciencia mirará al Universo que les rodea y dirá que está «aminorando». La realidad es que *¡ustedes están acelerando!* Obsérvenlo. Tiene que ver con la relatividad del tiempo, con este planeta y con lo que ustedes han hecho. Algunos de ustedes ya lo pueden sentir y decir: *«Pues claro que el tiempo está acelerando. ¡Podemos sentirlo!»*. Algunos de ustedes se despiertan temprano por la mañana con ansiedad porque sus células lo sienten. Están totalmente en lo cierto si se han preguntado si el tiempo está acelerando. ¡Bienvenidos al inicio de una dimensionalidad que no tenían ayer!

El camino – Por fin, la relajación

Por último diremos esto sobre el tema del camino: A medida que se acercan al umbral, pasado el cambio del milenio, habrá una promesa de relajación. Es decir, se encontrarán en un carril y comprenderán que pertenecen a ese lugar, y entonces se estabilizarán. La ansiedad empezará a disiparse. En un nivel celular, empezarán a sentirse cómodos, empezarán a comprender los «regalos», y a utilizarlos de una manera que antes no comprendían. La fábrica renovada volverá a abrir sus puertas y la nueva maquinaria les será presentada para que empiecen a aprender sobre ella a medida que prosiguen con su trabajo. Así que les diremos: Paciencia, queridos, paciencia, porque el umbral está a la vuelta de la esquina.

Desafío, y una nueva herramienta

La tercera característica de lo que va a cambiar considerablemente es la del desafío o prueba. Queremos que sepan cuál es la mecánica de esas pruebas, que es algo que no hemos tratado antes en un grupo de esta naturaleza. Les habrán dicho que el motivo de los desafíos es elevar la vibración del planeta. Ciertamente, así es. Un trabajador de la luz utiliza los desafíos para abrirse paso a través de las lecciones actuales de su propia creación, en tiempo real. Queridos, todo eso forma parte de la elevación de la vibración espiritual del planeta, que es medida cada veinticinco años. La penúltima medición se realizó en el año 1987, y el último control de esta prueba completa y total de energía será en el 2012. A partir de allí, el planeta nunca volverá a ser medido, sino que seguirá existiendo con un nuevo paradigma.

Porque ustedes están entrando en una nueva energía, una nueva humanidad, un nuevo propósito para la Tierra, y están situados en la cúspide del umbral. Se pueden preguntar una vez más por qué las entidades que hay en esta sala se sentían impacientes por llegar aquí, o situarse junto a su asiento, o lavarles los pies. El «orgullo familiar» es una propiedad del amor que no tiene nada que ver con el ego, ¡y desde este lado del velo sentimos «orgullo familiar» con respecto a ustedes!». ¿Creen que vinieron aquí para vernos [se refiere a los que han venido al seminario]? ¡Hace días que estamos aquí, esperando poder verles y amarles de nuevo! Este tiempo que pasamos juntos es tan importante para nosotros como para ustedes.

El desafío tiene otra característica que deberían conocer. Los retos de la vida, si se resuelven con la sabiduría del espíritu del amor, también van a dar como resultado algo completamente diferente, además de cambiar la vibración de la tierra. La correcta resolución de los desafíos va a cambiar la propia esencia de su *dualidad*. Esto es lo que queremos decir: durante muchísimos años han tenido una dualidad que ha ejercido presión sobre ustedes y que ha cuestionado todo movimiento espiritual. Esto es correcto, porque la dualidad humana es la gran fuerza equilibradora. Ha permitido que pudieran efectuarse unas pruebas sin ningún tipo de sesgo.

Es la dualidad la que les despierta a las tres de la madrugada y les dice: «No eres nada, sabes. No te mereces estar aquí». Es la dualidad la que les da un golpecito en el hombro y dice: «Todo este rollo espiritual es una tontería». Es la dualidad la que les despierta y dice: «¡Vamos a preocuparnos por algo!». [Risas] Algunos de ustedes luchan diariamente con la dualidad. Es la responsable de muchas de las cosas que sienten que les están obstaculizando, y ahora disponemos de nueva información sobre ella. La dualidad humana empezará a distanciarse del Yo superior. Por primera vez en la historia espiritual humana, el equilibrio real de la dualidad humana cambiará. Debe hacerlo, para dejar paso al proceso de ascensión del que tantas veces hemos hablado.

La dualidad humana es la parte de ustedes con la que han accedido nacer, y corresponde a una vibración más baja que la del ángel de su interior. Está concebida para atemperar toda la espiritualidad que poseen. Es el *escéptico santo Tomás*. Es la parte de ustedes que cuestiona todas las cosas espirituales, y eso es correcto y equilibrador. Tal como hemos comentado antes, la rejilla magnética del planeta Tierra ayuda a sostener la dualidad humana de la forma en que lo ha venido haciendo durante eones enteros.

Ahora les decimos que el equilibrio de esta dualidad puede cambiar y que cambiará a medida que avancen en los desafíos. ¿Saben de dónde proceden el miedo, la ansiedad y la duda? De esa parte de ustedes llamada *dualidad*. A medida que resuelvan los problemas, la dualidad se alejará y cambiará el equilibrio de su estructura espiritual. ¿Saben cómo será el ser humano cuando llegue ese momento? ¡Se llama ascensión! Es el principio de un nuevo tipo de era. ¿Saben dónde lo verán por primera vez? En los niños. Tienen algo que ustedes no tienen. Tiene la capacidad de alejar la dualidad. Es uno de los atributos espirituales con los que nacieron, puesto que llegan con el conocimiento de «merecer estar aquí». ¡Algunos de ellos incluso les dirán quiénes han sido y por qué están aquí! No todos se convertirán en gigantes espirituales. Seguirán actuando como niños, con características humanas.

Pero hay algo realmente diferente acerca de esta nueva hornada de seres humanos, y la diferencia más notable es que la esencia de su mayor deseo con respecto al planeta no es el poder, la ambición ni la envidia. Por consiguiente, lo que muchos han denominado naturaleza humana básica es diferente en el caso de esos niños. Estos pequeños seres humanos, cuyo mundo empieza a temblar porque sus padres pueden ponerse a discutir y gritar, no se irán de la habitación tal como se les dice que hagan, ni se esconderán debajo de la cama. En lugar de ello, ¡se agarrarán a la pierna de uno de los padres y les pedirán que resuelvan la discusión!

Estos niños llegan a este planeta con un fuerte deseo de vivir en paz. Obsérvenlo. Ya están aquí. Los hijos de estos niños

132

serán todavía más diferentes, y para cuando llegue la tercera generación, estarán exigiendo la paz en este planeta de un modo que no se habrá visto jamás. Y las cosas que ustedes habrán visto con respecto a la historia del pasado inmediato se convertirán en historia antigua... casi en una EDAD OSCURA. Estos nuevos seres humanos no poseerán los atributos de ningún tipo de humano que hayan visto antes. Fíjense bien. Sí, tardará un poco, mientras lo viejo pasa y llega lo nuevo, pero el posicionamiento de esta nueva generación es muy diferente porque exigirán tolerancia en sus relaciones individuales, y después entre países y religiones. Dirán: *«Existe una manera de unificar este planeta, a pesar de que algunos pueblos y culturas sean muy diferentes».* Empezarán a trabajar con algunos de los problemas más acuciantes que la humanidad no logró resolver jamás. Y ustedes verán cómo las soluciones a los problemas mundiales salen de esos pequeños, y de los hijos de esos pequeños.

La escisión final

¿Adónde se dirigen ustedes, espiritualmente hablando? ¿Qué pasará a continuación con la filosofía de la Nueva Era? Vamos a darles un enunciado para aquellos que se quedarán en la vieja energía después de que llegue el umbral del nuevo milenio. La frase para el año 2000 será: «el tren ya ha salido de la estación». Aquellos situados en la vieja energía, que se hayan negado hasta ahora a aceptar alguno de los nuevos dones y hayan permanecido en los viejos sistemas, recibirán una última invitación para subir a bordo de este tren del milenio. Los pasos han sido pequeños en estos últimos años, desde 1987, y muchos han podido pasar de la vieja a la nueva energía de forma gradual, incorporando nuevos conocimientos y dando un nuevo realce a sus vidas. Pero otros se habrán negado y habrán insistido en quedarse con los viejos sistemas.

Mientras que antes hubieran podido realizar la transición de lo viejo a lo nuevo gradualmente, ahora ya no es posible: tendrán que dar un salto gigantesco. Así que habrá aquellos que se quedarán en la energía antigua, se autodenominarán trabajadores de la luz y les acusarán a ustedes de «estar equivocados». No comprenderán la condición de ascenso ni verán los dones que hay disponibles. Les dirán que ellos se han ganado su conocimiento con la experiencia y que ustedes no pueden tener estas cosas nuevas sin «pagar las facturas», igual que han hecho ellos. Muchos de ellos les dirán adiós, y se producirá una escisión. Así es la naturaleza humana, ¿no es cierto? Pero esto es lo que se predijo y lo que se esperaba de un cambio tan espectacular.

Las diferencias entre los dos grupos se harán patentes para cualquiera que los observe desde fuera. Aquellos que permanezcan en la energía vieja se autoproclamarán trabajadores de la luz, harán listas de las cosas que una persona debe hacer, y redactarán procedimientos y programas para que cualquiera pueda disponer de una energía iluminada en su interior. La NUEVA energía representa la capacitación y el poder del ser humano. Existirán muy pocas estructuras y no se producirá ningún tipo de ego alrededor de cualquier jerarquía humana a la que sea obligatorio adherirse. Resultará obvio para cualquiera que los compare, quién está en la VIEJA y quién en la NUEVA energía.

Aquellos de la nueva energía poseerán características también fáciles de reconocer. Estarán «los cuatro atributos del amor» representados en sus obras (los que Kryon ha dado en numerosas canalizaciones). No tendrán un programa predeterminado para su labor y actitudes. Serán discretos con sus dones y no actuarán motivados por el ego. No se envanecerán con sus propios logros y sus palabras estarán llenas de sabiduría. La nota distintiva de los trabajadores de la luz de la nueva energía es que vivirán en el AHORA. Cuando se les pregunte qué va a suceder mañana, le mirarán y le dirán: *«Eso no lo sabe nadie»*. Actuarán con amor y con confianza hacia el futuro, sin ansiedad, porque cuando éste llegue, colaborarán en su creación, tal como debería ser. Y eso, queridos, es lo *opuesto* a la vieja naturaleza humana. ¡La VIEJA manera teme al futuro y no tiene ninguna confianza en la posibilidad de crear la propia realidad! La NUEVA manera entiende perfectamente que el futuro es exactamente lo que el ser humano hace que sea. Y no se teme aquello que uno mismo puede crear.

Apoyo y entrega especial

Vamos a llamar *apoyo* al número cinco, y nos estamos refiriendo ahora a los guías y a los ángeles que les acompañan. Cuando pasen el umbral, queridos, van a experimentar cambios espirituales. Piensen en esto: si van a forzar la dualidad hacia una nueva separación, si van a crear un nuevo ser humano espiritual, si van a modificar el ADN, si van a empezar a ver milagros en sus vidas, si van a tener paz en zonas que antes eran problemáticas, entonces tendrá que haber todo un equipo espiritual con ustedes... ¡muchos más que sólo tres guías!

Habrá guías superiores que son almas muy elevadas, algunos de ellos los habrán conocido ustedes antes, pero ahora no los recordarán. Estas entidades son interdimensionales y difíciles de explicar, pero se SIENTEN como familia y están atentos y dispuestos a compartir esta nueva energía con ustedes. ¡Algunos están incluso en esta sala donde ahora se encuentran ustedes! Están simplemente esperando que llegue el umbral y que ustedes expresen su *intencionalidad* diciendo: «Que así sea».

Esta información es fundamental, algo que ya hemos dicho antes: Hay seres humanos cuya programación básica es la soledad. [Una programación es, en este sentido, un contrato o atributo kármico]. Es una característica con la que algunos nacieron, y algo que no siempre pueden controlar. Forma parte de la lección de su vida actual. Mucho tiempo después de que este encuentro haya concluido, algunos de ustedes pueden irse a casa y meterse en el armario, y una vez dentro de ese armario, imaginar que están solos. Nosotros les decimos: «Adelante, apaguen la luz e imaginen, todo cuanto quieran, que están solos... y mientras creen que nadie en todo el Universo sabe quienes son en realidad, o acerca de su vida, ¡ahí dentro habrá toda una multitud celebrando una fiesta!». ¡NUNCA ESTÁN SOLOS! ¡Ese armario estará repleto de entidades que conocerán las características de su vida, su nombre, su alma superior, su contrato, su amor propio, su magnitud angélica, su memoria y su potencial futuro! Difícil de entender, lo sé, pero el hecho es que existe un grupo de apoyo que SIEMPRE está con ustedes, ¡y con su permiso, está a punto de hacerse más numeroso!

¡Benditos son los seres humanos que se meten en sus armarios, apagan las luces y participan de la fiesta! [Risas]. Lo que les estamos diciendo, queridos, es esto: Pasado el umbral del milenio, pueden esperar nuevas energías a su alrededor. Muchos de ustedes están esperando los nuevos procesos energéticos. Tengan paciencia, porque finalmente se están acercando, y la nueva familia se los hará llegar.

En los próximos doce años mucha energía nueva tendrá que ser transmitida a este planeta. Los alineamientos astronómicos especiales serán la clave. Recuerden que su fábrica espiritual está siendo equipada con nueva maquinaria. Únanse al resto en la celebración hasta que el proceso haya concluido. El principio que representa el umbral del año 2000 les dará permiso a esas nuevas energías que están siendo desarrolladas para que les sean entregadas escalonadamente con el paso del tiempo, a medida que las necesiten. El nuevo milenio tiene una energía que contiene el potencial para ser muy distinto a cualquier otra cosa que hayan experimentado antes. Se dirán y se harán muchas cosas en la tierra referentes al paso por ese puente que cruza los milenios. Pero ustedes, como grupo esencial, sabrán lo que realmente significa. Por eso están hoy aquí, escuchando y leyendo esto.

Muchos temerán los alineamientos planetarios o anomalías astronómicas que ocurrirán muy pronto. Pero ustedes recuerden lo que estamos diciendo hoy aquí. Quédense en medio del temor de otros y a diferencia de ellos, ¡festejen los alineamientos! Imprégnense de la energía de las nuevas promesas para el planeta y reciban el equilibrio que está llegando. Mucha energía femenina será enviada a este planeta en los próximos doce años.

No se trata de un tema de género, sino de una cuestión de equilibrio para la Tierra. La transmisión de la energía femenina reforzará a la humanidad en general y conducirá a la Tierra hacia una consciencia más suave, alejada de la VIEJA.

Hemos esperado largo tiempo para ser invitados a esta sala donde están escuchando o leyendo esto. El potencial que permite que este grupo les ame ya estaba aquí hace tiempo. Este tipo de encuentro no podría haber existido hace diez años. ¿Sabían eso? Este tipo de energía no se les podría haber transmitido hace diez años. Ésta es la medida de cuánto han cambiado espiritualmente en el planeta.

Les invitamos a que experimenten el amor en un nivel celular. Ahora mismo, hagan una pausa y sientan el amor de la familia, porque estamos a punto de partir. Después de haber transmitido la información y haber expresado nuestras felicitaciones, esta familia se va. Pero los cuencos que contienen nuestras lágrimas de alegría, mientras les lavábamos los pies, estarán listos para ser utilizados de nuevo cuando deseen volver a experimentar este tipo de amor mediante su intencionalidad.

Es la cosa que nos resulta más difícil hacer: dejarles, después de habérsenos permitido abrazarles como hemos hecho. Nunca existirá un encuentro exactamente igual que éste, con una familia reunida igual que ésta, y eso lo sabemos. Pero seguiremos encontrándonos con ustedes individualmente. No hace falta que acudan a un encuentro como éste para tener esta vivencia de amor. No hace falta que vuelvan jamás a una canalización de Kryon. No tienen tampoco que leer ninguna otra comunicación de Kryon para sentir ese amor. Que este mensaje sea una demostración de que Kryon no tiene ningún programa predeterminado para ustedes. Ustedes solos pueden reunir TODA la energía que hoy se ha generado aquí. ¿Cómo? Intenten meterse de nuevo en ese armario. Esta vez, ¡únanse a la fiesta! Pueden generar toda esta energía de amor familiar por sí mismos, todos los días, dentro de ese armario... adelante, simplemente intenten «estar solos». [Risas]. Esta comunicación no es sobre Kryon. ¡Es sobre la FAMILIA!

Váyanse de esta sala llevándose una fuerza vital tan intensa que en cualquier momento que deseen, mediante la intencionalidad, puedan recrear este tipo de energía y amor. Tengan su propia «reunión familiar» cada vez que lo deseen. ¡Éste es el poder que ustedes tienen!

Y así es como este grupo de Kryon se retira de esta sala. Les damos las gracias por lo que han hecho por el Universo, porque no tienen ni idea de cómo sus acciones nos han cambiado a todos.

Y cuando les volvamos a ver, podremos decir:

«Que empiece la celebración. Que empiece la fiesta».

Y así es.

Kryon

Capítulo Sexto

CRUZAR EL UMBRAL

«CRUZAR EL UMBRAL»

Canalización en directo
Nueva Hampshire – noviembre de 1999

Esta canalización en directo ha sido revisada y contiene palabras e ideas adicionales para permitir que la palabra escrita resulte más clara y comprensible.

Saludos, queridos. YO SOY Kryon del Servicio Magnético. Es la familia a quienes saludamos de nuevo en este lugar que nos resulta conocido [se refiere a la sala de New Hampshire, donde se han reunido 400 personas]. Es a la familia espiritual y al grupo de acompañantes a quienes nos referimos, que están llegando aquí por invitación de los ángeles que están sentados en las sillas, haciendo ver que son humanos. Es por invitación de un par de ojos, que lleva a otros miles de ojos a que lean la transcripción de lo que se está diciendo aquí. Aunque les resulte difícil de entender a los que escuchan esto, en esta realidad del *ahora* hay miles de personas que están tocando las palabras de esta página, que para ustedes se está generando de forma auditiva.

Aunque les parezca extraño, sabemos quiénes son ellos y dónde se van a sentar a leer, igual que les conocemos a ustedes y que sabíamos dónde iban a sentarse hoy, porque los potenciales de iluminación están situados en un círculo y podemos verlos todos. No existe tiempo lineal en este lado del velo; por lo tanto, vemos el potencial de aquellos que leen y escuchan, todos

141

a la vez. Así es también como vemos la Tierra y los potenciales de aquello que ustedes pueden hacer.

Les vamos a decir algo que ya les hemos dicho a los últimos cinco grupos. ¡Ustedes son eternos! ¡Son eternos en ambas direcciones! ¡El círculo que forma su vida espiritual es permanente! Siempre *fue* y siempre *será*. Todo lo lejos que puedan concebir un pasado, ya había un «ustedes». Si pudieran verlo en el círculo que vemos nosotros, comprenderían que retrocedan lo que retrocedan en el tiempo lineal, ya se podía ver el futuro en que se han convertido. Así que lo que estamos diciendo es que eran los mismos ayer, y que serán los mismos mañana: una parte de la divinidad, una parte del todo, una parte de Dios. Aunque algunos de ustedes pueden haber sentido, desde las profundidades de su conciencia, que Dios es un ser todopoderoso que supervisa todas las cosas del Universo, esto es sólo parcialmente correcto. «Todopoderoso» es correcto, pero Dios está literalmente formado por un colectivo de trillones y trillones de miembros de la familia, cada uno de ellos con su propio nombre. Cada uno de ellos conoce al resto. Aunque les resulte difícil de entender, los nombres de todos ustedes son conocidos por todos.

Oh, ungido, oh, chamán, que ahora mismo está ahí sentado leyendo o escuchando esto, vidas enteras pasadas en reclusión religiosa ejercen presión sobre usted. ¡Durante vidas se postró en el suelo siguiendo rituales y cultos, sin entender que *usted* era Dios! Aunque conocía las palabras YO SOY, nunca parecieron encajar con el «yo» de su identidad personal. ¡Nunca pensó que se referían a usted! Por fin, justo antes de que llegue el umbral [el año 2000], está empezando a comprender que *usted* es una pieza del todo, y que *usted* es divino. Pero en este planeta, y con su existencia tetradimensional, no hay modo de que les pueda dar su nombre real. No pueden oír ni ver las cosas que se pueden oír y ver en el otro lado del velo. Aquí [la Tierra] no existe el concepto de lo que es su nombre, y sin embargo, mientras les miro, puedo verlos en su increíble grandeza. ¿Creen acaso que vengo aquí con este grupo de acompañantes y sólo percibo un inmenso mar de rostros? Les dije que existen trillones de piezas de Dios, que les conocemos a cada uno de ustedes íntimamente, y que siempre estamos los unos conectados con los otros. ¡Sabemos quienes son!

Y así a medida que va entrando el grupo, con la energía del amor que contiene su nombre real, nos preparamos para abrazarles por la espalda, tocarles los hombros y depositar nuestra energía sobre sus cabezas. ¡Incluso les lavaremos los pies! Oyentes, lectores, afirmamos que «sabemos» frente a quien estamos sentados. Si creen que vinieron aquí para vernos, no es así. ¡Somos mucho más numerosos que ustedes los que estamos aquí! No se equivoquen en cuanto a quién vino a ver a quién. Oh, se está derramando tanto amor sobre esta familia que está aquí sentada. Les invitamos ahora a que empiecen a sentir la energía que estamos transmitiendo.

Queridos, en los minutos siguientes vamos a dar nueva información sobre el próximo milenio, y habrá una discusión sobre ciencia, física, biología y mucho más. Durante estos minutos abriremos el velo y les revelaremos los potenciales del planeta. Pero mientras lo hacemos, aun cuando esa información pueda fluir hasta ustedes, estarán ocurriendo también otras cosas. Se trata de una reunión con la familia. Hemos dicho esto en numerosas ocasiones: no tienen idea de la fuerza que existe este año, que es distinta a la del año pasado. Y es porque ustedes lo han permitido; en realidad lo han creado con su intencionalidad. No tienen ni idea de lo que son capaces, e incluso antes de que empiece la información, les diremos: ¿acaso piensan que no sabemos por qué están hoy aquí?

Queridos, y ustedes saben a quiénes me refiero, es la hora. ¡Que empiece la sanación! Celébrenlo aquí y ahora, con nosotros. Todos nosotros sentiríamos una alegría infinita si se levantaran de las sillas donde están sentados distintos a como eran cuando se sentaron. Queridos, que el propósito de su vida se ponga en marcha esta noche. Cuando el sol se ponga en este lugar, dejen que la energía cambie, dejen que emerja un nuevo ser humano del asiento, uno muy distinto al que era cuando llegó. Dejen que la conciencia de su eternidad irrumpa en su cuerpo. Cuando finalmente abandonen este planeta, habrá una transformación de su ser en una parte de Dios que es divina y angélica.

Podríamos sencillamente impregnarnos de la energía de este encuentro y quedarnos callados, simplemente abrazándoles. Podríamos quedarnos callados y simplemente dejarles participar en el increíble amor que deseamos transmitirles a través de su chakra cardíaco, dejando que impregne su ser. Ninguno de ustedes dejaría de notar el hecho de que están siendo visitados hoy por un grupo de hermanos y hermanas que es íntimamente suyo. Cada vez que nos invitan a estar con ustedes, nos sentimos tentados a simplemente callarnos y dejarles sentir.

Existirán potenciales, una vez cruzado el umbral (el año 2000), que no sabemos cómo empezar a explicar. Muchos de ustedes son perfectamente conscientes, a medida que se acerca el umbral, de que el último cambio de milenio fue muy diferente a éste o a los que le precedieron. Sí, siempre hay energía cada vez que se acerca una fecha milenaria. Siempre hay aquellos a quienes les gusta ser portavoces de catástrofes y que dirán: «¡Éste será el último!». ¡Lo irónico es que, ciertamente, éste *iba* a ser el último! Por su propia decisión y con su permiso, junto con toda la planificación que los ángeles que ustedes son, el calendario de la existencia humana fue recompuesto para efectuar este cambio de sentido para la humanidad en este milenio. ¡Eso significa que la mayor parte de profecías sobre estos tiempos finales eran correctas!

En el año 2012 se realizará la última medición del planeta de acuerdo con el examen que actualmente se está llevando a cabo. Sea cual sea el resultado de esta medición, será el fin de la prueba. Esta comprobación del nivel energético –la del cambio de vibración del planeta– ya se encuentra en un punto álgido que nunca antes alcanzó. Ahora van a cruzar un umbral que va a significar el permiso para cambiar el planeta. Piensen en este umbral como en un semáforo en verde que cruza el tren que se encuentra sobre una vía que ha sido experimental, casi un misterio. Piensen en la vía como si fuera peligrosa, ¡y no existe garantía de que otro tren no esté viniendo en la otra dirección hacia ustedes! De repente ven algo que les proporciona un inmenso alivio y pasan por su lado: una luz verde, una señal del controlador de vías que indica: «Sabemos que están aquí, y el tramo que hay frente a ustedes está despejado».

Muchos de ustedes se han sentido estancados en estos últimos años. Prepárense para la liberación. Porque cuando crucen el umbral, habrán pasado el punto de inflexión a partir del cual se ha dado permiso para que el viaje resulte más comprensible. Ustedes, queridos, como avanzadilla de esta edad que deseamos llamar la «edad del ahora», empezarán a soltar totalmente lo VIEJO y a construir lo NUEVO. Porque aquellos que darán permiso para algo así están colocando más luces verdes para el resto. Mediante la intencionalidad del ser humano y la luz verde, cambiarán el planeta que se halla en esa nueva vía. Es una vía inexplorada, por la que nadie ha viajado antes. Va a haber un tren llamado humanidad, que tiene el potencial de crearse a sí mismo a medida que avanza. Piensen en ello: ¡un tren que va colocando sus propias vías delante de él! Por tanto, no se puede colocar nada en ellas con antelación para que el tren descarrile. No puede predecirse un futuro que no tiene un trazado de vías marcado. Los potenciales están finalmente en el *AHORA*. Son creados a medida que el tren avanza, colocando el camino directamente enfrente, raíl por raíl.

Podrían preguntar: «*Querido Kryon, ¿qué va a ocurrir a continuación en este mundo?*». Permítanme que les dé nuestra percepción de algunos de los potenciales. Permítanme que describa las dos nuevas generaciones, más allá del 2012, y lo que este grupo de seres angélicos ve para la humanidad [el grupo que acompaña a Kryon en la sala]. Se ha planteado la cuestión: «*¿Qué vamos a hacer acerca del problema más evidente: hay demasiada gente en el planeta? ¿Qué vamos a hacer acerca de los grandes problemas que existen en el planeta hoy en día?*».

Queridos seres humanos, no podemos describirles el futuro, porque son ustedes los que están colocando los raíles. Con respecto a lo que ocurrirá con sus temas más urgentes, les diremos que el cambio de energía ha sido dejado totalmente en sus manos. Si los seres humanos van a tener una vida mucho más larga, ¿qué harán con tanta gente en la tierra? ¿Cómo se alimentarán? ¿Qué harán con el calentamiento del planeta debido a la energía que utilizan? ¡No existe ninguna entidad dentro ni fuera del planeta que pueda contestarles a eso!

Pero déjenme que les diga algo. Va a haber un cambio de consciencia que permitirá que las respuestas lleguen de manera mucho más fácil y espectacular, dentro de una estructura temporal más rápida. Estos problemas que hace décadas que ya existen de repente contarán con una mayor sabiduría y consenso por parte de la humanidad. Los temas clave ya no caerán más en oídos sordos. El ser humano que es un ángel disfrazado, que está sentado en esta sala o leyendo estas palabras, también será capaz de contribuir al descubrimiento de soluciones para estos retos simplemente visualizando todos juntos. Las soluciones están allí, delante de ustedes, y la sabiduría de la humanidad prevalecerá y encontrará soluciones mucho antes de llegar al punto de emergencia, suponiendo que permitieran que eso llegara.

En el pasado, muchas veces se tenía que estropear la locomotora antes de que se dieran cuenta del problema, pero ahora les estamos diciendo que los ingenieros están empezando a percatarse de que la máquina se puede ir reparando a medida que avanza, eliminando así la parada de emergencia. La palabra clave es por tanto *sabiduría*, y esta sabiduría proviene del *manto de Espíritu*, que muchos de ustedes han decidido, gracias a la condición de ascenso, aplicar a sus vidas con intencionalidad. Cuando le dicen al Espíritu: «*Querido Dios, por fin comprendo que soy un fragmento del todo y sé que estoy aquí en la tierra de forma temporal. Sé que poseo una gran luz para hacerla brillar sobre el planeta; por lo tanto me pondré ante el Espíritu y diré: "Dime qué es lo que debería saber. Dime qué es lo que debería hacer". Me estaré quieto y callado para escuchar las respuestas. Respetaré y honraré la sincronicidad. Soy una parte del todo, y YO SOY*». Y eso, queridos, es diferente a como era hace diez años. Eso, queridos, va a crear una raza de seres humanos que va a estudiar las respuestas a sus principales problemas y a resolver muchos de ellos de manera elegante,

146

con la colaboración de la mayoría. Esto sólo puede ocurrir si hay una masa crítica de seres humanos evolucionados en la Tierra —y ahora la hay. Aunque en estos momentos les puede sonar a fantasía, simplemente observen cómo eso evoluciona.

Tengo nueve puntos para esta comunicación que deseo enumerar y explicar. Tratan sobre los potenciales del planeta. Estos apartados son categorías y utilizamos nueve de ellos porque el nueve representa la totalidad. Aunque son potenciales, se convertirán en realidad cuando los humanos coloquen las vías para avanzar hacia ellos.

Energía mundial

Algunos han preguntado: «*Kryon, ¿qué pasa con el medio ambiente? ¿Qué tendremos que hacer en el futuro con respecto a la energía, algo que no empobrezca nuestros recursos ni estropee nuestro delicado equilibrio ecológico?*».

Queridos, vamos a reiterar algo que ya hemos dicho antes, porque tienen un potencial disponible en cuanto a recursos energéticos que les hemos pedido muchas veces en los últimos diez años que investigaran. Todavía no lo han hecho, porque no habían cruzado el umbral de sabiduría, y parecía que la situación no era urgente. Ahora empiezan a comprender la sabiduría de esas palabras.

Existen dos fuentes principales que les comentaremos una vez más, y que representan la respuesta para generar gran parte de la producción energética de la Tierra. Ambas fuentes son abundantes. Ambas son gratuitas y ninguna de ellas hará que disminuya ningún otro recurso en ningún lugar del globo. Han estado con ustedes desde el principio y les han sido dadas para que las descubran. Y sin embargo todavía no han sido desarrolladas y utilizadas, aunque ambas resultan obvias y conviven con ustedes permanentemente.

La primera y más importante es el regalo de su luna y lo que ésta hace con sus mares. La mayor parte de la población de la tierra vive cerca de la costa, en todos los continentes. La mayor parte de la población está agrupada en ciudades costeras. Allí donde necesitan la mayor producción de energía eléctrica, allí precisamente es donde hay toneladas y toneladas de energía de avance y retroceso, que viene y va siguiendo un ritmo que entienden bien y que es regular. Esta inmensa energía avanza y retrocede, y les está pidiendo que la utilicen para generar la conversión hidroeléctrica para una producción limpia de electricidad. Comparada con la tecnología que han escogido utilizar para la energía atómica, ésta es, técnicamente hablando, muy fácil.

Hace mucho tiempo que disponen de los ingenios mecánicos para esta conversión. Se puede aplicar la física básica para aprovechar el ritmo de la actividad de las olas y mareas y hacer girar las ruedas de los generadores. Las mayores ruedas que se puedan imaginar se pueden hacer girar con las toneladas de presión que tienen disponibles en sus costas. ¡Y pueden confiar en que esa acción de avance y retroceso durará hasta el fin de los tiempos! Un recurso verdaderamente notable, y sin embargo su explotación está en mantillas. Es gratis y nunca se agotará. No va en detrimento de ningún otro recurso natural y está situado allí donde más lo necesitan. Muchos creen que la luna les fue dada a los humanos para que los enamorados la contemplen. [Risas]. ¡Escuchen! ¡La necesitaban para crear las mareas para un momento como éste! Desde siempre fue ése su propósito. Despejen el camino para los inventos que sabrán sacarle partido.

Ésta es la otra fuente energética: piensen en el tiempo y el dinero que han gastado en su planeta para generar calor para obtener vapor, vapor que pone en marcha los generadores eléctricos. Hablamos ahora de su trabajo con la energía nuclear. Piensen en los recursos que se ha comido, en el riesgo y en los problemas que ahora tienen como resultado de lo que han hecho. Piensen en el tiempo invertido en crear sólo una de esas instalaciones productoras de energía. Piensen en el corto período en que pueden estar en funcionamiento, ¡y después compárenlo con la frustración de saber que nunca más podrán volver a utilizar esa tierra para ninguna otra cosa! ¿Qué es lo que realmente hace una de esas instalaciones? Crea calor para generar vapor. Eso es todo lo que hace.

Ya les hemos dado antes la respuesta para la generación de calor. Si quieren crear vapor, montones de vapor, existe un motor que seguirá estando ahí incluso cuando la humanidad ya se haya ido. Es un motor que está produciendo calor para el planeta, ¡y todo lo que tienen que hacer es cavar! Excaven a la profundidad suficiente y lo encontrarán. Porque la promesa es ésta: no importa el punto en el que excaven en la Tierra, si lo hacen con suficiente profundidad, ¡encontrarán calor! ¿Por qué no coger algunos de los recursos que utilizaron para construir los motores atómicos y en lugar de ello investigan para encontrar soluciones a las dificultades de extraer calor de las profundidades de la tierra y convertirlo en vapor? ¿Cuánto tiempo va a durar ese calor? ¡Para siempre! Y ha estado allí desde que la Tierra existe, y seguirá estando allí mientras la Tierra exista, y es para ustedes. ¡Utilicen el motor de calor que les dimos!

Les ofrecemos de nuevo estos dos ejemplos y de nuevo les invitamos a que los exploten. ¡Ésta es la respuesta a la energía para el planeta! No empobrecerá ninguna parte de la naturaleza ni alterará la temperatura de la tierra, tampoco contaminará el aire. Es gratis, limpia, y pertenece a su compañera, la Tierra. ¿Se preguntan por su relación con el planeta? Fíjense bien. Allí está, esperando a que lo descubran y lo trabajen.

Política mundial

«Kryon, ¿qué ocurrirá en el planeta con respecto a la política mundial?». Les diremos algo que ya dijimos hace unas semanas a un grupo en otro continente [China]. Gobiernos, escuchen esto: si no dejan las decisiones en manos de sus pueblos, dejarán de existir. La nueva consciencia de todos los ciudadanos de todos los países ya ha empezado a cambiar con respecto a lo que esperan de sus líderes. No se trata de una frase dirigida a ningún gobierno en particular, diciéndole que va a perder su poder. En lugar de ello, es una invitación a que los gobiernos cambien para satisfacer algo que se está cociendo en las poblaciones, y que es la necesidad de decisión. Bendito sea el gobierno de este

planeta que sea íntegro para con todo ciudadano que controle, porque éste es el gobierno que destacará por encima de los demás. Bendito sea el gobierno de este planeta que comprenda que existe un despertar espiritual en sus ciudadanos y que mantenga este atributo separado del hecho de gobernar. Dos pilares pueden sostener y realzar cualquier estructura de poder. Deberían estar separados, pero juntos sostener el edificio. Son:

1. La libre elección de crecimiento espiritual.

2. El gobierno.

3. Cuando cualquiera de los dos intenta inmiscuirse en los asuntos del otro, el edificio se derrumba. Echen una mirada a su historia pasada para confirmar esta afirmación.

«Kryon, ¿llegará alguna vez la Tierra a tener un solo gobierno mundial?». Queridos, nunca existirá una razón para ello. No es algo que esté cerca. Hay un respeto por la existencia de muchas culturas. Esto ha sido hecho así a propósito, para que haya diversidad. Estas diversas culturas incluso sirven para la interacción kármica de contratos y enseñan tolerancia. Lo que estamos diciendo es que existe un inmenso potencial de que a la larga todos los gobiernos del planeta tengan muy en cuenta las decisiones de sus pueblos. Si no es así, entonces el pueblo los despedirá. Y si dudan de lo que estamos diciendo, observen lo que está empezando ocurrir a medida que los pueblos se levantan en la época actual, tribu por tribu, y echan fuera a los que están al mando.

En la antigua energía, un dictador podía decir: *«Si tenemos suficiente poder, podemos controlar a las masas»*. Ahora esto está cambiando, es diferente. Ya se ha cursado la invitación para que incluso los gobiernos más antiguos reconozcan que está teniendo lugar un cambio en el ser humano. La humanidad decidirá quién la gobierna, y eso se está empezando a ver incluso antes de llegar al umbral. Ése, queridos, es el potencial del planeta para los próximos veinticuatro años. Continente tras continente y tribu tras tribu, determinarán su propio destino, y regularmente irán echando a los tiranos y dictadores que no dejan opciones a sus ciudadanos sobre temas de moralidad, espiritualidad y culto personal.

Ah, pero hay más. Todavía no hemos llegado al número nueve, ¡éste es sólo el número dos!

Sistema monetario internacional

«Kryon, ¿qué va a pasar con el dinero?». Les hablaremos de un potencial del que algunos de ustedes ya se están dando cuenta. Les hemos dicho antes que el planeta tendrá que ponerse de acuerdo sobre el valor de las cosas, y tendrá que existir un consenso entre naciones sobre el tema. Para traducirlo al lenguaje monetario, diremos esto: llegará un tiempo en que no existirá una «tarifa de cambio» entre naciones. Además, para decidir cuál es el valor de las cosas, tiene que existir una decisión sobre cuál será la ética laboral humana y cuánto vale el trabajo humano.

Queridos, aquellos de ustedes que sirven para estas cosas y viven en un país rico [América], comprenderán algo de lo que les estamos diciendo. Llegará un día en que el gobierno bajo cuyo poder se encuentran tendrá que devaluar su propia moneda para que el resto del mundo llegue a un consenso. Para facilitarlo, empezarán a ver los inicios de una moneda comercial única en todo el mundo, que se utilizará para el comercio sin ningún ajuste de valor. El principio de esto ya está ocurriendo en otro continente, y están viendo como los países se reúnen para crear un solo tipo de moneda comercial. Este proceso no será fácil, y puede que se tarden dos generaciones en conseguirlo, pero el potencial es que ustedes lo LOGRARÁN. Aunque no será fácil.[3]

---

3. Mientras se estaba ofreciendo esta canalización, en Seattle había numerosos disturbios por las disensiones durante el Congreso de la Organización Mundial del Comercio. Esto es exactamente a lo que se refiere Kryon.

Fíjense también en esto: también puede existir una moneda transitoria utilizada sólo por banqueros, y sólo para el comercio entre naciones. Este atributo monetario puede que a la larga se extienda hasta llegar al dinero que tienen en los bolsillos. Y cuando observen todo esto, verán que no precisa de un único gobierno mundial. En lugar de ello, precisa una tolerancia y un consenso sobre lo que valen los bienes de otras culturas. Queridos, les comento cómo están las cosas para este potencial. ¡El planeta Tierra debe hacerlo porque llegará un tiempo en que tendrán que hacer trueques con aquellos que todavía no conocen! Cuando esto ocurra, será necesaria una evaluación universal de recursos planetarios.

Religión mundial

«Kryon, ¿qué pasará con la religión? ¿Qué vamos a hacer con las diversas doctrinas espirituales del planeta que son tan distintas entre sí? ¿Cómo llegaremos alguna vez a ponernos de acuerdo en algo cuando un grupo religioso acusa al otro de estar equivocado? Uno llama «infiel» al otro, y éste contesta: ¡«pagano»! ¡Varios grupos afirman poseer la única respuesta a la vida, y excluyen a los demás sistemas! ¿Cómo vamos a solucionar todo esto?».

La respuesta al problema ya se ha puesto en marcha. Existe un líder espiritual en su país que ha criticado severamente a aquellos que vienen a este planeta con el pesado atributo kármico de un cambio de género –un desafío planificado– y algunos de ustedes saben a qué me refiero. En el pasado, ¡este líder religioso llamó a este grupo «sodomitas»! El líder siguió diciendo que estaba en contra de cualquiera que sacara este tema del género, y les dijo a sus seguidores del pasado que estos miembros de la familia eran ¡«odiados por Dios!».

No hace tanto tiempo, este mismo líder religioso se encontró cara a cara con aquellos que había despreciado, y los llamó su «amada familia humana». Por supuesto, todavía no estaba de acuerdo con lo que representaban ni con lo que hacían, ¡pero

Teléfonos de México S.A.B. de C.V.
Parque Via 198, Col. Cuauhtémoc
C.P. 06599, México D.F.
R.F.C TME-840315-KT6

COMPROBANTE DE PAGO

Telefono: 826-267-3343
Fecha y Hora: 19-Mayo-2011 07:11 p.r
Cajero: CCAT041
Tienda: MOM
Folio: 00028

Mes de Pago:
        Abr-11

Saldo: $ 191.00
Importe Recibido: $ 200.00
Pago: $ 159.85
IEPS 3%: $ 4.80
IVA: $ 26.35
Cambio: $ 9.00

Son: (CIENTO NOVENTA Y UN PESOS
00/100 M.N.)

¡ Gracias por su preferencia !
En Mexico Telecomunicaciones

SH CP
SAT
Servicio de Administración Tributaria
SECRETARÍA DE HACIENDA Y CRÉDITO PÚBLICO

CÉDULA DE IDENTIFICACIÓN FISCAL

CLAVE DE REG. FED. DE CONTRIBUYENTE

TME840315KT6

NOMBRE, DENOMINACIÓN O RAZÓN SOCIAL

TELEFONOS DE MEXICO S A B DE C V

FOLIO

A1206292

DF-15/01/2007-R   2Xdjpk0Yvfp

SH CP
SAT
Servicio de Administración Tributaria
SECRETARÍA DE HACIENDA Y CRÉDITO PÚBLICO

CÉDULA DE IDENTIFICACIÓN FISCAL

CLAVE DE REG. FED. DE CONTRIBUYENTE

TME840315KT6

NOMBRE, DENOMINACIÓN O RAZÓN SOCIAL

TELEFONOS DE MEXICO S A B DE C V

FOLIO

A1206292

DF-15/01/2007-R   2Xdjpk0Yvfp

algo en su interior proclamó el hecho de que LES AMABA! ¡Y también habló públicamente a sus seguidores diciendo que Dios les amaba!

Queridos, ¿qué ocurrió para cambiar la mente de ese hombre? ¿Por qué ahora? Ciertamente ¡era el amor del Espíritu! Tiene que ver con el darse cuenta en un nivel celular que tendría que predicar y practicar la tolerancia, aun cuando no estuviera de acuerdo con ellos. Que tendría que encontrarse cara a cara con su «enemigo», aquellos que había llamado pecadores, que había dicho ante su congregación que ni siquiera merecían estar vivos. Aun cuando no estaba de acuerdo con ellos, cara a cara se demostraron amor mutuo, para que todos pudieran verlo. También les reconoció su derecho a adorar al mismo Dios que él. ¿No les parece interesante el momento en que ello ocurrió? ¿No les parece algo profundo?

Mencionamos esto porque es un modelo que les damos como ejemplo de las posibilidades que existen para aquellos que antes no se toleraban entre sí. Observen como pasan cosas como ésta en todo el mundo. Fíjense en cómo cambian aquellos que nunca pensaron que podrían cambiar. Fíjense en las grandes masas islámicas como cambian de actitud, y toleran a aquellos que no creen en lo mismo que ellos. No se sientan escandalizados, pero su doctrina también enseña moralidad y amor.

«*Kryon, ¿llegará un tiempo en que habrá una única religión en la Tierra?*». No. El plan no era éste, y no es nada práctico pensar que algo así pudiera existir. El potencial es el siguiente, queridos: puede que llegue un tiempo en que, en lugar de una religión única, exista tolerancia religiosa y sabiduría doctrinal. Mi compañero habló antes del «Papa maléfico» [un tema profético relacionado con el hecho de que según los manuscritos del mar Muerto, los esenios llamaron a Jesucristo el «sacerdote maléfico». Le llamaron así porque reveló los secretos del templo y fomentó el poder espiritual en el ser humano]. ¿Saben por qué existe esta predicción, y saben cuáles son los potenciales del «Papa maléfico»? Se lo diré.

Este hombre puede que no sea muy popular en su propio palacio, porque dirá lo siguiente: «¡Es hora de emprender una planificación familiar! [Risas] ¡Es hora de que el género femenino sea respetado como sacerdotisas!». ¡Será mejor que tenga una buena protección! [Risas]. Y si éste es el potencial del próximo Papa o del siguiente, tendrá que ver con los contratos que sean aceptados o rechazados en esa jerarquía religiosa. Ven, ni siquiera el Espíritu les puede dar información sobre lo que ocurrirá, porque está relacionado con el modo en que la humanidad evolucione dentro de la realidad que va creando. No podemos decirles lo que ocurrirá. También existe el potencial para un Papa de corto pontificado, entre el presente y el siguiente. No podemos decirles quien será ése que será llamado el Papa maléfico. Pero cuando esto ocurra, queridos, ¡quiero que recuerden dónde oyeron hablar de él! [Risas]

Ciencia – Astronomía

El quinto potencial se refiere a la astronomía. Los potenciales son ilimitados. El más grande de todos es la actitud, y ésa ya ha se ha puesto en marcha. Es diametralmente opuesta a la actitud de sus astrónomos de hace diez o quince años. Queridos, va a haber un reconocimiento de que existe vida en otros lugares del Universo además del planeta Tierra. ¡Habrá un reconocimiento de que el universo está hecho para la vida! ¡Habrá un reconocimiento debido a las abrumadoras posibilidades de todas las fuentes examinadas de que el Universo está repleto del mismo potencial que se dio aquí en el Planeta Tierra!

Cuanto mejores sean los instrumentos científicos, más planetas descubrirán con el mismo potencial químico que existió en la Tierra para crear la vida original. La ciencia empezará a comprender que el Universo está lleno de semillas de vida, ¡y a la larga incluso postulará que las semillas de vida de lo que ocurrió aquí [en la Tierra] fueron traídas de algún otro lugar! Mientras que en el pasado esto se consideraba una tontería, mañana puede que sea aceptado como ciencia.

154

Asimismo en astronomía empezará a aceptarse lo que hemos llamado «diferentes estructuras temporales». Y así es como debe ser, ya que finalmente resultará obvio que éste es el único modelo físico que encajará con la «física imposible» que se está observando en todo el Universo [véase el apartado de Física de la página 159]. A la larga también habrá un reconocimiento –un gran paso adelante desde ese punto de falta de comprensión– llamado «el big bang». Cuando se den cuenta de que el universo se crea a sí mismo, ¡comprenderán que en realidad está haciendo «bang» constantemente! [Risas]

Salud

El número seis es la salud. Queridos, están a punto de ser testigos de una revelación y una revolución llamada la prolongación de la vida humana. Hemos hablado de esto muchas veces, y hemos hablado con frecuencia del ADN humano. Déjenme que les diga una vez más: los próximos veinticuatro años contienen el potencial de doblar su tiempo de vida como humanos. ¿Y no es extraño que estas cosas ocurran precisamente ahora, y no hace diez o veinte años? El momento es perfecto, saben, ¡porque son ustedes quienes han llegado al umbral y han permitido que algo así fuera posible! En la nueva energía, la aniquilación humana, las vidas cortas y los viejos atributos y lecciones kármicos serán cosa del pasado. Es el final de un viejo paradigma. La nueva manera de ser habla de la «nueva Jerusalén». Esta metáfora significa un nuevo principio y una existencia pacífica. Esta nueva energía trae el potencial de un planeta en paz. Habla de seres humanos viviendo en el planeta durante largo tiempo, con objetivos distintos a los que tenían en el último milenio, y ésa es la verdad. ¿No es extraño que en lugar de una aniquilación catastrófica y de guerra nuclear, en el umbral del nuevo milenio se realicen descubrimientos que incrementarán su tiempo de vida?

Pero eso no es todo. Existen aquellos que en este mismo momento están investigando los genes humanos. Hay miles de millones de elementos en el sistema génico humano que componen la totalidad del ser humano. Es como la plantilla humana, o como mínimo tanto como pueden conocer de ella desde el punto de vista químico. Y cuando tengan el mapa completo, cuando vean y conozcan la totalidad, ¡existirá un potencial para grandes revelaciones! Porque entonces, y sólo entonces, la ciencia empezará a tener la visión general de esa plantilla o modelo. Verán «el bucle» que ha estado oculto. Además, ¡verán una codificación que les asombrará! ¡Esta codificación les dirá, con voz bien alta y clara, que nunca podría haberse generado de forma espontánea!

Imaginen lo siguiente: supongamos que visitan ustedes otro planeta. Allí encuentran el megaordenador más grande que jamás hayan visto, todo reluciente y realizando cálculos maravillosos. Es inteligente y se autoabastece. Podrían mirarlo y decir: *«Esto es asombroso. ¡Vaya máquina!»*. Lo primero que el ser humano se preguntará entonces es: *«¿Quién la construyó?»*. Inmediatamente el ser humano intentará encontrar a su constructor, porque sabrá que la máquina no se pudo haber construido sola.

Nunca antes habrán visto la vida humana presentada del modo en que lo hará el genoma humano. Cuando el proyecto esté terminado, y tras muchos análisis, los resultados exigirán una respuesta: ¿Quién lo hizo? Sabrán que es imposible que se hubiera formado solo, porque es demasiado impresionante para ser el resultado del funcionamiento oficialmente aceptado de la evolución en la Tierra. En lugar de ello, los códigos cuentan una historia de lógica y creación, y la geometría también cuenta su propia historia: ¡la base del 12 a la que tantas veces nos hemos referido!

Hay más. Les estamos dando información aquí que nunca antes les dio nadie. Cuando los científicos empiecen a maravillarse por el alcance global que la codificación les ofrecerá, cuando introduzcan esa información en los grandes ordenadores y obtengan patrones que signifiquen algo, ¡entonces es cuando se les ocurrirá que tienen entre manos algo extraordinario! No sólo verán algo que nunca se podría haber creado solo dentro de la estructura temporal del proceso evolutivo que conocen y que dan por aceptado, ¡sino que también verán el código de un rompecabezas! Estén atentos para ver las maravillosas revelaciones sobre la prolongación del tiempo de vida, porque el código les contará la historia de cómo la humanidad fue diseñada para tener vidas cortas, y sobre la química que se derrota a sí misma. Cuando todo esto sea comprendido, entonces se podrán eliminar los factores inhibidores. [Diremos algo más sobre ello en esta misma canalización]. También existe el potencial para muchos malentendidos, mucho temor e incluso algunas revisiones religiosas: todo ello debido a la química.

Biología

El número siete trata de la biología, y aunque pueda parecer lo mismo que la salud, tenemos cosas nuevas que decirles. Hace cierto tiempo les mencionamos algo que nunca hemos vuelto a discutir hasta ahora. Se trata del potencial que tienen de descubrir vida en la Tierra pero en otra dimensión. Eso sacudirá hasta las raíces las creencias de esos biólogos que han definido la vida como así o asá, sólo para descubrir que también existe bajo otra forma, de otra manera. Supuestamente inteligente, supuestamente desarrollada, supuestamente habiendo evolucionado en una dimensión totalmente diferente, una vida que no podemos llegar a tocar, pero que podemos ver.

Les dijimos que lo buscaran en su planeta hace aproximadamente un año, y ahora lo pueden encontrar. Les decimos que el potencial es enorme, ¡porque están al borde del descubrimiento de esta nueva vida! Y cuando realicen este descubrimiento, de nuevo quiero que recuerden que «la familia» les habló primero de ello aquí. ¿Por qué decimos esto? Es para que las demás cosas que están ocurriendo aquí resulten también creíbles, como las sanaciones que están teniendo lugar ahora en aquellos que están escuchando y leyendo esto, o los que están siendo tocados por el Espíritu, ¡o el hecho de que alguien esté canalizando desde el otro lado del velo! Cuando escuchen las corroboraciones científicas, ¡recordarán que antes lo oyeron en ese extraño encuentro de canalización! *«Eso fue real»*, podrán exclamar entonces. ¿Tal vez sus cuatro dimensiones se pondrán entonces al mismo nivel multidimensional de los potenciales que están creando?

Pero eso no es todo. También empezarán a desentrañar el misterio de los bloqueos deliberados en la química del ser humano, tal como hemos indicado en el apartado de Salud hace un momento. Sus cuerpos están perfectamente diseñados para ser rejuvenecidos. Los diseñaron para que pudieran durar 950 años, y sin embargo no viven ese tiempo. Hace muchísimo tiempo ustedes dieron permiso para tener vidas más cortas, pero esas cosas forman ahora parte de una era que termina. Cuando se realice la última medición, habrá nuevos potenciales para la humanidad, y van a necesitar las herramientas científicas que facilitarán esos potenciales. Ya les hemos dicho esto antes: ser humano, usted está diseñado para rejuvenecer, y sin embargo, cuando pierde un brazo o una pierna, ¡no le vuelve a crecer! ¿Qué pasa con su química? ¿Por qué a los más sencillos animales vertebrados de su planeta, a partir de los cuales se supone que ustedes evolucionaron, les pueden volver a crecer las extremidades pero a ustedes –la parte superior de la escala evolutiva– no? ¿Han pensado alguna vez en ello?

¿Por qué cuando los nervios quedan separados de la espina dorsal el ser humano se pasa el resto de su vida en una lección de vida llamada silla de ruedas, sin poder sentir ninguna parte de su cuerpo? ¿Por qué? ¿Por qué, si el ser humano fue diseñado para rejuvenecerse biológicamente, no lo hace así? Aquí tienen un hecho extraño: existen inhibidores del crecimiento que se activan y salen corriendo para enmascarar y bloquear la curación y reconexión de nervios dañados o cortados. ¿Lo sabían? Podrían pensar que es un diseño biológico poco acertado, ¡y tendrían razón! Pero es por su propia elección, porque aquellas personas en silla de ruedas tienen que aprender alguna lección con ello. Están contemplando una intervención espiritual en la evolución natural y eso, mi querido ser humano, ¡forma parte de lo que está cambiando! Hace algún tiempo les dijimos que todos los tejidos nerviosos de su cuerpo tienen «direcciones» (poseen una química que los codifica). Les dijimos que aunque estén cortados y separados, ¡todavía «saben donde viven!». Ustedes todavía no lo han visto, porque no les han permitido la reconexión. Fíjense bien en este cambio. Están a punto de descubrir dónde se encuentran los bloqueos e inhibidores de crecimiento en el cuerpo humano. Cuando los descubran, estén atentos a los milagros que ocurrirán a medida que los nervios del cuerpo sean reconectados.

Cuando finalmente contemplen esos milagros, tal vez entonces empezarán a comprender que los milagros que vieron en la vieja energía correspondían simplemente a un «ADN despierto» –un despertar que surgió del poder interior del ser humano en lugar de venir del exterior. Es la fuerza de Dios que hay *dentro* del ser humano y no alguna misteriosa energía que desde arriba hace que ocurra el milagro. ¡Fíjense bien! Va a ser magnífico, y cuando lo vean, celébrenlo, queridos humanos. Nunca hubiera podido ocurrir en este lado del umbral, pero en el otro lado, después del año 2000, ¡les serán transmitidos muchos conocimientos!

Física

El número ocho es la física. Vamos a tratar la cuestión de la manera más sencilla posible, y les vamos a dar dos temas sobre los que reflexionar. Por el momento las probabilidades son que no serán comprendidos. [Risas]. Todavía tienen que desarrollar LA fórmula de la física. Todavía no ha llegado, y nosotros vamos a darles los tres atributos de la fórmula, pero sin la fórmula. [Más risas]. Estos atributos están relacionados entre sí, pero no se entiende bien la forma en que se relacionan. Su ciencia tan solo está empezando ahora a ver sus sombras.

El primer atributo de la fórmula es la capacidad de comprender la DENSIDAD DE LA MASA. ¿Por qué la nube de electrones está tan alejada del núcleo? Les hemos dicho que pueden rectificar esta distancia, y al hacerlo, cambiará la densidad de la masa que se define por las modificaciones de los átomos. La nube de electrones tendrá que vibrar más rápidamente, y eso significa que su ESTRUCTURA TEMPORAL cambiará. Por lo tanto, el segundo atributo de la fórmula es un cambio temporal, y las dos cosas van juntas. Además, tengan en cuenta que se están equivocando al pensar que la velocidad real de la NUBE de electrones siempre tiene que ser la misma, independientemente de su distancia. Esto es algo que todavía no se entiende. Existe una diferencia entre velocidad e índice de vibración, que tiene que ver con la verdadera definición física de la NUBE DE ELECTRONES.

La discriminación de la masa es la capacidad de controlar su densidad. Con un cambio de densidad obtendrán un cambio temporal, y con un cambio temporal ¡llegará con toda seguridad un tercer atributo que no comprenderán en absoluto! Nosotros lo llamamos la REALIDAD DE SITUACIÓN, o allí donde está la materia... la realidad dimensional adonde va cuando es modificada. Aquí tienen un axioma: los cambios de dimensión, cuando se modifica la materia de esta forma, crean una realidad EN LA QUE la materia TIENE que existir en su nueva forma. Podría estar a centímetros de donde la modificaron, o a kilómetros. Eso depende de cuánto cambió. Lo que resulta difícil de explicar es un concepto que aún no ha sido reconocido... que la materia tiene un índice de realidad, y que sus propiedades básicas están relacionadas con dónde existe, en tiempo y espacio. Por lo tanto, los tres atributos que tienen que barajarse juntos son DENSIDAD, ESTRUCTURA TEMPORAL y SITUACIÓN.

Cuando miren hacia el espacio y vean las propiedades físicas que existen y que les están diciendo a gritos que están contemplando una estructura temporal diferente (lo que llamamos «física imposible»), también les dirán cosas sobre la masa y la dimensionalidad (índice de situación) de aquello que están observando. Esta fórmula en concreto es esencial. Es la base de toda la física universal, pero todavía la desconocen.

Hablemos de objetos sin masa, algo que ya hemos discutido con anterioridad. Su ciencia ya conoce el tipo de concentración de masa en el que una cucharada de ella ¡crea algo tan pesado como todo el planeta! ¿Qué es lo que realmente está pasando ahí? ¿Cuáles podrían ser las propiedades de esa masa? ¿Cuál su tamaño real? ¡Fíjense en la gravedad que genera! ¿Sabían que este tipo de condición sólo puede existir en ciertas realidades... o zonas del espacio? La densidad y la estructura temporal dictan exactamente dónde tiene que estar.

Veamos, ¿qué pasaría si tuvieran algo enorme que casi no tuviera peso? ¿Cuáles serían sus aspectos gravitatorios? Los aspectos relativos, por tanto, no son necesariamente el tamaño. Son la densidad y la estructura temporal. Cuando se modifica esa densidad, entonces también cambia la estructura temporal. Si la ciencia aplicara este modelo a lo que ocurre en un agujero negro, podrían entender la «física imposible» que ven a su alrededor. ¿Quieren saber más sobre anti-gravedad? No existe una cosa tal. En lugar de ello, encuentren el secreto de crear masas variables. Y cuando lo hagan, observen las otras dos variables que conllevan, todo ello en una fórmula esencial de relación regular.

El otro descubrimiento potencial que les ofrecemos es éste: no podemos concluir la discusión sobre física sin hablar una vez más de la Rejilla Cósmica, porque la información sobre la rejilla la dimos aquí [New Hampshire], durante dos años consecutivos. Hay algo que llamaremos DFS (Desplazamiento de Fase Atómica). Es un término que se referirá a su capacidad de aprovechar por fin la rejilla para conseguir energía ilimitada. Cuando comprendan cómo sacar partido de la rejilla, tendrán infinita energía, gratis, sin tener que agujerear la tierra ni domesticar las olas, y sin energía atómica.

Esto es lo que va a ocurrir, y ésta es la promesa de lo que se oculta tras el DFS. Hemos hablado antes de la rejilla, y ahora deseamos ofrecerles como metáfora una gigantesca telaraña, la más grande que jamás hayan imaginado. ¿Qué ocurre en cualquier punto de una telaraña de proporciones gigantescas cuando algo se mueve por algún otro punto de su superficie? La respuesta es que ese movimiento se percibe como vibración. La telaraña entera vibra cuando se toca una parte debido a la forma en que está construida. Estamos aquí para decirles algo profundo: cuando aprovechen la rejilla para extraer energía, toda la red lo sentirá. La energía correrá para llenar el vacío que habrán abierto con el DFS, pero esta corriente se podrá sentir por toda la rejilla.

Les hemos comentado anteriormente algunas de las propiedades de comunicación de la rejilla. Hemos discutido lo rápida que es la comunicación con respecto a todo el universo (toda la rejilla). Aquí tienen algo que no sabían: en el momento en que sean capaces de averiguar cómo sacar provecho de la rejilla para obtener energía utilizando el DFS, ¡todo el mundo que posea esa facultad (DFS) lo sabrá! ¡Habrá otras formas de vida, más remotas de lo que puedan imaginar, que lo sabrán al instante! ¿Y qué les sugiere eso en cuanto al potencial de comunicación en el universo? ¿Qué tal modular unas señales sobre la propia rejilla? ¿Y qué hay de comunicarse con diminutos puntos de luz que ni siquiera pueden observar con sus telescopios? Cuando sepan aprovechar la rejilla, se podrán comunicar con todo el sistema. ¿Más allá de su comprensión? Sí, quizás hoy, pero cuando eso ocurra, recordarán que se lo oyeron decir, aquí mismo, a un miembro de la familia, a uno que conoce el increíble potencial de su futuro como seres humanos.

Los niños

Bueno, el número nueve se ha hecho esperar, y casi hemos terminado. ¡Es el mejor de todos! El mayor potencial de todos los tiempos. Existe una nueva energía en el planeta, una energía que nunca antes estuvo aquí, ¡el potencial de paz en la Tierra! Y gira en torno a un ángel que hace ver que es humano, a un cambio en el ADN que facilita el cambio evolutivo del ser humano. Esta nueva energía modifica la consciencia humana, y ya está empezando con los niños.

Algunos de ustedes andan desconcertados con el tema de los Niños Índigo, así que permítanme que se lo vuelva a explicar con un par de frases: estos niños representan una nueva consciencia humana. Representan a unos seres humanos que estarán más interesados en establecer la paz en su familia y en su planeta que en lo que ustedes han denominado la antigua «naturaleza humana». El poder, la ambición, la envidia, y las demás características humanas que han podido observar en la vieja energía desde tiempos inmemoriales forman parte de una dualidad más oscura de la que los seres humanos reciben actualmente al nacer.

Oh, queridos, si pudieran ver el cambio en el equilibrio de la dualidad, lo comprenderían. Si piensan que esos niños son algo, ¡esperen a ver a los hijos de esos niños! Les hemos hablado no sólo sobre un cambio de consciencia, ¡sino que los hemos etiquetado como «establecedores de paz»! Les hemos dicho que los biólogos serán capaces de examinar su genoma ¡y verán que éste ha cambiado con respecto a los que justo acaban de descifrar! [Risas]. La ciencia descubrirá un incremento en la capacidad del sistema inmunitario de los hijos de esos niños. Descubrirán que la segunda generación no contrae, ni puede contraer, las enfermedades que tan fácilmente cogen ustedes ahora, y se preguntarán de dónde salió esa facultad. Yo les diré de dónde salió: ¡de *ustedes*! Surgió de lo que ocurrió entre 1962 y 1987, durante su «turno de guardia». Es debido a lo que ustedes hicieron, y porque otorgaron su permiso para que se manifestaran los potenciales de los que hemos hablado esta tarde. Es por lo que se les quiere tanto. Es por lo que este grupo que llamamos familia está aquí ahora, lavándoles los pies, queridos. Aunque la promesa del cambio en la Tierra descansa sobre los hijos de los hijos, ¡no les quepa duda de que fueron USTEDES quienes pusieron en marcha el foco de su evolución!

Kryon y el grupo de acompañantes llegan a un lugar como éste y quisieran poder seguir estando con ustedes, detrás de ustedes, a su lado, pero eso no es posible. Mientras leen estas palabras hay gran actividad a su alrededor, y sabemos que algunos de ustedes la pueden sentir. Deseamos quedarnos y que celebren con nosotros los potenciales de los que hemos hablado. No tienen idea de cuánto amor sentimos por ustedes. Hay tantos de ustedes que piensan que estarán solos cuando salgan de aquí y se vayan a casa. Hay tantos que piensan que al dejar el libro la energía se interrumpirá. ¡No están solos! La energía sigue estando con USTEDES, mientras la sigan llevando encima. Intenten estar solos y verán como no pueden. Les hemos dicho en repetidas ocasiones que nunca están solos. Puede que quieran meterse en ese armario de autonegación, el armario que nosotros llamamos del «pobrecito de mí». Pueden cerrar la puerta, apagar la luz e imaginar que están solos. En su propia creación, empiezan a llorar en el interior de su soledad, ¡sin percatarse jamás de la fiesta que está teniendo lugar a su alrededor! Oh, ¡somos tantos los que estamos allí con ustedes! [Risas]

La invitación es la siguiente: no enciendan la bombilla dentro del armario para ver si hay alguien. En lugar de ello, enciendan la luz de su interior, ¡y observen cómo festejamos su vida! Enciendan la divina luz que deja al descubierto la energía de la familia, y sientan la corriente de amor que emana de todos nosotros. Entonces sabrán que nunca están solos.

Kryon y su grupo se retiran ahora, y como siempre les decimos: ésta es la parte más difícil. Llegamos aquí con alegría y entusiasmo, con amor hacia ustedes, y nos retiramos con tristeza porque les echaremos de menos. ¿Quién quiere dar esta reunión por finalizada? Nosotros no. Pero así es como debe ser porque, queridos, todavía queda trabajo por hacer dentro de la dualidad y de las vidas de toda la humanidad.

Celebramos la energía de la familia.

Celebramos el nuevo umbral.

Les celebramos a USTEDES.

Y así es.

Kryon

¿LOS CONSEJOS DE KRYON CORROBORADOS?

«Con respecto a la tecnología informática, ¡no se están fijando en la cosa más evidente que se puedan imaginar! Están viendo el ordenador más asombroso de la Tierra funcionando en los seres biológicos que les rodean, pero ¿por qué no lo han emulado?... La máquina computadora electroquímica es el sistema de funcionamiento del universo. También el de su propia biología y de su propio cerebro. ¿Cuándo empezarán a investigar la fusión de ambos?

Kryon –Libro II de Kryon– *¡No piense como un humano!;* julio de 1994.

En el Libro III de Kryon, *La alquimia del espíritu humano*, les contamos que la revista *Scientific American* comentaba que la investigación científica estaba indagando sobre el tema de los ordenadores con base de proteína. ¡Observen ahora hasta dónde han llegado!

SE CREA EL ORDENADOR DE ADN
QUE REALIZA COMPLEJOS CÁLCULOS

Los científicos han creado un ordenador de ADN a partir de hebras de ADN sintético a las que convencieron para que resolvieran cálculos relativamente complejos. ... Los ordenadores convencionales funcionan con chips, pero esa tecnología se está acercando rápidamente a los límites de la miniaturización. Los científicos sueñan con utilizar la enorme capacidad de almacenamiento que ofrece el ADN y su pariente químico, el ARN, para contener los complejos modelos de los organismos vivientes... Tras años de trabajo, el doctor [Lloyd] Smith y sus colegas construyeron varios de esos ordenadores, cada uno de ellos compuesto por unos 100 trillones de hebras de ADN sintético que repetidamente resolvían el problema, aunque con ayuda humana.

> *The New York Times*; publicado por Associated Press; jueves, 13 de enero del 2000; «DNA Computer is Created and Does Complex Calculations». No se publica el artículo entero.

Capítulo Séptimo

EL FINAL DE LO VIEJO...
SE DESVELA EL PLAN

«El Final de lo Viejo... Se Desvela el Plan»

Canalizado en Buena Park, California
Diciembre 1999

Esta canalización en directo ha sido revisada y contiene palabras e ideas adicionales para permitir que la palabra escrita resulte más clara y comprensible.

Saludos, queridos. YO SOY Kryon del Servicio Magnético. Nos gustaría tomarnos un momento para celebrar lo que está teniendo lugar aquí en esta sala. Para aquellos de ustedes que puedan captar la energía y ver los colores, que desean saber quién les visita hoy, deberían saber que hay un estupendo grupo de acompañantes que llena el lugar. Es un grupo formado por graduados y humanos recientemente fallecidos. Todo un grupo familiar está llegando ahora aquí porque ustedes lo han solicitado. Desean llenar esta sala y los pasillos que hay entre los asientos traseros. Esta vez el grupo es más numeroso de lo que jamás ha sido antes.

Aquellos de ustedes que sienten la energía, empezarán a notar ahora la presencia del Espíritu. Les decimos lo mismo que les hemos dicho en reiteradas ocasiones: que la energía que les está llenando sea la prueba de la realidad que está teniendo lugar ahora mismo. No estamos hablamos simplemente a unos seres humanos o a algunas entidades ajenas como parece desde nuestro lado del velo. No. En lugar de eso, nos dirigimos a la FAMILIA. Y una vez más les decimos esto, ángeles que hacen ver que son humanos. Escuchen: ¡son iguales a nosotros! La única diferencia entre nosotros es que ustedes están ahí haciendo el trabajo y nosotros les estamos apoyando.

169

Queridos miembros de la familia, igual que nosotros, ustedes son eternos en *ambas* direcciones. Su existencia no tuvo principio, ni tendrá fin. ¡La chispa divina que está en su interior lo sabe tan bien! Llegará un momento para cada uno de ustedes, en que al final de esta existencia, de esta encarnación, tendrán la posibilidad de sentir el temor de lo que ustedes llaman muerte. Pero muchos de los que están en esta sala le harán un guiño y la reconocerán como algo por lo que han pasado muchas veces antes, desde tiempos inmemoriales. La muerte no hace ningún daño. Es simplemente una transmutación energética, se pasa de una energía a otra. Cuando la sientan otra vez, sabrán en un instante que se trata de un «bienvenido a casa». Les decimos esto, miembros de la familia, porque queremos que entiendan lo significativa que es su labor en este planeta.

En estos últimos once años les hemos ofrecido mucha información. La hemos resumido varias veces, para cubrir varios temas. Esta noche de nuevo deseamos impartir no sólo una serie de instrucciones o potenciales, sino una auténtica celebración de realización final. Porque cada uno de ustedes, incluso aquellos que no se acaban de creer que este mensaje pueda proceder del otro lado del velo, forman parte, como miembros de la familia, del cambio de consciencia de la Tierra. Ésta es la última vez en este milenio que esta entidad llamada Kryon se dirigirá a un grupo de estas características. Podrían preguntarse: «*¿Qué es lo que Kryon desea decirnos?*». Y yo les diría: «¡Gracias!». Gracias por dejar que la naturaleza divina de su interior aumentara hasta el punto en que cambió el nivel de vibración de su propio ser. Gracias, sanadores, por dejar que la energía fluyera a través de ustedes y por expresar su intencionalidad para que ésta se derramara sobre la humanidad. Gracias, trabajadores de la luz, por escuchar las palabras del otro lado del velo y por reconocer a la FAMILIA. Gracias, trabajadores de la luz, por canalizar la verdad del AMOR. ¡Gracias, ángeles llamados humanos, por engrandecer la tierra!

Algunos de ustedes podrían decir: «*No me imagino como un sanador ni tan siquiera como un trabajador de la luz. No sé lo que yo hago por el planeta*». Yo les diré lo que hacen. ¡Son portadores de una luz tan brillante que la podemos ver desde el otro lado del velo! Todo ser humano que ha expresado su intención de descubrir la chispa divina en su interior ha creado una luz espiritual. A veces pueden pedir la intencionalidad para buscar esa luz, y después preguntarse si la tienen. ¡Que no exista prueba mayor de lo que han solicitado que las dificultades que surgen después de expresar esa intención! ¿Quieren saber si ya «prendió»? ¡Sí, ya lo hizo! [Risas]. A veces podrían preguntarse: *«¿Por qué tengo que pasar por todas estas tribulaciones?»*. Queridos, tenemos unas palabras para ustedes, y esperamos que entiendan la metáfora: *«El hierro afila al hierro»*. Si van a estar ahí, firmes, y sostener esa luz, tendrán que pasar por la fragua. Algunos de ustedes tienen diferentes grados de pruebas, en diferentes campos, y cada vez que pasan por ellas, les decimos: ¡No están solos! Y mientras pasan por ellas, estarán elevando su propia vibración.

¿Saben cuánta celebración está teniendo lugar en esta sala ahora mismo? Algunos de ustedes sentirán a esos miembros de la familia a su alrededor o detrás de ustedes. Lector, ¿cree que usted queda excluido de este proceso? Todo este mensaje es también para el AHORA de la transcripción. Por lo tanto, esta celebración es para TODOS los que escuchan y leen en el tiempo del AHORA en el que se está presentando.

Algunos de ustedes sabrán que les han lavado los pies antes de marcharse, o de levantarse del lugar donde están sentados leyendo. Este grupo de entidades que ustedes llaman Kryon, que les aman, no tiene ningún programa predeterminado. No les pedimos que hagan nada. Simplemente queremos que estén aquí y que sientan nuestro aprecio. Queremos que se sienten ahí y sientan nuestro respeto. Queremos que entiendan el amor que sentimos por ustedes, por lo que han hecho por su planeta.

Saben, nunca llegamos a esperar que las cosas salieran así. Desde tiempos inmemoriales la humanidad ha estado aquí, y los potenciales del final de la prueba parecían haber sido fijados por su energía. Nada cambiaba, y el experimento energético del proceso de devenir humano en la Tierra parecía estar abocado hacia un final que todos ustedes habían creado al ir haciendo circular su «tren de realidad» por las mismas vías, año tras año. Pero ahora... aquí están, a unos pocos días del umbral [el año 2000], ¡y todo ha cambiado!

Toda la humanidad, todo el Espíritu, toda la familia (lo que ustedes llaman Dios), conocía este umbral: el principio del fin de los tiempos. Ciertamente, es prácticamente el fin de la prueba en este planeta; ¡consulten sus calendarios indígenas y lo verán por todas partes! Sus más grandes profetas se lo dijeron también. ¿Quieren saber cuándo se suponía que tenía que llegar el fin, cuándo se suponía que tenía que concluir la prueba? Habría empezado hacia el año 1998, llegado a un punto álgido más o menos por ahora y habría terminado hacia el año 2012. Empezando ahora, y durante los doce años siguientes, se habría cumplido el fin de todo lo que hasta entonces había existido para la humanidad.

Suena bastante espectacular, ¿no es así? Y sin embargo no escucharon estas palabras en este estrado, queridos. Fueron escritas con claridad en la mayor parte de textos sagrados. Han sido canalizadas para ustedes en varios idiomas. Llegaron a través de los antepasados, de los pueblos indígenas, de los avatares y chamanes. ¡Todos ellos les han dicho, mediante diferentes doctrinas, que iba a ser así! Y sin embargo aquí están esta noche, viviendo en paz. En lugar de un mundo que se está *descoyuntando*, es un mundo que está a punto de *recomponerse*. ¿Y se preguntan por qué hemos venido a sentarnos a sus pies? ¡El umbral está a sólo unas pocas horas de distancia!

El gran plan

El potencial para la humanidad es ahora mismo de gran magnitud, pero para que lo vean más claro, es momento de retroceder y observar algunos puntos generales con respecto a cómo crearon su prueba. Vamos a darles algunos potenciales para este umbral que están a punto de cruzar. La información que daremos a continuación es prácticamente una ampliación de la que ofrecimos hace unas cuantas semanas a unos trabajadores de la luz y miembros de la familia muy parecidos a estos [New Hampshire].

Hay algunas cosas en las que quizá nunca habrán pensado antes con respecto al plan general. Algunos han dicho: *«Kryon, nos has dicho que somos divinos –partes de Dios– y que esta vida terrenal forma parte de una prueba»*. Sí, eso es correcto. *«Entonces ¿dónde está la evidencia de eso?».*

La tienen a su alrededor, y sin embargo ¡nunca se han detenido a observarla! Existen hechos y realidades que simplemente han interiorizado o han dado por sentado. Viven sobre los fundamentos de un plan (dentro de un montaje que es ciertamente extraño, pero que a ustedes nunca se lo ha parecido. En lugar de ello, lo ven algo normal. Pero cuando retrocedan y lo observen, no podrán evitar preguntarse por qué tendrían que ser así las cosas).

Pasadas intervenciones en la biología humana

Por primera vez abordamos un tema que no hemos tocado antes. Queridos seres humanos que están en la cúspide de la cadena evolutiva, ¿por qué razón sólo existe un tipo de humano? Pueden preguntar: *«Kryon, ¿qué quieres decir? Existen muchas diferencias entre los seres humanos»*. Escuchen: queremos que se fijen en TODOS los tipos de sistemas biológicos de su planeta. Observen todos los órdenes, especies y tipos. Ustedes están en la cima de la cadena, pero existen muchos tipos de mamíferos, muchos tipos de ballenas, muchos tipos de primates. Cada familia tiene numerosas clases, hasta que llegamos al ser humano. Entonces se da una anomalía antropológica: ¡sólo colocaron a un tipo de humano arriba de todo!

Sí, existen muchas culturas, pero sólo un tipo de humano. Y eso, queridos, se hizo a propósito. Sólo tienen un *tipo de humano. Ciertamente tienen diferencias de color y algunas variaciones en la forma del rostro, pero un único tipo*. Miren a los primates y a los monos. Estos primates tienen docenas de tipos, ninguno de ellos viven juntos, ni normalmente copulan entre ellos, pero todos son primates o monos. ¿Qué le pasó a la evolución para producir sólo un *tipo* de humano? Cuanto más descubran sus científicos acerca

173

del proceso evolutivo, más desconcertados estarán sobre el por qué todos los «inicios» que descubran de otros tipos y clases de humanos, se detuvieron. Adelante, investiguen, y finalmente descubrirán el rudimentario desarrollo de otros tipos de humanos enterrados bajo tierra. Algunos tenían rabo, otros tenían un pelo que era diferente, algunos eran muy pequeños y otros muy grandes. Deberían coexistir ahora mismo con muchos tipos de humanos a su alrededor, y sin embargo sólo tienen uno, aquel que dan por sentado y que consideran normal.

¿Creen que recibieron alguna ayuda con esta peculiaridad de la evolución? Sí, así fue. Hace semanas les dijimos a un grupo similar a éste que cuando el genoma humano esté finalmente descodificado, los científicos se retirarán un paso y verán frente a ellos el modelo final del ser humano. Al cabo de un tiempo, observarán una pauta general que les parecerá enigmática. Los atributos de este mapa biológico revelarán unos indicios que delatarán su diseño, diferentes a los de la evolución que esperaban. Comprenderán que este mapa humano no fue un paso natural a partir de los estadios evolutivos inmediatos que lo precedieron. Lo que estarán contemplando será un modelo divino, construido para los seres humanos terrestres que están pasando por una prueba. Esta plantilla divina fue moldeada por ustedes y para ustedes, para que pudieran vivir dentro de cuerpos humanos de un tipo uniforme.

Este denominador común fue un factor esencial para su prueba, porque a la larga estaba previsto que tendrían que relacionarse los unos con los otros como totalidad planetaria. Si se hubiera permitido que la humanidad evolucionara de forma normal, hubieran existido muchas guerras entre los varios «tipos» de humanos, y no se hubiera hecho ningún esfuerzo para llegar a un acuerdo general. Las especies que son diferentes siempre se ven a ellas mismas como separadas de las otras, y nunca hubiera existido para ustedes la posibilidad de llamarse «una familia humana». La mayoría de ustedes nunca pensaron en esto antes, y serán sus científicos quienes a la larga sacarán este tema a relucir cuando descubran algunos tipos de desarrollo humano muy primitivo que *no* son como ustedes. Estén atentos. Será una prueba de que efectivamente hubo una intervención exterior para hacerles a todos iguales. (Véase la p. 406)

Previamente mencionamos [en la última canalización] que ustedes se encuentran en la cúspide de la cadena evolutiva. ¿Por qué entonces, cuando pierden una extremidad, no pueden hacer que vuelva a crecer? ¡Los vertebrados que salen arrastrándose de los mares de los cuales ustedes evolucionaron sí pueden! ¿Qué les parece eso en cuanto a «la supervivencia del más fuerte»? ¿Por qué suponen que es así? La respuesta es: lección kármica. Cuando algo de esta naturaleza le ocurre a un ser humano, es permanente. La lección kármica triunfa sobre la evolución. Ustedes pasan de una vida a otra, pero cuando pierden un brazo o una pierna en una vida, es permanente hasta que mueren. Ésta es una programación de primer orden, y ofrece una lección para esa vida. Es una anomalía de la evolución por la cual deberían haber sentido gran curiosidad, y sin embargo la aceptan sin cuestionarla.

Existen muchas anomalías como ésta en el sistema biológico humano. Ésta es una importante, de la que ya hablamos anteriormente: dentro de su sistema biológico, ciertos tipos de lesiones nerviosas crean algo francamente extraño. En lugar de sanación y rejuvenecimiento, un tipo de química inusual corre hacia el lugar de la lesión para *inhibir* y *bloquear* la curación del nervio. ¿Lo sabían? ¿Es así como se supone que funciona la cima de la escala evolutiva? Cuesta creerlo, y sin embargo se han acostumbrado a ello y nunca se cuestionan lo extraño que resulta. ¿Saben por qué la lesión nerviosa se bloquea? ¡Para que cuando la espina dorsal resulte dañada, el ser humano quede sujeto a una silla de ruedas para *toda la vida*! Eso es una programación kármica que fue cuidadosamente diseñada por ustedes. ¿Están empezando a hacerse una idea? Dejen que su programa espiritual se ponga en evidencia mediante la manera inusual en que ha evolucionado el ser humano: más débil de lo que debería haber sido, y con la peculiaridad de haber creado una raza que es toda del mismo tipo.

¿Están preparados para que algunas de estas anomalías cambien? ¿Están dispuestos a recibir el conocimiento de por qué estas

175

cosas tienen lugar? El conocimiento ya está todo ahí, y el potencial es inmenso. Es hora de celebrar el cruce de un umbral. Trabajadores de la luz que han sentido gran ansiedad en estos años pasados: les prometemos la liberación. Es hora de continuar con aquello para lo cual han venido aquí. Existen personas en esta sala y leyendo esto que se han sentido bloqueadas, paralizadas, sofocadas o que simplemente estaban pasando el rato. ¡Les diremos que han estado esperando a que llegara el umbral! Porque a medida que vaya llegando la energía en estos próximos doce años después del umbral, muchas de las cosas que han concebido para ustedes mismos y que sienten intuitivamente que les pertenecen, llegarán. Han estado esperando algo, ¿no es cierto? ¿Acaso creen que no sabemos quienes están aquí escuchando y leyendo?

Oh, queridos, contemplamos a esta humanidad y vemos a los ángeles y miembros de la familia que son. La última vez que les vimos en mi lado del velo, ¡estaban impacientes por volver a la Tierra! Y cuando nacieron, muchos de ustedes estaban llegando a un mundo que tenía el potencial de acabar más o menos por estas fechas. Y sin embargo regresaron, y se sintieron impacientes por participar porque muchos de ustedes han estado aquí desde un buen principio. ¡De ningún modo se lo hubieran perdido! Es el fin de la prueba, y querían estar aquí. Así que ¿qué ha ocurrido? Pues que en lugar de una profecía catastrófica, ahora tienen una promesa de paz. En lugar del horror, tienen un gozo potencial. Y si todavía no han sentido como les lavan los pies, esperen un poco y verán. [Risas]

Tolerancia religiosa en el mundo

¡Hay tanto que celebrar aquí! Permítanme que les hable sobre uno de los potenciales que resulta tan apasionante que ya lo mencionamos en la última canalización. Es apasionante porque tiene que ver con la percepción humana y la cooperación con Dios. Existen muchas culturas, muchas doctrinas y muchos sistemas de creencias, y todos están intentando vivir juntos en este planeta. «*Kryon, ¿Habrá alguna vez una única religión en el mundo?*». No. Ya lo hemos dicho antes. No es correcto y no es útil para las culturas de este planeta que exista una sola religión mundial. Hemos hablado de respetar a los humanos en su búsqueda de Dios. No se trata en absoluto de que exista una religión única. No existe ninguna recompensa si todo el mundo piensa de la misma manera.

La visión global está a la vuelta de la esquina. ¿Qué va a pasar? Se lo diré. Verán el principio de una tolerancia entre sistemas de creencias existentes. Lo que tendrán es una potencial cooperación y respeto, un darse cuenta de que el otro ser humano tiene derecho a una relación personal con Dios, igual que ustedes. Pueden ejercer la tolerancia los unos con los otros. E incluso mientras están sentados aquí esta tarde, o leyendo esto, hay personas que se reúnen en el otro lado del planeta y que están dando paso a esta misma idea [se refiere al encuentro en África del Parlamento de Religiones del Mundo, reunido sólo por tercera vez en 106 años –véase p. 231] Observen la imagen global. Es como una broma cósmica. ¿Dónde se supone que iba a empezar el fin de su civilización por estas mismas fechas? La respuesta es: en Oriente Medio. Comprueben todos los textos sagrados y la multitud de profecías. Israel es el «punto caliente», ¿no es así? Allí es donde todo empieza a rebosar, y ése es el lugar donde la energía iba a provocar la aniquilación del planeta. Ciertamente Oriente Medio es el punto central, como muchos de ustedes saben y han podido comprobar.

Vamos a ir allí por un momento. No hay una gran guerra. Sí, por supuesto, existe desconcierto, frustración e incluso odio. ¡Pero el énfasis principal está ahora puesto en el tema de la paz! Desde los múltiples ángulos del problema, ¡existe una energía para intentar conseguir la paz! ¿Creen que eso se parece a sus profecías? La ironía cósmica es ésta: a la larga van a producir un milagro allí, donde tres principales doctrinas religiosas de este planeta, opuestas entre sí, podrán compartir los lugares santos simultáneamente y en paz. ¿Y cómo? Mediante la tolerancia y la comprensión. Empieza allí, y no será fácil, pero está ocurriendo en este mismo momento, mientras cruzan el umbral. Recuerden esto: aquello que ocurra cuando suenen las campanadas de medianoche en todo el mundo será una avanzadilla de la energía del nuevo milenio. ¿Habrá desconcierto, disturbios y terrorismo? ¿O habrá alegría, celebración y la sensación de un nuevo comienzo? Creo que ya conocen la respuesta.

Nuevo significado del 12:12

Una vez cruzado el umbral, habrá un potencial para una nueva delicadeza y nueva sabiduría. La mejor recomendación de todos los tiempos empezará lentamente a cobrar cuerpo: empezarán a «amarse los unos a los otros». ¡Vaya idea! *«Kryon, ¿quieres decir que después de todas estas épocas pasadas, la energía entre religiones empezará a cambiar?»*. Sí. Ése es ciertamente el potencial. Y les diré algo más, queridos. ¿Quieren saber cómo y dónde empezará a ocurrir? Les daré una pista: *¡Esperen a ver lo que los niños van a hacer!* Un niño que ahora tenga 10 años tendrá 22 en el año 2012, cuando se realice la última medición. Estos niños de hoy llamados Índigo serán jóvenes adultos cuando llegue el siguiente umbral. Ya estarán cambiando la consciencia del planeta. Algunos de ustedes han preguntado por el significado del 12:12. Significa mucho más de lo que hasta ahora les han dicho.

Desde la Convergencia Armónica de 1987 hasta el año 1999 hay una serie de doce años. Desde este momento hasta el 2012 hay otra serie de doce años. Observen el 12:12. Aunque representó una asunción de poder por parte de la humanidad en los años noventa, también es una metáfora para la estructura temporal de los dos bloques de doce años que les han dado para efectuar el cambio de la humanidad. Acaban de finalizar el primer 12, ¡y lo que ya han hecho ha sobrepasado incluso los potenciales que les dieron en 1987! En 1989, cuando empezaron estos escritos y cuando mi compañero empezó con esto [se refiere a la canalización de Kryon por parte de Lee], no teníamos ninguna idea preconcebida de cómo sería ahora la energía. Lo que ha ocurrido, y la rapidez con que ha sucedido, ¡es algo prodigioso! Ésta es una de las razones por las cuales estamos aquí, familia, celebrando un evento que tiene una profundidad que ni siquiera pueden imaginar. Ninguno de ustedes ha visto la energía de lo que pudo haber sido.

Política mundial

En canalizaciones pasadas hemos hablado sobre la política de la tierra. Hemos hablado de asuntos financieros. Dijimos hace sólo unas semanas, en la última canalización, que la tierra tendrá que decidir «cuál es el valor de las cosas». Ahora esto ya ha empezado, y fíjense en la energía que genera [se refiere a los disturbios de Seattle con ocasión del congreso de comercio mundial]. Miren cómo lo viejo y lo nuevo se enfrentan. Miren cómo el tercer mundo y el primer mundo se reúnen políticamente para intentar decidir cuál es el valor de las cosas: cuánto vale la mano de obra, cuánto vale el comercio. Fíjense bien. Forma parte del nuevo paradigma de la Tierra, y duele mientras está teniendo lugar, pero concuerda con todo lo que les he estado diciendo durante los dos años pasados. Es el principio de los dolores que todo crecimiento conlleva, mientras las sociedades empiezan realmente a trabajar al unísono. Es el principio de algo que llamaremos «la nueva Jerusalén».

Gracias a la nueva energía más delicada, país tras país descubrirá que el comercio es la respuesta a la guerra. Que empiece ya. Sí, hay mucho trabajo por hacer, ¡pero uno no declara la guerra a la tribu con la que está comerciando! Recuerden esto: aquí hay un potencial, una recomendación, una serie de instrucciones para este continente americano. Trabajadores de la luz: es hora de que concentren su energía en el tercer mundo. Allí descubrirán muchas cosas. Dirijan su mirada hacia lo que está ocurriendo en esas zonas oscuras que antes jamás habían mirado. Allí hay miembros de la familia, trabajadores de la luz, y necesitan su energía como nunca antes la necesitaron. Éste es el potencial. Recuerden que les hablamos del tema porque el equilibrio de la Tierra depende de ello.

Ciencia

Hemos hablado muchas veces de ciencia. Hemos hablado de física, de química y del ADN. Estos representan algunos de los «encasillamientos mentales» que empezarán a caerse [caerán las barreras de la vieja forma de pensar]. ¡Esperen a ver lo que los niños van a hacer! Permítanme que les hable de la ciencia más antigua del planeta: el estudio de los campos magnéticos de su sistema solar y la reacción de su química celular ante ellos a la hora del nacimiento; el plan acordado entre la rejilla magnética y la cristalina según queda determinado por el sistema solar en el momento de nacer. Estas series de instrucciones magnéticas acaban por rodear la envoltura cristalina del ADN. Ahora mismo las tienen a su disposición. Nos referimos a la ciencia más antigua del planeta, y se llama *astrología*.

Magnetismo, química celular, improntas vitales y atributos kármicos; todos ellos corresponden al estudio de las propiedades magnéticas y gravitatorias de su sistema solar. Los tipos de personalidad humana evolucionan y giran alrededor de un sistema que fue creado para que entre ustedes, un tipo de humano, existieran grandes diferencias y pudieran trabajar con ellas. Y sin embargo esta ciencia tan antigua es algo que genera escepticismo entre los científicos de este continente [Norteamérica]. Llegará un tiempo, queridos, en que la astrología empezará a contar con la credibilidad de los científicos oficiales. ¿Por qué tendría que ocurrir algo así? Será debido a la total comprensión del genoma humano y a los patrones y anomalías que allí se esconden. Una vez más, cuando los científicos se encuentren frente al enigma, estudiarán el caso.

Fíjense en los científicos de hoy en día y compárenlos con la energía que tenían antes de la Convergencia Armónica de 1987. ¡Fíjense en los astrónomos! ¿Cuál era su principal objetivo hace diez años y cuál es ahora? ¿Cuál es el propósito de muchos experimentos astronómicos en estos momentos, en el año 1999? ¡Es el descubrimiento de vida en el Universo! Hay una carrera en marcha para descubrir planetas [un tema que no les interesaba demasiado hace diez años, y ya llevan 22 descubiertos hasta la fecha de esta transcripción]. ¿Por qué? ¡Para ver si alguno de ellos se encuentra en una «zona de confort» como la Tierra, y estudiarlos por si contienen vida! ¡Esta investigación se ha convertido en parte de la ciencia oficial! ¡Las sondas que se envían al planeta rojo llevan equipos para la detección de vida! Incluso se sospecha que una de las lunas de Júpiter puede contener vida en sus océanos, y los astrónomos están impacientes por llegar a ella. Si ustedes hubieran sugerido el tema hace diez años, se hubieran reído en su cara. Si hubieran hablado de vida en su propio sistema solar, ¡les habrían expulsado de la sala! Hasta aquí es donde se ha llegado. ¿Cuál es la razón de este cambio de actitud? El descubrimiento acelerado y los cambios de consciencia en el nivel más profundo del pensamiento humano. ¿Recuerdan lo que dijimos en 1993? Dijimos: «Lo que hoy parece insólito contiene el potencial de convertirse en la ciencia de mañana». Pues bien... ¡bienvenidos al mañana!

Piensen en lo que nos podrían traer los próximos doce años. La ciencia descubrirá la naturaleza divina del creador y tendrá la oportunidad de llamarla lo que es en realidad. Algunos la reconocerán y otros no. Más que eso, van a descubrir algo más que no esperaban, cuando finalmente reconozcan que existe energía en la intencionalidad y en la consciencia humana. Cuando descubran la ciencia que existe tras la energía de la consciencia puede que se sorprendan, pero eso hará que las piezas del rompecabezas encajen de forma lógica con respecto a cómo funciona el cuerpo humano, la materia, Dios. Hubo un tiempo en que ustedes creían que Dios y la ciencia estaban muy alejados una de otro. Llegará un tiempo, queridos, en que esa idea será realmente ridícula.

Permítanme que les diga: ¡hay tanto que celebrar aquí! Deseo detenerme ahora por un momento. ¿Por qué acudieron aquí esta noche? ¿Por qué están leyendo esto? ¿Tenían algún objetivo o esperanza en su vida cuando llegaron aquí o cogieron el libro? ¿Por qué no les ponen intencionalidad ahora mismo? Deberían saber que las cosas que han pedido con respecto a una vibración más elevada, sanación, paz y un mejor conocimiento del Yo superior pueden serles concedidas en este mismo instante. Y gracias a todo esto, queridos, vendrá la sincronicidad que desean que aparezca en su vida. Cierto, puede que las cosas no se manifiesten de manera exacta a como ustedes las imaginaron, pero les decimos una vez más: ¡no se sienten frente al Espíritu y pidan un árbol cuando tenemos un bosque entero para darles! ¡No presupongan la forma en que Dios les va a ayudar, porque así limitan el resultado! En lugar de ello, dejen que todo fluya. Siéntense frente al Espíritu, reconozcan a la familia y digan: «*Querido Espíritu, ¿qué quieres que sepa?*». ¡Digan estas cosas para que podamos transmitirles información divina para su vida!

Queridos, ¿se encuentran en medio de algún trauma, tribulación o dificultad? ¡Entonces celébrenlo! ¿Pueden hacerlo? Mi compañero tiene razón al decir que cuando se celebran las dificultades con intencionalidad pura, se enciende una lucecita en su interior y entonces ustedes se convierten en catalizadores para encontrar soluciones para su vida. Ello abre la puerta a la sincronicidad, a las respuestas y a las soluciones, y de allí surge un nuevo ser humano más evolucionado. Permítanme que les hable de los deseos que están cambiando en este planeta. Hay algunos seres humanos que nacieron con una plantilla que ha sido total y completamente modificada mediante la intencionalidad que le dirigieron. Muchas cosas que antes deseaban, amaban, apreciaban y creían que eran importantes se han desvanecido. En lugar de ello, han experimentado un giro total y ahora están interesados en las personas. Están empezando a interesarse por la familia... a establecer conexiones y asociaciones: una red familiar. Cuando vean que su mayor deseo cambia, es una señal segura de que se habrán convertido en un ser humano que vibra de una forma más elevada.

Los nuevos niños – los Índigo

Benditos sean los seres humanos que están en esta sala o leyendo este libro y que reconocen a los nuevos niños. ¡Esperen a ver qué van a hacer esos niños! Benditos sean los seres humanos que están dispuestos a coger estos niños de la mano, mirarlos a los ojos y decirles: «*Te reconozco. Te hemos estado esperando*». Estos son los niños que facilitarán esos mismos potenciales de los que hemos estado hablando hoy. Padres, tengan cuidado. No intenten transmitir sus inclinaciones a estos niños, porque no las aceptarán ni creerán en ellas. No habrá manera más rápida de crear una escisión entre niño y adulto, porque reconocerán la inclinación que les estarán intentando traspasar y así no respetarán su sabiduría.

Los Niños Índigo vienen a la Tierra con una serie de instrucciones celulares, y les diré cuál es la principal. No es la envidia, el odio ni tan siquiera la supervivencia o la protección. Cuando estos niños sean adultos, quiero que observen qué mensaje contendrán sus palabras e intenciones para la humanidad. Todo su objetivo será: «¿Cómo podemos encontrar soluciones para los problemas de la Tierra, y cómo podemos ser una familia que viva con tolerancia? ¿Cómo podemos juntar las tribus que siempre han estado luchando entre sí?». Estos niños pueden convertirse en los líderes que facilitarán estos cambios... algo que se ha escapado del control humano desde épocas inmemoriales. Ahora tienen a esos seres que insistirán en ello.

¡Esperen a ver qué van a hacer esos niños!

La historia de Herman – un cuento de Navidad

Déjenme que les cuente acerca de Herman. Herman era un guerrero, un auténtico hombre. Herman ya murió. Él, y muchos otros hombres, fueron testigos de algo único que ocurrió hace casi cien años. Más o menos por estas fechas, en el año terrestre de 1914, Herman formó parte de una gran batalla que fue el principio de lo que ustedes llamarían la primera guerra que se extendió a todo el mundo.

Herman estaba allí, en medio de esa feroz batalla. En esa época la guerra era más cruel: los guerreros miraban a sus oponentes a los ojos antes de matarles. Y tanto Herman como el enemigo estaban en las trincheras al principio de esta Gran Guerra: un país luchando contra el otro. Herman veía la muerte todos los días. Todos los días perdía a algún amigo. Todos los días se topaba con la barbaridad, la crueldad y el odio, y participaba en ello, junto con otros, por su país.

Herman estaba en una trinchera en el frente. No demasiado lejos quedaba la trinchera de su odiado adversario, y luchaban encarnizadamente de día y de noche. Hacía semanas que los hombres participaban en la batalla y se encontraban exhaustos, doloridos y sucios. Herman lo odiaba. Entonces ocurrió algo. Oyó decir a sus oficiales que los contendientes habían llegado a un acuerdo para el día de Navidad para que todos dejaran de luchar. Porque, saben, ambos bandos tenían una religión en común. De hecho, compartían una doctrina que hablaba del amor a Dios.

Herman nunca olvidó lo que ocurrió entonces. Sobrevivió a la guerra y siempre recordó lo que sucedió ese día de Navidad. Porque efectivamente, ese día toda lucha se detuvo durante doce horas, pero eso no fue todo. Al parecer esa noche el silencio le resultaba ensordecedor a Herman: no había explosiones ni gritos. Cuando cayó la noche, vio la luz de las hogueras en las trincheras enemigas, algo que nunca habían hecho antes. En ese momento de paz concertada se atrevieron a encender hogueras para calentarse. El bando de Herman hizo lo mismo, y se hizo todavía más patente lo cercanos que realmente estaban unos de otros. Herman podía ver las siluetas de algunos de sus cascos, ¡y después les oyó cantar!

Cantaban canciones en otra lengua, ¡pero algunas de las melodías eran las mismas que él había oído y cantado de niño! Las canciones hablaban de paz en la Tierra y del amor a Dios. Les oyó celebrarlo y olió su comida. Eso cambió a Herman. Nadie murió ese día. Fue la cosa más sorprendente que jamás le había ocurrido. Les contó a sus hijos y a sus nietos que había presenciado un milagro: los hombres habían dejado a un lado sus armas cuando reconocieron que tenían algo en común que era hermoso y que sobrepasaba su guerra o su odio. Lo que tenían en común era el amor a Dios.

Les dijo a sus hijos: «¿No sería estupendo encontrar el secreto de ese milagro? ¿Qué pasaría si pudiéramos atrapar el secreto que hizo que la batalla se detuviera por un día, y la detuviéramos una semana, un mes o para siempre? ¿Qué pasaría si los humanos pudieran ver más allá de su odio y llegar a un acuerdo sobre el amor a Dios que comparten?». Y les dijo de nuevo antes de morir: «¡Lo vi! ¡Yo fui testigo del milagro de lo que puede llegar a hacer el amor a Dios! Sé que puede ocurrir de nuevo. Lo vi en una la vieja energía, aunque sólo durara un día». Y les pasó el relevo a sus hijos cuando dijo: «Sé que es posible. Por favor, encontrad la manera».

¿Y se preguntan por qué estamos aquí celebrando con ustedes? Este grupo de acompañantes ve el potencial del nuevo niño humano, que ustedes libremente han creado en este planeta. Este grupo que acude aquí para amarles ve el potencial que tiene la humanidad de alcanzar un acuerdo para respetar la naturaleza divina de todos los seres del planeta. Sí, pueden haber disensiones por lo que se refiere a la forma en que se produce, o cómo se puede finalmente llegar a ello, pero la humanidad puede ponerse de acuerdo sobre algo que es capaz de reemplazar la energía de la guerra. Puede ponerse de acuerdo antes de que empiece la guerra. Existe un propósito divino más grande en ir en busca de la paz. ¿Dudan de que algo de esta índole pueda suceder? ¿Creen que todo esto son cuentos de hadas y que la naturaleza humana nunca permitirá algo así?

¡Esperen a ver lo que los niños van a hacer!

Queridos, se están acercando a un período que será una fiesta de amor, la época del año en que en 1914 dejaron de luchar, un milagro que influyó sobre las vidas de todos los soldados que lo contemplaron. Ahora oirán las frases que conocen de toda la vida: «Paz en la tierra», etc. ¡Pero sólo ahora, ustedes y los niños tienen en sus manos el potencial para hacer que esas palabras se conviertan en realidad! ¿Será eso lo que ocurra? En toda la historia de la humanidad nunca ha existido mayor potencial que en estos momentos.

¿Cómo se llevará a cabo? Debe empezar en su propio interior. ¿Les gustaría que cesaran las luchas? ¿Qué tal un acuerdo entre el «yo dual» y el «Yo superior» para dejar de pelearse? Dejen que la dualidad siga su camino y traiga el conocimiento que, con un acuerdo sobre el amor a Dios, puede detener la pelea.

Oh, pero eso no es todo, y aunque ya se lo he dicho a otros trabajadores de la luz, tienen que volver a oírlo. Queridos humanos que escuchan y leen esto: ¿con quién no quieren hablar? ¿Quién es aquel al que no quieren perdonar... ni vivo ni muerto? ¿Acaso no es hora de que esa energía desaparezca y empiecen a ver la imagen global, el plan general que generó esta situación? ¿Qué pasa con el amor a Dios? ¿Acaso no es más importante que su pequeña tragedia? ¡La paz en la Tierra tiene que empezar aquí, donde están ahora mismo sentados!

Existe una chispa de amor divino en su interior que es parte de toda entidad que está aquí presente o leyendo el libro. Es hora de ponerse de acuerdo y de expresar intencionalidad, junto con su ángel interior, para liberar toda amargura y odio. Y sobre este tema de relaciones humanas, les diremos: ¡Esperen a ver lo que harán los niños!

De nuevo les decimos: ¿Quieren saber cuál es el mensaje para hoy? Es ¡*gracias*! Gracias por elevar la vibración de este planeta y dejar paso a algo que tiene profundas implicaciones interestelares que se percibirán incluso en las partes más remotas de su Universo. Todo miembro de la familia conoce la Tierra, todos y cada uno de ellos. Llegará un tiempo en que les volveremos a ver, y no será en esta sala, ni allí donde están sentados leyendo. Llegará un tiempo en que el Kryon les verá en todo su esplendor, gloria y color. Cuando eso ocurra, hablaremos sobre este día en la Tierra, sobre este último encuentro antes del umbral. Hablaremos sobre la celebración de diciembre de 1999, de lavarles los pies, de abrazarles y de la fiesta final por su regreso. Para mí, eso ya está ocurriendo.

Pero hasta entonces, queridos, hasta que eso ocurra en su realidad, les decimos esto: ¡Quédense aquí y sostengan la luz en alto! ¡Hagan que este umbral deje huella! ¿Qué pasará en el mundo? Queridos, cuando hayan cruzado el umbral, diremos esto: ¡Que empiecen las enseñanzas! Porque entonces la ansiedad empezará a disiparse. La sabiduría les rodeará ¡porque el umbral que creían y pensaban que sería el fin ya habrá pasado! El temor que rodea este evento habrá sido vencido y entonces sólo habrá esperanza en su lugar, esperanza de la fuerza más poderosa del Universo... ¡la esperanza del amor a Dios!

Lo que para nosotros resulta más duro es dejarles. A mi compañero le vienen lágrimas a los ojos y las palabras de despedida son difíciles. Él siente lo que Kryon siente [está llorando]. Estos momentos que hemos compartido y el intercambio de energías con ustedes son valiosos, muy valiosos. Y ahora nos despedimos, les dejamos con la alegría, de la misma forma en que llegamos, con nuestro mensaje de agradecimiento. Recuerden lo que todos los Maestros han dicho y siguen diciendo: «¡Amaos los unos a los otros!». Y cuando así lo hagan, los problemas más urgentes del mundo se desvanecerán como si nunca hubieran existido. El catalizador para la paz es el amor: díganlo una y otra vez, no se cansen de repetirlo.

Ahora, en este punto del umbral, pueden hacerlo realidad.

Gracias, queridos. Gracias.

Y así es.

Kryon

Capítulo Octavo

EL CRUCE DEL PUENTE
DE LAS ESPADAS

«El Cruce del Puente de las Espadas»

Canalización en directo
Orlando, Florida – enero 2000

Esta canalización en directo ha sido revisada y contiene palabras e ideas adicionales para permitir que la palabra escrita resulte más clara y comprensible.

Saludos, queridos. YO SOY Kryon del Servicio Magnético. Este es un valioso momento en que entramos en contacto con este grupo y nos sentimos tan ligeros, sin tener que regular la energía, dejando que pase todo el grupo mientras empezamos a tocar sus corazones. Porque somos muchos los que hemos venido hoy aquí para verles. Realmente llenamos los pasillos entre los que están sentados, nos colocamos en los asientos frente a ustedes y a sus espaldas. Aun cuando crean que no caben más, acudirán muchos más de nosotros.

Desde la interdimensionalidad que nos pertenece a todos, ¡proclamamos que somos iguales a ustedes! La presencia del YO SOY no es Kryon. Les invitamos a que sientan la presencia YO SOY de los ángeles que hay en la sala. El primer ángel que desea que sientan la presencia YO SOY es el que posee la energía arcangélica. A medida que se acostumbran a la paz que puede ir entrando en ustedes, sepan que la energía superior que hay en esta sala, esta noche, es la del arcángel Miguel. ¡*Ella* se siente feliz de estar aquí! Igual que su hermano/hermana Kryon. ¿Comprenden que el Espíritu no tiene género?

191

El segundo ángel de esta sala que desea saludarles es el que llevan en su interior y que constituye la familia AUTÉNTICA. El Yo superior de todas las personas de esta sala está allí de pie para saludarnos a todos, así como a la duda que puedan tener en su interior de que esto pueda estar sucediendo. Es la otra mitad del YO SOY.

Todo lo que se ha dicho sobre un ángel que alguna vez haya hablado con un ser humano, y toda visión de tenga carácter angélico, nos cuentan en cierto modo lo mismo: aparece un ángel o una entidad en su vida, ya sea de uno en uno o en masa [risas], y lo primero que harán será sentarse frente al ser humano y decirle: «No temas». En realidad están diciendo: «No sientas miedo de mí, porque soy tu familia». La segunda característica de toda visita angélica es, en una palabra, la de *ayuda*. Estos seres angélicos son partes de Dios que les visitan en todo su esplendor. Oh, ¡si pudieran ver el aspecto que tienen! ¡Son todo lo que podrían imaginar! ¿Cómo les hace sentir saber que cada uno de ellos ha venido para ofrecerle ayuda a USTED? Echen un vistazo a la historia y a las visitas angélicas de esta índole que se han documentado.

¿Les suena eso al Dios que puede que les enseñaran en su infancia, Aquel que les dice que no son dignos? ¿Les suena eso a un Dios que está sentado en un lugar remoto, más allá de toda comprensión humana? No. Es hora de que entiendan, si no lo han hecho ya, lo que mi compañero mencionó antes: ¡no tienen idea de quién ha acudido a esta canalización para verles! Dejen que la energía se derrame por esta sala y les ofrezca una prueba de lo que está ocurriendo en esta realidad. ¡Entiendan la relación que existe entre nosotros! ¡Comprendan que NOSOTROS estamos aquí para verles a USTEDES!

Porque ésta es la razón, como ya hemos comentado antes, de que se produzca este encuentro. Es un despertar junto con la familia. Les invitamos a que sientan a todos aquellos que están con ustedes en esta sala, y esto también es aplicable al lector. Tendrán una sensación de calidez y emotividad, pueden sentir la presión de la energía, apoyándose en la densidad del Espíritu, tener la sensación de estar en casa. Y si quieren pueden describirlo como un abrazo. No hay nada que lo pueda igualar, queridos, nada. Con una sala llena de aquellos que tanto les aman, siéntense en este lugar de paz durante un minuto y participen conmigo de la celebración.

[Pausa]

A mi compañero le vienen lágrimas a los ojos porque sabe que muchos de ustedes están emitiendo ahora la energía espiritual que han traído aquí: la intencionalidad de dejarnos entrar, de dejarse abrazar por nosotros. Por unos momentos, permitan que su familia del otro lado del velo intercambie energías con ustedes. Por unos momentos dejen que su realidad sea la nuestra. Sientan la familia cuando se acerca y les demuestra su existencia tocándoles. Aunque no siempre es así, ahora mismo hay aquí presentes algunas valiosas entidades que son humanos recientemente fallecidos, que están de visita en esta sala y al lado de los lectores. Éste no es siempre el caso, queridos, pero hoy tenemos algunos que escuchan y leen esto que necesitan sentir esta energía concreta ahora. Tal vez se trató de intencionalidad desde el principio. ¿Ven lo que puede hacer el poder que poseen? ¡Aquí están! Lector, ¿comprende ahora mejor el tiempo del AHORA? ¡Esta transcripción está siendo escuchada y leída simultáneamente! ¡Sienta el amor de aquellos que están aquí! La energía que ahora mismo les rodea es de *totalidad*, y de *comienzo espiritual*. Pero claro, es por lo que están leyendo el libro, ¿no es cierto? Tenemos muchas cosas que decirles durante las enseñanzas de hoy, así que será mejor que empecemos. Mientras dura la enseñanza no se extrañen si los abrazos se vuelven más intensos.

El cruce

¿De qué trata la energía en estos momentos? ¡Del hecho de que lo lograron! Vamos a llamar a la enseñanza de hoy «*El cruce del Puente de las Espadas*». Hace unas semanas todos ustedes entraron en una zona temporal, en tiempo lineal, de la que incluso el Espíritu no les podía hablar. Si no lo sintieron, aquí estamos nosotros para explicárselo. No sólo el *tiempo* es diferente hoy de como lo era en los años noventa, sino que también lo son los trabajadores de la luz. Ciertamente todos ustedes son diferentes de lo que eran hace sólo unas pocas semanas.

Hay una diferencia abismal entre la vieja y la nueva energía, y acaban de traspasarla. Entiendan que les hablo como el hermano/hermana Kryon, en el AHORA, y por favor entiendan esto: ya desaparecieron todas las profecías de guerra, extinción de la raza humana, sufrimiento masivo, destrucción planetaria y catástrofe técnica global. Al cruzar el umbral [la estructura temporal del año 2000], crearon una nueva realidad. Tal como les dijimos el mes pasado, ninguna entidad del Universo podía hacer eso por ustedes, ni ninguna entidad podía predecir en absoluto lo que iba a ocurrir. En lugar de ello, les hablamos de los grandes potenciales [se refiere a la canalización de New Hampshire de diciembre de 1999].

En primer lugar les invitamos a observar el propio umbral en tiempo real humano. Estableció la base para lo que tiene que llegar. Fíjense siempre en la energía que rodea las fechas importantes. Suele reflejar los potenciales del próximo tramo del viaje. El umbral del que hablamos antes [el mes pasado] les ha conducido al año 2000. Eran muy conscientes del abismo que se aproximaba, y muchos humanos sabían que para ellos podía representar muchas cosas. Tenían una conciencia celular de la importancia de este umbral. No obstante, la mayoría no tenía idea de los cambios que éste podía generar en sus vidas. Iba a ser un alejamiento definitivo de épocas enteras de potencial, una separación de la vieja energía de la nueva, hacia un nuevo propósito para su futuro en la Tierra.

Ninguno de nosotros podía decirles lo que iba a ocurrir en ese umbral, pero en canalizaciones anteriores les hablamos de algunos potenciales. Solamente ustedes, como seres humanos que son, responsables de su realidad, podían cruzar el Puente de las Espadas. Llegó el umbral, ¡y fue asombroso! Si quieren mantener la energía de lo que sucedió en este planeta durante el cruce del umbral, recuerden la energía que rodeó el paso de la humanidad al año 2000.

Mi compañero habló antes del tema [Lee mencionó las celebraciones de la víspera de Año Nuevo]. A medida que se iba cruzando el umbral en todo su mundo, dentro de los marcos temporales individuales, ¡hubo celebraciones, y después más celebraciones, y más! [Risas]. No es casual que hubiera paz mientras pasaban al año 2000, y eso, trabajadores de la luz, expresa exactamente cuál era su intencionalidad. ¿Alguno de ustedes entiende realmente que USTEDES lo crearon? Éste es el poder de la consciencia humana.

¡Miren a Israel! Les dijimos anteriormente que todos los futuros empezarían allí. No importa lo que ocurriera en el planeta, energéticamente hablando tenía que tener allí su origen. ¿Recuerdan la profecía? Guerras terroríficas para todo el planeta que empezarían allí. Y sin embargo no ocurrió nada de lo que se había profetizado. En lugar de una guerra de terror, hubo otras cosas para destacar este gran acontecimiento en el momento de la transición. ¿Qué ocurrió entonces? ¡Festividades! Y si viajan hoy allí, ¡el interés de este enérgico y profundo país reside en cómo establecer la paz, no en cómo declarar la guerra! Aunque la energía está cambiando lentamente, y encuentra una gran resistencia, el sentimiento mayoritario en esta tierra profética es el de encontrar la paz. Ahora les pregunto: ¿qué profecía les hablaba de eso? ¿La respuesta? Ninguna. ¡USTEDES fueron quienes lo crearon! De todas las cosas, ésta debería ser la prueba de lo que estamos diciendo, y los medios de comunicación hicieron posible que todo el mundo compartiera las celebraciones. ¡No es de extrañar que estas importantes zonas del mundo estén teniendo dificultades para ajustarse a la nueva energía! Muchos están todavía intentando FORZAR las viejas profecías, y están encontrándose con una tremenda resistencia. Estén atentos a posibles «retrocesos» este año, cuando la fuerza de la vieja energía haga todo lo que pueda por mantener vivos los antiguos conflictos. Esta energía es nueva para el planeta, y potencialmente puede acarrear grandes dificultades para aquellos que intenten quedarse en el antiguo paradigma.

Si se dan cuenta, nosotros nunca hacemos predicciones. Nunca les decimos aquello QUE VA A ocurrir. Más allá del umbral, no teníamos idea de lo que ustedes iban a crear. Aunque basándonos en la energía que habían desarrollado, les ofrecimos unos potenciales. Esto es porque ninguna entidad del Universo podía haberles dicho qué había en el otro lado del Puente de las Espadas. Éste es el tipo de libertad de decisión espiritual que tienen los humanos. ¡Ahora están ahí! ¡Es fantástico! Nunca vamos a desestimar lo que han logrado.

El puente

El Puente de las Espadas es una metáfora, ¿no es cierto? El puente atraviesa el desfiladero entre las viejas y las nuevas energías. Las espadas están cruzadas por encima de sus cabezas, como en tantas celebraciones que realizan los guerreros. Algunos han visualizado las espadas como si fueran el propio puente, pero el puente está hecho de intencionalidad pura. Las espadas son el techo que lo cubre. «Guerreros de Luz» es como se autodenominaron ustedes, en la guerra entre las viejas y las nuevas energías. No estén consternados ni sorprendidos de que la guerra no haya terminado. De hecho, en algunos casos, ¡justo acaba de empezar! Llámenla la batalla final si así lo desean, porque de nuevo representa la agitación del antiguo paradigma de poder y control, una vieja impronta de lo que podría haber ocurrido, contra una nueva e inesperada energía de integridad, sabiduría y propósito de paz. Lo que la gran brecha representaba era un cambio completo en el potencial de la consciencia humana, un cambio que iba a reescribir el final de la historia humana y convertirla en un nuevo principio.

El abismo entre lo viejo y lo nuevo realmente estaba atravesado por el Puente de las Espadas. Miren lo que representa la espada: ¡la verdad! La espada ES la verdad. La espada canta con la vibración del chakra cardíaco, que equivale a la nota *fa* en música. Al cruzar el Puente de las Espadas también se cruza una nueva fecha milenaria, hacia una nueva energía que se supone trata de la VERDAD.

En canalizaciones pasadas les dimos información sobre los tipos de energía que pronto les irán siendo transmitidos. Hablamos de cómo se transmiten las energías a este planeta, y una de las mejores maneras es a través de su sistema solar. Hablamos de las energías que rodean a los eclipses y también de los cometas. Ahora, en este mismo año, dentro del alineamiento planetario que está por venir [se refiere a la gran conjunción planetaria de mayo del 2000], la energía que les será transmitida se puede resumir en una sola palabra: MADRE.

Algunos de ustedes han dicho que es energía femenina. Esto es sólo una parte. Es energía de la MADRE. No estamos hablando de género. Es una energía que todos los seres humanos comprenderán porque habla de nutrición, de delicadeza, de paz y de cuidados. Ésta es la energía del principio del equilibrio del planeta, que se necesitaba desde hace mucho tiempo. Es una energía que complementará lo que también está teniendo lugar en la evolución de la consciencia humana.

No todos pasarán

No toda la humanidad cruzará el Puente de las Espadas, pero eso ya lo sabían, ¿no es cierto? Están aquellos que jamás aceptarán la nueva energía. Están aquellos que jamás cruzarán el Puente de las Espadas. Se quedarán en lo viejo y se recrearán en ello. No desean cambiar, y siguen aferrados a la vieja impronta celular que les dice que estamos todos condenados. Algunos podrían decir: «*Kryon, sí pasaron al nuevo milenio, ¿no es verdad?*». Sí, es verdad. «*Entonces ¿no cruzaron el Puente de las Espadas?*». No, no lo cruzaron.

Lo que hizo TODA la humanidad fue cruzar el umbral. Pero cruzar el Puente de las Espadas es algo que sólo algunos de USTE-

DES lograron. El Puente de las Espadas, por tanto, es también una metáfora de la intencionalidad realizada y manifestada de los trabajadores de la luz de todo el planeta. Muchos cruzaron el umbral pero no cambiaron su propia energía personal. Queridos, dense cuenta de que no estamos juzgando nada, sólo celebrando que ellos estén aquí como parte de la familia, igual que ustedes. A medida que esta nueva estructura temporal avanza, verán a muchos que decidirán que es mucho más práctico para su nivel celular dejar el planeta y volver de nuevo como niños (con la vibración Índigo). Les estoy diciendo que existe el potencial de muchas muertes inexplicables. Esto no es algo que les tiene que inspirar temor, sino más bien un hecho potencial en el que fijarse. Parte de ello les puede afectar directamente, y otra parte no. Pero si así fuera, compréndanlo y celébrenlo.

Visión general de la estructura temporal (repaso)

La estructura temporal de la que deseamos hablarles la hemos compartido con otros dos grupos, pero se trata de una visión general que deberían examinar de nuevo. Da un nuevo significado al 12:12, porque el 12:12 ha sido siempre una metáfora. Hace algunos años en su tiempo lineal (1994), trataba de la capacitación de la humanidad. Nosotros lo llamamos el «paso de la antorcha». Fue un tiempo en que el control de energía pasó completamente a sus manos por parte de otras entidades que sostenían partes de él para ustedes en la vieja energía. Para que no existan malentendidos, ustedes siempre tuvieron el control, pero había un maravilloso grupo que tenía que estar a su lado para sostener ciertos tipos de energía para que ustedes pudieran funcionar dentro de su naturaleza divina. Son aquellos que ya se marcharon. Se fueron porque la parte divina de ustedes aumentó. El «cubo de energía» de la Tierra se llenó, y por tanto tuvieron que irse, dejándoles a ustedes el 100 por 100.

Ahora examinemos otro significado del 12:12, y se trata ciertamente de otro evento importante. También está relacionado con la capacitación humana, una que hizo desaparecer las antiguas predicciones y creó un nuevo programa. La distancia entre 1987 (año de la Convergencia Armónica) y su umbral del 2000 es de doce años. Y esos doce años se pasaron en la vieja energía, con trabajadores de la luz que empezaban a despertar, anticipando el Puente de las Espadas, que cruzaron en el 2000.

Los próximos doce años les conducirán a la fecha de 20:12. Si les preguntaran a algunos de sus antepasados por el significado de 2012, les dirían que es ¡EL FIN DE LOS TIEMPOS! ¿Saben qué? ¡Lo es! Es la última medición de un viejo paradigma terrestre, y el fin de los tiempos de un plan muy antiguo. Cuando tenga lugar, el potencial será de otra celebración, que traerá un planeta en paz. ¡Por supuesto que se trata de otro umbral! Los últimos doce años de lucha, combinados con los doce siguientes de revelación, les da otro 12:12 que pueden estudiar. No existe el azar en numerología, y el doce es la base de toda la física. La física es el modelo de la elección, y elección es lo que los humanos han manifestado para crear una nueva realidad en el planeta. Un poco más adelante comprenderán lo que esto significa, a medida que este patrón se va revelando por todo el Universo.

El potencial de la nueva energía es ahora ilimitado, pero tenían que pasar el umbral por sus propios medios para crear estos potenciales. Un nuevo tipo de ser humano poblará el planeta (los Índigo), nuevas actitudes prevalecerán en los lugares más inesperados, la tolerancia se establecerá allí donde antes no existía, la ciencia, junto con la intervención espiritual, permitirá un tiempo de vida más largo. Hay tantas cosas aquí de las que hemos hablado con relación al potencial de esta nueva era, que estamos empezando a llamar «la Era del Ahora». En muchas canalizaciones les hemos pedido que se sentaran y sintieran las energías de una celebración, la que tenían a su alrededor, dedicada a sus hijos y a los hijos de esos hijos. Les pedimos que celebraran a aquellos que están esperando a nacer, que están impacientes por llegar, que les han seleccionado a USTEDES para que sean sus padres o sus abuelos. Y cuando lleguen, les insta-

199

mos a que les miren a los ojos en su primera hora de vida, o a los pocos minutos de nacer, y ¡*vean* su alma vieja! Y si asisten personalmente al nacimiento, les proponemos que les digan en ese mismo lugar de alegría, mientras observan su reacción: «¡Bienvenidos de nuevo!».

¿Qué vendrá a continuación?

Han pasado los últimos doce años preparándose para el baile, ¡y aquí están! Ahora pasarán a la *acción* dentro de esta nueva energía. Trabajadores de la luz, ¿han pasado los últimos años sintiéndose estancados, ansiosos, bloqueados, en vías de renovación y nerviosos? Algunos de ustedes se han despertado a cualquier hora de la noche y se han preguntado por qué, sin poder volver a dormirse. Sanadores, ¿están prestando atención? ¡Las cosas van a cambiar! Muchos de sus contratos han estado esperando esta nueva energía. Si se han sentido obstaculizados en el pasado, ¡es porque efectivamente lo estaban! ¿Quizá se sentían frustrados porque las cosas no iban como habían esperado? El umbral no estaba preparado. Ustedes no estaban preparados. Su intencionalidad ha sobrepasado la energía en la que vivían, pero ahora están en la que ustedes mismos crearon, ¡por fin! Lo que pidieron ya está aquí. Se ha cruzado el umbral y éste es el principio de un nuevo paradigma para sus vidas y para el planeta Tierra.

El carro de la nueva energía está aquí, para llevarles hacia un nuevo territorio. Mientras el carro empieza a ponerse en marcha, está cargándose de poder. ¿Se llaman a ustedes mismos trabajadores de la luz? Pues bien, es hora de que vayan a trabajar. Y pensaban que estaban ya listos, ¿no es cierto? Van a empezar a ver resultados, y ésta es la diferencia entre la forma en que solían ser las cosas y en cómo pueden ser ahora. ¿Cuándo? No será un cambio energético instantáneo. Igual que cualquier otro cambio en el planeta, tardará su tiempo, y tiene que ir tomando impulso mediante la voluntad, el trabajo y la consciencia de los seres humanos que lo habitan. También tiene relación con la energía global que está siendo transmitida a la tierra, la energía de la *madre*, la suavidad, la sincronicidad. Esta nueva energía puede ahora por fin serles transmitida personalmente de una manera sabia y gozosa, en lugar de adquirir la forma de algo que les golpea por la espalda, como en el pasado.

Ustedes solicitaron una nueva manera de poder trabajar con el Espíritu; ¡busquen ahora las evidencias y celébrenlo! No nos digan cómo hacerlo. ¡No les digan a sus guías cómo solucionar un problema que tengan en su vida! En lugar de ello, participen en el proceso. Visualícenlo como si ya hubiera tenido lugar. Visualícense a ustedes mismos en paz, sentados en algún lugar donde todo va bien. Dejen que su compañero [Dios] aporte los medios, mientras ustedes aportan la intencionalidad. Permítannos ofrecerles algunas maravillosas soluciones mediante la sincronicidad, soluciones que nunca imaginaron, pero que tienen su NOMBRE impreso en ellas (puesto que ustedes las crearon antes de nacer, igual que los desafíos). ¡Así es! Ésta es la descripción de un ser humano que comprende el AHORA.

Muchos de ustedes van a pasar de un estado de desencanto y ansiedad porque no ocurre *nada*, ¡a sentirse ansiosos porque *todo* está ocurriendo a la vez! Muchas puertas se podrán abrir ahora, muchas opciones se presentarán ante ustedes. Es perfectamente factible que la energía del cambio empiece a fluir en su interior, porque la nueva energía lo ha creado, una energía que siempre andaban buscando para que les ayudara, ¡pero ahora puede que les traiga demasiadas cosas, entre las que tendrán que elegir! Todos ustedes son diferentes, y cada caso, dentro de esta energía, será ligeramente distinto. Pero nosotros conocemos los nombres de todos y me refiero ahora a los nombres espirituales que tienen. Incluso aquellos que han acudido aquí esta noche supuestamente por casualidad experimentarán cambios que les llegarán mediante sincronicidades. ¿Quieren saber qué es la sincronicidad? ¡Es estar aquí escuchando o leyendo estas palabras! Son cosas que pueden ver y observar en su realidad.

Benditos sean aquellos que están escuchando o leyendo con total incredulidad, ¡porque éstos suelen ser los que tienen más probabilidades de cambiar la tierra! Fíjense en la historia de la humanidad. Muchas veces aquel que más se opone a la nueva energía es el que mejor la comprende un poco más adelante. ¡Esto nos está hablando a gritos de un CONTRATO ESPIRITUAL! Muchas veces los más escépticos son los que después resultan ser los mejores trabajadores. A veces los contratos espirituales exigen este tipo de examen interior antes de poder manifestarse. Por lo tanto no es casualidad que tengamos aquí (o leyendo el libro) a miembros de la familia llenos de dudas. ¡Los amamos tanto como al resto!

La honradez de sostener su luz

Queridos, quiero presentarles un concepto relacionado con el amor a Dios. Tocaremos dos temas relativos a la honradez. Trabajadores de la luz: la honradez tiene que estar presente en todo aquello que realizan aquí porque, por si acaso todavía no lo sabían, debe existir honradez espiritual en todas las cosas. Nos estamos dirigiendo a todos aquellos que están sosteniendo una vibración más elevada de aquella con la que nacieron, una vibración que reivindica su elección y su intencionalidad de ir avanzando hacia su naturaleza divina. Ésta es la definición de *trabajadores de la luz*.

Sanadores y trabajadores de la luz, en la nueva energía existen dos temas relativos a la honradez sobre los que nos han preguntado:

1) Algunos han dicho: «*Kryon, trabajo ayudando a la gente. ¿Cuál es nuestra responsabilidad hacia aquellos que nos consultan? En general, ¿cuál es la responsabilidad que tienen los trabajadores de la luz hacia aquellos que les rodean? Tenemos mucha energía que dar, pero cuando lo hacemos, ¿hasta dónde deberíamos implicarnos? ¿Puede algo de eso interferir con el libre albedrío del individuo?*».

Les contaremos la metáfora del faro. El faro está anclado en la roca, independientemente de donde se haya construido. A veces el faro se vuelve a levantar en otro lugar, si la climatología y las condiciones cambian, pero es el mismo faro, el mismo farero, y siempre anclado en la roca. El faro está allí para cumplir una función: emitir luz. El propósito del faro a veces varía. A veces es para avisar, otras para atraer la atención, y a veces sirve de guía. Sea cual sea ese propósito, siempre está anclado en la roca. Aquellos que construyen y hacen funcionar el faro saben algo que los demás no saben: saben dónde están los escollos, y están allí para guiar a los demás por esas aguas.

Cuando la luz consigue guiar a las embarcaciones a puerto y ponerlas a salvo, ¡el faro se alegra! Pero cuando esto ocurre, el farero no sale y se va de fiesta con el capitán del barco. En lugar de ello, se alegra silenciosamente y sigue haciendo brillar la luz. La mayoría de los capitanes que llegan a buen puerto gracias a la luz del faro nunca llegan a conocer al farero. ¡El farero no publica un anuncio explicando a todo el mundo que salvó un barco! Permanece en silencio y continúa, muchas veces solo, anclado en la roca.

En cuanto a aquellas embarcaciones que no miran hacia arriba para ver la luz del faro y que acaban estrellándose contra las rocas, puede que el faro se sienta triste. Pero el farero no saldrá a rescatar el barco. ¡No es responsabilidad del farero si éste acaba chocando contra los escollos! El farero no se deprime por ello y desmantela el faro porque ese barco no supo ver la luz. NO. En lugar de ello, el faro mantiene su objetivo, que es el de hacer que la luz brille sin cesar.

Lo que les estamos diciendo, especialmente a los sanadores que hay entre ustedes, es esto: En la nueva energía, les serán entregados unos obsequios por ser fareros. Quizá ya lo hayan oído antes, pero una vez más les diremos que no deben asumir la responsabilidad por aquellos que no desean compartir la nueva energía. No se sientan responsables por aquellos a quienes no puedan sanar. Tampoco se responsabilicen de aquellos que SÍ han sanado. Celebren aquellos que sanan, lloren por los que no, pero no asuman responsabilidades por nada, aparte de la sinceridad de la energía que ponen en ello. Hagan brillar la luz y permanezcan en su sitio. Sigan anclándose en la roca de la sabiduría y hagan un mantenimiento constante de la pureza de la luz que emanan.

Su faro puede trasladarse a cualquier lugar de la Tierra que deseen, pero asegúrense de que allí donde decidan detenerse una vez más se anclan bien en la roca y hacen brillar su luz. Es importante que ahora escuchen esto, porque en la nueva energía, se encontrarán a muchos frente a su puerta, personas a quien jamás se les hubiera ocurrido antes hacerlo. Muchos se sentirán atraídos por su luz. Como personas humanitarias que son, que comprenden y desean lo mejor para todos, pueden tener la sensación de que DEBEN lograr su propósito con todos, pueden creer que todos los barcos DEBEN ponerse a salvo. Recuerden lo que hemos dicho en ocasiones anteriores: los sanadores no sanan; los sanadores equilibran. Es la decisión del individuo sentado frente a ustedes, dispuesto a ser sanado, la que ostenta el poder. Ustedes son el catalizador. Afiancen sus raíces y hagan brillar su luz. Ahí es donde reside la honradez.

2) *«Kryon, ¿qué pasa si dejo que brille mi luz y eso afecta a otra persona? ¿Acaso no es eso interferir con el libre albedrío? Kryon, tú dijiste que no se trata de ninguna labor evangélica. ¿No habré alterado su vida? Explícame cómo funciona esto».*

Queridos, el faro no impulsa a la acción. No es un predicador. Simplemente emite luz. Pongamos que entran en una habitación donde resulta difícil ver. Hay otras personas allí que simplemente caminan a oscuras y hacen lo que pueden. Como faros que ustedes son, emanan luz en su dirección, y de repente se ilumina el camino hacia donde se dirigen. Ahora pueden escoger ver el camino o no, dirigirse hacia aquella dirección que ahora está iluminada o cualquier otra. Y les pregunto: ¿han interferido con ello en su decisión? NO. Simplemente les han ofrecido algunas opciones silenciosas.

Algunos podrían decir que han influido en sus vidas, y tendrían razón, pero no habrá sido una interferencia. No habrán utilizado la coacción ni la provocación. Todo lo que habrán hecho es permanecer en silencio, bien anclados, emitiendo luz. ¡Puede que algunos ni se enteraran de que ustedes estaban allí! Así es como esto funciona. Existe honradez en el silencio. Existe honradez en el ser humano que respeta el libre albedrío y voluntad de cada familia humana con la que se encuentra. Por tanto, ¡existe honradez en ser un faro! Trabajadores de la luz, han cruzado el Puente de las Espadas. ¡En este momento estoy sentado frente a centenares de faros!

La ciencia en la nueva energía

No sería una canalización de Kryon si no hablara un poco sobre ciencia, ¿no les parece? Ha ocurrido algo que nunca comentamos antes. Sus científicos están empezando a referirse ahora al átomo de una manera que NOSOTROS ya venimos utilizando desde hace años. Y créanlo o no, esto tiene relación con el cruce del Puente de las Espadas. La comprensión total de la estructura atómica será una comprensión interdimensional. Sus científicos están llegando a la conclusión de que existen piezas y partes del átomo que no se encuentran dentro de su estructura temporal. ¡Por fin! ¡Es una información que nosotros les ofrecimos hace años! Algunos de ellos están diciendo que lo que antes consideraban pequeñas partículas que giraban alrededor las unas de las otras, ¡ahora están conectadas de algún modo! De algún modo se ensamblan de forma interdimensional. Sus científicos están empezando a ver las evidencias, y están empezando a tener claro que existe una interacción especial entre las partes que se encuentran más allá de la física que ellos entienden.

Además, ¡parece como si las partículas tuvieran voluntad propia! Y, de modo aún más chocante, pueden ir adonde *quieren*, en lugar de seguir las reglas de la física conocidas. (No se lo cuenten a Euclides). Pues bien, ¡tienen razón! Déjenme que les diga lo que todavía no ven, o que están a punto de descubrir. Déjenme que les diga lo que algunos de los futuros descubrimientos pueden revelar. ¡Es hora de volver a las matemáticas de base 12! Necesitan otro tipo de matemática para comprender del todo las relaciones existentes en el interior del átomo. (Éste es un mensaje antiguo que seguimos ofreciéndoles a los científicos que lean esta transcripción en concreto. ¡Sabemos que están ahí!).

Déjenme que les diga lo que hay dentro del átomo y que todavía no han descubierto, aunque sí se ha sugerido. ¿Tal vez las partes están de algún modo conectadas con hilos invisibles? ¿Tal vez existe allí una nueva fuerza? ¿Están influidos por cuerdas interdimensionales? ¿Qué está ocurriendo? ¡Y les decimos esto! Hay energía entre las partes, las partes más diminutas que se puedan imaginar. Y existe ciertamente una energía interdimensional que las conecta o las atrae hacia un patrón inusual. ¿Tienen las partes *libre elección*? Sí. ¡Y lo que resulta raro e inusual cuando se paran a observar los hilos de energía entre estas piezas y partes del interior del átomo es que van a ver como emerge un auténtico dibujo geométrico que reconocerán como la Merkabah humana! Todos verán la geometría sagrada representada interdimensionalmente y descubrirán la Flor de la Vida dentro del corazón de la estructura atómica. Científicos, ¡piensen más allá de sus anteojeras! La libre elección de la materia en su fluir no es ningún tipo de caos. ¡Es la propensión al equilibrio! Esta supuesta libre elección tiene su causa en una nueva regla física, una regla del Universo que dice: «Toda materia busca el equilibrio divino». Empezarán a verlo tanto a gran como a pequeña escala en relación con todo tipo de materia.

Puede que algo de esto les parezca extraño, pero llegará un tiempo en que lo oirán decir a los científicos oficiales y entonces recordarán que fue aquí donde lo oyeron por primera vez. Les comentamos esto para dar validez a esta experiencia espiritual. Algunos de ustedes necesitarán estas pruebas para creer que este mensaje es real. ¿Recuerdan lo que les decíamos hace diez años? Les dijimos que cuando la ciencia sea capaz de comprender totalmente el átomo, descubrirán en su corazón ¡el amor a Dios!

Quiero dirigirme a los faros y a los fareros que están ahora escuchando o leyendo esto. También quiero dirigirme a los faros potenciales, mientras la energía que les rodea empieza a moverse y sienten los abrazos que les da la familia. En las enseñanzas de hoy hemos presentado algunos de los conceptos de esa nueva energía en la que acaban de entrar. Si utilizamos la metáfora del tren, diremos que esta energía no tiene ninguna vía que puedan seguir, como en el pasado. En lugar de ello, ustedes participan de la creación a medida que avanzan, es una realidad que nunca existió antes. Necesitan una luz para ver mientras realizan su nuevo trabajo de creación compartida, y ustedes y los faros de la familia son los que emiten esa luz. Faros, ¡suban a bordo de este nuevo tren! Crucen ese Puente de las Espadas y pasen a una nueva energía que nunca experimentaron antes, una que coopera con ustedes y con la que resulta mucho más fácil trabajar. Plántense allí y sostengan en alto su luz. Estén atentos y observen como algunos de los que están en el otro lado del puente, que nunca antes hubieran pensado en cruzar, quizá lo hagan ahora debido a ustedes... debido a su luz.

¿Entienden esta metáfora? Hay personas que se sentirán atraídas hacia ustedes debido a la manera en que ustedes viven y actúan. Algunos que ya están vivos ahora, otros que todavía no han nacido, y que tendrán una consciencia más elevada debido a su luz y a lo que ahora están haciendo. No tendrán que «convertirse» a la Nueva Era, ni a la metafísica, creer en Kryon, acudir a reuniones espirituales ni nada que pudiera tildarse de religioso. En lugar de ello, se iluminarán con respecto al conocimiento del amor a Dios. De lo que se trata es de ofrecer una energía que permita al ser humano decidir si hay algo más en la vida de lo que pensaban. ¿Hay un Dios? ¿Existe tal vez un plan? ¿Hay esperanza? ¿Puede un ser humano vivir con alegría? El hecho de sostener su luz sirve para que otros empiecen su BÚSQUEDA personal.

Faros anclados en las rocas, ¡sientan la nueva energía! Les estamos hablando a USTEDES. ¿Se preguntan por qué han sido guiados hacia el lugar donde ahora se encuentran en la vida? Permanezcan sobre la roca. Hagan girar la luz. ¡Sientan la paz en ese camino con corazón donde se encuentra la parte divina! Permanezcan dentro del propósito puro, aun cuando pueda ser un lugar difícil para su vocación, o un lugar incómodo para sus relaciones. Entiendan el concepto de faro. Descendientes de Lemuria, ésta no es la primera vez que hacen algo así. Ya les dije que nosotros sabemos quiénes están escuchando o leyendo esto, ¿no? Es por ello que el mensaje resulta tan personal.

He mencionado a aquellos que están al otro lado del velo y que ahora se encuentran en la sala con ustedes, tanto figurativa como metafóricamente. Algunos de ellos están arrodillados frente a ustedes. Algunos tienen lágrimas de alegría en los ojos porque ustedes han cruzado el puente. Hemos hablado de aquellos que vivieron antes en este planeta y que han regresado a este espacio espiritual, aquí y ahora, y que están sentados junto a ustedes. Quiero decirles el por qué de todo ello. Para muchos de los que están aquí, se trata de la realización final, del cierre. Me gustaría decirles qué hay en la mente de todos aquellos que vienen aquí con ese atributo, que están sentados ahora frente a ustedes. ¡Están aquí para festejarles a ustedes! ¿Han comprendido por fin la idea de que nunca están solos? ¡Están aquí para celebrarlo con ustedes! Este grupo y esta valiosa energía cruzará hacia el otro lado del velo cuando terminemos hoy aquí, pero ustedes seguirán contando con su propio grupo. Es el mismo que el que traían al llegar, el que está sentado junto al ángel llamado humano.

Algunos de ustedes no saben qué pedir. Algunos están desconcertados. Si no saben qué pedir, aquí tienen una manera segura de ayudarse a sí mismos y de progresar con una mejor comunicación. Siéntense ustedes solos. Entablen un diálogo, de forma sencilla, con sus ángeles y guías. No intenten dilucidar cuántos están ahí. ¡La dualidad les impide incluso ver su propia energía dentro de ellos! No hace falta que sepan sus nombres. ¡Simplemente díganles que les quieren! Díganles que les quieren y después quédense quietos. ¡Los sentirán! Es el principio del reconocimiento, de una comunicación amorosa en ambas direcciones. ¿Creyeron alguna vez que esto únicamente funcionaba en una sola dirección? La vieja energía resultaba francamente engañosa, si es que realmente pensaban así. Díganles que les quieren y después quédense quietos. ¡No se sorprendan si oyen un revolotear de alas! Están buscando que Dios les dé alguna señal, ¿no es cierto? Siéntense solos y observen lo que ocurre. Quédense quietos y sabrán que USTEDES son Dios. Que la FAMILIA siempre está allí.

Éste es el momento en que queremos tocarles el corazón. Su grupo de acompañantes está aquí, están en su sitio. Todo está a punto. La intencionalidad es pura, así que decimos: ¡que empiece la sanación! Que se derrame sobre ustedes mientras leen esto, y a través de este grupo familiar. Los mensajes que llegarán mañana de varias procedencias pueden tener conexión con las cosas que han solicitado [se está refiriendo al segundo día del seminario de dos días ofrecido por Kryon]. Dejen que los rompecabezas se completen en su vida. Muchos de ustedes sienten ahora mismo la energía fortalecedora del Espíritu. Así pues, ¡que empiece la sanación!

Dejen que la incertidumbre que existe en sus vidas presentes o futuras empiece a despejarse de una forma fresca y valiosa. Obsérvense a sí mismos exclamar: «¡Ahora sé lo que va a pasar! Puede que no conozca los detalles, pero desde las profundidades de mi naturaleza divina sé que procederá del amor de Dios, y eso significa que yo soy partícipe de ello». Es por lo que vinieron aquí, ¿no? Para escuchar esta verdad. Es por lo que están leyendo estas palabras, ¿no? ¿Acaso no creen que sabemos quienes hay ahí? Es por lo que vinieron. Siéntanse vivos mientras la familia les dice, en los últimos minutos de este mensaje: «Te quiero».

Esta familia que hay frente a ustedes se siente muy honrada, mientras les transmiten también su amor. ¿Saben lo importante que esto es para nosotros? ¡La familia que acude aquí desde mi lado del velo está sentada absorbiendo la emoción y el amor que ustedes están emitiendo! No tenemos ganas de marcharnos.

Y por eso festejamos a aquellos que están en esta sala o leyendo estas palabras, y que están siendo sanados de muchas maneras. Por eso vinieron aquí, y fueron conducidos hasta estas palabras. Festejamos a los ángeles que hay en la sala, alrededor de las sillas de los que están leyendo esto, los ángeles que protegen al ángel de la familia que hace ver que es humano. Ya lo han oído antes: lo más difícil para nosotros es marcharnos. Les doy las gracias por invitarnos. Recogemos nuestros cuencos llenos de lágrimas de alegría, los mismos que hemos utilizado para lavarles los pies, y empezamos a irnos.

Que nuestras palabras de despedida sean también de bienvenida, porque todo es un círculo.

¡Saludos, queridos! ¡Les amamos!

Y así es.

Kryon

Capítulo Noveno

EL TERCER LENGUAJE
Y NUEVA CONSCIENCIA

«EL TERCER LENGUAJE»

Canalización en directo
Reno, Nevada - febrero 2000

*Esta canalización en directo ha sido revisada y contie-
ne palabras e ideas adicionales para permitir que la
palabra escrita resulte más clara y comprensible.*

Saludos, queridos. YO SOY Kryon del Servicio Magnético.
Deseamos que descansen en la paz y la pureza del momento,
todo lo cual es Dios. He pronunciado las palabras «YO SOY
Kryon», y una vez más, para aquellos de ustedes que necesitan
oír esta traducción, he dicho las palabras «YO SOY». Y el «YO
SOY» es la familia. No es un saludo. Es una señal de identificación. El «YO SOY» es el saludo y la declaración de pureza de
familia, que ahora me rodea.

Habrá algunos de ustedes que puede que digan: *«Quizá lo
que estamos escuchando y leyendo no procede del Espíritu, sólo estamos experimentando al ser humano, a Lee».* Si fuera así, no sentirían la energía que está siendo transmitida en este momento.
Efectivamente, éste sería un buen momento para hablar del
tema de la energía que tienen delante. Dejen que el Espíritu y
el amor de la familia se derramen sobre este lugar. Nosotros
(Espíritu) estamos en el AHORA. Nunca ha habido un
AHORA más conmovedor que éste, y me estoy dirigiendo a la
familia que se ha congregado delante de mí, hermanos y hermanas de Kryon, así como al lector, que está en el AHORA.

Oyente, ¿puede conectar con el AHORA del lector? ¿Puede comprender que su futuro es el AHORA de ustedes y que su pasado es el AHORA de ustedes? Y sin embargo, aquí estamos, ¡todos juntos! ¿Quizás entienden ahora un poco más sobre la experiencia del AHORA? ¡Los oyentes y los lectores se encuentran dentro de la misma energía!

Lector, vemos el potencial de aquellos que ponen la mirada sobre este mensaje. Miramos dentro de sus corazones y vemos a la familia, vemos lo mismo que dentro de los oyentes. Aunque les parezca raro a algunos de los que están sentados aquí en esta sala, este mensaje de amor rebosa de un potencial de comprensión y de despertar para literalmente centenares de ojos que se posarán sobre esta página hoy, mañana y ya bien entrado el nuevo milenio. Así que les pido a la familia que está sentada en esta sala que den la bienvenida a los lectores, aunque no los puedan ver y les resulten supuestamente desconocidos. ¿Pueden verlos también como miembros de la familia? Si es así, habrán apartado parcialmente el velo para entrar en nuestro AHORA, donde todo ocurre simultáneamente. Lector, deténgase por un momento y sienta el amor de los centenares de seres que le están saludando ahora desde lo que usted llama su pasado. En realidad, ¡está aquí junto con nosotros!

Comprender el tiempo del AHORA es uno de los primeros pasos para comprender realmente el tiempo divino en el que viven. La familia acude a esta sala con el mismo tipo de comprensión. Para nosotros, ¡ustedes son los mismos que eran la última vez que los vimos! En estos momentos, dejen que la energía que se está desarrollando aquí sea la prueba de que esto es real. Esto no son sólo las palabras de un humano. La familia acude y se sienta entre ustedes, oyentes y lectores. Aun cuando pueda parecer que no hay espacio para ellos, sí lo hay, porque es el espacio de sus corazones el que han dejado abierto para un acontecimiento como éste. La familia está sentada en algunos de sus regazos en este momento. Ahora saludamos a la energía divina de los ángeles. Ahora damos la bienvenida y saludamos a la familia del arcángel Miguel. Ahora saludamos a la divina energía del Metatrón. Vemos lo físico y lo divino como se funden en uno, ¡y a eso lo llamamos *familia*!

Nunca ha existido otra manera de ser que no fuera ésta, el AHORA circular, pero es el velo de la dualidad lo que les ha impedido ver la verdad de lo que estoy diciendo. Sentados frente a mí y leyendo estas palabras hay realmente seres humanos que son piezas y partes de Dios. Seres humanos, para mí ustedes son la familia hoy, igual que lo fueron en su ayer. Pero para mí, esto nunca cambió. Les miro –tanto a los que escuchan como a los que leen– y lo que oigo, veo y saboreo es su «nombre». No son extraños para mí. Si creen que llegaron aquí por casualidad, ¡eso no es cierto! Si creen que abrieron el libro por esta página y lo que están leyendo es por casualidad, ¡eso no es cierto! Porque ahora dirigimos mensajes personales a aquellos que han venido para ser mi familia.

Hace un mes les ofrecimos un mensaje sobre el cruce del umbral. Para que los que están aquí sentados o leyendo puedan identificar esta energía, les diremos: éste es sólo el segundo mes después del cruce del umbral. Sí, queridos, ¡la energía está muy avanzada en comparación con lo que estaba! Este grupo de acompañantes no ha venido para sostenerles, aun cuando puedan sentir ciertas presiones en sus cuerpos debido a su presencia. No. Este grupo no ha venido para esto. Lo que hemos venido a hacer es a honrar a los seres humanos, a aquellos que han atravesado el umbral, a los que han cruzado el «Puente de las Espadas». Seres humanos, hay tantos de ustedes que llegaron a este planeta frescos y renovados cuando tomaron su primera respiración, y nosotros estábamos allí, mientras eran niños e iban creciendo. ¡Somos su familia espiritual!

¡La espiritualidad de su contrato decía que estaban impacientes por regresar a esta energía planetaria para terminar la prueba que muchos de ustedes, como descendientes de Lemuria, iniciaron hace tanto tiempo! Es por lo que muchos de los que están aquí o leyendo este libro, ayudarán a equilibrar el mismo tejido de la tierra hasta que finalice la prueba a la que está sometida el planeta. Están aquí, en esta nueva energía, para «que no decaigan las cosas», como dicen ustedes. Ya hablamos en ocasiones anteriores de los miembros de la familia que han regresado. Algunos de ustedes estaban realmente ávidos por volver, aun cuando sabían que el potencial del planeta implicaba que tendrían que pasar por trastornos, e incluso que algunos tuvieran que irse mediante la muerte. ¡Pero nada de eso ocurrió! Aquí estamos, ¡celebrando con un grupo de oyentes y lectores que cambiaron la realidad de la vieja Tierra y que van a ser partícipes en la creación de un nuevo planeta!

Ustedes atravesaron el umbral, y vieron la energía festiva que ese día llenó el planeta. Les dijimos antes que se fijaran en la «instantánea» de la energía festiva que rodearía el momento del paso al nuevo milenio, porque esa energía iba a ser una avanzadilla del potencial que puede existir a partir de ahora. Y el potencial, ya lo vieron, fue de festividad, de una celebración que les ha traído paz, no necesariamente entre todas las naciones, pero sí en su interior.

Esto es de lo que deseamos tratar ahora, trabajadores de la luz, porque hoy hemos venido para hablar sobre lo que está ocurriendo en sus vidas en un nivel personal. Puede que se digan a sí mismos: «*Oh, yo no me considero un trabajador de la luz; sólo he venido para acompañar a alguien*». Puede que algunos hayan venido para acompañar a personas que respetan y quieren, pero que ellos no estén especialmente interesados por temas espirituales. Pero también podría ser que hubieran decidido utilizar este encuentro para abrir la puerta del despertar. Porque lo que decimos es esto: hay más cosas en la vida de las que puedan imaginar. Su presencia aquí es totalmente respetada, tanto si creen que esto es real como si no. Les reconocemos, independientemente de su actitud o postura. ¿Trabajadores de la luz? Tal vez ahora no lo crean, ¡pero puede que llegue el día en que todo esto tenga más sentido para ustedes que en este momento, mientras hacen ver que no están interesados! Su potencial es tan grande como el de cualquier persona de esta sala, y es sólo a medida que avance su tiempo lineal terrestre cuando podrán comprobarlo.

Son ustedes eternos en ambas direcciones, partes de Dios. Siempre lo fueron y siempre lo serán, ¡ésta es la familia! ¿Cómo creen que es para esta entidad y el grupo que está conmigo y que llena la sala? ¿Cómo creen que es para esta entidad llamada Kryon venir aquí y sentarse ante la familia? Lo sentimos emocionalmente cuando les tocamos. ¡Les conocemos íntimamente! Conocemos las vidas de la familia humana que está aquí. Conocemos sus nombres en el otro lado del velo, los que nos cantan ustedes con luz. Los conocemos desde tiempos inmemoriales. Esta obra de teatro en la que viven, esta prueba por la que han acordado pasar, es una prueba de amor. ¡La dualidad que les ha estado presionando durante milenios representa un tipo de energía que ahora está empezando a cambiar!

Permítanme que les diga de qué trata realmente el cruce del umbral. Justo antes de que lo atravesaran, no había una sola entidad en este planeta o en el Universo que pudiera decir qué iba a pasar. El cruce del umbral es ciertamente uno de los hechos más repletos de energía que jamás se haya dado en el planeta. Es verdad que la humanidad al completo cruzó el umbral, pero también lo es que sólo un puñado atravesaron el Puente de las Espadas. Éste es el mensaje que les dimos la última vez que estuvimos juntos. La brecha es grande. Han expresado su intención de atravesar la brecha, de pasar de la vieja a la nueva energía. Trabajadores y guerreros de la luz, en unos instantes les hablaremos de un nuevo don y también de cinco «concienciaciones», pero antes deseamos insistir una vez más para que comprendan lo que se ha logrado con este cruce del umbral. La intencionalidad es la clave del cambio energético de la Tierra, porque la intencionalidad de los seres humanos y de la parte de Dios que son transmite un mensaje a la misma fibra de la tierra sobre lo que desean que ocurra. Esto se llama modificación de realidad.

La tierra, su compañera, responde también con una energía repleta de intencionalidad. Cambia igual que ustedes, como ya hemos mencionado en otras ocasiones. Es por lo que se están produciendo cambios tan profundos en el planeta. La intencionalidad expresada por la humanidad, queridos, es para que cambie la energía del planeta de tal modo que llegue a modificar la dualidad. Como repaso, les diré una vez más, queridos, que todos aquellos de ustedes que se han sentido estancados y obstaculizados durante largo tiempo en estos últimos años van a ver por fin realizado aquello que han pedido. Familia, como consejeros, sanadores, personas humanitarias y que rezan, están a punto de conocer SU energía, ¡la energía que han creado con el cambio!

¡Están a punto de conocer una energía que lleva su nombre! Están colocando los raíles, queridos, para el nuevo tren de la humanidad a medida que su locomotora va cogiendo velocidad. No se sientan trastornados ni sorprendidos si la energía que surge durante estos nuevos tiempos les resulta familiar. ¡Es la suya! Así de profunda es. Si el AHORA es un círculo, ¿por qué deberían extrañarse de encontrarse en un lugar familiar? Ésta es la promesa, ¡en caso de que decidan crearla! La promesa es que su realidad cambiará para adecuarse a la intencionalidad más pura de la humanidad. Se elevará para alcanzar el nivel de lo que están creando.

Queremos decirles esto: acudieron aquí para experimentar la energía, para leer la energía, pero hay más –mucho más. Querida familia, hermanos, hermanas, ¡se encuentran en la nueva energía! Esto significa que la sanación que anhelaban puede tener lugar ahora. Eso significa que algunas de las cosas que intentaron y que no tuvieron éxito ahora funcionarán. Permítannos decirles, como hemos hecho ya muchas veces antes: ¿por qué no dejar que la sanación empiece ahora mismo? Estamos hablando de la consciencia humana, del amor en su vida, de los temas por los cuales vinieron aquí, y les decimos: oyentes, lectores, ¿acaso creen que no sabemos quienes son? Estamos sentados frente a la realeza, y lo sabemos. Este grupo de Kryon conocía su decisión de estar aquí. Algunos de ustedes puede que digan: «*Kryon, sólo decidí venir hace un par de días*», o «*Acabo de coger este libro hace un momento*». ¡Había un lugar en esta sala que llevaba su nombre! ¡Y HAY un lugar en lo divino para que usted esté leyendo el libro en este mismo instante! Esto es porque el potencial de que ustedes escucharan o leyeran esto era REAL para nosotros. Es nuestro AHORA.

Están aquí por unos minutos, mientras el grupo de acompañantes les toca, les quiere y se sienta en su regazo. Permítannos amarles por un momento. Y mientras tanto no teman ni se sorprendan si notan nuestra presencia. No teman ni se sorprendan si se sienten como en casa, porque esto es de lo que se trata. Antes de que empiecen las enseñanzas, oyentes, lectores, dejen el libro –haremos una pausa– ¡simplemente sientan como estamos con ustedes, sientan a la familia que les rodea!

El Tercer Lenguaje

Permítanme que les hable de un don que se avecina, uno del que hace tiempo que queremos hablarles. A aquellos de ustedes que hayan cruzado el Puente de las Espadas, les diremos que ahora están en la nueva energía, pero también que en la vieja energía éramos muy conscientes de sus quejas pasadas. [Risas]. Pueden creer que Dios y sus guías no oyeron ni una palabra. «¿Por qué esto o aquello no ocurrió? ¿Por qué me sentía ansioso (¿A lo mejor todavía lo está?). ¿Por qué no van bien las cosas?». Sí les oímos, ¡de verdad que sí! Pero ahora, en esta nueva energía, van a tener una serie de quejas totalmente nuevas, y van a ser algo parecido a esto: «Oh, ¡esto es demasiado! Demasiadas posibilidades. ¡Es mejor ir más despacio! ¿Qué camino debería escoger? Kryon, guías, os he pedido esto y aquello, ¡y ahora tengo demasiadas cosas entre las que elegir, y quizás un exceso de energía!». ¡En un año terrestre a partir de ahora, algunos de ustedes estarán intentando adaptarse a nuevos hábitos alimenticios y de sueño, a nuevas maneras de trabajar con ese incremento de energía, y con un nuevo reloj (uno que irá más rápido)!

Ya es hora de que esto ocurra, ¿no? Cada uno de ustedes es diferente. No podemos decirles exactamente qué les va a ocurrir en sus vidas particulares, porque están creando los cambios sobre la marcha, colocando nuevos raíles para su locomotora a medida que avanzan. Pero les diremos que hay una energía que lleva su nombre y que concuerda con su intencionalidad. Pero todavía hay más. Antes de que les hablemos de algunas de las concienciaciones que van a tener en esta nueva energía, deseamos hacer referencia a un nuevo don. Es hora de que comprendan la oportunidad que se aproxima. Para utilizar un término metafórico, lo llamaremos «el Tercer Lenguaje». El Tercer Lenguaje no tiene nada que ver con tres lenguas. Es una metáfora que describe la comunicación en el lenguaje del Espíritu. Lo de «tercero» se refiere al honor y al catalizador del «tres». Observen los treses y lo que representan espiritualmente. Aquí está pues *el Tercer Lenguaje*. Es la lengua de los tres entre el Padre, el Hijo y el Espíritu. Les hemos descrito estas metáforas en pasadas canalizaciones, y les hemos dicho lo que significaban.

Estos tres crean «quiénes» son ustedes espiritualmente. El Tercer Lenguaje coopera con el movimiento de la rejilla y es un refuerzo del lenguaje espiritual entre el ser humano que vive en la dualidad de la Tierra y eso que ustedes llaman Dios. Permítanme que les dé otra definición del Tercer Lenguaje: es un lenguaje hermoso y amoroso, para la vida cotidiana y meditativa, que está activo al 100 por 100, las veinticuatro horas del día. ¡Algunos de ustedes que se han sentido desconectados van a estar conectados para el resto de sus vidas! Algunos van a preguntarse cómo pudieron vivir antes sin esta nueva conexión. A mi compañero le vienen lágrimas a los ojos porque, saben, este don funciona en ambas direcciones. Ustedes expresan intencionalidad y nosotros podemos acudir y caminar con ustedes de forma cotidiana, el 100 por 100 del tiempo, no sólo cuando se sienten a meditar, ¡sino siempre!

¡No dejen de meditar! Es algo hermoso, una expresión de respeto hacia nuestra relación, pero entiendan bien que pueden irse hoy de aquí y desarrollar un sistema de comunicación utilizando el Tercer Lenguaje, una meditación activa, y estar siempre en contacto, percibiendo constantemente a Dios, siempre con la paz que conlleva la comprensión, siempre con su pureza. ¿Recuerdan cómo eran los chamanes? ¿Recuerdan la sabiduría de los hombres santos? Ahora puede ser suya. Esto cambiará las vidas de quienes les rodean, puesto que USTEDES cambiarán. Por tanto, hagan que sus meditaciones programadas se conviertan en ceremonias en lugar de sólo comunicaciones. Eso otorga todo un nuevo significado al hecho.

El Tercer Lenguaje está llegando mediante posibilidades que cada ser humano irá creando a medida que avanza, a medida que coloca los nuevos raíles. Busquen el Tercer Lenguaje, porque les llenará de una manera que sólo ciertas meditaciones, energías y acontecimientos habrán conseguido antes. ¿Sienten la energía del Espíritu aquí? ¿Sienten a la familia? ¿Sienten ahora la presión sobre sus cuerpos? Quiero decirles que mucho después de que haya finalizado este encuentro, ¡pueden salir de aquí y evocar esta energía siempre que lo deseen! Esto es lo que llamamos el Tercer Lenguaje, la conexión de los tres. Es el inicio de la conexión con el HOGAR.

Este Tercer Lenguaje se manifiesta de forma lenta y natural en aquellos que han cruzado el Puente de las Espadas (que han pasado con intencionalidad a la nueva energía del milenio, con comprensión y un despertar espiritual). Pero, al igual que para muchos otros cambios, existe una curva de aprendizaje que llega con la sabiduría. El Tercer Lenguaje conlleva cinco «concienciaciones», que pueden crear malentendidos, ansiedad e incluso trampas para continuar con una vida espiritual. Vamos a examinarlas, y mientras lo hacemos puede que reconozcan a alguna que ya se esté manifestando, y queremos que mientras están en ello también nos reconozcan a NOSOTROS, porque para ello estamos aquí, para darles información con amor y sostenerles la mano durante la transición.

Concienciación repentina del AHORA

¿Están cansados de que Kryon siempre les hable del AHORA? Seguiremos haciéndolo hasta que lo vivan de forma tan automática como el respirar. ¡Se trata de una conciencia diferente de un estructura temporal, y para algunos es como una bofetada! Han vivido en un tiempo lineal desde tiempos inmemoriales. Pero de repente, muchos de ustedes van a ser conscientes de muchas cosas a su alrededor que son potencial, o que han «pasado». Con los nuevos «ojos», ¡la nueva concienciación del AHORA puede manifestarse en ustedes como si todo estuviera teniendo lugar mientras están sentados aquí (o leyendo esto)! Esto es debido a la aceptación del Tercer Lenguaje.

Comprender el AHORA, queridos, es la forma divina, pero en algunos puede causar confusión porque la percepción humana del tiempo se resume y se presenta como un solo paquete energético. También representa el inicio de su comprensión espiritual. El ser humano que comprende y se siente cómodo con la fusión del tiempo lineal y el tiempo del AHORA es aquel para quien el futuro no se presenta como un problema. Porque en el AHORA, el futuro está aquí. Todas las cosas que alguna vez serán o fueron, están resumidas en el potencial de la naturaleza divina de este momento. Es difícil explicarlo a aquellos que no lo SIENTEN. Todo lo que jamás se haya manifestado, y el potencial de todas las cosas que se *podrían* manifestar, están presentes en la energía del conocimiento. Todos los problemas y todas las soluciones del *para siempre* las tienen ya frente a ustedes. Todas las alegrías y todas las penas están siendo vividas AHORA.

Todos los potenciales de los desafíos por los que han pasado y pasarán están resumidos en un punto. ¿Y saben cuál es ese punto [esto es importante]? Es su «punto divino», que está siendo alimentado por el Tercer Lenguaje. Es SU trinidad. Eso debería tranquilizar a algunos de ustedes, pero para otros, simplemente resulta incomprensible.

Para aquellos que todavía no lo comprenden, este mensaje puede provocarles una concienciación que les haga sentir incómodos. Les diremos, queridos, que tienen un pie en el otro lado del velo. ¡Bienvenidos al AHORA! La sensación de estar en casa se experimenta en el tiempo del AHORA. La sensación de saber que todo está bien, puesto que todo les «pertenece» y está dentro de sus capacidades como partícipes en la creación, genera un ser humano que está en paz. Pero esto es algo muy distinto a la vieja percepción, así que para «vivirlo» hay que aprender y comprender. Cuando el AHORA se presenta ante ustedes de una manera que no habían experimentado antes, puede causar desasosiego por el desconcierto de su percepción. Si esto ocurre, ¡celebren el desconcierto! Entonces pídanle ayuda a su Yo superior para comprender y mantener la serenidad durante la transición. Algunos de ustedes pueden sentir que este mensaje es una información críptica, escrita para otros. Esperen y verán.

Concienciación de «lo que fue»

Resumidas en la concienciación del AHORA hay otras cuatro que deberían conocer, todas ellas generadas por el Tercer Lenguaje. Cuando son conscientes del AHORA, tienen una profunda concienciación del antiguo «yo», de todas las cosas que ustedes eran antes del umbral. Al mirar atrás desde la sabiduría, ¡algunos de ustedes se sentirán perturbados por lo que verán! Podrían decir: *«¿Cómo pude haber hecho eso? ¿Quién era yo realmente entonces? ¿Fui realmente yo quien hizo eso tan estúpido? ¿Por qué no hice esto o aquello cuando debería haberlo hecho? ¿Y qué pasa con las decisiones equivocadas que tomé? ¡Estuve estancado tanto tiempo! Ahora me doy cuenta de que todo lo que tenía que hacer era esto o aquello... pero no lo hice!».*

La visión retrospectiva es perfecta en el AHORA. Algunos de ustedes se culpabilizarán. Otros van a echarse la culpa por cosas que ocurrieron antes de que cruzaran el umbral, porque ahora están llenos de la sabiduría del AHORA. Están llenos de información que hará que el pasado les parezca diferente. Hará que se observen a ustedes mismos de forma diferente. Tengo un mensaje para ustedes, si son de los que tienen tendencia a mirar atrás y lamentarse del pasado o sentirse infelices por las cosas que dejaron escapar. En la vieja energía, las cosas eran diferentes. Ahora viven en una luz brillante, y es fácil mirar hacia atrás, hacia la oscuridad, y ver cosas que antes estaban ocultas. Quiero decirles quiénes estaban con ustedes entonces, ayudándoles con esos «errores» que ahora ven. ¡Éramos nosotros! La familia estuvo a su lado cada vez que tomaron un camino «equivocado». Si quieren saber por qué no llamaron a esa puerta de oportunidad, o por qué no hicieron las cosas que se «suponía» que tenían que haber hecho, por qué giraron a la izquierda en lugar de a la derecha, ésta es la respuesta: ¡Las amorosas manos de su Dios y su familia les mantuvieron allí donde estaban! En otras palabras, ¡estaban recibiendo AYUDA del Espíritu para permanecer estancados!

¿Quieren saber por qué estaban estancados? ¡Porque tenían un ángel gigantesco sentado en su regazo y no se podían levantar! Es imposible que entiendan las cosas que no podían realizar antes de que llegara esta nueva energía. No estaban preparados, y el amor de Dios les mantuvo allí donde estaban. Piensen en ello. Recibieron respuestas de Dios durante el tiempo en que se estaban quejando de que no obtenían respuesta. Esto es algo normal en los seres humanos, cuando un «no» del Espíritu se interpreta como «no hay respuesta». ¡Tenían a ese ángel sentado en su regazo y por tanto no podían hacer nada! El momento adecuado lo era todo, así que les ofrecieron un «no». Tienen que saber cómo funciona la percepción y la concienciación. A aquellos de ustedes que miran a su alrededor y dicen: «*Soy un tonto*», permítanme que les diga que entonces tendrán que estar de acuerdo en que su familia espiritual es tan tonta como ustedes, porque les impidieron realizar ciertas cosas hasta que esta nueva energía hubiera cruzado el umbral.

¿Tal vez se sentían como si estuvieran caminando en círculos, o simplemente matando el tiempo? Ahora dirán: «*¡Malgasté el tiempo!*». Eso no es verdad. Celebren el hecho, celebren sus vidas de entonces y de ahora. Celebren lo que está por llegar, y comprendan que todo es correcto. Tuvieron ayuda entonces y la tienen ahora. ¡No se perdieron nada!

Concienciación de sincronicidades «perdidas»

La tercera trata de las sincronicidades, de la conciencia de las sincronicidades «perdidas». Esto es algo que no existe, queridos. Viven en un círculo, como ya les hemos dicho antes. Si lo que surgió cuando el tiempo no era apropiado se escapó, volverá a aparecer. Esto es algo que honra el tiempo del AHORA, ¿no? Cuando están en el AHORA entienden la forma circular que tiene la vida. También entenderán que es el Espíritu quien les trae aquello que ustedes creen que ya se perdió. Trabajadores de la luz, esto tiene muchos significados y es una metáfora como no pueden imaginar.

Aquello que han pedido tiene muchas caras. Se presentarán muchas cosas en su vida con una nueva cara. Pero cuando observen la energía de fondo que poseen, verán que se trata de algo que pidieron hace mucho tiempo. Trabajadores de la luz, aquí hay nuevos paradigmas de conciencia, y también nuevas energías que trabajan para ustedes. Déjenme que les hable de un nuevo tema en el que nunca antes pensaron. ¿Por qué tantos de ustedes tienen un cuerpo pesado? Consejeros, sanadores, trabajadores de la luz: ¿por qué tantos de ustedes están realizando una buena labor, pero que les resulta pesada? Aquí nos topamos con el viejo paradigma de la «protección». Nosotros también lo llamamos «fortalezas». Se trata envolver su parte externa con numerosas capas de energía para que éstas les ayuden a proteger su interior de otras energías y así poder realizar lo que tienen que hacer.

Puede que se hicieran eso a sí mismos como única salida para enlazar con la energía. Y parecía que era lo único que podían hacer entonces para seguir existiendo. Han sido conscientes de ello, y muchos de los que tienen sobrepeso han renunciado a combatirlo. Algunos les han dicho al Universo: «*No puedo ser otra cosa diferente a lo que soy, no puedo tener un aspecto diferente. Éste soy yo, es lo que soy y lo que siempre seré*». Pues bien, adivinen. ¡Observen como la nueva energía cambiará todo eso! ¡Cuántos de ustedes quisieran por fin poder cambiar esa característica? ¡Ya saben a quiénes me refiero!

Es hora de probar algunas de las cosas que hicieron antes para controlar el peso. Mientras que puede que antes muchas cosas no funcionaran, observen lo que puede ocurrir ahora. Porque ahora la energía está cooperando con ustedes y con su estructura celular. ¿Quieren recuperar un poco de salud y perder un poco de ese peso? Inténtenlo ahora. ¿Acaso creen que el

Espíritu no oyó sus peticiones al respecto? ¡Ahora ha llegado la nueva sincronicidad! La familia está aquí, sentada con ustedes, diciéndoles: «Es hora de intentarlo de nuevo. Háganlo y obtendrán unos resultados y la cooperación de una energía de la que antes no disponían». Créanlo. Es verdad.

¡Están ocurriendo tantas cosas aquí! Queremos detenernos y celebrar la sanación que está teniendo lugar en este mismo instante. Tardó un poco en saber que realmente estamos aquí, ¿no? [dirigiéndose a la persona anónima del público que está recibiendo algún tipo de sanación]. Estamos derramando energía sobre ustedes, la que venían pidiendo desde hace mucho tiempo. Es por eso que vinieron aquí, ¿no es cierto? Esto es lo que hace la familia, ¡les quiere tanto que incluso cambia lo que piensan sobre ustedes mismos!

Concienciación de responsabilidad y relaciones humanas

El número cuatro trata de la responsabilidad y también de relaciones. En cierto modo ya les hemos hablado antes de ello, pero tienen que comprender que si miran atrás puede que se fustiguen de nuevo por aquello que creen que no ocurrió. Y una vez más les decimos que en retrospectiva puede que tengan una repentina y profunda conciencia de formar parte de la familia humana, y podrían decir: «*Soy una persona humanitaria, y debería haber ayudado a esta persona o haber hecho tal cosa*». Esto es una tontería. No se perdieron nada, y la familia también estaba con ustedes en esos momentos en que pueden pensar que actuaron mal. La vieja energía, menos elevada y que no concordaba con su parte divina, fue la que les impidió que tomaran ciertas decisiones que ahora pueden asumir fácilmente.

Con esta visión retrospectiva divina están empezando a ver cuál era el tema de las antiguas relaciones dentro de la vieja energía. Nos referimos a las relaciones con la familia de la Tierra. Algunos de ustedes están empezando a ver por fin, en esta nueva energía, el por qué de la muerte, y su corazón se ve afectado al contemplar la imagen global. Algunos se culparán por cosas que no vieron antes, o peor aún, pueden pensar en cosas que dijeron o dejaron de decir y de las que ahora se arrepienten. Recuerden: éste es un estudio realizado desde la conciencia del AHORA. No existe el tiempo lineal, sólo el AHORA. No hay nada que hubiera existido en el pasado que no pueda ser corregido en el AHORA. ¿Tal vez esto no se les había ocurrido?

Si lo que diremos a continuación les suena repetitivo, lo hacemos a propósito. Queridos, les decimos esto ahora porque éste es el catalizador para su iluminación. ¿Quieren saber cómo avanzar hacia lo que ustedes llaman la condición de ascensión, cómo vibrar a un nivel más elevado? Les daré de nuevo la respuesta, como ya hice en la última canalización: están empezando a «ver» o a hacerse conscientes de las programaciones que han existido en las relaciones personales. Los planes del pasado tienen que quedar finalizados en esta nueva energía, para que puedan proseguir con su camino. Algunos temas tienen que quedar cerrados, realmente cerrados.

¿Recuerdan cuando el personaje de Wo hizo el equipaje para el nuevo milenio? ¿Recuerdan el compartimento secreto? Trataba sobre asuntos humanos pendientes. Una vez más, con amor, les decimos: querida familia humana ¿a quién no quieren dirigirle la palabra? ¿Quién es aquel a quien no pueden perdonar, ni vivo ni muerto? ¡Es hora de que cierren esos capítulos! Quizás por eso vinieron aquí, ¡para escuchar estas palabras! ¡Quizás por eso decidieron leer este apartado! Saquen el amor divino de la bolsa de la nueva energía y sitúense frente a ustedes mismos de una forma indulgente. Perdonen al niño de su interior. Perdonen a la persona que les hizo daño. Retiren la palabra *víctima* de su persona, de su vocabulario, y coloquen en su lugar la palabra *familia*. Todas las cosas son adecuadas. En algún momento tienen que empezar, y quizá sea ahora. Ustedes saben a quiénes nos estamos dirigiendo. Dejen que sea ahora. No es correcto, para ningún trabajador de la luz que cree que posee un estado ascensional, que tenga una situación en la que se niegue a tener una relación con cualquier otro miembro de la familia, vivo o muerto. Reflexionen ahora sobre ello.

Les recordamos que el pasado es AHORA. ¿Tal vez hay algunos humanos en el AHORA que están esperando un punto y final? ¿Tal vez ustedes también están preparados? La decisión está en sus manos.

Cancelación de los votos hechos ante Dios

Les presentamos la quinta concienciación. Nos hemos guardado la más potente para el final. El Tercer Lenguaje está funcionando ahora perfectamente. Trabajadores de la luz, chamanes, oyentes, lectores, me estoy dirigiendo ahora a la mayoría de ustedes. Voy a darles una información. Hay algo que no necesitan, algo que puede ser descartado, eliminado y extirpado de ustedes, para que nunca más forme parte de ustedes.

Escuchen, chamanes, ésta no es la primera vez que han despertado a la espiritualidad en alguna vida. En recientes vidas pasadas, en casi todas ellas, tuvieron también un despertar a la espiritualidad. Algunos de ustedes incluso saben quiénes fueron, ¡fue algo tan intenso! Ustedes eran los monjes, hermanas de la iglesia, chamanes, curanderos y hechiceras. Eran aquellos de quienes dependían las tribus para pociones, sanaciones energéticas e imposición de manos. Permítanme que les diga que nacieron con eso, con una vieja energía que exigía una concentración en Dios. Si tenían que preparar las pociones, transmitir la energía y sanar a aquellos que se lo pedían, tenían que estar realmente centrados. Para poder centrarse, dentro de la vieja energía, tuvieron que dar algo a cambio. Algunos de ustedes hicieron votos para eliminar de su vida las características terrenales de una vida normal, para así poder concentrarse. Hicieron promesas ante Dios, y las promesas adoptaron la forma de sacrificio.

¿Cuántos de ustedes recuerdan haber sido un chamán o un hechicero? ¿Recuerdan cuáles eran los atributos del hechicero?

¿Cuántas veces éste vivía en las afueras del poblado? El hechicero vivía solo. ¿Recuerdan? Escuchen bien lo que estoy diciendo. Es importante. ¿Hicieron unos votos diciendo que para ser espirituales nunca iban a disfrutar de la compañía íntima de otro ser humano? ¿Lo hicieron? ¿Hicieron voto de castidad? Tengo una información nueva para ustedes. Un voto hecho ante Dios con intencionalidad pura, en CUALQUIER vida, se lleva a la siguiente, y continúa a través del velo, una y otra vez. No podían abandonar fácilmente el voto, porque su alma interior está comprometida con Dios. Si iban a despertar espiritualmente y convertirse en chamán en esas vidas anteriores, tenían que sacrificar muchas cosas en esa época.

Trabajadores de la luz, ¿tienen problemas para mantener sus relaciones? ¿Problemas con la prosperidad? ¿Para llevar una vida normal? ¡Ésta podría ser la causa! Permítanme que les diga que para aquellos de ustedes que hayan cruzado el Puente de las Espadas, ¡esta nueva energía les da permiso para anular todos los votos realizados! ¿Tal vez algunos de ustedes pensaban que estarían siempre solos? Ya no tienen que renunciar a las relaciones. Celebremos una ceremonia ahora mismo.

Visualicen cómo se van liberando los antiguos votos que realizaron en esas vidas. Véanlos flotar en el aire y alejarse. ¡Celebren la liberación en esta nueva energía! Kryon nunca ha dicho nada sobre esto, ¡jamás! En la vieja energía ni tan siquiera podía mencionar el tema. Antes no era posible. Éste es un nuevo obsequio para ustedes y no es más que el principio de las herramientas que llegarán para la ascensión, una ascensión que si lo desean pueden compartir con una pareja. Si lo desean, pueden tener un cuerpo ligero. Si lo desean, pueden tener prosperidad. Que sean liberados, en este mismo instante, de los antiguos votos. Creemos todos juntos un nuevo voto: «*¡Prometo utilizar el Tercer Lenguaje para acercarme a mi Yo superior lo máximo que pueda hacer un ser humano! Y declaro que durante el proceso puedo tener prosperidad, paz, y no sentirme nunca solo. Declaro que mi Yo superior es mi mejor amigo. Reclamo la divinidad del YO SOY*».

Comprendan que tienen permiso para concentrarse en Dios utilizando el Tercer Lenguaje, sin tener que sacrificar nada. Pueden ser chamanes y disfrutar de su parte humana, tener relaciones y prosperidad. Monje, ya es hora, ¿no? Hermana, ya es hora, ¿no? Oh, familia, ¿acaso no saben que les conocemos íntimamente? En todos y cada uno de los encuentros se lo hemos dicho. ¿Acaso no saben que cuando llega la familia no se trata de una visita genérica? Es de corazón a corazón, querida familia. Si le parece que nos estamos dirigiendo a USTED, es porque es verdad.

Lo más difícil para nosotros, oyentes, lectores, es dejarles. Pueden recrear esta energía siempre que lo deseen. No hace falta que estén sentados con otros trabajadores de la luz, aunque resulta agradable y aquí pueden sentir el amor. No hace falta que compren ningún libro, ni revista, ni nada. Les hemos dicho muchas veces que pueden irse a casa y crear esto ustedes mismos con su propia naturaleza divina. ¡Ahora podemos decirles que el Tercer Lenguaje es la clave! ¡Les damos la enhorabuena! Celebramos la energía de los miembros de la familia.

Algunos trabajadores de la luz han formulado hoy preguntas sobre sus guías y cómo estos trabajan. Les diré qué se siente cuando sus guías están trabajando con ustedes: es como si se *expandieran*. ¡Disfruten los muchos «yoes» que están aquí! Disfruten de la familia que les rodea. Disfruten de las partes de Dios que son todos ustedes. Disfruten de la presencia angélica del color dorado que ahora les mostramos. ¡Esto son ustedes!

El grupo se retira de este lugar con perfecto amor y pureza. Se complace en las revelaciones que les han sido dadas, los obsequios que les hemos mostrado y que todos ustedes pueden coger. Nunca ha habido un momento más cercano con la familia que éste, queridos. Ahora pueden llegar muy cerca de aquellos que se encuentran al otro lado del velo... ¡somos NOSOTROS!

Queridos, cuídense y hagan brillar su luz. Ciertamente las personas que les rodean cambiarán a medida que ustedes utilicen el Tercer Lenguaje y «vean» su luz. Éste ha sido nuestro mensaje desde el principio, y éste es nuestro mensaje ahora, cuando el grupo de acompañantes se despide. Vendrá un tiempo en que les volveré a ver, y puede que no sea en este planeta. Entonces, queridos, podrán subir por esa magnífica escalera y verán a todos los que participaron en la obra de teatro y nos reconocerán uno por uno.

Llenos de felicidad nos ponemos a aplaudir y les decimos: «¡Bienvenidos a casa!».

Y así es.

Kryon

¿COOPERACIÓN ENTRE RELIGIONES?

«Existen muchas culturas, muchas doctrinas y muchos sistemas de creencias, y todos intentan coexistir en este planeta... Hemos hablado de respetar a los humanos en su búsqueda de Dios... Habrá el principio de una tolerancia entre sistemas de creencias existentes. Lo que tendrán es una potencial cooperación y respeto, un darse cuenta de que el otro ser humano tiene derecho a una relación personal con Dios...».

> Kryon, diciembre 1999... refiriéndose a los potenciales del mundo; en este mismo libro, p. 176

1) En Ciudad del Cabo, Sudáfrica, el 1º de diciembre de 1999 se reunieron líderes religiosos y pensadores de todo el mundo. Era sólo la tercera vez en 106 años que se reunía el Parlamento de Religiones del Mundo. La plegaria de apertura, a cargo del gran rabino Cyril Harris, decía: *«El acudir a este parlamento no significa que tengamos que renunciar a las creencias y prácticas de nuestra fe, pero sí tene-*

mos algo que dar a la familia humana de la que todos formamos parte»[1].

La reunión fue inaugurada por Nelson Mandela y clausurada por el Dalai Lama. ¿Lo vieron por la CNN? Probablemente no. En la mayor parte de ciudades de Estados Unidos ni siquiera se mencionó.

2) Naciones Unidas, 26 de junio del 2000. Creación de URI-UN (Iniciativa de Religiones Unidas en Naciones Unidas): *«Con la firma de la carta constitucional en fecha de hoy, queda establecida la URI. Se ha creado consultando a personas con diferentes creencias de todas partes del mundo. Es una comunidad creciente dedicada a fomentar la cooperación cotidiana y duradera entre religiones, a acabar con la violencia por motivos religiosos y a crear culturas de paz, justicia y sanación para la Tierra y todos los seres vivos»*[2].

1. *Reuters News Service* – 1 diciembre, 1999
2. Citado de la invitación de la ONU a la celebración de la firma de la carta constitucional. 26 de junio, 2000. La firma tuvo lugar en Pittsburgh.

Capítulo Décimo

¡NO MÁS INDECISIONES!

«¡NO MÁS INDECISIONES!»

Canalización en directo
Kansas City, Misuri - marzo 2000

Esta canalización en directo ha sido revisada y contiene palabras e ideas adicionales para permitir que la palabra escrita resulte más clara y comprensible.

Saludos, queridos. YO SOY Kryon del Servicio Magnético. Aquí hay una energía, que *ustedes* invitaron a venir a este lugar. Es una energía que proviene del hogar y que tiene su nombre escrito en ella. Tiene su propia energía. Tiene muchas de sus características y fluye hacia aquí libremente, porque fue generada por ustedes. Debería parecerles familiar, porque es el amor de Dios, lo que ustedes también han llamado el amor del Espíritu, y no es más que una esencia espiritual que son ustedes.

Queridos, hay algunos de ustedes aquí que en los minutos siguientes se acostumbrarán al hecho de que lo que están oyendo no es necesariamente la voz de un ser humano. Sí, utilizamos a mi compañero para las palabras, pero la energía procede del hogar. La energía es la del Espíritu. Diremos algo que ya hemos mencionado muchas veces antes: ¡que la prueba de que esto es real sea el hecho de que les transmitiremos energía y ustedes la sentirán! Porque están fluyendo hacia aquí aquellos que ustedes han pedido que estuvieran presentes. Les hemos dicho tantas veces a muchos corazones: ustedes se congregan en este lugar, y ofrecen su energía para poder venir aquí y sentarse frente a mi silla. ¿Quizás hayan querido sentir la energía de esta familia mientras va entrando y situándose a su alrededor? Llena la sala y forma una espesa burbuja. ¿Quizás es por esto que vinieron? En esta nueva energía, ¡esta familia que acude desde el otro lado del velo ha hecho cola para poder estar hoy aquí! ¡Quizás esto pueda darles una nueva perspectiva sobre quién vino a ver a quién!

No es casual que vinieran aquí y se sentaran en las sillas en que están sentados. Nosotros conocíamos el potencial, queridos trabajadores de la luz, de que estuvieran aquí para esta reunión. Estamos hablando del gran potencial que existe en el «ahora». Sabíamos que estarían aquí. Los potenciales de que hoy estuvieran aquí para escuchar estas palabras eran muy elevados. Me dirijo ahora incluso a aquellos que puede que piensen que fueron arrastrados a venir. ¡Esto también va por ustedes! Y por último me dirijo al lector, que en este mismo momento también se encuentra frente al grupo de acompañantes.

Toda la energía que rodea este episodio de la obra de teatro llamada «Tierra» lleva un nombre: amor. Estamos aquí para amarnos los unos a los otros, y si hoy no hacen otra cosa que eso, cuando se levanten para marcharse cuando hayamos terminado recordarán que en este día estuvieron aquí sentados para ser amados. Y mientras sienten los brazos del Espíritu rodeándoles, quiero que perciban también los mensajes, mensajes dados en el Tercer Lenguaje, no en la lengua que estoy hablando, sino en la de la nueva energía, la que les es transmitida energética y emocionalmente [Kryon la definió en su última canalización como una energía de «meditación activa»]. Este Tercer Lenguaje les dice esto: «Sabemos quienes son. Sabemos por lo que están pasando. Sabemos lo que la vida les pone por delante. Estamos celebrando con ustedes. Estamos bailando a su alrededor. ¡Les queremos!».

Las soluciones a los desafíos que han traído consigo, oyentes y lectores —las razones por las cuales están aquí— están muy cerca. Las sincronicidades que pidieron, algunas de ellas hace mucho tiempo, están ahora frente a ustedes. Gran parte de lo que han pedido está ahora frente a ustedes, en una bandeja que pueden ver, y es una bandeja que ustedes mismos crearon. Todo lo que nosotros hacemos es sostenerla y esperar a que ustedes coloquen en ella la solución que ya es suya.

Tenemos muchas cosas que enseñarles hoy sobre la energía de este nuevo milenio. Vamos a llamar a estos mensajes de Kryon «Las Canalizaciones del Umbral». Todas tratan sobre el mismo tema, que es el de la energía que ustedes han creado, queridos, al pasar a una realidad de nuevo cuño en este planeta. A veces habrá breves resúmenes de cosas que hemos dicho antes (en anteriores canalizaciones) para que puedan entender el mensaje actual. Así que de nuevo les decimos que estamos sentados frente a una familia, muchos de cuyos miembros han decidido cruzar lo que hemos llamado «El Puente de las Espadas». El atravesar el umbral del nuevo milenio les sitúa en una energía, en un potencial, que está en evolución continua.

El día 1 de enero fue otorgado el permiso para pasar hacia «el principio de los días». La vieja energía del otro lado del abismo, que llamaremos el «otro lado del umbral», ya no es la fuerza principal que mueve la tierra. La razón para que exista la Tierra, dentro del contexto de la prueba, es para pasar ya a ultimar los detalles y a que ésta concluya. Tienen un ciclo temporal de doce años en el cual pueden dirigir abundante energía nueva hacia lo que llamamos el «nuevo principio del planeta». Aunque suene algo pomposo, les pedimos que miren a su alrededor. Mi compañero dice que pueden ver cómo está cambiando la conciencia de la Tierra.

Están ocurriendo aquí muchas más cosas de las que imaginan. Vemos cómo su sol está cambiando. Vemos cambiar el centro de la tierra. Vemos cómo vibra en un nivel más elevado. La humanidad que habita en este planeta es el catalizador para el cambio de la Tierra. Les recordamos lo siguiente: cuando observen cambiar la tierra a su alrededor, y no hay duda de que están en medio de un importante cambio, quisiéramos que recordaran quienes son los responsables de ello. La tierra no les «hace nada» que ustedes no aprobaran antes. Responde. Responde a la consciencia que ustedes emiten. La geología se está acelerando para conformar un planeta de vibración más elevada.

Esta noche estoy sentado frente a la familia, ¡una familia que conozco muy bien! Mientras les transmito estos conceptos diré que existe un ángel superior en cada uno de ustedes que también sabe estas cosas. Les pedimos que se hagan eco de la verdad cuando les vaya llegando. Ya ha pasado el tiempo suficiente desde que estamos con esta comunicación [habla del tiempo transcurrido desde que empezó la canalización] para que empiecen a sentir la energía de verdad de la que somos portadores, los mensajes del hogar. De hecho, algunos de ustedes se hallan ahora en ese punto en que podemos tratar del Tercer Lenguaje. Así que les diremos estas palabras: «Que empiece la sanación». Por eso vinieron, ¿no es cierto? Sabemos que sí.

Existen cambios que actualmente se pueden manifestar en los seres humanos. Me estoy refiriendo tanto a la biología como a la consciencia humana. Hablo de tratar sobre el tema por el cual vinieron aquí. Familia, sabemos quiénes son, y seguimos diciéndolo de la manera más amorosa que somos capaces. Lo que les ha traído hoy aquí y les ha hecho sentar donde están ahora, escuchando o leyendo, es el conocimiento de que tienen a la familia frente a ustedes. El hermano/hermana Kryon está ante ustedes, no de una manera solemne, sino como uno que se arrodilla antes ustedes con respeto y les dice: «Celebro su luz. Celebro todo ello. Ustedes son eternos. Les celebro. Sé quienes son. La última vez que les vi en el otro lado del velo les reconocí. Me cantaban su nombre con luz y yo lo vi. Yo les canté mi nombre en respuesta y ustedes lo vieron. Intercambiamos energías. ¡Somos familia! ¡Ustedes me conocen!».

Se puede sentir aquí con fuerza el amor del Espíritu. Para aquellos de ustedes que vinieron para una solución concreta, éste sería un momento maravilloso para abrir sus corazones y recibir aquello para lo que vinieron. Lector, ¿está usted con nosotros? ¿Cree que esta canalización es algo que ocurrió hace mucho tiempo? Piense de nuevo. Incluso mientras estamos enseñando, les decimos que está habiendo una sanación en este lugar. Y eso incluye también el lugar donde está sentado el lector. Por eso vinimos. Por eso vinieron ustedes. Ahora nos estamos intercambiando energías. Bendito el ser humano que viene al planeta y no tiene conocimiento del otro lado, del lado que es su hogar. Vamos a revelar un secreto que ya conocen intuitivamente, y lo haremos antes de concluir este mensaje. Para algunos resultará algo ya conocido y comprendido... y para otros será una revelación. Para la humanidad en general, es una revelación.

El ensanchamiento del abismo

En primer lugar, vamos a comentar de nuevo el cruce del «Puente de las Espadas». ¡Aquí están, trabajadores de la luz, después de cruzar el abismo existente entre lo viejo y lo nuevo! Aquí es donde empieza a ponerse interesante. Están aprendiendo el Tercer Lenguaje del que hemos hablado antes y, para decirlo con pocas palabras, éste es el lenguaje del Espíritu. Esta nueva energía en este lado del umbral, donde se encuentran ustedes ahora, es diferente y se irá haciendo más y más fuerte. Parte de la fuerza que caracteriza a esta energía es el alejamiento de lo viejo. Si quieren una visualización, se la daré: el Puente de las Espadas que han cruzado estaba situado sobre un inmenso abismo. Quiero que vean la siguiente imagen en sus mentes: como ya han cruzado el Puente de las Espadas, ya no hace falta ningún puente, y éste pronto se desmoronará. Cuando lo haga, el abismo empezará a hacerse más grande, y eso simboliza la historia, la distancia entre lo que fue, lo que es y lo que será. Es la brecha, que se irá abriendo y haciéndose cada vez más y más ancha, entre las antiguas formas de consciencia de la vieja tierra y la energía que se está desarrollando en la nueva Tierra.

Les hemos dicho que contarán con varios sistemas de transmisión de energía hacia su planeta, y uno de ellos será en mayo del año 2000. Ya les hemos dicho qué cosas pueden traerles estos sistemas. En especial hemos mencionado que el del mes de mayo tendrá la energía de la «madre». El alineamiento planetario les traerá la energía de la *madre*. Para aquellos que estén leyendo el libro, eso corresponde a su pasado. Para los oyentes, es el futuro. Para Kryon, todo está en el AHORA.

Fíjense en la fecha, porque les está diciendo a gritos que es un catalizador para el cambio. El alineamiento traerá (y ha traído) sustento. El alineamiento derramará sobre este planeta un atributo que ustedes han estado solicitando repetidamente. Pero el único momento en que podíamos satisfacer esta petición era una vez pasado el temor colectivo, pasada la vieja energía y el viejo programa, pasado el umbral, cuando ustedes dieron permiso para que así fuera. Ninguna entidad sabía que esto tendría lugar hasta que el umbral fue cruzado. Ahora aquí estamos NOSOTROS, en el inicio de la *nueva Jerusalén*. Queridos, están sentados sobre un gran cambio potencial, listos para empezar a escribir de nuevo la historia de la humanidad.

La brecha se ensanchará y nos gustaría comentarles qué puede ocurrir cuando lo haga. Es como si el tren de su realidad que les dimos como metáfora [en una parte anterior del seminario] tuviera varios vagones. Uno de ellos fue desenganchado: el vagón de la vieja energía. Lentamente, a medida que aceleran, se va alejando de ustedes. Pertenece a un tiempo diferente y, aunque compartan la misma vía, la vieja energía se va desvaneciendo como si fuera de otro tiempo. ¡Esto es una metáfora ajustada de su cambio interdimensional!

Éste es el atributo que el ensanchamiento de la grieta producirá. Obsérvenlo, porque pronto estará por todas partes. Literalmente, queridos, es el *fin de las indecisiones*. Los «indecisos» de que hablamos son aquellos que tienen un pie en la vieja energía y otro en la nueva. En la vieja energía eso era algo que se podía hacer sin problema. De hecho, era una forma muy normal de vivir. Estas personas no tenían que tomar ninguna decisión: un poquito de lo viejo, un poquito de lo nuevo... las cosas les iban bien así y no tenían que decidir nada. A medida que la brecha del abismo se va ensanchando, irá liberando energía. Aunque esto es metafórico, déjenme que les diga que la energía liberada por el abismo va a hacer que el indeciso se sienta muy incómodo.

Aquellos que antes no tenían ninguna razón para progresar, ahora *tendrán que* tomar decisiones, porque su biología les pedirá explicaciones si no lo hacen... tal es el proceder de la nueva Tierra.

Nunca con anterioridad el ser humano de este planeta ha recibido tanta energía nueva, energía divina, energía diferente para el cambio y el equilibrio. ¿Quieren saber por qué tiene que llegar el sustento? ¿Quieren saber por qué la energía de la *madre* está aquí? Porque va a alimentar a los niños, ¡a alimentar la energía y consciencia de los nuevos niños! Están viendo grandes desequilibrios en los niños en estos momentos. Están viendo a aquellos que no los entienden, están viendo cómo reaccionan los niños, ¡ven incluso a niños matando a otros niños! Esta acción es el compendio de una falta de equilibrio dentro de sus filas. Hace falta una energía en este planeta, una energía de *madre* que será transmitida en mayo. Aquellos que primero reaccionarán a ella serán los niños. Es lo que necesitan para poder reequilibrarse. Es eso lo que necesitan para crear «los hijos de los hijos». Hemos hablado antes de ello. Es una energía que les tiene que ser transmitida este año.

El indeciso se va a sentir muy incómodo. La brecha se ensanchará y sencillamente les hará caer de su asiento de neutralidad. Y dentro de esa incomodidad de sentirse aguijoneados y expulsados de la posición que antes ocupaban, que les resultaba muy cómoda, habrá obra cosa que ustedes podrán ver. La llamaremos **«rabia espiritual»**. Algunos indecisos complacientes pueden preguntar: «*¿Por qué tengo que cambiar? ¿Qué es eso que me está aguijoneando, Kryon? Antes era feliz, y ahora de repente ya no lo soy. Dices que tendré que decidirme por un lado u otro, pero no quiero hacerlo*». La respuesta está en su estructura celular. No pueden vivir en una energía y practicar otra sin sentir ansiedad. Además, el mismo propósito de su estancia aquí es ahora muy distinto a lo que era antes. Sus células lo saben y por eso el mensaje surge de su interior, desde el nivel más profundo de su ser. Si de repente todo el mundo empezara a hablar un idioma diferente, ¿no creen ustedes que reaccionarían? ¡Por supuesto! De hecho tendrían que hacerlo, para sobrevivir. Algunos tendrán que levantarse de su asiento neutral y aprender el nuevo idioma, y algunos se retirarán junto con otros y exigirán que el viejo idioma sea el *único* que se hable. Ya lo verán.

Sistemas de creencias espirituales

Los sistemas de creencias de todo el planeta se desbaratarán con el cambio. Sí, seguirán existiendo, pero ya no pueden haber más indecisiones con respecto a los antiguos procederes que ya no funcionan. Aquellos que hablan del amor a Dios pero no lo practican son indecisos, ¿o no? Los que están intentando desesperadamente seguir las leyes de Dios pero en lugar de ello siguen las de los hombres son indecisos, ¿o no? Además, el mundo está empezando a hacerles responsables de aquello que enseñan. Como la población entera de la Tierra tiene ahora la posibilidad de observarlos [gracias a nuevos descubrimientos en las comunicaciones, como Internet], se verá que algunos sistemas están desequilibrados y aquellas personas que nunca fueron espirituales serán las primeras en criticar doctrinas que predican una cosa y hacen otra. El resultado será que cada vez entrará menos gente joven en sus filas, y muchas de las organizaciones decrecerán por falta de respeto.

Lo que tiene que ocurrir a continuación es una búsqueda de la parte divina dentro del núcleo de la doctrina, un regreso a los principios del amor. Lo verán primero en los sistemas de creencias del planeta, y si están más o menos al corriente en cuanto a temas mundiales, ya lo deben de estar viendo ahora. (Consulten la página 255). Los principales líderes espirituales que están buscando lo divino en su planeta están llegando en estos momentos a una conclusión, mientras ustedes están aquí sentados. Ya hemos hablado un poco del tema [durante el seminario]. Es el fin de las indecisiones. Es un regreso a la búsqueda de la integridad, de la moralidad subyacente en la búsqueda del amor a Dios y en el tema esencial de la familia.

En esta nueva energía los que prediquen una cosa y hagan otra lo van a pasar mal. Si así es como actúan, son unos indeci-

242

sos. Aquellos que digan: «*Me voy a quedar exactamente donde estoy. Sé lo que dijo Kryon, pero me voy a quedar aquí*» se sentirán muy incómodos. Podrán observar esta «rabia espiritual» cada vez con mayor frecuencia. Aquellos que están tan enfadados, quizá lo estén con Dios, quizá con ellos mismos, no lo saben. Todo lo que saben es que les están echando de ese lugar neutral tan cómodo en el que solían estar. Pero se acabaron las indecisiones.

Los sistemas de creencias espirituales de su planeta están a punto de iniciar una limpieza general. La mayoría sobrevivirán, y durante este proceso se acercarán más a la intención de aquellos que los fundaron: celebrar el amor de Dios de forma que ello pueda favorecer a la humanidad en lugar de esclavizarla.

¿Dará marcha atrás la energía?

Hay otros campos donde esto se manifestará, pero antes déjenme que les mencione otra cosa en la que se pueden fijar, en otro tipo de rabia. Ya ha empezado. Nosotros llamamos a este apartado «aquellos que no se pueden creer que la profecía no ocurrió». Queridos, en estos años venideros van a encontrarse con algunos retrocesos. Pueden observar estos retrocesos y decir: «*Sabes, nuestra Tierra parecía que iba bastante bien hasta que llegamos aquí. Ahora parece que se ha dado marcha atrás a algunas de las cosas buenas que estaban ocurriendo*». ¿Cuántos prometedores acuerdos de paz están ahora de repente estancados en el planeta? ¿Cuántos temas, políticos y tribales, simplemente se encuentran en un punto muerto? ¿Han visto desmoronarse algunos acuerdos últimamente? ¿Qué está pasando? ¿Es ésta la nueva energía?

También se emprenderán acciones, de una forma u otra, con relación a algunos temas que simplemente han estado paralizados durante largo tiempo. Las cosas que parecían estancadas se pondrán en marcha ¡y algunas parecerá como si fueran para atrás, hacia el caos! Permítanme que les hable de eso. Hay aquellos en el planeta a quienes les encanta la vieja energía, se sienten incómodos con la nueva y están rabiando por el nuevo lenguaje que se está extendiendo. Lo que harán, hasta su último aliento como seres humanos, será intentar que las viejas profecías se cumplan... y seguirán estando entre ustedes durante cierto tiempo.

Están convencidos de que las profecías deberían haber ocurrido y no saben por qué no fue así. Se preguntarán si a lo mejor no interpretaron bien su papel dentro del plan divino, e intentarán arrastrarles hacia atrás, hacia el otro lado de la brecha abismal que se está ensanchando, para así lograr su propia redención. ¡Lo único que ocurrirá es que se caerán en el abismo! Mientras esto ocurre, queremos que observen y recuerden que ellos son tan amados como ustedes. Pertenecen a la familia lo mismo que ustedes. Es su opción personal, y su decisión en este planeta de libre albedrío. Así que lo que estoy diciendo, queridos, es que hay miembros de la familia que intentarán hacer retroceder lo que ya ha sido cumplido: no es más que el último estertor de una Tierra con una vieja energía. Serán testigos de aparentes retrocesos, hasta que ellos dejen de intentarlo. Algunos nunca cambiarán, y otros tendrán una revelación con respecto a la promesa que contiene su vida. Depende de cada individuo aceptar o negar la realidad del «nuevo tren» de cada uno.

Tolerancia

¿Saben cuál es uno de los grandes temas que no se tolerará en esta Tierra? ¡La intolerancia! [Risas]. Ustedes no la tolerarán. Están empezando a verlo. Algunos de los sistemas de creencias que se han sentido presionados, cuestionados, es debido al hecho de que su estrechez de miras espiritual se ha vuelto intolerable para los que les rodean. Pueden pensar que es su programa con el que se están metiendo [se refiere a los programas de los diferentes sistemas de creencias religiosas]. Pero no es así. Es su *intolerancia, no su doctrina*, la que está siendo sometida a examen. La intolerancia se hará muy evidente. Muchos dirán: *«Reconozco esta acción de doble moral, y no la acepto»*. Resulta extraño ¿no? que tantas personas a quienes antes no les impor-

244

taba nada los temas morales se conviertan en vigilantes de la espiritualidad. ¿Los no espirituales convirtiéndose en acusadores? ¿Qué está pasando aquí? Se llama «el fin de las indecisiones». No se trata de religión. Se trata de la moralidad y la integridad del espíritu humano. ¡Realmente se trata de que la divinidad *no* esté contenida en ningún programa! [La espiritualidad sin la doctrina u organizaciones que la acompañan]. Nosotros lo llamamos la *nueva espiritualidad personal*.

Cambios personales en el hogar

Habrá algunos que se encuentren en una posición neutral en un nivel personal. Esto no se refiere a las naciones ni a las religiones ni a los muchos programas, sino a la persona... de nuevo a la espiritualidad personal. Queridos, ¡tendrán que levantarse de su asiento de indecisión! Algunos lo han interpretado como: *«Oh, Kryon, ¿significa eso que perderé a esas personas de mi hogar que viven en la indecisión? ¿Van a desaparecer en ese vagón de tren llamado la vieja energía, mientras va quedando atrás?»*. En absoluto. Recuerden, ¡tienen las mismas posibilidades de venir con ustedes como de no! Levantarse del asiento de indecisión no siempre significa caerse por el abismo. Significa introspección y conciencia de uno mismo. Habrá cambios: el fin de la neutralidad. Porque no pueden permanecer en la nueva energía haciendo ver que nada ha ocurrido. Si es así, se encuentran en un estado de negación, y eso genera desequilibrio y rabia... rabia espiritual. Simplemente significa que habrá muchos que empezarán a formularse preguntas sobre quiénes son.

Cambios personales en el trabajo

Trabajadores de la luz, en estos últimos años habrán experimentado algo curioso. Muchos de ustedes se habrán despertado a las tres o a las cuatro de la madrugada sintiéndose incómodos. Habrán estado empujando puertas que no se abrieron [una metáfora para las cosas que supuestamente no funcionaron]. Se han presentado ante ustedes todo tipo de acontecimientos desagradables mientras avanzábamos a toda prisa hacia el umbral [el cambio de milenio]. El tramo central de todo cambio nunca resulta agradable. Ahora se está empezando a desarrollar la energía que han solicitado, la que ustedes han creado. ¡Ahora es su turno! Pero fíjense bien en lo que esto significa y lo que no.

Algunos han dicho: «*Me siento impaciente por entrar en la nueva energía, porque esa persona del trabajo... ¡por fin!, ya no la voy a ver más. Dios me librará de todos ellos*». Esto no funciona así. Permítanme que les diga que ellos pueden experimentar rabia. Puede que las cosas empeoren. Puede que quieran hacerles volver hacia atrás con su rabia. Aquí está la diferencia: a la larga, las «teclas» que ellos pulsan por tener una relación con ustedes irán siendo desconectadas. Ustedes se encuentran en la nueva energía. No importa lo que ellos hagan, todo lo que harán ustedes será amarles. No les será difícil, y verán que la energía del amor les resulta ahora de más fácil acceso. Vivir en el «ahora» no será el problema que era antes. Desapegarse de la obra de teatro de esas personas no será tan difícil, porque la energía está ahora de su parte.

Mientras que ellos representaban antes «el palo que no dejaba girar su rueda», ¡ahora ya no hay palos! Están sentados en el vagón de la vieja energía, que quedó atrás. Queridos, van a ir a trabajar ahora habiendo pasado página. Cuando alguien les irrite e intente «tocar esas teclas» de su personalidad, ahora comprenderán la sabiduría de su camino, quiénes son ellos y por qué vinieron aquí. ¡Lo que pasa es que están ustedes adquiriendo serenidad! La sabiduría y el amor transmutan la irritación. Eso hará que resulte muy interesante. ¿Qué harán cuando ustedes ya no reaccionen? ¡No más indecisiones! Fíjense bien. Algunos renunciarán a su postura y se convertirán en sus mejores amigos. Algunos empezarán a formularse preguntas. Otros empezarán incluso a ser portadores de luz, algo que ustedes nunca imaginaron que harían. ¡Se han levantado de su asiento neutral y han decidido unirse a ustedes!

El ser humano en expansión

Les traigo buenas noticias. Me gustaría comentarles una facultad que les están dando –¡y nosotros lo estamos celebrando con ustedes! Se trata de un atributo que ahora podemos revelar, que algunas personas de esta sala, que trabajan con gente, están empezando a experimentar. El *campo energético humano* en la vieja energía era de aproximadamente un metro. Los sanadores que trabajan con energía les dirán que ésta es la distancia a la cual normalmente pueden sentir la energía cuando se acercan a una persona para una sesión. Pueden percibir el campo energético espiritual del ser humano. Todo el mundo lo tiene. Aquellos que son capaces de percibir la energía les dirán que esto es algo más que el aura. Lleva su «impronta energética», su nombre, aquello que ustedes son. Muchas veces profesionales médicos con intuición y trabajadores energéticos pueden percibir todo tipo de cosas en este espacio. Algunos trabajadores energéticos son capaces de poner sus manos dentro del campo y hablar de lo que realmente está ocurriendo en el nivel celular de su cuerpo: tanto desequilibrio como iluminación, ¡e incluso alegría o tristeza! Así es como eran antes las cosas.

Pero ahora esa distancia va a cambiar de manera espectacular. Estamos aquí para decírselo, queridos. Ahora tienen permiso para expandir este campo personal durante los años siguientes, de forma gradual, centímetro a centímetro, ¡para llevar su fuerza a su máximo potencial de ocho metros! Éste es el tamaño de la Merkabah humana completa. Cuando les veo aquí... siempre les veo en su dimensión divina al completo. Realmente es el perímetro exterior de la Merkabah lo que experimento cuando acudo a este lugar para comunicarme con ustedes, pero esta percepción ha sido limitada a aproximadamente a un metro por ser humano desde tiempos inmemoriales.

Cuando la energía humana coincida con la energía de la Merkabah, ciertamente serán seres interdimensionales, que estarán aquí en sus cuatro dimensiones humanas, pero irradiando amor, luz y comprensión que estará llena de aspectos multidimensionales. Chamán, ¡eso es lo que usted pidió! Trabajadores de la luz, ¡esto es lo que siempre desearon! Empiecen a visualizarlo y a trabajar con ello ahora mismo. Tienen permiso para cambiar y expandirse.

Repaso de las «fortalezas»

Hablando de expansión, vamos ahora a repasar algo muy importante para muchos de ustedes. Puede que algunos lo recuerden de la última canalización. ¡Es muy real! Debido a que durante épocas enteras han tenido un límite de expansión de más o menos un metro, muchos de ustedes sentían una incoherencia en un nivel celular. ¡Los sanadores y los trabajadores de la luz *sabían* que eran mucho más grandes que eso! Lo sentían así. Tanto para protegerse de la vieja energía como para intentar expandirse hacia una energía que intuitivamente sabían que estaba allí, hicieron lo que nosotros llamamos «encerrarse en una fortaleza». Éste es el nombre que damos al ser humano que se pone capas y capas de protección sobre el cuerpo para compensar la expansión del YO SOY, que parece que está ausente.

Pero lo que ahora les digo es lo siguiente: trabajadores de la luz, por segunda vez les diré que es por eso por lo que muchos de ustedes tienen sobrepeso. Aunque eso resultaba adecuado en otro momento, ahora pueden cambiarlo, y algunos han venido aquí por esta razón. Cuando se miran al espejo, ¿cuál de sus *yoes* ven? ¿El que está en el vagón del tren de la vieja energía intentando sobrevivir o el que está en el nuevo vagón? Las formas en que antes intentaron perder peso puede que funcionen ahora. Asimismo, busquen métodos más intuitivos para eliminar peso, algunos de ellos relacionados con el agua. Ya no necesitan más sus capas protectoras. Se terminaron las corazas. A lo largo de estos años venideros tienen por fin permiso para reducir peso y llegar al que decidan mantener como un ser humano lleno de salud. Esto es algo nuevo y forma parte de la naturaleza de colaboración entre el trabajador de la luz y la nueva energía.

Hay algunos que están ahí sentados y se sienten escépticos ante lo que estamos diciendo. «*Lo he intentado todo. Nada funciona. Estoy estancado en mi peso*». Esto no es cierto. Algunos no cambiarán, porque les gusta ser quienes son y también su talla. Y eso también es correcto. Pero para aquellos que sí desean cambiar, les diremos que la manera de hacerlo está al alcance de su mano. Ya no necesitan fortalezas ni corazas en su vida. No ayudan nada a lo espiritual y pueden limitar su tiempo de vida. La invitación para expandirse de otra forma, la espiritual, ha sido cursada. Les hemos dado esta información dos veces porque es importante que la comprendan bien.

El gran secreto

Hablemos ahora del gran tema: chamanes, están aquí sentados escuchando y leyendo esto. Les sigo llamando así porque sé quiénes son y quiénes fueron. ¿Quiénes piensan que se están despertando ahora? ¿Quiénes son los primeros en despertar en el planeta, en este nuevo milenio, a esta energía divina? Se lo diré. Los que despiertan ahora a su espiritualidad son los sacerdotes y las monjas, los monjes y los chamanes, los curanderos y las hechiceras de los pueblos indígenas, ¡USTEDES! Si pudiera ofrecerles una retrospectiva de quiénes son los que están en esta sala y leyendo estas palabras, les diría que eso es lo que son. Ésta no es la primera vez que despiertan para plantearse su espiritualidad celular. Esto es un repaso, ya lo comentamos la última vez que estuvimos aquí. Les recordamos los votos que hicieron y que conservaron una vez atravesado el velo, vida tras vida. Les pedimos que renunciaran a esos votos. Les dijimos que podían anular el voto de castidad y de soledad. Les dijimos que para poder concentrarse en Dios, muchos de ustedes decidieron ser pobres, y les dijimos que también podían renunciar al voto de pobreza. Les dijimos que todos esos votos se podían anular. Ésta es información que ha sido transmitida y transcrita. ¿Quizá ya la habían leído o escuchado?

Pero hay otro tema importante. Es el que hemos estado comentando desde el día en que empezaron su búsqueda de lo divino. Hay un secreto que la humanidad está ocultando. La humanidad ha estado buscando lo divino desde que llegó al planeta. Miren a su alrededor. Observen las religiones y la estructura del funcionamiento de las cosas. Observen los millares de doctrinas y la búsqueda global e histórica de Dios. Fíjense en aquellos que les han dejado entrar en sus vidas y en sus propios grupos religiosos, porque ellos son buscadores y querían ayudarles. Fíjense en la búsqueda de todo tipo de cosas sagradas. ¿Qué hay de la fuente de la eterna juventud? Examinen el tema. Lo habrán oído mencionar durante todas sus vidas. ¿Podría ser algo real? ¡Su búsqueda es intemporal! La humanidad ha ido detrás de estas cosas desde siempre. El fondo que hay tras los gobiernos que van y vienen por la Tierra trata sobre la búsqueda de lo divino. La mayor parte de las religiones de la tierra y todas las ceremonias tratan de la búsqueda de Dios. La historia está reflejando a gritos esta búsqueda, una y otra vez, y por ello se han ganado y perdido reinos enteros. ¡Fíjense en los recursos que ha invertido la humanidad en la búsqueda de Dios!

Me gustaría decirles esto: nosotros lo escondimos. Ustedes lo escondieron. Todos lo escondimos, y muy bien, por cierto. ¡Lo escondimos en el lugar más inverosímil en el que un ser humano podía buscarlo! El ser humano que sube arrastrándose, un escalón cada vez, para ser honrado por Dios, nunca sospecharía dónde se ocultaba. El ser humano que se postra sobre la alfombrilla de plegarias nunca sospecharía dónde se ocultaba la auténtica naturaleza divina. El ser humano que pasa una y otra vez las cuentas del rosario para que le sean perdonados los pecados nunca sospecharía dónde se ocultaba. Los millones que rinden pleitesía a un poder más alto y que pasan por penalidades para así ganarse el favor de Dios, nunca sospecharían donde se ocultaba.

Así que, trabajadores de la luz que están en la sala escuchando o leyendo esto, ustedes ya lo saben, pero todavía existen dudas. El secreto más grande de este planeta, realmente el más grande, es dónde se encuentra la divinidad. Déjenme que les dé una pista. ¿Por qué las palabras «YO SOY» tienen tanta energía? El lugar más improbable donde encontrar la fuente de la eterna juventud [vida eterna], el lugar más improbable donde encontrar una divinidad que pueda sanar al ser humano y hacerlo completo, el lugar más improbable, donde ningún humano podía pensar en buscarlo, jamás, es aquel donde todos nosotros decidimos esconderlo. Saben de lo que estoy hablando, ¿no es cierto? El lugar donde está escondido es el interior de todo ser humano vivo. Allí es donde reside el poder. Allí es donde se encuentra la fuente de la eterna juventud. Allí es donde encontrarán el sancta sanctórum. Allí es donde está el amor de Dios.

El tema más importante para los trabajadores de la luz, para las indecisiones de los trabajadores de la luz, es éste: no pueden aceptar el lugar donde realmente se encuentra la divinidad... aun cuando conocen la respuesta. La parte de Dios que hay en su interior, su Yo superior, está tan bien escondido que la dualidad les increpará durante el resto de su vida diciéndoles que *no* es así. Ésta es la forma en que ustedes lo concibieron, para que no resultara evidente.

Uno de los temas importantes para los que quisiéramos darles permiso para limpiar esta tarde, todos juntos como grupo, es éste: no pueden creer que han hecho que las cosas sean diferentes. *«Kryon, ¿quién soy yo, al fin y al cabo? ¿Quién soy yo y qué importancia tengo? ¿Realmente soy una parte de Dios?»*. Voy a darles algunos números. Miren hacia atrás, hacia lo que pasó hace un par de meses. Ustedes dieron permiso para cambiar el planeta, y en estos últimos años están teniendo pruebas en su realidad de que *sí* cambió. Ustedes cambiaron las vías del tren de la humanidad de una vieja realidad a otra nueva. ¿Y quién dirían que hizo que eso fuera posible? ¿El Dios de las alturas? NO.

Son aquellos que están despertando en éste y en los demás continentes del planeta, quienes lo hicieron posible. Voy a darles ahora un hecho. Menos del 15 por 100 de la humanidad es consciente de aquello que ustedes saben ahora. No saben cuál es el secreto. ¡Y sin embargo este 15 por 100 ha cambiado el planeta para siempre! Nos hemos referido a la masa crítica de aquellos que están despiertos y de lo que ocurre cuando «sostienen la luz». Hemos hablado de lo que pasa cuando encienden una luz en la oscuridad. Les hemos ofrecido parábolas sobre la luz y la oscuridad. Hemos discutido sobre las propiedades de la luz espiritual, el atributo activo de la luz y el pasivo de la oscuridad. Escuchen, trabajadores de la luz: si se consideran trabajadores de la luz en este planeta, ¡forman parte de la minoría de la población terrestre, y de la mayoría de la energía que cambió el planeta! Ustedes, el 15 por 100, son responsables de lo que ven. ¿Les da esto una pista de lo que los seres humanos pueden hacer cuando conceden su permiso para vibrar a un nivel más elevado? Igual que el poder angélico de su interior, esto también les fue ocultado.

¿Y no se creen que hicieran algo? Oh, ¡yo deseo cantar su nombre! ¡Son ustedes tan valiosos! Dentro de ese armario donde hacen ver que están solos y lloran, nosotros bailamos a su alrededor. Nunca están solos. Los acompañantes siempre están ahí en lo que ustedes llaman Dios. Siempre están allí. ¡Siempre están allí! Adelante, finjan que nos ignoran. Váyanse de aquí y regresen a sus casas. Dejen el libro y sigan adelante. Estamos allí donde ustedes están. ¡Incluso dentro de su coche! ¡Cada trabajador de la luz que ha expresado su intencionalidad de vibrar más alto lleva un grupo de acompañantes! ¡Ahí es donde reside el poder! Es lo que les ha dado la capacidad de cambiar el planeta. A medida que la energía del planeta cambie, más personas despertarán. Y no todos los que despierten serán trabajadores de la luz. No todos hablarán el Tercer Lenguaje. ¡No todos vendrán a los seminarios de Kryon! A su manera, dentro de sus propios esquemas, muchos empezarán a dejar sus indecisiones y poco a poco cambiarán su opinión sobre la grandeza de Dios. Empezarán a tener sabiduría y una nueva integridad. Muchos esperarán más de ellos mismos y empezarán a buscar. Así que esto no cambiará lo que están haciendo en su vida, sino que simplemente lo ampliará. Y con la expansión llegará la tolerancia y el amor hacia los demás, que son el tema central. Muchos descubrirán el secreto. La búsqueda revelará el escondrijo interior.

Trabajadores de la luz, chamanes, ustedes abandonaron los votos. ¡Ahora es el momento de dejar salir al ángel! Es hora de asumir su poder. Muchos de ustedes saben a qué me refiero, ¡pero son pocos los que realmente han materializado el cambio de realidad dejando salir al ángel! Ya no hay tiempo para las indecisiones. Algunos de ustedes verán como resurgen los fuertes deseos que experimentaron cuando eran muy jóvenes, aquellos que guardaron en el cajón trasero. En el pasado, algunos de ustedes guardaron cosas en los cajones diciendo: «*Esto no es para mí; no creo que jamás sea capaz de hacer algo así*». Ahora van a ir a ese cajón y lo revisarán. Todo forma parte del dejar atrás las indecisiones. Ésta es la energía que han pedido y en este proceso no cuenten con estar mucho tiempo sentados. Prepárense para el trabajo.

En el camino, queridos, ahí es donde está la promesa. Este grupo que les acompaña... los que se irán de aquí en unos momentos... los que ustedes llaman familia, pertenecen a mi lado del velo. También tienen su propio grupo en su lado del velo, que también son familia y siempre están con ustedes. Ambos tipos disponen ahora de un lenguaje con el que comunicarse con ustedes. El Tercer Lenguaje es el lenguaje de Dios. ¡En eso consiste el nuevo voto! Van a *reconocer* ese ángel interior cuando hablen este lenguaje. Algunos incluso lo han denominado la comunión final con Dios. Sabrán que estamos con ustedes cuando lo hablen. Es hora de que lo acepten. Suelten el pasado, en el que iban en busca de lo divino. ¡Dejen salir al ángel!

YO SOY lo que YO SOY: el círculo de palabras que describe al ser humano como Dios, es la verdad. Es el secreto final. Los propios nombres del YO SOY de la historia espiritual se refieren al ser humano. La escritura más divina jamás escrita proviene de los seres humanos. ¡Piensen en ello! Los pensamientos más profundos jamás expresados en el planeta no les fueron transmitidos en unas cuantas tablillas. Surgieron del corazón del ser humano. Allí es donde ha estado siempre escondido lo divino.

Ahora es tiempo de que encuentren la fuente de la eterna juventud. Está aquí, saben [Lee se toca el corazón]. Sí, ya se lo dijimos, está aquí. No se sorprendan si descubren nuevas curas relacionadas con el agua que tienen algo que ver con ello. ¿Quizás es por eso que lo llamaron fuente? Está llegando. Ya verán a lo que me refiero. Ustedes lo solicitaron, queridos.

Todo lo que podemos hacer es celebrar mientras estos acompañantes se retiran de la sala. Hoy hemos pasado más tiempo celebrando que otra cosa. Porque la familia humana lo ha permitido, nos ha permitido venir aquí y compartir este tiempo con ustedes. Es hora de ver a aquellos que les rodean. Ahora se están revelando ante ustedes. Queremos que sean conscientes de quiénes estamos en esta sala y leyendo esto. Queremos que sepan que no se trata de un ejercicio. Queríamos que lo supieran, para que pudieran irse de aquí y decir: «*Hoy he sentido el toque de Dios*». Sí, pero también sintieron al hermano/hermana Kryon, familia, no a un ser divino que vino y les hizo algo. No. Fue un hermano o una hermana el que caminaba por los pasillos y entre los asientos, incluso al lado de la silla en la que está sentado leyendo. Un miembro de la familia que les tocó y les dijo, en el Tercer Lenguaje: «Quiero que sepas que estoy aquí, que te quiero y que lo que se está diciendo aquí es exacto y auténtico».

La familia que les visita se va ahora. Y mientras lo hace dice: «Bienvenidos a la nueva Tierra». No existe la predestinación. El futuro sigue estando en sus manos. Pueden hacer lo que quieran con él. Ésta es la opción. Éste es un ejemplo de su naturaleza divina interior. El grupo de Kryon que se ocupa de modificar la rejilla llegó en 1989. La adaptación de la rejilla se realizará en el año 2002. El grupo que se encargaba de ello se marchará. No volverán, porque no será necesario que lo hagan. Ahora tienen ustedes el poder en sus manos para hacer aquí, espiritualmente hablando, cualquier cosa que se tenga que hacer. Su hermano/hermana Kryon ha estado aquí desde el principio y seguirá estándolo durante toda la historia de la Tierra, pasada y futura.

Escuchen: es importante que sepan esto. ¡El poder está en sus manos! No hay ni uno de ustedes que precise regresar a esta sala para experimentarlo. Nadie que tenga que volver a leer estas palabras si no quiere hacerlo. Ningún humano tiene que unirse a ningún grupo ni profesar ningún sistema de creencias para encontrar su naturaleza divina interior. ¡El Tercer Lenguaje será su guía! Todos estamos disponibles, todos metidos en ese armario, si ustedes lo quieren así. ¡Todos somos Dios!

Y así es como esta nueva energía del planeta llena este espacio y les transmite la sabiduría de Dios. Y así es como lo han pedido, y en este día han recibido instrucciones acerca de los potenciales del planeta y de quiénes son en realidad. Y así es como ha sido revelado el secreto sobre el último lugar donde hubieran imaginado que estaría la divinidad: en el interior del ser humano. Y así es como les hemos dado permiso hoy para abandonar su falta de amor propio, para dejar atrás sus indecisiones y dejar brillar su ángel. Y así es como sentimos pena al retirarnos de este espacio, tristes porque el tiempo no fue más largo, tristes de que todavía no les tengamos en casa con nosotros, ¡pero también con la celebración de que el YO SOY está empezando a ser reconocido y con la celebración de que su luz es tan grande!

Y así es.

Kryon

Acerca de la canalización que acaban de leer:

Kryon se estaba refiriendo a dos hechos que ocurrieron durante la celebración del seminario:

1) La repentina decisión del Papa de pedir perdón este año (2000) por las pasadas acciones de la Iglesia es algo que hace que algunas personas crucen desde el otro lado del abismo y las reúne con amor. Es el primer Papa que visita Israel y reconoce su derecho a adorar a Dios... y que incluso participa en un ritual judío. Creo que también reconoce la nueva energía

espiritual y está allanando el camino para que su sucesor continúe con este cambio radical en el seno de una religión largamente establecida en la Tierra. Esto se predijo en julio de 1999, y en este libro lo pueden encontrar en la página 81. ¡Pocas veces hemos tenido unas confirmaciones tan rápidas de los potenciales que Kryon nos dijo que existían!

2) Los suicidios en Uganda de marzo de 2000 fueron un resultado directo de la ansiedad que se siente al estar situado en un lugar de indecisión. Aquellos que cometieron los asesinatos dentro del culto estaban experimentando una «rabia espiritual» porque el *fin de los días* no llegó con el cambio de milenio. Dios no se los «llevó» como habían esperado. Creyeron que era mejor matar a los fieles y después suicidarse que vivir en un planeta que ahora estaban convencidos de que estaba en manos de Satán: así es como funcionan las cosas cuando la brecha entre las viejas y las nuevas percepciones se va ensanchando.

Por cierto... Kryon mencionó que los líderes de ese suicidio siguen estando vivos.

Lee Carroll

Capítulo Undécimo

DE NUEVO EL VIAJE A CASA

«DE NUEVO EL VIAJE A CASA»

Canalización en directo
San Francisco, California – abril 2000

Esta canalización en directo ha sido revisada y contiene palabras e ideas adicionales para permitir que la palabra escrita resulte más clara y comprensible.

Saludos, queridos. YO SOY Kryon del Servicio Magnético. Querida familia, éste es en verdad un momento inestimable. Hubo un tiempo en que el grupo de acompañantes acudía a un lugar como éste y la dualidad humana nos impedía *sentir* la reciprocidad del amor de la familia. Ahora puedo decirles, queridos, que tenemos algo que *sentimos* y que hemos pedido, pero que sólo ustedes podían concedernos. Es una nueva energía que nos permite sentir inmediatamente sus abrazos, y esto es algo nuevo.

Las últimas veces que hemos acudido aquí con el grupo que llamamos familia, en lugar de simplemente colocarnos en nuestros lugares a sus pies y a su alrededor, tuvimos que detenernos un momento para absorber la ola de amor que venía hacia nosotros. Esto es una prueba de que las personas que están hoy aquí o leyendo este texto tienen nuevas capacidades. Es algo divino, como un apretón de manos que dice: «Sí, te reconocemos, hermano/hermana Kryon, a ti y al grupo que llamas familia». No hay otro calificativo para ese sentimiento más que *inestimable*.

Y es por ello que les sentimos profundamente mientras nos vamos acomodando. Esto es algo que ya les hemos dicho

259

muchas veces: ¡Venimos aquí para festejarles! Sí, es cierto que esta tarde habrá enseñanzas, pero por unos momentos permítannos que les celebremos *a ustedes*. Queridos, les decimos esto a menudo, pero a lo mejor no son conscientes de la energía que hay aquí. Incluso alrededor de la silla donde está leyendo esta transcripción hay un cambio, si permite que se manifieste. Quizá no comprenden ni se dan cuenta de que conocíamos su intención de estar aquí sentados donde están ahora... oyentes y lectores. Quizá no comprendían o vislumbraban del todo el hecho de que les vimos mientras venían hacia este lugar y que conocíamos su intención cuando la expresaron. Sabíamos que algunos de ustedes tomarían sus decisiones en el último momento, y otros hace semanas.

Y sin embargo es en nuestro *ahora* que vemos este grupo familiar frente a nosotros, escuchando y leyendo. ¡Y les decimos que conocíamos su llegada antes de que vinieran! ¡Conocíamos el potencial que hay en sus ojos para vislumbrar estos mundos! Conocíamos los nombres de los que están sentados en estas sillas, no los nombres que ustedes identificarían como humanos. Kryon y el grupo se reunieron aquí hace más de tres días para armonizarse con la energía que iba a venir. Quizá tampoco sabían que el grupo de acompañantes es distinto cada vez que acude Kryon. Está compuesto por entidades, miembros de la familia, que les conocen. En ocasiones está compuesto por algunos que antes vivieron en el planeta pero que ahora ya no están. A veces es éste el caso, y otras veces no. Cada vez es distinto, y se debe a las personas que deciden venir aquí... o leer las páginas que tienen delante.

El grupo acude y se sitúa en sus lugares, alrededor, detrás y entre ustedes. Les conocen bien. Hace tres días hubo una celebración por el potencial que se iba a sentar en estos asientos y estar aquí. Hubo gozo y un derroche de amor, y también hubo paciencia, esperando a que llegaran. Así que tal vez quieran pensar en quién vino a ver a quién mientras escuchan estas palabras y leen esta página. Aunque puede que les resulte difícil comprenderlo, la plasmación de las transcripciones de estas palabras en muchos idiomas diferentes es un potencial que para nosotros ya está aquí. Los miles de personas que leerán estas palabras están todos preparados en su vida lineal que ustedes llaman futuro. Pero para nosotros estos potenciales se manifiestan en nuestro *ahora*. Por tanto, felicitamos al lector y le decimos que esto también es aplicable a él. ¡Es cierto que ya le vimos aquí, con el libro en la mano!

Y es por ello que nuestro emotivo corazón está tan conmovido con esas energías que hay aquí en forma de oyentes y lectores. Pueden preguntarse: «*¿Quién soy yo para que me llamen divino? ¿Qué tengo que ver yo con todo esto?*». La pregunta que formulan se debe a la acción de la dualidad, queridos. Porque aquí se encuentran con una energía que ustedes han creado y que es muy diferente a lo que cualquier criatura de este Universo podría haber predicho. Han decidido colectivamente, incluso sin tener que reunirse, cambiar las vías de la realidad de su planeta.

Incluso para aquellos que no se consideran trabajadores de la luz existe una cualidad divina y de comprensión que es el inicio de un fuerte deseo para el planeta. Empezarán a verla en sus líderes religiosos, en sus políticos, y en las propias palabras. Empezarán a ver el potencial de cambio sobre el que se han estado preguntando desde hace años. Algunos han inquirido: «*¿Por qué no se manifestaron antes?*». La vieja energía no era adecuada para muchas de las cosas que ustedes anticiparon. Pero muchos de ustedes están empezando a ver ahora esas cosas, porque la nueva energía sí lo permite.

Algunos de ustedes se colocan frente al espejo y dicen: «*Soy insignificante. ¿Quién soy yo para que me llamen ángel o trabajador de la luz?*». ¡Quiero que sepan que todos nosotros les festejamos! Sin lo que ustedes han conseguido las cosas hubieran sido muy diferentes en este momento. «El gran YO SOY» está hoy sentado frente a mí. Ustedes se autodenominan humanos, pero son partes de Dios. Queridos, cuando en lugar de estar ahí estén a mi lado del velo, sabrán de qué estoy hablando, ¡porque es su grandeza lo que estamos celebrando aquí! Nos resulta difícil enseñarles, cuando todo lo que queremos es abrazarles. ¡Su dualidad esconde totalmente quién es el que reside en ese frágil cuerpo humano!

Durante muchos años nuestros mensajes han dicho: «¡Pueden conseguirlo! Pueden avanzar hacia el umbral sin que ninguna de las profecías llegue a cumplirse». Les he hablado de esperar y ser pacientes. Muchas veces les dijimos las palabras: *Dios es lento...* y no querían oírlas. ¡Pero ahora están situados en la energía que han creado! ¡Fíjense en ella! No estamos en el *fin* de los días. ¡Estamos en el *principio*! La creación de una nueva Tierra está ya a punto, en sus manos. La vía por la que circula su tren no tiene nada delante. Es un territorio virgen y creativo, que nunca ha sido explorado. Es un territorio que nunca han visto antes y que se irá creando a sí mismo a medida que su consciencia lo manifieste. Algunos de ustedes se han percatado de que incluso están construyendo el nuevo tramo de vía, y que es la primera vez que lo recorren.

Es cierto que continúan teniendo libre albedrío y que puede ocurrir cualquier cosa. Pero se ha logrado una masa crítica y están empezando a ver los efectos en la forma en que se comporta la tierra. Ciertos tipos de problemas que se habían presentado antes, con respecto a temas morales, están siendo atendidos ahora. Mientras que en el pasado al planeta parecía no importarle esas cosas, ahora se han convertido en los titulares de sus noticias. Éste es el principio de una evolución espiritual, que viene definida por su nivel vibratorio.

Estamos aquí esta tarde para ofrecerles una revelación. Vamos a llevarles por siete nuevos significados. Por fin vamos a revelar, para que sea transcrito, el significado de la canalización que ustedes llamaron *El viaje a casa*. [Se refiere al Libro V de Kryon, una novela]. Aquellos de ustedes que hayan leído u oído hablar de ese relato canalizado sabrán de qué van a tratar las enseñanzas de hoy. A aquellos de ustedes que *no* lo conozcan, el mensaje les será dado de forma completa.

La canalización llamada *El viaje a casa* es una alegoría. Para algunos es una metáfora, y para otros simplemente un relato. Para muchos fue creada en su tiempo pasado y transcrita hace años. Pero para nosotros fue en el *ahora*. Mientras están sentados en el *ahora* donde *nosotros* siempre hemos estado, el potencial de esta tarde ya estaba allí... y la información que sigue a continuación ya estaba disponible. Incluso mientras este libro estaba siendo canalizado, vimos su potencial de estar sentados en las sillas donde están ahora... tal es el poder de la estructura temporal del *ahora*.

El mensaje de *El viaje a casa* iba realmente dirigido a aquellos que se encuentran en el nuevo milenio. Es la historia del potencial de *ascensión*, una palabra nunca antes mencionada en el relato de Michael Thomas y de su viaje al hogar. La historia presentaba metáforas espirituales para que ustedes las estudiaran y las asimilaran, pero nunca antes hemos revelado lo que vamos a revelar hoy. Combinaremos ahora informaciones de los dos últimos mensajes de este milenio [canalizaciones de los dos últimos meses].

Repaso de El viaje a casa

El relato trataba sobre un caballero de esta Tierra. Se llamaba Michael Thomas, un nombre derivado de la energía del arcángel Miguel combinada con la del *escéptico santo Tomás*. Ésta es la energía de un ser humano inmerso en la dualidad, porque eso es exactamente lo que tienen delante: una dualidad formada por una parte angélica y otra escéptica. El ser humano alberga un ángel en su interior, pero la dualidad esconde el hecho, así que duda y teme. El ser humano rebosa de un maravilloso potencial, porque ustedes tienen la opción de encontrar la parte divina y descubrir al ángel. Por lo tanto, ustedes tienen la opción de descubrir uno de los mayores secretos de la humanidad. Pero eso también está oculto a sus pensamientos.

Este caballero fue llevado a siete casas de formación durante su viaje, de camino a lo que él pensaba que era su hogar sagrado, donde anhelaba regresar. Se estaba entrenando para lo que él creía que era el Cielo. Y en esas siete casas había energías que ahora les comentaremos, energías que sólo se pueden mezclar con cosas que les hemos dado a partir del 1º de enero del año 2000.

Oh, queridos, algunos de ustedes vinieron hoy aquí por algo más que esta información, ¿no es cierto? Algunos están leyendo esto y deseando que el tema fuera otro.

Deseamos hacer ahora una pausa y decirles: «Les respetamos por la sanación que han venido buscando, por la sanación del corazón. ¡Ustedes ya saben a quién me dirijo! Apreciamos la biología y la sanación que han solicitado. Apreciamos los secretos de que son portadores. ¿Acaso creen que no sabemos quiénes están aquí? ¿Acaso creen que no les vemos mientras están leyendo esto? ¡Conocemos algunas de las dificultades que tienen en su vida!».

[Pausa]

Ahora sería un buen momento para una sanación, ¿no les parece? Ahora es un buen momento para que vean los colores que emanan de este estrado y llenan los corazones de aquellos que están frente a nosotros. ¡Ahora es el momento para que muchos de ustedes celebren la sanación que acaba de tener lugar! No esperaban que sucediera ahora, ¿no es así? La enseñanza justo acaba de empezar, pero su intencionalidad y pureza está permitiendo que la energía conecte directamente con su envoltura cristalina [habla de la información sobre el ADN ofrecida la última vez que Kryon se encontraba por la zona de San Francisco].

Dejen que esta energía sea la prueba de que éste no es sólo un encuentro más, o unas palabras cualquiera en un libro. ¡No hay nada más valioso en el mundo —en esta Tierra— que el ser humano que empieza a descubrir que tiene un poder interior! Porque no es necesario que vuelvan a una reunión como ésta. No hace falta que vuelvan a leer un libro sobre canalizaciones si deciden no hacerlo. Pueden meterse en el armario más pequeño y hacer su propia sanación, ¡porque el grupo de acompañantes está aquí, la sanación está aquí y el poder está aquí! Es el ser humano quien lo ostenta. Es el ser humano quien acoge al Yo superior, la naturaleza divina interior, pero que camina por la tierra disfrazado de frágil entidad biológica. ¿Y se extrañan de que les honremos? ¡Permitan que empiece la sanación!

La primera casa – Mapas

La primera casa en la que Michael Thomas entró fue la azul, la Casa de los Mapas. Hemos hablado de esto muchas veces. Hemos impartido formación y dado explicaciones sobre las metáforas. Pero la explicación completa nunca se había dado dentro de la nueva energía. En canalizaciones pasadas hablamos del Tercer Lenguaje. Éste es un nuevo lenguaje que puede ser suyo si lo solicitan. Es muy nuevo, y no podía existir antes del umbral. Éste es el lenguaje que antes sólo estaba disponible para el chamán, porque implica entrenamiento, disciplina y comprensión. Ahora que se ha reducido el temor en la Tierra, el Tercer Lenguaje puede impregnar a los trabajadores de la luz y a aquellos que deseen conocerlo. Es el ejemplo por excelencia de la nueva era. El Tercer Lenguaje es la lengua del Espíritu. Es un lenguaje constante, presente al 100 por 100 y «en contacto directo» entre el ser humano y Dios. Es como una meditación activa, mientras se está consciente y en estado de vigila en la vida cotidiana normal.

A Michael Thomas le dieron un mapa mágico que sólo parecía funcionar en el último momento, cuando más lo necesitaba. Además, el mapa nunca le ofrecía información de lo que iba a venir, sino que en vez de ello le daba soluciones a las situaciones sólo después de que ya se encontrara en pleno desafío. A continuación les damos la metáfora del mapa para esta nueva era, después del cruce del umbral.

En la vieja energía, queridos, a lo mejor acudían al chamán para pedirle consejo... algunas palabras de sabiduría. Escuchaban la sabiduría del Espíritu transmitida a través del chamán, de manera muy parecida a lo que están haciendo ahora. El chamán les daba información sobre cosas potenciales que podrían presentarse y qué hacer una vez lo hicieran. Podían preguntarle qué ocurriría cuando se encontraran en ciertas situaciones, y el chamán les ayudaba ofreciéndoles una orientación sobre esos temas.

Después dejaban al chamán sabio y proseguían con su vida, esperando tener la información necesaria y poderla recordar. Cuando se encontraban con obstáculos y encrucijadas en su camino, intentaban recordar qué les había dicho el chamán y aplicar ese conocimiento a la prueba del momento, ¡esperando acertar! Eso, queridos, corresponde a la vieja energía. Representa la información dada al ser humano a través del Espíritu, pero siempre es preciso que el humano la recuerde.

De esto es de lo que trata el nuevo mapa de la Casa azul de los Mapas, la primera: la Casa de los Mapas representa el Tercer Lenguaje como un «chamán portátil». En lugar de ir e intentar recordar qué es lo que les dijeron otros en un estado iluminado, ¿qué les parecería disponer de la información en directo? Entonces, al acercarse a cualquier encrucijada del camino, la naturaleza divina del chamán dice: «*Gira a la derecha o a la izquierda. Siéntelo: gira en esta o en aquella dirección; siéntelo*».

En lugar de intentar recordar lo que les dijeron durante una lección, ahora tienen una comunicación instantánea con lo divino. Cada situación que surge contiene la propia sabiduría sobre qué hacer, y ya no existen sorpresas. Una comunicación como ésta les ofrece tranquilidad en cualquier situación de la vida, ¿no es cierto? ¡Es como si llevaran el chamán sobre los hombros! Éste es el mapa. Es el Tercer Lenguaje que está siempre con ustedes, para que nunca tengan que preguntarse hacia qué dirección girar. La Casa de los Mapas describe la energía que hay en la Tierra después del umbral. También está en el *ahora*, un chamán silencioso hasta que se le necesita, cuando ya se ha penetrado en el interior de la energía del desafío.

Utilizar el mapa, o el Tercer Lenguaje, es comprender que la energía del desafío tiene que concordar con la energía de la solución. Este lenguaje sagrado está siempre disponible, y pueden consultar el mapa en cualquier momento que deseen. No obstante, sólo funcionará en las ocasiones en que la energía del desafío se encuentre en su punto álgido. ¡Celebren esta característica! Es el *ahora* circular de cómo funcionan las cosas espirituales. Es la forma en que pueden internarse en la incertidumbre con una tranquilidad que antes no tenían. ¡Pero deben comprender lo oportuno que resulta el momento para abarcar del todo la belleza de este don!

La segunda casa – Obsequios y herramientas

La siguiente casa del viaje es la de color naranja: la Casa de los Obsequios y de las Herramientas. Ya les hemos pasado información sobre algunas de las nuevas herramientas de la energía de este milenio. Las dos últimas veces que nos hemos reunido para una canalización comentamos el tema de abandonar los antiguos votos. Hicimos referencia a aquellos que están sentados frente a nosotros, miembros de la familia que han emprendido una búsqueda espiritual en muchas vidas anteriores. Les recordamos que los votos que hicieron ante Dios, aunque de eso haga ya muchas vidas, se llevan al otro lado del velo una y otra vez. Ahora llegan a esta encarnación... supuestamente renovados y con una vida por estrenar, pero con fragmentos y restos de antiguos votos hechos ante Dios.

Les hablamos de sus nuevos dones. Ésta es la Casa de los Obsequios y de las Herramientas, y ahora es cuando pueden abandonar los antiguos votos. Estamos haciendo un repaso de información, pero es necesario que algunos de ustedes la vuelvan a escuchar (o quizá sea la primera vez). ¡Les dijimos que pueden abandonar el voto de pobreza! En tiempos antiguos hicieron este voto para poder concentrarse en Dios. En lugar de ello, ahora disponen del Tercer Lenguaje. Les dijimos que sería apropiado renunciar al voto que, por la misma razón, ¡decía que tenían que vivir ustedes solos! Algunos de ustedes en realidad se casaron con Dios y siguieron una pauta de sacrificio para poder concentrarse en temas espirituales. Ahora poseen un nuevo don con el que pueden sustituir los antiguos votos, así que olvídenlos.

Volvamos al personaje de la parábola. A Michael Thomas le dieron una espada. En esos momentos parecía una espada para la batalla, y así era. También era una parte del Puente de las Espadas al que nos referimos en canalizaciones anteriores, que representaba el cruce a la nueva energía. La espada simboliza una batalla contra la vieja energía. No es una batalla entre seres humanos, sino entre la vieja y la nueva energía. Es una batalla contra la dualidad, y por tanto su energía no es otra que la de ustedes mismos.

Esta espada en concreto ¡también era un arma que cantaba al usarla! Cantaba con la nota *fa*, que representa el chakra cardíaco. ¿Comprenden ahora por qué necesitan esa nota en esta nueva energía? El alineamiento planetario de mayo del 2000 trajo *energía de madre*, una energía nutricia, al corazón de este planeta. Los niños la sentirán, y muchos de ustedes también, a medida que los obsequios y las herramientas que les den en esta casa de formación se acoplen y entonen también la nota *fa*. Les damos estas cosas porque es hora de cortar los lazos, de soltar las amarras, de quitarse los grilletes de la vieja energía y de los viejos contratos.

Esa espada era la de la verdad... una que representa una parte del Puente de las Espadas que atraviesa el abismo de la vieja energía y les ayuda a prepararse para la nueva. Es ciertamente poderosa, pero ahora encaja perfectamente con la energía nutricia y amorosa para que la estaba hecha. Actualmente toda la tierra se hace eco de ella mientras coopera con este maravilloso obsequio. Si tiene que existir una batalla entre energías, ésta es la herramienta adecuada que hay que tener.

La tercera casa – Biología

Michael Thomas entró en la casa verde: la Casa de la Biología. En el relato original recibió una prolongada formación en esta casa y se le entregaron muchas cosas. Hemos hablado numerosas veces de un rejuvenecimiento celular. Les hemos dado recomendaciones para la salud. Les hemos dado consejos y les hemos dicho muchas cosas sobre su ADN, ¡pero nunca como ahora! Queridos, en ese lugar de color verde llamado Casa de la

Biología, a Michael Thomas le mostraron algo que nunca fue transcrito. Podemos decirles ahora, en esta nueva energía del *ahora*, ¡que en estos próximos doce años surgirán esencias vitales más significativas que en los últimos cien! Vamos a describirles el aspecto de muchas de ellas y ustedes se encontrarán en un dilema, porque de entrada no les sonarán a esencias vitales.

Ahora podemos aclararles lo que realmente queremos decir con «esencias vitales». Ha habido grandes discusiones sobre lo que es una «esencia vital». Es cierto que una sustancia que posee esencia vital se deriva indudablemente de esas cosas que han estado vivas en el planeta, como las utilizadas en fitoterapia, así como en esencias florales y aromas. Pero existe una en la cual nunca pensaron antes. Y cuando se la revele me dirán: *«Pero Kryon, ¡eso no está vivo!»*.

Vamos a decirles de qué se trata: ¡del agua! Y sí está viva, de forma interdimensional. El agua empezará a mostrarles algo que nunca vieron antes... energías sanadoras. ¡Observen y verán cómo surgen multitud de curas en este planeta basadas en el agua! El agua es la vida de este planeta. Está llena de esencia sanadora. Es el vehículo de la esencia vital, y esto es lo que siempre quisimos decir: ¡que el agua contiene una energía de esencia vital curativa!

Las propias células del cuerpo descansan sobre una base de agua. La vida tiene sus cimientos en el agua. La tierra está compuesta mayoritariamente por agua. Ahora se pueden encontrar ciertos tipos de hidroterapia que algunos de ustedes precisan. Algunas curas serán selectivas para acoplarse a la energía de lo que necesitan específicamente, mientras que otras no les causarán ningún efecto, pero ninguna de ellas les perjudicará. Asistirán a una proliferación de curas por el agua, y algunas de ellas puede que les sorprendan. Habrá muchas de ellas que se denominarán «agua energética». Algunas aguas contendrán energía que sólo se encuentra en determinados lugares de la tierra, y ahora por primera vez en muchísimo tiempo esa energía se podrá mantener viva en envases. Por primera vez se podrá transportar sin problema el agua de una energía a otra. Busquen tipos de agua que puedan beber y que sean beneficiosas para aquellas partes de su cuerpo donde las puedan sentir a los pocos instantes de haberlas ingerido.

Esta información que revelamos hoy es nueva. Es algo que no podíamos desvelar antes del umbral porque ustedes no estaban preparados para aceptarlo. Es sólo después de atravesar el umbral cuando les pueden llegar estas cosas de la manera que están haciendo ahora, mientras enarbolan bien alta la espada que emite la nota *fa*. La batalla entre ustedes y la vieja energía del antiguo yo pasa por un rejuvenecimiento a un nivel celular. Incluye el permiso para una prolongación de la vida, ¡y empezará con el agua! Y de eso trataba la casa verde. Les pasaremos más información sobre el agua en futuras canalizaciones.

La cuarta casa – Responsabilidad

Michael Thomas entró en la casa violeta, que era la Casa de las Responsabilidades. Aquí aprendió sobre los contratos y cómo él había colaborado en la planificación de todo lo que le había ocurrido en la tierra. Esto les puede sonar a antigua información metafísica, pero con un toque diferente para el nuevo milenio. Aprendió acerca de sus contratos y predisposición a realizar ciertas cosas si así lo decidía. Aprendió las diferencias entre predestinación y predisposición. Aprendió qué era eso de venir a este planeta con una propensión para realizar ciertas cosas y después seguir esa intuición, en parte porque sentía que no podía cambiarla. Eso es un contrato.

Algunos de ustedes todavía tienen que comprender lo que significa la palabra *contrato*. Deseamos que analicen ahora la palabra. *Contrato*, según la definición de sus diccionarios, significa «un acuerdo entre dos partes». Si ustedes tienen un contrato en el planeta, ¿quién es esa otra parte? Ahora les podemos revelar lo siguiente: el contrato más importante que tienen, el contrato de vida, aquel que dice cuánto tiempo van a vivir en este planeta, el que especifica que pueden enfermar, que registra todos esos conceptos energéticos que llevan grabados en su interior, fue suscrito entre su «yo terrenal» y su «yo angélico», el Yo superior. Se trata de un contrato entre el ser humano dual y su parte divina, que obliga a ambas partes. ¿Acaso pensaron que se trataba de un acuerdo entre ustedes y el Espíritu? De hecho sí, pero es el Espíritu de su interior.

Antes de que puedan proseguir con su camino, sepan que este acuerdo, este contrato que traen desde una vieja energía, ahora se puede deshacer. Con anterioridad ya hemos mencionado lo referente a borrar la receta que tienen grabada en un nivel celular y que corresponde a un viejo contrato que «insiste en que sea cocinada». ¡Muchos de ustedes notan la sensación residual de esa receta! Tiene esa clase de energía, porque el contrato sigue existiendo, esperando que sea ejecutado o modificado.

Ha llegado la hora de la ceremonia. Siempre que duden, ¡celebren una ceremonia! [Risas]. Queridos, pronunciamos estas palabras en tono ligero, pero sepan que se trata de algo por lo que el Espíritu siente un gran respeto. Porque cuando el ser humano prepara algo de importancia con cierta ceremonia, ya se trate de un altar o de unos breves momentos de silencio, eso es algo que se trata con mucha deferencia. Si quieren hacer eso dentro de la nueva energía, esto es lo que tienen que decir:

Resuelvan abandonar los votos de castidad y los votos de pobreza, descartar un contrato que habían firmado con su Yo superior, acordado en una vieja energía. Resuelvan borrar los ingredientes que se indicaban en la receta del contrato y escríbanlos de nuevo, para renovar los votos de amor hacia el Espíritu, para renovar los votos de amor hacia la tierra. Ratifiquen que NO TIENEN que ser pobres; que PUEDEN tener una pareja amorosa; que NO TIENEN que aceptar algunos de los desafíos que acordaron. Viven en una Tierra nueva, una que no existía cuando ustedes nacieron. Esto es para lo que existe la Casa de la Responsabilidad. No solamente representa la responsabilidad hacia la familia debido a los contratos que *eran* suyos, sino que ahora representa la responsabilidad hacia la tierra y hacia ustedes mismos, ¡para cambiar esos contratos!

La quinta casa – Relaciones

Michael Thomas se trasladó a la Casa roja de las Relaciones. Allí le enseñaron acerca de la interacción kármica entre seres humanos en el planeta. Aquí es donde aprendió sobre el significado de la muerte de sus padres. Hemos hablado de ello muchas veces, pero en la última sesión les dijimos estas palabras: «*¿A quién no quieren perdonar, a quién no quieren dirigirle la palabra?*». ¡La Casa roja de las Relaciones trata sobre perdonar a la familia!

¿Quieren la herramienta para perdonar a la familia? ¿Quiénes son *ustedes* realmente? ¿Qué siguen llevando a cuestas y que corresponde al pasado? Les decimos esto, queridos, tanto si se trata de la Casa de las Relaciones como de la Casa de las Responsabilidades: son u*stedes* quienes poseen la espada para cortar las ataduras de esas viejas cadenas. ¡Para eso sirve la espada! Simboliza el chakra del corazón y detenta el poder que sólo la compasión puede otorgar... ¡y vaya poder!

¿A quién no quieren perdonar? Eso es lo que preguntamos. Esta pregunta ha surgido de la Casa de las Relaciones, ¡porque todo lo que se les presentó en la vida era un plan para llegar a este momento! Tal vez sea ahora el momento de realizar otra clase de sanación en esta sala, otra clase de sanación en la silla donde está sentado leyendo esto. ¿Quizás es hora de que algunos de ustedes dejen ya ese viejo drama atrás? ¿En qué facetas de su vida se encuentran estancados? ¿A quién no quieren perdonar? ¿A quién no quieren dirigirle la palabra? Esto es lo que en realidad proponía esta casa. Ésta es la enseñanza que recibió Michael Thomas: la capacidad de vernos a todos formando parte del plan de la vida como una familia con un propósito.

Tienen que darse cuenta de algo: para que el mapa funcione, para que el Tercer Lenguaje sea eficaz, para que la renuncia a los votos tenga significado, para que la biología empiece a cambiar, para que se hagan responsables de la tierra, tiene que existir una pureza de espíritu que en absoluto se puede fingir. Perdonar lo imperdonable muestra una compasión por la vida que sólo la divinidad puede mostrar. La compasión de este tipo crea un espíritu divino, y éste es el catalizador para todas las demás materias. La batalla está ganada cuando se tiene la capacidad de perdonar y realmente se desee hacerlo. ¿Y qué pasa si no lo hacen? ¡Entonces es hora de celebrar una ceremonia! Díganle al Espíritu que esto es lo que desean obtener, y observen cómo cambia su actitud. La compasión es el resultado de la disposición a ver la imagen global, de la disposición y la intención de aprender a perdonar. Bien pronto el aprendizaje se hará manifiesto y se darán cuenta de que realmente han conseguido muchas cosas.

«Querido Dios, enséñame a ser compasivo. Muéstrame la parte divina de todas las cosas. Muéstrame el amor en todas las cosas. Déjame brillar con comprensión y otórgame la capacidad de perdonar a aquellos con quienes tengo dificultades. Permíteme sentir la paz de la perfecta comprensión. Que empiece en mi interior. Que la paz en la Tierra empiece en mi corazón».

La sexta casa – Amor

Todas las demás casas cobraron sentido cuando Michael Thomas llegó a la casa de color blanco: la Casa del Amor. Aquí aprendió los cuatro atributos del amor. Mediante una visión que se iba desplegando pudo observar al ser humano, a María, cómo perdonaba a su padre que la había maltratado, cómo le acompañaba en su muerte y le bendecía. Ella le dijo al Universo que se sentía orgullosa de haber tenido a ese hombre maltratador como padre, y mostró el tipo de pureza y compasión que sólo emana de un ser humano que esté practicando el Tercer Lenguaje. Y Michael Thomas lo contemplaba muy sorprendido.

Querido miembro de la familia, ¿dónde está su *bloqueo*? Quizás por eso hoy se encuentra aquí... o está leyendo esto... para preguntarse, en este momento de silencio, por ese tema en concreto. Cuando lleguen a esa verdad, queridos, ¡va a haber una tremenda liberación! Estas cosas tienen que aclararse una por una, y ser comprendidas una por una, durante el paso por las siete casas. La ascensión es la elevación del nivel vibratorio propio, y después del de la tierra. No pueden tener una Tierra ascendida y graduada sin que los seres humanos lo hagan primero individualmente.

Aquí tienen algo nuevo: hemos mencionado el Tercer Lenguaje a lo largo de este mensaje, y también lo comentamos dos mensajes [dos meses] atrás, y aquí está de nuevo. Ahora es posible, queridos ángeles, que exista el Tercer Lenguaje no sólo entre el ser humano y el Espíritu, sino también entre seres humanos. Esto afectará su actitud hacia aquellos que realmente han sido como el palo que no dejaba girar su rueda. [Risas]. En otras palabras, ¡pueden hablar en el Tercer Lenguaje con otras personas!

Algunos de ustedes que puede que regularmente discutan de manera acalorada con otros se verán a sí mismos *escuchando* a la otra persona durante ese intercambio. [Risas]. ¡Puede que incluso algunos de ustedes lleguen a sopesar los méritos de lo que la otra persona está diciendo! ¿Qué está ocurriendo? El Tercer Lenguaje no es sólo algo entre ustedes y el Espíritu. Se da también entre los otros ángeles [otros seres humanos]. Lo que aquí estamos diciendo es que va a existir el potencial para un cambio de actitud en situaciones que antes parecían insostenibles. Esto será posible sólo porque habrá otra energía presente a la vez que estarán hablando, ¡la nueva energía del Tercer Lenguaje! Cambiará la manera en que se relacionan con el otro ser humano... incluso la manera de discutir. El enfado surgirá más lentamente y la paciencia será mucho más fácil de encontrar. El sentido del humor será capaz de suavizarlo todo y actuará como catalizador para un acuerdo en lugar de una separación.

Con intencionalidad, muchos de ustedes podrían experimentar esto muy pronto y saber a lo que nos estamos refiriendo. Puede que se encuentren hablando con una persona por motivos de trabajo y al mismo tiempo verán que sienten amor por ella, a un nivel que nunca pensaron que fuera posible. En un principio ¡esto podría resultar desconcertante! Después de todo, la humanidad posee ciertas características que parecen inmutables. Esto será diferente. Algunas de ellas serán personas sobre quienes nunca, jamás, habrían pensado algo así en el pasado.

El Tercer Lenguaje tiene mucha fuerza, puesto que es lo que llamamos «el lenguaje central». Estará disponible para aquellos trabajadores de la luz que quieran utilizarlo. Algunos de ustedes lo llamarán «nueva intuición». Podrían incluso llamarlo «pasar a una nueva dimensión», y estarían en lo cierto. Recuerden que las dimensiones permanecen ocultas hasta que se sintoniza con ellas. Ésta, por tanto, será con la que sintonizarán. Hará que vean a los seres humanos de forma distinta. Les permitirá perdonar a aquellos que en el pasado puede que hicieran cosas que generaron mucho odio y contrariedades para ustedes. Ahora les verán como miembros de la familia y sentirán amor por ellos. Independientemente de cuál sea su actitud hacia ustedes, les amarán. De este modo se estarán acercando más a lo que realmente son: una entidad de algo más de ocho metros de diámetro que va girando –todos y cada uno de ustedes. (Pero eso ya lo sabían, ¿no es cierto?). Esto es lo que yo veo cuando miro a mi alrededor. Veo lo magníficos que son, sentados en esas sillas haciendo ver que son humanos.

La séptima casa – Oro y Amor Propio

Michael Thomas entró en la Casa del Amor Propio y recibió muchas sorpresas, incluyendo la que ocurrió cuando abrió la puerta mágica del «Hogar». Lean la transcripción del relato si desean saber más. Les dijimos en la última canalización que el amor propio es la clave para todo crecimiento y ascensión espiritual. Lo que esta casa de oro representa es la búsqueda de la divinidad por parte de la humanidad. Esta casa iba a revelar un secreto, y así lo hizo.

En la última canalización también les dijimos que el secreto más grande de la humanidad era que la fuente de la juventud y el Santo Grial estaban en el interior del ser humano, bien escondidos. No se trata sólo de una metáfora. De lo que trata realmente la casa de oro es de la capacidad del ser humano para realizar cambios personales y cambios para la Tierra ¡que pueden modificar la propia realidad de lo que ustedes piensan que es posible en el planeta!

A medida que avance el nuevo milenio, existen algunas posibilidades en cuanto al crecimiento demográfico que asustan bastante. Están los problemas de superpoblación y de enfermedades que todavía no han aparecido y que puede que sean irresolubles con su tecnología. Está el calentamiento del planeta y zonas donde el hielo puede que se funda y se resquebraje. Están las preocupaciones por el medio ambiente y por un clima que empeora cada vez más. Todo eso no tiene muy buen aspecto, ¿verdad?

Cuando comprendan lo que ya han hecho, entonces también podrán entender que gracias a la consciencia humana y reclamando la energía del YO SOY, podrán conseguir eso que todavía está oculto. Estamos hablando de su capacidad como raza humana de cambiar todos los temas puntuales que acabo de mencionar. *«Kryon, ¿podemos hacerlo? ¿Podemos cambiar el clima, las enfermedades aún no manifestadas y el deshielo? ¿Podemos cambiar la temperatura del planeta?»*. La respuesta es ¡SÍ! Todo eso y mucho más. ¡Éste es exactamente el mensaje de Kryon para el nuevo milenio!

En esta nueva energía, ¿cuántos de ustedes van a ponerse frente al espejo, mirarse a los ojos y decir: «YO SOY lo que YO SOY»? ¿Cuántos de ustedes pueden hacerlo, con convicción? ¡Es difícil! Pero cuando entiendan de dónde emana el poder, que también es el lugar de donde surgirá la vida menos restrictiva, tal vez empiecen a cambiar su opinión acerca de quiénes son y en qué pueden convertirse. ¡Entonces también podrán comprender lo que todo un conjunto de la energía YO SOY puede hacer por el planeta!

Cuando reclamen el YO SOY desde el puro entendimiento, empezarán a saber cómo sostener la espada. Cuando lo hagan, sabrán cómo utilizar las herramientas y abandonar los votos. Cuando lo hagan, sabrán cómo reescribir la receta del contrato. Cuando lo hagan, aprenderán qué es la compasión y el perdón. ¿No resulta extraño que éste sea el último capítulo de *El viaje a casa* y que sin embargo sea el primero en complementar los otros? ¡Y la razón de ello es que estas lecciones de las casas tenían que presentarse de forma circular! Pero eso resulta imposible en el tiempo lineal. Así que les pedimos que imaginen estas casas colocadas en círculo: seis casas agrupadas alrededor de un centro. El centro lo forma la casa de oro, la del amor propio, la activadora. Porque, efectivamente, una vez esto se consigue, todas las demás se le van sumando.

¡Éste es el potencial que tiene la Tierra! Éste es el secreto de todas las épocas anteriores... que la humanidad tiene el poder no sólo de cambiarse a sí misma, sino también la propia tierra que pisa. Su compañera (la Tierra) está esperando a que ustedes realicen los cambios.

Estamos sentados frente a aquellos que son chamanes, aquellos que conocemos, y tenemos que despedirnos. Estamos sentados frente a la familia y tenemos que despedirnos. Es lo más difícil para nosotros: marcharnos. Porque es justo ahora cuando empezamos a notar su amor hacia nosotros. Sólo se lo hemos dicho tres veces. ¡Estamos empezando a sentirles! Acudimos a un encuentro de esta naturaleza y muchas veces, en estos años pasados, resultaba algo «en una sola dirección». Reinaba una energía de temor y dualidad que nunca hubiera permitido que ustedes nos devolvieran los abrazos. Ahora, cuando entramos, ¡empezamos a notar que nos devuelven el amor!

A mi compañero le vienen lágrimas a los ojos por lo que sabe, y por lo que esta entidad, Kryon, siente. En esta sala hay algunos que dispusieron la rejilla magnética conmigo en los inicios de la Tierra y en el *ahora*, en sólo un abrir y cerrar de ojos, aquí estamos sentados de nuevo juntos, en su año 2000. ¿Es el final de los días que les pronosticaron sus profetas? No. Es el *inicio* de los días.

Bendito sea el ser humano que comprende estas siete casas y su significado. Bendito sea el ser humano que conoce el secreto de dónde reside la divinidad, porque al utilizar su creatividad aparecerán muchas cosas en su vida, al utilizar su poder, al utilizar el Tercer Lenguaje, al que pueden acceder por primera vez en la historia de la humanidad.

¡Y ustedes que pensaban que no valían nada!

Celebramos la inestimable calidad de este momento, y les decimos, hasta que nos volvamos a ver...

Y así es.

Kryon

Capítulo Decimosegundo

EL SER HUMANO
INTERDIMENSIONAL

«EL SER HUMANO INTERDIMENSIONAL» COLOREAR MÁS ALLÁ DE LAS LÍNEAS

Canalización en directo
Clearwater, Florida - junio 2000

Esta canalización en directo ha sido revisada y contiene palabras e ideas adicionales para permitir que la palabra escrita resulte más clara y comprensible.

Saludos, queridos. YO SOY Kryon del Servicio Magnético. Éste es el momento para el cual ustedes han dado permiso, y que hará posible que un grupo de aquellos que tan bien conocen pueda acudir a este lugar.

Muchas veces los sentirán que vienen de la parte trasera de la sala y avanzan hacia el frente, mientras envolvemos toda la sala y las zonas que la rodean con una burbuja de amor. Queridos, les invitamos a experimentar algo único. Les invitamos a sentir a la familia espiritual interdimensional a medida que caminamos entre los asientos, y algunos se arrodillan frente a ustedes para lavarles los pies.

Me dirijo a los trabajadores de la luz, no sólo a aquellos que hace años que realizan un trabajo espiritual, sino también a aquellos que justo ahora se están haciendo conscientes de ello. La chispa de su interior está empezando a vibrar y, para algunos, la vibración se está convirtiendo en la nota *fa*, que es la del chakra cardíaco. Allí es donde todo empieza, saben. Comprendan, queridos, que el despertar a la naturaleza divina interior no empieza de una manera extraña que se perciba como rara, inusual o que suscite temor. Toda experiencia de comunicación angélica de la que se tiene noticia en la historia de la humanidad empieza con las palabras: «No temas». Esta comunicación, como las de antes, trata del amor. Por lo tanto, darse cuenta de ello es algo que empieza en el corazón. Entonces evoluciona hacia la cabeza, donde se convierte en sabiduría y después en conocimiento absoluto.

Así que lo que estamos diciendo, querida familia, es que la invitación está abierta para que la sientan primero aquí [Lee se coloca la mano sobre el corazón]. Por eso también decimos que aquellos que perciban al Espíritu en este momento en la totalidad del amor comprobarán como lo notan primero en el corazón. También es aquí donde empieza el discernimiento, y aquí es donde muchas veces sienten una confirmación de energía. Hay mucho que decir sobre la energía de la compasión con respecto a la capacidad de los seres humanos de cambiarse a sí mismos.

No hay nada que les pueda llegar más rápidamente que el amor de Dios y de la familia. Esto es lo que tenemos hoy aquí. También hay otros miembros de la familia, que han acudido para manifestarles su respeto y sentarse a su lado. Algunos de ustedes sentirán su presencia en esta misma sala. Algunos verán colores en el estrado antes de marcharse. Invitamos a aquellos que posean esta facultad que observen cómo evolucionan y cómo cambian los colores en este mismo estrado, una ilustración de la realidad tetradimensional de lo que está ocurriendo aquí.

El amor del Espíritu se manifiesta ahora de esta forma porque ustedes así lo han solicitado. He dicho esto antes, pero quizás ahora se comprenderá mejor: la experiencia de la canalización de Kryon, tal como la están escuchando y sintiendo, ¡no puede tener lugar a menos que haya seres humanos en la sala! ¡Es algo que funciona en ambas direcciones! No están simplemente escuchando o leyendo las palabras de un ser humano mientras les transmite mensajes del otro lado del velo. Ciertamente, lo que aquí está sucediendo, mientras escuchan y leen, es una experiencia de lo que hemos denominado el Tercer Lenguaje. Hay una energía que circula entre nosotros, una energía de amor en el nivel del chakra cardíaco. Hay una energía de conocimiento en el nivel angélico. Hay un lenguaje divino que se extiende por esta sala y evoca un recuerdo en aquellos que desean recordar.

Lo de hoy va a ser una enseñanza inusual e interdimensional, y les diré por qué. Declaro que ésta es, compañero, mi última canalización para ser transcrita en la nueva publicación [se refiere al libro que tienen entre las manos]. Concluye con este mensaje, aunque éste es en realidad el inicio de una nueva serie de enseñanzas interdimensionales. Además, la información interdimensional de hoy puede parecer francamente extraña, quizá tan extraña como cualquier otra información que hasta ahora hayamos transmitido. Les pedimos que este mensaje en particular sea transcrito y publicado y, por tanto, nos estamos dirigiendo directamente tanto a aquellos de ustedes sentados en estas sillas, como a los que están leyendo este material.

Aunque, oyente, usted pueda decir que esta energía va específicamente dirigida a usted (y así es), puede que no se dé cuenta de que la energía de este momento es también para todo aquel que la esté leyendo. Por lo tanto, lo que está teniendo lugar aquí implica a muchas más personas de las que ven en esta sala. En nuestra realidad (en nuestro lado del velo), ahora mismo estamos viendo a los lectores. Vemos a miles que se verán conmovidos por la energía, junto con ustedes que nos están escuchando.

Así que, oyentes, les invitamos a que practiquen su condición interdimensional ahora mismo: por favor imaginen conmigo que la sala se extiende mucho más allá de la pared del fondo. Están los ojos de aquellos que están leyendo estas palabras, y que sienten la energía igual que la están sintiendo ustedes. Así que les pedimos, mientras están aquí sentados escuchando, ¡que les den la bienvenida a la familia que también está leyendo esto! Es un buen ejercicio, ¿no? Es una suspensión de las «normas del tiempo», tal como ustedes las conocen. Y esto es sólo el principio del ejercicio: la suspensión del tiempo.

¿Pueden ustedes, queridos seres lineales, suspender la linealidad del tiempo que marca su reloj y sentir la energía de lo que está por llegar? ¿Pueden participar en los potenciales de aquellos que leerán estas palabras y que también tendrán la posibilidad de sentir lo que ustedes sienten? Asimismo, lector, ¿puede usted sentir la energía de la sala en lo que usted llama su pasado? Quiero que comprendan que para las personas de la sala yo estoy hablando de su futuro. Y para los lectores, estoy hablando del pasado. ¿Pueden estar en ambos sitios? ¿Pueden unirse a nosotros de tal manera que realmente se encuentren y saluden a los miles que hay en esa «sala del ahora»? Creo que sí pueden.

Dejen que la capa de amor del Espíritu se coloque sobre este grupo y sobre los lectores, para facilitar la comprensión de lo que tenemos que decir. Porque vamos a darles una información interdimensional. Parte de ella la comprenderán y otra parte no, hasta que la vuelvan a leer por segunda o quizá tercera vez. Entonces empezarán a saber lo que les estamos contando.

Aquí tienen un buen ejercicio de interdimensionalidad. Mi compañero les ha dicho esto en el pasado y pueden incluso leerlo en el libro que tienen entre las manos: ¡Les estábamos esperando! Lector, esperábamos sentir sus ojos puestos en la página. Oyente, esperábamos que se sentara en esa misma silla donde está sentado, ¿y saben por qué? Debo decirles que lo que aquí está ocurriendo es mucho más que palabras impresas o sonidos en el aire. Está habiendo una comunicación mutua. Hay un grupo angélico sentado a su alrededor que sabe quiénes son ustedes. Hay un sistema para que ustedes estén aquí o leyendo estas palabras. Es un sistema de cuidado y amor incondicional, de protección e intencionalidad. Es un sistema que diseñaron ustedes, en el que su intencionalidad es tan fuerte que transmite todos sus potenciales, ¡incluso antes de que llegaran, incluso antes de que adquirieran el libro que están leyendo! Es un sistema que corrobora todo lo que ustedes imaginaron sobre la interdimensionalidad de su familia espiritual... un grupo muy atento y consciente de ángeles interdimensionales.

¡Sabemos quiénes son! Hay más de uno aquí que ha venido por una sanación... ¡hay centenares! ¿No están cansados de las repetidas visitas al médico? ¿Por qué no transforman la realidad en la que *creen* estar en aquella en la que *pueden* estar? Vamos a hablar de eso en un momento, y tal vez ésa es la razón por la cual vinieron aquí a escuchar y leer. Querida familia, sabemos quiénes son, ¡sabemos sus nombres! Usted es uno de los que está aquí sentado y lee o escucha, y ahora mismo nosotros les estamos viendo a todos.

Me dirijo ahora a aquellos que dudan de que esto pueda ser real. También conocemos todos los retos de su vida. Quizás es por lo que vinieron, para escuchar una palabra aquí y otra allá, quizá para sentir un poco de energía, quizá no. De todos modos vamos a decirles algo, ahora que tenemos su atención. No existe ningún problema en su vida que no se pueda solucionar, y sin que nadie salga perdiendo. Ustedes pueden crear una realidad que pensaban que era imposible, y pueden salir de una situación que crean que es irremediablemente oscura y desesperanzada. Existen soluciones que son realmente interdimensionales y que no pueden ni imaginar, pero que su ser espiritual conoce. Depende de ustedes si quieren recibirlas o si desean seguir con el viejo programa, con el viejo contrato que no les permitía utilizar aspectos interdimensionales. ¿Qué prefieren? Son ustedes quienes realmente tienen la opción de decidir lo que sucede.

Vamos a hablarles del auténtico ser humano interdimensional. Vamos a ponerles un ejemplo y una visualización para dar paso a esta enseñanza. Supongamos que alguien les da un trozo de papel. En ese papel hay dibujada la silueta de una forma humana, y luego les dan también unos lápices de colores y les dicen: «*Adelante, pinten el dibujo con sus propios colores*». ¿Qué van a hacer con ese dibujo? Visualícense a sí mismos pintando. ¿Cuál es su color? ¿Por dónde empiezan? Ahora les diremos que esto no tiene nada que ver con el color. [Risas]. Era un truco. Les dimos esta visualización porque queríamos poner a prueba su consciencia. ¿Se quedaron coloreando dentro de las líneas marcadas o no? [Risas].

Para aquellos de ustedes que colorearon más allá de las líneas, ya están cogiendo la idea. ¡Quizá llenaron la hoja entera de color! Si es así, sólo han acertado a medias el «aspecto» que en realidad tienen. ¡Ese papel no es lo suficientemente grande para contener lo que ustedes son! El viejo paradigma energético hace que coloreen la ilustración con mucho cuidado y minuciosidad, sin salirse de la línea. Instintivamente sienten que el ser humano es definido como la entidad que existe en el interior de su piel. Pues bien, no es así, ni nunca lo fue. Aquellos que «ven» los colores se lo dirán. Porque no les ven «dentro de las líneas», sino que más bien ven los colores que les rodean. Muchos trabajadores energéticos son capaces de «sentirles» desde cierta distancia. ¿Qué está ocurriendo?

Les hemos dicho antes que cuanto más elevada sea su vibración, más lejos se proyectará su campo energético. Les hemos dicho que algunos de ustedes en realidad pueden reclamar la máxima extensión de su Merkabah, unos ocho metros. ¿Sabían eso? ¿Les parece que esto tiene algo que ver con lo de colorear respetando las líneas dibujadas? Querido ser humano, es hora de que se vea a sí mismo de esta manera, todos los días. Es usted mucho más grande en su campo energético de lo que piensa que es.

Les daré una prueba. ¿Saben quiénes pueden sentir eso, por no decir incluso verlo? ¡El Niño Índigo! El Niño Índigo puede percibir el desequilibrio. Ciertos tipos de Índigos lo perciben más que otros, pero existen Índigos interdimensionales que lo pueden sentir profundamente. Son en realidad Índigos «intergalácticos», pero ustedes les han llamado interdimensionales. Estos Índigos tienen sus antenas bien colocadas ¡y les ven venir! ¡Compruébenlo! Entren en una habitación donde haya un niño pequeño, quizás un lugar público. No digan nada ni hagan ningún ruido. «Llamen» intuitivamente al niño, mentalmente. Sonrían y miren hacia donde está. A menos que se le distraiga, ¡muchas veces el niño se dará la vuelta para ver dónde está el origen de la energía! Quiere descubrir de dónde proviene la «luz».

Trabajador de la luz, le invito a que lo pruebe con un Índigo y sienta que eso es la prueba de lo que estamos diciendo. El niño sabe, en algún nivel, quién ha entrado en la habitación, y en algún nivel existe una conciencia que va mucho más lejos de lo que ustedes han llamado los cinco sentidos. Y cuando eso ocurra, tienen que preguntarse: *¿Por qué se iba a dar la vuelta el niño para mirarme?* ¡Esto es auténtico! Es porque el trabajador de la luz es mucho más grande de lo que pudieran pensar, con respecto a la energía interdimensional.

Hemos hablado antes de ello pero sólo brevemente, lo de colorear fuera de las líneas marcadas. Ahora es tiempo de que comprendan lo que pueden hacer y que está relacionado con esta interdimensionalidad. En canalizaciones previas les dimos información que decía: «Ustedes brillan cuando entran en una habitación». Les hemos explicado que no hay nada malo en ello, para que se sintieran cómodos y no pensaran que podrían estar imponiendo su energía a nadie, porque eso no sería correcto. Lo que hacen es entrar tranquilamente, con los cuatro aspectos del amor en su lugar. Están tranquilos, sin ningún programa previo; no están hinchados de orgullo. Están allí simplemente por estar, atraídos hacia un lugar determinado, simplemente para irradiar su luz durante un momento o dos. Durante ese tiempo permiten que aquellos que les rodean vean su camino con mayor claridad. No se trata de un trabajo energético evangélico. Es dejar que funcione la energía. Aquellos que están en la habitación puede que ni se percaten de quién está entre ellos, pero en algún nivel notarán su luz.

Pueden tomar decisiones y cambiar la dirección de su camino porque su luz les mostró una visión más clara. ¿Tienen alguna idea de lo que estamos diciendo? ¡Quizás esto explica por qué están «estancados» en ese trabajo! ¿Qué hay de la gente de su alrededor? ¿Piensan alguna vez en ello? Quizá no están en absoluto estancados. ¿Qué pasaría si fueran embajadores de la luz? Tal vez ésta sea una pieza del rompecabezas en la que *nunca pensaron*. Tal vez fueran atraídos hacia ese «horrible» lugar porque allí es adonde pertenecen: para llevar la luz a un lugar que la necesita. Quizás es hora de que miren a su alrededor, señores embajadores, y empiecen a ver dónde está siendo anclada su luz. ¿Es en un lugar que sienten que no tiene ninguna energía? ¿Han contemplado alguna vez su magnificencia? Ángeles disfrazados de seres humanos, ¡son magníficos! ¿Cuántas veces tenemos que decirles que los ángeles están aquí para rendir honores a su camino? ¿Cuántas veces tenemos que sentarnos a su lado, invisibles, y amarles con tanta fuerza que «sienten que hay algo raro en la habitación»? ¿Con cuánta frecuencia tenemos que darles la «contraseña» del 11:11 antes de que entiendan que estamos junto a ustedes?

Quiero darles información sobre tres atributos, tres regalos en los que no han pensado especialmente y que son interdimensionales. Como dice mi compañero: «*¡Ya llegamos a la parte estrambótica!*». Ya volvemos a lo mismo, ¿no es cierto? Porque cada pocos años iniciamos un tema que en un principio parece raro y extravagante, hasta que la ciencia demuestra que es verdad. Entonces lo volvemos a hacer. Y así continúa siendo para aquellos que están en esta sala escuchando y para los lectores.

La compresión del tiempo

Cada uno de ustedes tiene la capacidad de comprimir el tiempo, esa variable que siempre percibieron como inmutable, de forma personal. ¡Ahora es suya, para que jueguen con ella! Pueden comprobarlo mañana mismo si lo desean. Queridos, algunos de ustedes están empezando a comprender lo que nosotros llamamos el proceso de ascensión, eso de avanzar hacia dimensiones más elevadas. ¿Sienten como si las cosas fueran más rápidas? ¿Algunos de ustedes sienten que el paso del tiempo se está acelerando, aun cuando los relojes marquen lo mismo de siempre? Esto es porque están empezando a percibir una propiedad del tiempo con la que pueden manipular sus propias vidas. ¡Incluso les pedimos que lo prueben!

Algunos de ustedes habrán notado que viajan a cierta distancia en una fracción del tiempo que antes necesitaban, ¡y se preguntan adónde se fue el tiempo! Algunos de ustedes están muy centrados en las tareas a realizar, así que les proponemos un reto. Ustedes saben el tiempo que emplean en realizar ciertas tareas. Miren la hora en el momento de empezar la tarea y vuelvan a consultar el reloj cuando terminen. ¡A veces comprobarán que habrán realizado mucho más en un período corto de tiempo de lo que es humanamente posible! ¿Qué ocurrió? Que han estado practicando la «compresión del tiempo».

Algunos lo llevan haciendo de forma inconsciente desde hace años. Ahora les decimos que con la práctica, serán capaces de programar ustedes mismos este tipo de situación. Porque esta compresión del tiempo es un atributo y un don personal. Y cuando empiecen a ver cómo funciona, eso será simplemente el principio de comprender su interdimensionalidad y su significado con respecto a lo que ustedes llaman «realidad». La compresión temporal es algo que algunos de ustedes ya han experimentado y otros lo harán muy pronto. La invitación está abierta para que todos ustedes la practiquen.

Y ¿por qué creen que les estamos hablando ahora de eso? ¡Porque muchos de ustedes van pronto a descubrir que hay demasiadas cosas por hacer! [Risas]. ¿Recuerdan las quejas hechas ante el Espíritu en los últimos años? ¿Tal vez pensaron que no las oíamos? Algunos de ustedes han dicho: *«Quiero hacer esto y aquello; estoy estancado y paralizado».* Pues bien, las nuevas quejas serán del estilo: *«Querido Espíritu, ¡para un poco! Tengo demasiadas cosas que hacer; demasiadas posibilidades; están ocurriendo tantas cosas. ¿Qué camino cojo?».* Algunos de ustedes necesitarán poder comprimir el tiempo.

Este don interdimensional también incluye la promesa de una compresión temporal durante el sueño. Esto es lo que significa: queridos, se trata de un período de sueño de cuatro horas que equivale a ocho horas de descanso. ¿Entienden lo que estoy diciendo? Es dormir menos pero estar más lleno de energía que antes para todo el día. Les invitamos a que lo practiquen, porque la posibilidad está ahí si lo desean. El viejo paradigma ya se fue. Si se dicen: *«Necesito tantas horas de sueño para existir»,* entonces estarán poniendo trabas a una realidad específica y reteniéndola, sin permitir que cambie. En lugar de eso, digan lo siguiente: «*Dormiré tantas horas como mi cuerpo necesite*». Antes de acostarse, digan: «*No importa cuántas horas duerma; cuando me despierte estaré igual de descansado como si (en el viejo paradigma) hubiera dormido ocho horas*».

Y entonces observen lo que ocurre: ¡van a experimentar una productividad y un descanso como nunca antes sintieron! Este don está perfectamente a su alcance. Todo el mundo es diferente y se encuentra en diversos niveles de formación y sabiduría, incluso para aceptar los abrazos que hoy se reparten aquí. Algunos todavía no desean ser tocados por nuestra energía, y lo sabemos. Algunos justo están empezando a comprender que hay ángeles y guías a su alrededor, y lo sabemos. Respetamos todos sus procesos. En cuanto al resto de ustedes, aquellos que ven cambiar los colores [en el estrado] y sienten la energía de la sala, es porque les estamos abrazando, en caso de que no lo hubieran notado. Algunos habrán sentido como les lavaban los pies y es como si no pudieran mover las piernas. Eso es una prueba de lo que está ocurriendo aquí, en caso de que no lo supieran ya.

Modificación de la realidad

Los humanos interdimensionales poseen la facultad de modificar la realidad y sanarse a sí mismos. Esta información ya se la dimos a mediados del año pasado [1999]. Pero ahora viven en una nueva energía, donde son capaces no sólo de asimilar esta información, sino de trabajar con ella. Así es como funciona, como siempre ha funcionado, y ahora se lo podemos explicar de una manera que el ser humano interdimensional puede comprender. ¿Quieren saber qué son los milagros? ¡Son una modificación de la realidad! ¿Quieren saber cómo funcionan? El ser humano modifica la propia realidad del tiempo, ¡y las células responden!

¿Vinieron aquí y se sentaron en esas sillas para una sanación? Vamos a examinar cómo se lleva a cabo. Esta modificación de realidad va a necesitar práctica, pero el ser humano interdimensional sabrá cómo hacerlo. Hace un momento les pedimos que hicieran algo: que se colocaran en el futuro, allí donde los lectores de algo que todavía tiene que ser transcrito están en la misma energía que ustedes [está hablando al grupo de oyentes]. ¿Pueden hacerlo y sentir a la familia que tiene los ojos puestos en la página? Si pueden hacerlo, también pueden ir en la otra dirección. Queremos que participen en una realidad que es tan sólida como en la que creen estar ahora. De hecho están en una realidad múltiple, como si se tratara de varios estantes de un mismo armario. Van transportando el armario y decidiendo en qué realidad puede que deseen estar hoy. Déjenme que les diga que hay múltiples realidades en el armario. Puede haber una en la que deseen estar y que antes no habían pensado en ella: la que ahora vamos a mostrarles. ¡Olvídense de la idea de que el «armario de la realidad» sólo tiene un estante!

Les pido que vayan a un lugar, o a una realidad energética, que les hizo sentir mal. Regresen al instante anterior a que ocurriera el hecho. Queremos llevarles hacia atrás en el tiempo, a un momento tranquilo y alegre de su vida. «*Kryon*», podrían preguntar, «*¿nos estás pidiendo que lo recordemos?*». NO. Les estoy pidiendo que recreen algo que es suyo, algo que experimentaron como realidad en eso que llaman su pasado. Les pido que lo lleven hasta su vibración y lo *sientan*.

«*Kryon, nos estás pidiendo que nos movamos por la realidad del tiempo*». Sí, efectivamente. Hemos establecido que el tiempo es variable, y que la realidad es sólo aquello que decidamos que sea. No es algo fijo y concreto para toda la vida. ¿Pueden volver a traer aquí esa realidad alegre de su pasado? Si es así, ahora tienen frente a ustedes dos realidades. Una: aquella con la que vinieron, donde están preocupados y piensan que están enfermos. Dos: la que ustedes llaman su pasado, donde son jóvenes y saludables, o carecen de preocupaciones.

Transpórtense a un tiempo en que estaban sanos y en paz. Vivan completamente en ese momento y aprópiense de esa realidad. Habrá algunos que digan: «*Kryon, nos estás pidiendo que finjamos*». No, no es así. Les estoy pidiendo que vayan allí visualmente, abarcando todas las sensaciones que puedan desplegar:

los seres queridos, las vistas, sonidos, gustos, olores, emociones y el tiempo que hacía. Quizá sólo dure un momento, pero cuando sus células empiecen a comprender y a sentir que han cambiado la realidad de su consciencia, empezarán a comprender por qué las personas espirituales pueden vivir más tiempo.

Ustedes siempre han poseído esta facultad. ¡Eso es un milagro! Es así como funciona la sanación profunda. ¡No conseguirán sanar el cuerpo esperando que el mal se vaya! No sanarán el cuerpo rezando y pidiendo que algo malo desaparezca. El cuerpo se sana llevándolo a un tiempo en que era sano y perfecto, ¡quizás al momento del nacimiento! ¡Eso es una modificación de la realidad y las células gustosamente irán allí donde la divinidad les pida que vayan! ¿Lo sabían? Pero tienen que sentirlo de manera absoluta para que funcione.

Les estoy dando ahora información que muchos no llegarán a materializar hasta que transcurran muchos años, y sin embargo es muy real para algunos de aquellos que están aquí sentados escuchando y leyendo. Habrá algunos que lo entenderán hoy mismo y saldrán de la sala diferentes de como entraron. Habrá otros, muy valiosos, cuyos ojos están leyendo esto y que empezarán a entender por qué escogieron el libro. Lo sé, porque estoy viendo la sanación y los colores. Recuerden, ¡el Espíritu ve el potencial!

Rejuvenecimiento

El tercero está relacionado con los anteriores, y vamos a llamarlo *rejuvenecimiento*. ¿Se puede retardar el envejecimiento? ¡Sí! Pueden hacerlo de forma magnética, química, energética e interdimensional. Hablemos de esta última. Querido ser humano, puede hacerlo mientras está sentado en la silla. Voy a darles algo en lo que no habrán pensado antes, y puede resultar desconcertante porque tiene que ver con la realidad relativa. La parte interdimensional de su YO se está acelerando. La parte química del YO que lleva dentro el reloj, aparentemente sigue siendo la misma. Pero cuando juntamos las dos [fusionar Espíritu y biología], tenemos un proceso interesante: El YO interdimensional se está acelerando y hace que la parte química del YO *parezca* que está aminorando.

Piensen en ello de la siguiente manera. ¿Cuál es su YO *real?* Muchos dirían que no hay diferencia, ¡pero sí la hay! El YO interdimensional puede vivir más rápidamente, tener más energía y dormir menos. Esto es casi como crear tiempo entre el tic-tac del reloj, tiempo en el que vivir activamente, mientras que la biología marcha detrás, con su ritmo de siempre. ¿Por qué creen que pueden comprimir el tiempo? Es debido a este mismo principio de relatividad.

¡Tienen la capacidad, cuando comprendan esta relatividad dimensional, de hacer que el proceso de envejecimiento avance más lentamente, hasta una velocidad de casi cero! Ángeles, ¡tienen la facultad de cambiar la realidad de su vida desde el mismo proceso de envejecimiento de sus células! Una vez más les decimos que para conseguirlo tiene que existir una comunicación entre el YO espiritual y el YO físico celular. Ambos tienen que convertirse en una fusión del YO espiritual. Esto crea esta realidad relativa, y todas y cada una de las células de su cuerpo tienen que ser partícipes.

No se trata de magia. Existe una química en sus cuerpos que regula su tiempo de vida y la rapidez de su metabolismo. Están emitiendo señales para que esta química cambie y por tanto sus células adaptarán un reloj interior nuevo, más lento. Asimismo, ¡no esperen seguir sintiéndose igual! ¡No lo hagan a menos que estén preparados para sentirse de manera diferente a como lo han hecho durante prácticamente toda la vida! Esto es muy real y necesita de su intencionalidad, práctica, comprensión, sabiduría y permiso.

Practiquen. Puede que algunos de ustedes tarden un poco más, pero otros podrán empezar a sentirlo ya: dormir menos y tener más energía, sentirse más jóvenes. ¡Algunos incluso podrán empezar a ver los resultados en el espejo! Y entonces, queridos, cuando algunos de ustedes empiecen a verlo de forma realmente tetradimensional, también entenderán las partes más extrañas de la información que les hemos transmitido.

Resumiendo: la fusión de cuerpos funciona de forma maravillosa cuando el ser humano interdimensional empieza a vibrar más rápidamente. Se trasciende el tiempo y las células parecer envejecer menos. ¡Tal vez ahora comprenderán por qué algunas de las investigaciones sobre muertes de chamanes decían que las células del cuerpo no se habían enterado de la muerte del conjunto! Seguían viviendo, y expiraban muy lentamente, mucho después del tiempo habitual de descomposición. Éste es exactamente el proceso del que hemos estado hablando. Convertirse en interdimensional tiende a cambiar el reloj aparente del cuerpo y la conciencia celular de un viejo paradigma tetradimensional. Las pruebas las tienen a su alrededor.

Con conocimiento espiritual y un aumento de la vibración, llega la visión global. Con la visión global llega la sabiduría. Con la sabiduría llega el gozo. Bendito sea el humano que entiende que vivir en la Tierra puede ser una experiencia gozosa. Benditos son los seres humanos que comprenden que, aun cuando les pongan a prueba, pueden sonreír y cogerse de la mano de los guías y los miembros de la familia que les rodean, y saber que les aman tiernamente. Pueden tener un elemento de alegría, no importa cuál sea la prueba. ¿Creen que tienen problemas? ¡Sabemos quien está aquí! ¡Sabemos quien está leyendo! Les desafiamos a que sientan alegría durante el proceso. Es el catalizador de la sanación, y sus células lo sabrán y lo sentirán. ¿Por qué creen que una buena carcajada se siente desde los dedos del pie hasta la punta de la cabeza? ¡Alegría! La gran sanadora. La alegría también es compasiva.

Queridos, espero que entiendan todo esto. Les hemos dado algunos de los secretos de la longevidad y los secretos para sanar las enfermedades más graves que puedan invadir sus cuerpos. Puede que modifiquen parte de la biología que ha estado distorsionada y desequilibrada desde hace años. ¿Qué les parecería poder librarse de ello? *Pueden* conseguirlo. Pueden salir de esta sala diferentes a como entraron. Pueden empezar a tener una comprensión celular de todo este concepto de convertirse en seres interdimensionales. Eso es correcto para los cuerpos angélicos que están sentados frente a mí o leyendo las palabras de la página. ¡Sus células lo saben!

Negocios interdimensionales

Ahora voy a dar un giro y hablar de algo muy diferente. Algunos dirán: *«¿De dónde salió eso?»*. ¡Quiero hablar de negocios! Seres humanos interdimensionales, ¿creen que Dios conoce la cultura en la que viven? ¿Y qué pasa con el dinero? Se le ha llamado maléfico, la raíz de todo mal. Es simplemente energía. Trabajadores de la energía, ¿saben cómo mover la energía? Entonces sabrán cómo crear abundancia. Eso es todo, y sin embargo ustedes le asignan un valor que parece difícil de conseguir. Además, ¡le asignan un atributo de temible! Dicen ustedes: *«Sólo hay una cantidad finita de dinero, así que si alguien la consigue, yo me quedo sin esa parte»*. En realidad se están preparando su propio fracaso, debido a unas normas que también se inventaron. Una vez más, su consciencia pone una barrera a aquello que podrían tener.

Comprendan esto: su percepción de la abundancia en los negocios funciona como si siguiera las normas para esos concursos que tienen en la tierra: uno pierde y el otro gana. Esto es un viejo paradigma que no tiene nada que ver con su vida interdimensional, y no representa la forma en que funcionan las cosas interdimensionalmente. No. Su vida es muy distinta a esto, y también los negocios. Quiero hablarles a algunos de ustedes de negocios y de desafíos económicos. En primer lugar, no creen que el Espíritu esté al corriente del tema, ¿verdad? El Espíritu es uno de los socios principales de su negocio, ¡y sabe cómo funciona! [Risas]. Pero sabemos que en realidad no se lo creen.

Quizá sean buenos negociantes. Quizá no deseen consultar ahora al Espíritu porque piensan que Dios trata sobre cosas espirituales, ¡y los negocios no lo son! Pues les diré algo: ¡los mejores negociantes del mundo son los que están al otro lado del velo, sentados a su lado, y se llaman sus guías! Saben más de negocios de lo que ustedes llegarán a saber jamás. Son expertos, ¡todos y cada uno de ellos! Allí es donde está la fuente y de donde surgen las sincronicidades, saben. ¿Por qué tienen que separar negocio de energía? ¿Por qué tienen que separar negocio de espiritualidad?

Podrían decir: *«Kryon, tú y los que estáis al otro lado del velo no comprendéis lo que es la competencia. Los humanos compiten por el mismo espacio, incluso contra otros trabajadores de la luz»*. [Risas]. ¿Quién ganará? podrían preguntar. Seres humanos interdimensionales: ¡están situados en un círculo donde todos ganan! Permítanme que les hable de un desafío. En su realidad de negocios actual, se encuentran es una casilla muy pequeña. Es la del pensamiento pequeño, donde creen que si consiguen algunos clientes, otro los perderá o –¡Dios no lo quiera!– otros podrían conseguir los clientes y ustedes perderlos. ¿No es cierto?

Así es como funciona el negocio interdimensional: se consigue con visualización, de una manera muy especial. Depende de lo no se puede ver y también del hecho de que el tiempo lineal no es el factor importante. Oh, ¿dije ya que realmente funciona? ¿Y dije que para ello se necesita compasión?

En primer lugar, visualicen a sus competidores. Saben quiénes son. Visualícenlos con más clientes de los que pudieran llegar a atender. Piensen en el competidor que es su rival principal y cólmenlo de abundancia en su visualización. Ésta es la prueba. ¡Generen compasión en su mente, que esté en consonancia con lo que ellos sentirán con toda esa abundancia!

«Kryon, ¡ahora sí que estamos convencidos de que no entiendes nada de negocios!», exclamarán algunos cuando oigan esto. *«¡Vaya tontería!»*. Pero, queridos seres humanos interdimensionales, si logran hacerlo, voy a decirles lo que les ocurrirá: doblarán la abundancia. Dejen ir el miedo y llenen los bolsillos de sus competidores con su imaginación. Entonces visualícense ustedes también en la abundancia, y sientan la misma alegría que ellos. Visualicen a todos teniendo éxito. Entonces observen lo que

sucede en sus vidas. ¿Acaso piensan que no conocemos la dinámica de los negocios? Inténtenlo. Saben, estamos contemplando una situación interdimensional donde los partidos terminan con un resultado en que ambos equipos ganan. No hay una cantidad finita de abundancia. ¡Surge de muchísimas fuentes que ni tan siquiera sabían que existían!

Cuando están en una habitación llena de personas que precisan sanación, ¿sienten temor de que no haya suficiente para todas? ¡No! Nunca se cuestionan la abundancia de los dones del Espíritu. ¿Entonces por qué existe un problema con el tema de los negocios o del dinero? ¡Todo proviene de la misma fuente!

Hablamos ahora de dinero. Hablamos ahora de salud. Hablamos ahora de alegría. Hablamos de paz en situaciones en las que es imposible tener paz. ¿Están escuchando? Sé quiénes son, y esto va por todos ustedes. Seres humanos interdimensionales: todo eso puede ser suyo. Pueden modificar la realidad. El ejercicio es fácil. Trasládense a un lugar en el «antes». Si alguna vez estuvieron en algún lugar de abundancia, lleven su realidad allí y procuren sentirla.

No pensaron que llegaríamos a hablar de negocios, ¿no es cierto? Y sin embargo es algo tan sagrado como cualquier otra cosa de su cultura y de su vida. Pueden respetar a las personas y hacer negocios con ellas, y pueden participar en la creación de abundancia, tanto para ustedes como su familia. Pero muchos de ustedes habían apartado el tema de cualquier cosa espiritual.

Hablando de este tipo de pensamiento sesgado, existen negocios en este planeta y en su cultura en los que nunca se les ocurriría asociar honradez con espiritualidad. Creen que es o una cosa o la otra, y nunca las ven como compatibles. Les pondré como ejemplo un caso que nunca asociarían con el Espíritu: ¡su profesión de abogado! La mayoría de ustedes jamás la han relacionado con algo espiritual. Y sin embargo esta profesión trata de la justicia y del pensamiento correcto. Muchas veces también de moralidad, y requiere gran sabiduría.

Quiero decirles que esta profesión no es diferente a otra. Y es hora de que los que la practican, y hay algunos aquí [se dirige al público de Clearwater], escuchen mis palabras y las comprendan. Pueden ser honrados, seguir en este negocio de la ley y conseguir unos resultados en los que nadie pierde, pero para ello necesitarán un pensamiento interdimensional y colorear más allá de las líneas delimitadoras. Ábranse y pinten más allá de las líneas. Hay luz en cualquier negocio siempre que exista intencionalidad, compasión hacia los competidores y pensamiento interdimensional.

Vida interdimensional en la Tierra

Vamos a darles más información ahora mismo sobre una de las sustancias curativas más importantes que los humanos conocen. Van a ver aparecer más curas basadas en el «agua» en estos próximos doce años que las que habrán visto en toda la historia de la humanidad. Ya hemos tocado antes este tema, pero sólo les contamos un fragmento de lo que queríamos decirles.

Cuando en estos últimos años hemos hablado de remedios basados en la esencia vital, ahora podemos decirles que nos referíamos al agua. Podrían decir: *«Kryon, el agua no está viva, nunca lo estuvo ni nunca lo estará»*. Queridos, pueden decirlo si quieren, pero eso no es verdad. El agua rebosa de vida interdimensional. ¡Ya les dije que *hoy daría algunos conceptos estrambóticos*! La propia atmósfera de su planeta contiene vida interdimensional, formas de vida que existen en el aire y en el agua, que son interdimensionales y que ustedes no pueden ver. La ciencia empezará a descubrir anomalías en este campo. Los valientes también empezarán a decir que bien podría ser que existiera vida interdimensional, cosas que no se pueden ver pero que, por su propia definición, deben de estar vivas. El agua.

Esto es lo que está ocurriendo. Ciertos tipos de tratamientos del agua, tanto naturales como los que utilizan el magnetismo, la química y el estímulo de la estructura atómica, afectan a la vida interdimensional que contiene. Esto, por consiguiente, cambia los propios atributos de esa vida. Cuando el ser humano interdimensional la ingiere, estas propiedades de la vida del agua interactúan con el agua corporal. ¿Entienden lo que estoy diciendo? Es hora de que entiendan por qué esto está teniendo lugar.

Pueden descubrir que la química refuerza cierto tipo de agua, pero permítanme que les diga que hay mucho más de lo que pueden ver. Hoy también se ha mencionado la palabra *holográfico* [lo hizo el doctor Todd Ovokaitys], pero también va mucho más allá del tema. Al tratar el agua magnéticamente, están en realidad cambiando la vida que contiene. Esto entonces altera las reacciones de su cuerpo con relación al agua. Realmente tocan la interdimensionalidad de un cierto tipo de vida que habita en el agua.

Ahora no empiecen a clasificar las cosas en compartimentos. Sigan pintando fuera de las líneas y comprendan que esta vida interdimensional no es como la suya. Es interdimensional, ¿y saben por qué está allí? ¡Está allí para *ustedes*! Igual que las propias partículas de la tierra, ¡están allí para equilibrar a la humanidad cuando ésta las sepa reconocer! Por eso el agua se convertirá en un atributo de sanación en el planeta. Hay agua que mana del suelo, en tres lugares que ya han sido identificados en el planeta, que posee ciertos atributos de interdimensionalidad. Por lo tanto, tiene potentes efectos curativos sobre el cuerpo humano. Sí, realmente existe la fuente de la eterna juventud. Quizá su reputación sea algo exagerada, ¡pero existe agua que hará que el proceso de envejecimiento sea más lento! Funciona de esta manera, directamente de la tierra, debido al magnetismo particular de las zonas por las que ha viajado en su camino hacia la superficie terrestre.

Existe vida interdimensional en el agua, que se *armoniza* con la vida celular interdimensional de su ADN. Llegará a cambiar realmente algunas de las plantillas, algunos de los juegos de instrucciones, y algunas de las formas en que funciona su biología. Me estoy refiriendo de nuevo a su reloj interior. Éste es sólo el principio de una información que justo ahora estamos empezando a desvelar para ustedes, cosas que no les podíamos contar en 1999 ni antes, puesto que la vibración de su aceptación no era suficientemente elevada. Porque hay aquellos en esta sala que comprenderán perfectamente lo que estamos diciendo. Lo tienen exactamente delante, y está allí para todos ustedes, para complementar y sanar el cuerpo humano. Por eso siempre ha estado allí. Aquellos de ustedes que comprenden y han percibido la vida interdimensional en la naturaleza, en las piedras y en las plantas, han sentido estas formas de vida.

«*Kryon, ¿realmente te refieres a formas de vida?*». Sí. «*¿Quieres decir vida que se reproduce y vive en un espacio interdimensional en el agua y en el aire?*». Sí. «*Entonces, ¿por qué no la hemos visto?*». ¡Porque no han estado dispuestos a mirar! ¿Quién, en el mundo de sus ciencias biológicas, podría conseguir financiación para un estudio de la vida interdimensional? Ésta es todavía un área de investigación por cartografiar y su ciencia ni tan siquiera tiene un programa para examinar la posibilidad.

De todos modos, aquí hay algo que deberían saber. Como ya les dijimos hace algún tiempo, esta vida tiene *sombras* que son visibles en la atmósfera. En otras palabras, se pueden ver fragmentos de ella como resultado de su existencia, pero realmente no se la puede observar. Lo mismo es aplicable al agua, pero será más difícil de ver, porque el agua es bastante uniforme.

Resumiendo, estamos hablando de un tema totalmente nuevo: de la vida interdimensional en la Tierra, tanto en el agua como en el aire. Y en el caso del agua, su tratamiento magnético modifica las características de la vida que contiene, transmitiendo por ello una energía curativa invisible al cuerpo. Puesto que su cuerpo está compuesto en gran parte por agua, el agua tratada se mezcla entonces con el mismo fluido de la vida, transmitiendo una sanación de esencia vital a la biología en un nivel celular.

¡Y ustedes que pensaban que no había nada nuevo!

Voy a ofrecerles otra visualización antes de terminar. No se trata de fingir, sino de utilizar su facultad de visualizar otra realidad. Les hemos dicho en otras canalizaciones que el catalizador para una vibración más elevada es el perdón. Hemos hablado de abandonar los votos hechos en otras vidas, votos que eran promesas a Dios. Les hemos invitado a hacerlo, canalización tras canalización. Ahora ya se trata de información asimilada, pero sigue siendo importante, así que se la volvemos a recordar.

Hay muchos de ustedes aquí escuchando o leyendo esto que fueron chamanes y monjes en vidas anteriores. Todos hicieron importantes votos ante Dios. Como he dicho antes, estas promesas se llevan al otro lado del velo. ¿Quizá no se acordaban? ¿Quizás es usted uno de ellos, sentado aquí solo, y pensando en que sus relaciones sentimentales nunca acaban de funcionar? ¿Sabía que hizo usted un voto ante Dios para que así fuera? Eso se llama estar solo para poder ser puro y estar casado con Dios. Son los votos de castidad, que traspasan al otro lado el velo una vida tras otra. Ya les dimos antes esta información. También hay algunos de ustedes leyendo esto que hicieron voto de pobreza. ¿Y se preguntan por qué no hay abundancia en sus vidas? Es hora de abandonar todos esos votos.

Seres humanos interdimensionales: están fuera de cualquier línea de las que antes conocían. Se han desvanecido, igual que las viejas formas de pensamiento. Es hora de que reclamen la nueva energía como propia. Les daré una visualización. Quiero que reúnan a su alrededor a todos aquellos familiares que alguna vez vivieron en este planeta, aquellos que puedan recordar o sentir en este momento. Pónganse ustedes allí también. Inviten incluso a aquellos más problemáticos, vivos o muertos. Rodéense de ellos. Mientras lo hacen, realmente ellos se encuentran aquí, en un nivel interdimensional, esperando a que lo hagan.

Si lo desean, creen esta realidad. Hagan que les resulte lo más real posible. ¡Siéntanlo! Ahora quiero que les miren a los ojos y a los que sea necesario les digan: «*Te perdono*». Rodéense de las personas con quienes trabajan y hagan lo mismo. Miren a la familia a los ojos y suelten esa parte que sigue acarreando las cosas que se dijeron, o las situaciones en que sintieron que eran víctimas de una injusticia. ¡Quiero que se rodeen de toda la familia y que se vuelvan interdimensionales!

Dejen que la capa de este perdón descienda sobre ellos. No se sorprendan de si esto es recíproco, puesto que es un catalizador para ser amado. Este proceso es necesario si quieren dar el siguiente paso en su viaje de evolución espiritual. Llámenlo limpieza, si así lo desean, pero es preciso. No pueden llevar estos viejos sentimientos a una zona que es pura. Utilicen su compasión y el conocimiento espiritual interior para crear este perdón. ¡Y entonces sientan la alegría de la liberación!

La cosa más difícil para nosotros es marcharnos. Sólo venimos por una razón, y es la de capacitar al ser humano. Esta visita no tiene programa predeterminado. Como mi compañero ya les ha dicho en numerosas ocasiones, ¡no nos apuntamos sus nombres para poderlos consultar después! [Risas]. Les diré algo que retrospectivamente puede parecer curioso. Algunos de ustedes saldrán de aquí con energías diferentes a las que tenían al llegar. Algunos se levantarán de la silla donde están leyendo y se sentirán distintos. Si expresaron una intencionalidad interdimensional para ello, ¡puede que sea así!

Algunos de ustedes se marcharán con unos guías que en su interior llevarán a otros guías. ¡Esto sí que es ser interdimensional! Es hora de que comprendan que un guía no es sólo un ángel o una entidad que tiene un nombre y que vive con ustedes. ¿Sabían que parte de su YO está en el interior de sus guías? *«¿Y esto cómo puede ser?».* podrían preguntar. ¿Sabían que parte de su YO no está aquí? ¡Es porque son una pieza interdimensional de Dios! Cuando puedan comprender a Dios y los secretos del Universo, entenderán el tema de los guías. No intenten clasificar la energía interdimensional y entonces definirla. En lugar de ello, ¡celebren su existencia en cualquier forma que puedan comprenderla! ¡Celebren el hecho de que nunca están solos! ¡Celebren el YO SOY!

Hemos venido aquí para sentarnos entre las sillas y abrazarles, benditos sean. Durante unos momentos quisimos tener intimidad con la familia, y hemos notado como nos devolvían los abrazos. Durante unos momentos quisimos que supieran que existíamos y quizá tocarles en el hombro o el cuello, para darles una señal de que esta comunicación va mucho más allá que unas simples palabras. Es algo real.

Lector, esto va también para usted. ¿Creía que estaba usted solo, sentado leyendo esta página? Existe un grupo de acompañantes a su alrededor que no hace otra cosa que expresar su deseo de que usted sienta alegría, que reclame su parte divina y que empiece a percibir sus diferentes partes angélicas. ¡Queremos que alcance la serenidad porque se la merece!

No han venido aquí para sufrir. Han venido para descubrir lo real que es el gozo que rodea al ser humano que descubre la verdad de las cosas espirituales. Han venido aquí para encontrar al ángel que lleva su nombre... ¡y que existe mucho más allá de las líneas dibujadas!

Y así es.

Kryon

Congreso internacional del año 2001 sobre Ciencia y Consciencia

Recientemente ha habido una importante corriente de interés por el estudio de la consciencia, a medida que más y más personas tienen experiencias que no se pueden explicar mediante los enfoques científicos tradicionales. En algún punto de la historia hubo una escisión y acabamos teniendo la Ciencia y la Religión. La Ciencia limitaba sus estudios al mundo material y la Iglesia se encargaba de los reinos metafísicos. Ahora, con la ciencia estudiando la consciencia, estamos listos para reintegrar la Espiritualidad con la Ciencia. En este congreso exploraremos las dimensiones científicas y espirituales de la Consciencia. Vengan a explorar con nosotros la frontera donde la Ciencia y la Consciencia se encuentran.

«Existe ahora un gran deseo de encontrar las conexiones entre diferentes partes de nuestra sociedad, de nuestra civilización; la ciencia y la religión son dos grandes subdivisiones que necesitan reconectarse».

Vicepresidente Al Gore

(El texto anterior ha sido reproducido de la página web «The Message Company»). Para más información, contacte con el tel. (505) 474-0998 o consulte la página web: [http://www.bizspirit.com/science/index.html]

Capítulo Decimotercero

EL FANTASMA DE LA MUERTE
y
¡YA ESTÁN AQUÍ LOS NUEVOS NIÑOS!

Jan Tober

«Ampliación de conceptos»

Del autor...

Hace algunos años Kryon canalizó cierta información que ahora tenemos «justo delante de nosotros» en este año 2000. Esto es lo que reveló:

1) Aunque sonara muy raro en su momento, habló del «Fin de las Sombras». Pueden encontrar este término descrito en la p. 301 del Libro VII de Kryon, *Cartas desde el hogar.* Yo hablé de cómo algunos de nosotros realmente sentimos que era hora de partir, con todo el cuerpo empezando a desmoronarse, incluyendo la parte emocional. Esto se debió a lo que Kryon llamó «la receta para la aniquilación que la mayoría de nosotros tenemos interiorizada para los años 1999 y 2000». Como ya saben, no llegamos a cumplir nuestras propias profecías y en lugar de ello, seguimos aquí. Éste es el tema del presente libro.

2) *Los Niños Índigo.* Pueden encontrar la primera información relativa al fenómeno de los Niños Índigo en el Libro VI de Kryon, *Asociación con Dios,* página 275. Después vino el libro *Los Niños Índigo,* publicado en 1999 por Jan Tober y por mí.

El libro de *Los Niños Índigo* se ha convertido en nuestro récord de ventas absoluto, y ha ocupado los primeros puestos de las listas de ventas de distribuidores metafísicos durante casi un año (a la hora de escribir este libro). No sólo eso, sino que ha pasado al circuito de distribución comercial, y ahora pueden ir a cualquiera de las principales cadenas de librerías de prácticamente cualquier país de habla inglesa ¡y encontrarlo en la sección de «Ser padres». Jan y yo nos reímos del hecho que muchos lectores sólo nos conocen por el libro Índigo, y se horrorizan al saber que Jan y yo hemos estado implicados en la obra de Kryon, viajando extensamente durante diez años. Algunos fragmentos de la entrevista Índigo (que reproducimos a continuación) demuestran que éste fue realmente el caso con el entrevistador, que no tenía ni idea de quién era Kryon.

En esta próxima sección nos gustaría ofrecerles más información sobre ambos temas. Jan Tober, mi compañera espiritual y colega en las canalizaciones y publicaciones, ha tenido experiencia directa con el Fin de las Sombras, que se ha pasado a llamar «el Fantasma de la Muerte» –*fantasma* significa que no es real, pero ciertamente lo parece.

Ésta es la definición que el diccionario nos da de *fantasma*: «Algo que supuestamente se ve, se oye o se percibe, pero que no tiene realidad física»[1]. La primera parte de este capítulo, «El Fantasma de la Muerte», se ha venido publicando en la página web de Kryon desde hace algunos meses, y las cartas que hemos recibido indican que ha ayudado a muchos a comprender esta experiencia. Para su información diremos que ésta es una experiencia que nos dimos a nosotros mismos, no algo que nos dio Kryon.

Jan también se ha estado concentrando en el tema de los Niños Índigo, dando seminarios y entrevistas en estos últimos meses sobre el particular. Pensamos que sería una buena idea ofrecer una entrevista reciente del periódico *The Spectrum* escrita por Rick Martin en Las Vegas, Nevada (dos meses antes de la

---

1. Extracto de *The American Heritage® Dictionary of the English Language, Third Edition* ©*1996,* publicado por la Houghton Mifflin Company. Licencia para la versión electrónica de INSO Corporation; posterior reproducción y distribución de conformidad con la ley sobre el Copyright de Estados Unidos. Todos los derechos reservados.

publicación del presente libro), para añadir más información sobre el tema a la que ya ha sido transmitida. Además, es posible que algunos de ustedes no conozcan nuestro libro *Los Niños Índigo*[2], así que este artículo les podrá ayudar a comprender mejor de qué estamos hablando. También pueden informarse en: www.indigochild.com.

Lee Carroll

2. En castellano *Los Niños Índigo* de Jan Tober y Lee Carroll ha sido publicado por Ediciones Obelisco, editorial que próximamente publicará también de estos mismos autores *Homenaje a los Niños Índigo.*

«El Fantasma de la Muerte»

por Jan Tober

Hay un interesante proceso en marcha al que muchos de nosotros nos estamos incorporando. Tobías, miembro del grupo de acompañantes de Kryon, se refiere a este tema como «el Fantasma de la Muerte». Se trata de una situación que hemos programado para acabar con la vida tal como la conocemos en el reino físico. Está basada en antiguas informaciones, ésas que dicen que el alma-mente no tiene la fuerza necesaria (por el motivo que sea) para pasar a la Ascensión y a la nueva energía. Hemos sido programados con ansiedad con respecto a los próximos doce años, y de forma muy parecida a la Atlántida, hemos estado decidiendo si nos íbamos a teletransportar, a morir o a quedarnos aquí; y para muchos de nosotros la teletransportación es algo que no está disponible en estos momentos.

Tobías, mi alma afín y complemento divino, de manera muy mesurada y firme me llevó a visitar mi Fantasma de la Muerte. Tobías es el miembro del grupo de Kryon que ha tenido un cuerpo físico, y podríamos decir que ésa es su especialidad. A medida que avanzamos hacia la intencionalidad pura para activar e integrar nuestras hebras restantes de ADN, nuestra intención es soltar la hormona de la muerte y activar las de rejuvenecimiento, «los cromosomas de la juventud y la vitalidad». A medida que esto pasa, parece que para muchos, el Fantasma de la Muerte también «se activa». Ahora conozco a otras cuatro personas (tres son amigos íntimos), aparte de mí misma, que han pasado por esta experiencia. Debido a que puede resultar bastante dura, me gustaría compartir partes de mi experiencia con ustedes.

311

Me doy cuenta de que he estado conscientemente revoloteando alrededor de este fantasma desde hace dos años. Esta primavera vi a una de mis amigas más íntimas pasar por tres ataques de corazón en dos semanas durante su estancia en la unidad de vigilancia intensiva de nuestro hospital local. Durante ese tiempo, telefoneé a dos grupos de plegaria *realmente numerosos*, y a mi propio grupo personal de unos diez potentes participantes/sanadores. Empezamos con la sanación a distancia. No hablamos mucho entre nosotros esa primera semana, simplemente nos concentramos «en el amor» hacia mi amiga. La segunda semana las noticias empeoraron. Tenía pulmonía. Mantuvimos nuestra vigilia. No obstante, al mirar hacia atrás, me doy cuenta ahora de que energéticamente nos estaban manteniendo a distancia.

A efectos prácticos, sentíamos como si el alma de mi amiga estaba realmente sopesando sus opciones. Comentamos entre nosotros que eso era algo muy distinto a cualquier cosa que hubiéramos experimentado antes, era casi como si la estuviéramos perdiendo. Mientras de forma resuelta manteníamos la intencionalidad de «Hágase tu voluntad», sentíamos una sensación de abandono. (¿Era eso escuchar como el alma sopesaba sus opciones?). Nos sentíamos impotentes, un sentimiento radicalmente diferente para aquellos de nosotros que habíamos visto milagro tras milagro como resultado de la intencionalidad pura y la plegaria.

Más o menos en el mismo momento en que emocionalmente habíamos dejado ir a mi amiga y empezado a echarla de menos, ella se incorporó en su cama del hospital y dijo: «Ya está. ¡Ya estoy bien! ¡Me quedo!».

Mi propia experiencia fantasma no resultó tan espectacular para nadie excepto para mí. Mientras pasaba por mis propios sobresaltos médicos, de repente dejé de sentir el «subidón» del grupo de plegaria. Eso era algo muy diferente a lo habitual. Normalmente salgo adelante de todas mis dificultades. Sentí que había traspasado el punto de «no retorno». Viví en una densa oscuridad durante unas dos semanas. Esto no se parecía a mi habitual optimismo un poco ingenuo. En ese punto, debo decir que el apoyo de mis amigos y almas hermanas energéticas era lo que me mantenía en pie. Cuando me encontraba en mi punto más bajo, en un seminario en Seattle, Washington, con 450 personas, ¡un respetado conferenciante y profesor me dijo que había «traspasado!». Yo *sabía* que estaba en medio de este acontecimiento. En ese punto, conseguí acceder a los orígenes de mi Fantasma de la Muerte (año 500 aC.). Una vez este fragmento se hubo sanado emocionalmente y liberado, y mi polaridad recuperada, el cerebro lineal se activó. Me di cuenta de que había estado «fuera del cuerpo» la mayor parte del tiempo durante los dos últimos años. Éste era un mecanismo protector y amoroso de mi Yo superior, mientras me preparaba para pasar por la muerte y la resurrección.

Espero que la siguiente información les ayude a comprender y a cuidarse, en el caso de que tuvieran que pasar por esta prueba.

Resumen

1. Se pueden sentir muy solos, incluso separados del Espíritu. Éste parece ser el proceso normal.

2. Si no saben lo que les está ocurriendo, probablemente estén «haciendo» el Fantasma de la Muerte. Pensarán que están pasando por la transición llamada «muerte».

3. Busquen el origen y elimínenlo de su vida pasada o presente. Busquen a sanadores para que les faciliten el proceso.

4. Trátense con la máxima gentileza y delicadeza. No es momento de «forzarse a progresar». Saquen tiempo del trabajo. Dense tiempo para salir. Esto es algo entre ustedes y su propia alma: nadie más.

5. Sepan que se pueden conseguir más cosas en esta nueva energía en el cuerpo físico que estando en otra dimensión «en el otro lado».

6. Repitan los cinco puntos anteriores con frecuencia. Creen un mantra, como por ejemplo: «Opto por la vida. Me encanta mi vida». Yo salía a dar largos paseos todas las mañanas y salmodiaba mantras positivos y amorosos.

7. Estén con personas amorosas, con almas de energía similar. Nadie puede arreglarles. No obstante, el amor y la vitalidad de personas queridas puede estimular su propia fuerza vital. Cojan de la mano a sus seres queridos y a los seres con los que conectan espiritualmente (el contacto físico es muy importante).

8. Vuelvan a dirigir sus pensamientos con amor hacia la Luz. Sostengan su intencionalidad pura de estar aquí con amor. «¡Finge hasta que se haga real!» (como dice el refrán). Asuman el control consciente de su diálogo interior y recuerden la afirmación: «¡OPTO POR LA VIDA!».

9. Ponga su nombre en las listas de grupos de plegarias. Yo hace casi treinta años que siempre llamo al de Silent Unity (Silent Unity Prayer: tel. 816-969-2000).

10. Sepan que esta experiencia puede llevarles a sentir cosas diferentes a las mencionadas. La vamos haciendo a medida que avanzamos.

11. Lleven a cabo limpiezas corporales: baños con sales de magnesio, meditación y ejercicio suave (caminar, yoga, tai-chi, etc.) Es muy importante, igual que la repolarización corporal.

12. ¡Sepan que pueden salir airosos de la prueba! Todos nosotros lo hicimos, y estamos aquí para ayudarles.

13. Cuando el Fantasma de la Muerte esté completo, cuando hayan pasado por él, recordarán el paso por la Iniciación de la Séptima Puerta atlante/egipcia. ¡Será un momento fantástico de celebración! Pidan a sus amigos que lo compartan con ustedes. Exterioricen su niño interior (donde reside su cuerpo emocional). Él/ella seguramente hace tiempo que no se ríe.

14. Y lo más importante: ahora sus pensamientos y palabras transmitirán su fuerza más rápidamente de lo que jamás pensaron que podrían hacer. Así que estén atentos a sus visiones, que pueden darse en un nivel de mayor claridad. Sean conscientes de todo aquello que vayan manifestando. El campo está despejado.

15. Verbalicen todos los días para sí mismos:

> «AHORA, con intencionalidad pura,
> ¡OPTO POR LA VIDA!
> ¡OPTO POR LA RESURRECCIÓN!».

Jan Tober

«¡YA ESTÁN AQUÍ LOS NUEVOS NIÑOS!»

Una entrevista con Jan Tober

por Rick Martin

Del periódico THE SPECTRUM
entrevista de Rick Martin [1]

El gran Maestro de hace 2.000 años dijo: «Bienaventurados los niños». Estos niños serán los guías que nos devolverán, como planeta, al camino del amor.

A muchas personas no les resultará extraño que digamos que está pasando algo muy especial con los niños de este mundo. Hace algún tiempo que está ocurriendo. Hay aquellos que dicen que la «avanzadilla» de este fenómeno de nuestros días empezó a nacer hace ya veinte años. Los futuristas, como Gordon-Michael Scallion, han estado hablando de su llegada al planeta desde hace ya varios años, y les pusieron el nombre de Niños Azules. Para Nancy Ann Tappe, dotada con la facultad de ver el campo áurico del cuerpo humano, ellos son simplemente los *Índigo*.

---

1. Algunos fragmentos de este artículo han sido revisados y abreviados. No se trata de la entrevista completa. Utilizada con permiso de Rick Martin y del periódico *The Spectrum*. Consulte el final del artículo para la página web y dirección de *The Spectrum*.

¿Qué significa la presencia de estos «super-niños»? ¿Cuál es su mensaje? ¿Cuál es su propósito para estar aquí, en estos momentos? ¿Es esto sólo una idea caprichosa o una realidad? ¿Qué son los Índigo y qué les convierte en «Índigo»?

Aunque tardé varios meses en coordinar las cosas, finalmente pude hablar con Jan Tober, co-autora del provocativo libro llamado *Los Niños Índigo*, sobre este fascinante tema.

El libro, aunque simplemente es una «introducción» al tema, debería ser lectura obligada para todo profesor y administrador escolar. Si usted tiene un niño que es muy travieso y difícil de dominar, si tiene un niño a quien le han diagnosticado Trastorno por Déficit de Atención (TDA) o TDA con hiperactividad (TDAH)[2], entonces ¡por favor, lean este libro! Debería estar en todas las bibliotecas del país.

Es evidente que, en una hora y media, no pudimos hacer gran cosa más que arañar la superficie del tema. Pero si alguna vez ha pensado que el mundo no tiene arreglo, ¡esta historia realmente le levantará el ánimo!

Pasemos ahora directamente a mi conversación con Jan Tober sobre el tema de estos niños maravillosos, indómitos, provocativos y a menudo exasperantemente «viejos».

Martin: Empecemos con una definición básica. ¿Qué son exactamente los Niños Índigo?

Tober: La definición que estamos divulgando, y que a nosotros nos parece más correcta, es: un Niño Índigo es aquel que muestra un nuevo e inusual juego de atributos psicológicos, así como un patrón de conducta generalmente no documentado con anterioridad.

---

2. *N. de la T.*: En ocasiones podrá encontrar referencias a estos trastornos bajo las siglas inglesas ADD y ADHD.

Martin: ¿Cómo llegaron al calificativo de «Niños Índigo»?

Tober: Lo de *Niños Índigo* es por el color del aura que rodea a estos niños. Tengo una querida amiga, a quien conozco desde mediados de los setenta, que se llama Nancy Ann Tappe. Nancy ha escrito un libro llamado *Understanding Your Life Through Color* (*Comprenda su vida mediante el color*)[3]. Se publicó en 1982. En ese libro se encuentra la primera información documentada sobre los Niños Índigo, para los cuales ella «acuñó» la frase.

¿Cómo puede ver ella el color? ¿Cómo es de ajustada su visión? A Nancy le han diagnosticado que dos de sus sistemas neurológicos se cruzan, y eso crea una situación en la que, literalmente, puede ver el aura humana. Es como si fuera una cámara Kirlian, por decirlo de alguna manera, y ve los campos electromagnéticos, los colores y las frecuencias. Es una persona estupenda, una asesora y metafísica maravillosa, además de profesora.

Se dio cuenta, desde el principio, de que había un nuevo color asociado con algunos recién nacidos cuando estaba trabajando en su tesis doctoral. Nancy ha dicho que desde el año 1980, aproximadamente el 80 por 100 de niños que han nacido son Índigos. Y, desde 1995, tenemos un porcentaje todavía más elevado, y eso es algo tan especial que realmente debemos averiguar qué es lo que está pasando aquí.

Estamos viendo llegar al planeta una nueva generación de Maestros, y se les ha llamado «Niños de las Estrellas», «Niños Azules», y, gracias a la obra de Nancy, ellos son, desde nuestro punto de vista, los «Niños Índigo». Son nuestra esperanza para el futuro. Son nuestra esperanza para el presente. Y eso, esotéricamente hablando, es lo que *realmente* está pasando.

---

3. Pueden adquirir el libro de Nancy Ann Tappe, *Understanding Your Life Through Color*, llamando a la línea 800 de Kryon: (800) 352-6657.

Intentamos ser lo más pragmáticos posible, porque tenemos un montón de padres ahí fuera que tienen que tratar con almas muy *viejas*, en cuerpos muy pequeños, que, en la mayoría de los casos ¡saben más que sus padres!

Y después, ¿qué pueden hacer los padres con esa información? Hay padres/metafísicos que tienen algunas ideas sobre alternativas. Sin embargo, en el caso de la gente corriente, no sé adónde pueden recurrir, excepto a nuestro libro y a algunos otros que se están publicando sobre el tema.

Martin: Estoy seguro de que te han formulado un montón de preguntas clásicas, y no sé si las mías serán tan clásicas. Quiero pasar a aspectos más profundos, pero antes tengo algo que me pica la curiosidad: ¿os ha sorprendido o abrumado la respuesta que ha tenido el libro desde su publicación?

Tober: Sí y no. Siempre resulta un poco abrumador cuando se está en medio de algo cuyo momento es perfecto.

Martin: Buena respuesta.

Tober: Esta información sobre los niños me llegó, intuitivamente, a mediados de los setenta, más o menos por la misma época que a Nancy, sin que entonces me percatara de que ella también estaría conectada con esta información. Por lo que yo sé, no hablaba mucho de los Niños Índigo porque la información era muy nueva. No obstante, yo tenía sueños en los que algunos niños venían hacia mí y me decían quiénes eran, por qué habían venido, quiénes eran sus padres, y por qué kármicamente estaban con ellos.

Y era algo fascinante. Me despertaba de estos sueños y me sentía atraída hacia algunos bebés y niños pequeños. Les miraba a los ojos y allí veía esas almas viejas dentro de esos cuerpecitos. Entonces miraba a mi alrededor y les preguntaba a mis amigos: «¿Habéis notado alguna diferencia en los niños? Y mis amigos decían: «Bueno, más o menos».

Supe que ésta era una de las razones por las cuales estoy aquí. Y sé, por el trabajo que Lee y yo realizamos, que ciertamente también forma parte de su misión. Desde esa perspectiva, no me sentí sorprendida.

Sabía que era algo que *tenía* que hacerse. Era como si dos manos muy fuertes me empujaran hacia esa parte de mi vida. Y entonces, a medida que viajábamos y trabajábamos con la gente, en especial estos últimos cuatro años, padres, trabajadores de guarderías y profesores nos han dicho que se han sentido frustrados por algunas almas viejas francamente inusuales, además de reconocer que eso precisamente eran los niños con quienes estaban trabajando.

Y la pregunta: «¿Qué hacemos?» ha surgido de los padres. ¿Y cómo podía ser posible que ayudaran a sus hijos en colaboración con el sistema escolar? Existía tanta frustración, y también tanto interés, que para cuando tuvimos el libro listo para publicación, ¡sabíamos que había llegado el momento adecuado!

Martin: ¿Están trabajando en una segunda parte?

Tober: Oh, vaya. (*Se ríe*). Sí, la editorial Hay House nos ha pedido un segundo libro. Me gustaría explicar cómo sus lectores pueden contactar con nosotros por medio de la página web de Kryon.[4]

---

4. La página web de Kryon es: http://www.kryon.com. La página web sobre los Índigo es: http://www.indigochild.com

Martin: ¿Y qué es Kryon?

Tober: La página web de Kryon.

Martin: ¿Es diferente a la dirección de los Niños Índigo?

Tober: ¡Oh! (*Risas*). Esto sería otra entrevista. ¿Has oído hablar alguna vez de los escritos de Kryon?

Martin: No.

Tober: Bueno, Lee y yo no hablamos mucho de ello en estas entrevistas sobre los Índigo, porque el libro de los Niños Índigo está dirigido a un público general. Queremos ayudar a esos padres que lo necesitan, y que se ven enfrentados a una receta de Ritalin[5]. ¿Sabes a qué me refiero?

En cuanto a Kryon, Lee y yo viajamos por todo el mundo hablando sobre los escritos y enseñanzas de Kryon, una energía angélica maestra. De hecho, en los tres últimos años hemos hablado en la ONU. Lee canaliza a Kryon, y yo también canalizo los aspectos femeninos del grupo de acompañantes de Kryon. Yo me encargo de las meditaciones. Hacemos reequilibrio y modificación energética grupal. Este año hablamos frente a 4.000 personas sólo en Francia y Bélgica en un período de dos días. ¡Fue asombroso! El trabajo está básicamente centrado en la idea de que «creamos nuestra propia realidad», lo que por supuesto no es ningún concepto novedoso, pero es nuestra tarea ser canales traspa-

---

5.   *N. de la T.:* El nombre comercial del fármaco equivalente en España es Rubicén.

rentes para que esa información se transmita repetidamente, para ayudar a las personas a recuperar su poder, a *recordar su poder*.

Martin: Esto es sólo un inciso. ¿Conoces el libro de Paul Dong y Thomas E. Raffill llamado China's Super Psychics (Los grandes psíquicos de China)?

Tober: ¿Son esos a quienes se refiere Drunvalo Melchizedek?

Martin: Exacto.

Tober: Hemos recibido e-mails sobre el tema, y Drunvalo promociona nuestro libro en sus talleres. Es un profesor maravilloso.

Martin: Sí, efectivamente.

Tober: Y la información que tenemos es que estos psíquicos tan especiales son todos Índigo.

Martin: Me lo había parecido. Y, supongo que estará ocurriendo lo mismo en todos los países, pero nadie ha escrito un libro sobre ello; simplemente escogieron los de China.

Tober: Bueno, China [y Asia en general] es muy interesante. Según Nancy Tappe, prácticamente todos los niños que están naciendo en Singapur serán Índigo. Ya sé que Singapur técnicamente hablando no es China, pero está muy cerca. Dimos un seminario muy importante en Singapur en 1998, en el que Kryon describía un portal que se estaba abriendo. Nancy me pasó esta información antes de que yo le hablara del portal. Lee y yo tuvimos que hacer mucha limpieza y purificación del terreno para que pudiera sostener la energía del espacio en que nos encontrábamos, antes incluso de empezar el taller.

Martin: Eso parece lógico.

Tober: Nancy me dijo: «Pues claro, ahí lo tienes. Por eso es en Singapur». El viaje resultó un gran esfuerzo para nosotros en muchos sentidos, pero tuvo grandes compensaciones debido al hecho de que sabíamos que, al ser canales, habíamos ayudado a que parte de ese movimiento estuviera bien enfocado: para ayudar a las almas Índigo a llegar ahí.

Sabes, Rick, esto es básicamente lo que tenemos entre manos: los maestros están llegando como individuos con predominio del hemisferio cerebral derecho, llegando a un mundo regentado por el hemisferio izquierdo. En realidad se trata de almas con ambos hemisferios bien equilibrados, y con ello estamos experimentando una mayor conciencia del hemisferio derecho que nunca antes, es decir, desarrollando la intuición, etc.

Martin: Debe de ser duro.

Tober: Supongo que a ti también te han hablado de esto tanto como a nosotros, pero estamos hablando de lo Divino Femenino que está llegando en estos momentos, y yo añadiría ¡ya era hora! [Es como si los últimos 3.000 años –más o menos– hubieran sido una «exhalación» de Dios, y ahora estamos pasando a una «inhalación» de la Diosa].

Y lo Divino Femenino y los Índigo van de la mano. ¿Quién podría decir dónde empieza uno y acaba el otro, o quién fue primero? Mi intuición me dice que los Índigo han abierto el camino para que podamos acceder a lo Divino Femenino y anclarlo aquí con relativa facilidad. Necesitábamos una «masa crítica».

Es de esto de lo que trata la labor de Kryon: de conseguir una masa crítica que acepte que a través de su consciencia, de su pensamiento y de sus palabras y actos, están creando su realidad; por lo tanto, podríamos crear esa realidad que llamamos Cielo aquí en la Tierra.

Era necesario que esa masa crítica ya estuviera despierta y en funcionamiento cuando los Índigo empezaron a llegar, para que existiera una frecuencia lo suficientemente refinada para que pudieran venir en su vehículo físico y tener un medio de frecuencia más elevada en el que pudieran quedarse, donde no tuvieran que pasar por tantas «muertes súbitas» en la cuna ni marcharse antes de hora, como por ejemplo un aborto espontáneo.

Martin: Siguiendo en esta línea, quiero hablarte de los diagnósticos equivocados de TDA y TDAH, y del uso de Ritalin para drogar a estos niños. ¿Te has encontrado con muchos Índigos que han sido drogados y que, en tu opinión, ello obedecía a un mal diagnóstico?

Tober: Repito que yo trabajo como asesora intuitiva. No trabajo en un medio en que muchos de mis clientes les darían Ritalin a sus hijos. Buscarían alternativas, de forma instintiva. No obstante, en algunos de nuestros encuentros cara al público, donde está representado un espectro más amplio, tenemos algunos casos en los que quizás esa persona del público no lo hubiera hecho, pero que nos comenta: «El hijo de mi cuñada, mi sobrina, mi sobrino...», cuando ellos (los miembros del público) no son la persona principal que se encarga de ese niño. Pero ciertamente conocen a otros padres, cuidadores o profesores de Índigos.

Quiero mencionar los porcentajes que citamos en el libro sobre el aumento de la producción de Ritalin: «La producción de Ritalin se ha multiplicado por siete en los últimos ocho años, y el 90 por 100 de esa producción se consume en Estados Unidos».

La tendencia de los últimos años ha sido clara: el porcentaje de niños diagnosticados de TDA y TDAH que sale de la consulta del médico con una receta escaló del 55 % en 1989 al 75 % en 1996. Y, si se dijera toda la verdad, el porcentaje es incluso más elevado.

¿Qué está pasando? Lo que está pasando es que tenemos un nuevo paradigma de almas, de seres, que llegan a la Tierra. Aquí los tenemos, siendo empujados hacia una sociedad regulada por el hemisferio cerebral izquierdo, donde ser del izquierdo significa ser respetado, y donde ser del derecho, es decir, artista, músico, bailarín, pintor, escritor o pensador creativo, es algo que no invita al respeto. Los Índigo ya están integrados y nos ayudarán en nuestro avance hacia el equilibrio de hemisferios.

Así que nacen en un mundo regulado por el hemisferio izquierdo. Para ganar puntos, para recibir un golpecito en la espalda, para que se les respete y les honre *de verdad*, tienen que intentar encajar dentro del viejo sistema. Estas almas, como maestros que son, *conocen* la verdad y saben que nos estamos dirigiendo hacia un respeto por la manera de funcionar del hemisferio derecho, y ellos forman parte significativa del tema.

Así que no van a encajar, aun cuando quisieran hacerlo. Están aquí para realizar una misión, y esto es realmente importante. ¡*En esta vida tienen una misión que realizar*! No están aquí para encajar. Están aquí para que nosotros les entendamos a *ellos*, para que aprendamos de *ellos*, y para permitir que *ellos* nos enseñen una nueva manera de ser.

Volviendo a tu pregunta. Como ellos son nuevos y diferentes, ¿dónde quedan los médicos? ¿Dónde quedan los padres? ¿Dónde quedan los profesores? Tienen entre manos unos niños que supuestamente son hiperactivos, que tienen un período de atención muy corto, que no soportan tener que estar haciendo cola: todo ello son síntomas de que no encajan en absoluto en el viejo sistema.

Me recuerda eso del huevo y la gallina, quiero decir: ¿quién fue primero? ¿El TDA o el niño con TDA? Está apareciendo una especie de patrón. Y no saben qué hacer con ello.

Bien, si el Ritalin fuera el remedio adecuado, las cosas serían diferentes. No quiero ponerme a discutir sobre la AMA[6], pero hay tantísimas e increíbles alternativas que requieren tal vez un poco más de esfuerzo, pero por favor, ¿acaso nuestros hijos no lo merecen?

Si el fármaco Ritalin remediara la situación, entonces de acuerdo. Pero no es así. Simplemente es un mecanismo para detener la situación, como ponerle una «tirita». Es inevitable que a la larga tendrán que dejar de tomar la droga y enfrentarse a situaciones vitales para las que nacieron. [¿Y qué pasa con el «tiempo perdido por la droga»?].

Yo recomiendo un libro sobre el TDA y el TDAH. Se titula *The A.D.D. and A.D.H.D. Diet!*, y está escrito por Rachel Bell y el doctor Howard Peiter. Quiero ofrecer esta cita del libro. Aunque vuestros lectores ya están muy duchos en el tema, no me parece mala idea que todos nosotros nos detengamos un momento, tomemos una respiración profunda y reflexionemos:

«Las personas con TDA/TDAH tienen un suministro insuficiente de neurotransmisores, especialmente de serotonina. La serotonina se fabrica en el cerebro cuando hay presencia de vitamina B6 y triptófano. El triptófano es un aminoácido esencial. Si la provisión de vitamina B6 y triptófano no es suficiente, el cuerpo no puede producir serotonina».

---

6.   *N. de la T.:* Asociación Médica Americana.

«Por consiguiente, las personas con TDA/TDAH puede que necesiten suplementos de triptófano y/o de vitamina B6. La proteína suministra aminoácidos al cuerpo. Si el cuerpo recibe suficientes alimentos que lleven proteína y triptófano, el suministro de aminoácidos generalmente no será un problema. La proporción de calcio y magnesio también es un factor clave. La insuficiencia de magnesio puede producir niveles elevados de insulina, que reducen la serotonina. Por ello es necesario garantizar un suministro adecuado de magnesio, además de vitamina B6 y aminoácidos».[7]

Y continúa así. Éste es uno de varios libros que recomendamos. El libro es corto, agradable y conciso.

En primer lugar tenemos la constitución Índigo. Tenemos a los maestros Índigo que llegan con una misión y dicen: «Vamos a ayudar a este planeta a pasar hacia lo Divino Femenino, de una manera u otra. Vamos a hacerlo llegando al planeta y siendo un ejemplo de amor. Vais a aprender a cómo tratarnos, y a medida que lo hagáis, vais a aprender a cómo trataros los unos a los otros con amor». Quiero decir, éste es el tema subyacente a todo ello. Cuando aprendamos a querer, a convivir y a cuidar como padres a los Niños Índigo, vamos a aprender a funcionar en niveles más altos unos con otros. Eso es lo que nos están enseñando.

Así que tenemos el TDA y el TDAH, de acuerdo. Tenemos un nuevo paradigma que está entrando. Estos niños poseen en abundancia eso que hemos etiquetado como Trastorno por Déficit de Atención con Hiperactividad. Ello no significa que eso sea correcto. Lo que no-

7.   Doctor Howard Peiper, Rachel Bell; *The A.D.D. and A.D.H.D. Diet!;* editor: Safe Goods; ISBN 1-884820-29-8; 1997; Pedidos al tel. (800) 903-3837; E-mail: Safe@snet.net; página web: http://www.animaltails.com

sotros les decimos a los padres es lo siguiente: Por favor buscad alternativas. Sabemos que es difícil. Por eso se publicó el libro, así que cogedlo y consultad las listas de características, y podréis ver que tal vez vuestro hijo no tiene nada malo; que vuestro hijo forma parte de este nuevo paradigma.

El tema es, ¿cómo trabajamos con eso? Esto es lo que contiene el libro: está lleno de alternativas saludables, desde dietas hasta técnicas. Hay una técnica llamada conversación durante el sueño, en la que se le habla al niño mientras está durmiendo. Es muy potente y hay que enseñársela a los padres. Cuando organizo los talleres Índigo por todo el país, llevo conmigo a algunos profesores, que aportan luz sobre algunas de estas opciones alternativas.

Existen todo tipo de opciones que los padres pueden estudiar. ¿Reacciona su hijo con alergias a los alimentos o a la contaminación atmosférica? Tenemos que volvernos muy, muy expertos en todas estas cosas, y estos niños nos obligarán a hacerlo, cosas que también podremos aplicarnos a nosotros mismos.

Martin: Como soy consciente del poco tiempo de que disponemos, déjame que te pregunte: Tenéis una lista fantástica en vuestra página web de escuelas Montessori y Waldorf. Y os referís a ellas como lugares excelentes para niños Índigo. ¿Qué pasa con los Índigo que han nacido en familias económicamente débiles? ¿Qué les decís a las personas que simplemente no se pueden permitir ese tipo de educación?

Tober: Hemos recibido información sobre maravillosos resultados conseguidos con la escolarización en casa. Hay un grupo en Houston, creo que en estos momentos tendrá unas cuarenta familias, quizá más, y están trabajando con éxito con la enseñanza en casa. Eso podría ser una alternativa. Por supuesto sería una alternativa barata. Están consiguiendo resultados estupendos y los niños pasan directamente a universidades de primera fila.

También sé, en el fondo de mi corazón, que se abrirán otras formas de escolarización con unos costes menos prohibitivos, para familias que no tienen unos ingresos elevados. Y sé que existe un interés tan enorme hacia los Índigo y por lo que podemos hacer para ayudarles, que hay muchos educadores que se han convertido en metafísicos, que están arrimando el hombro y trabajando para poner este tipo de escolarización en marcha.

Justo esta semana he estado trabajando con una clienta que me preguntó hacia dónde la veía yo encaminarse, y vi muy claramente que iba a trabajar formando parte de este grupo. Eso fue parte de una sesión de orientación intuitiva que realicé, y resultó ser que está a punto de licenciarse y tiene personas, como rectores y vicerrectores, que quieren colaborar con ella. Así que, donde hay uno, hay muchos.

Sé que se está movilizando el tema de los libros. Tenemos éste y saldrán muchos más. Estoy ahora implicada en cuatro a la vez: uno con Lee y tres o cuatro con otras personas sobre diferentes campos de la educación, la salud y temas relacionados con los niños Índigo. Es necesario que se publiquen estos libros y que atraigan la atención de la gente, porque debemos abrir una brecha suficientemente ancha para crear una «cuña de luz» en el sistema educativo y hacer espacio para estos niños. Están naciendo ahora en un porcentaje tan alto que ya no podemos ignorarlo por más tiempo.

Martin: ¿Existe alguna fundación o centro donde obtener información sobre los niños Índigo, aparte de vuestra página web? Hay algún lugar —o lugares— base, que se estén creando para estudiar y trabajar con estos niños especiales?

Tober: Según mis informaciones es sólo cuestión de tiempo que estos centros existan. Es algo demasiado importante, lo tenemos junto enfrente y es el paso siguiente de nuestra evolución. Así que se hará. Probablemente ya se estén poniendo en marcha mientras sostenemos esta conversación.

Martin: Has dado muchas vueltas, has viajado mucho. ¿Qué crees tú que necesita saber la gente? ¿Cuál es la información más útil que puedes transmitir a nuestros lectores sobre este tema?

Tober: Hay dos palabras que, si no pudiéramos decir otra cosa, serían las que dirigiríamos a los que cuidan de los niños Índigo. Las dos palabras son: *opciones* y *negociación.* Si no pudieran recordar otra cosa, si no leyeran nuestro libro, por favor denles opciones, y negócienlo todo. Lo que quiero decir es que, por supuesto, no van a dejar que hagan todo lo que ellos quieran. Pero ésta es la directriz para cuidarles. Si logramos recordar que están aquí para enseñarnos, eso otorgará más equilibrio a estas palabras.

Quiero compartir con tus lectores lo que los padres pueden hacer para que las cosas sean distintas. Además de ofrecerles opciones y negociar con ellos, pueden cambiar mucho las cosas si los guían en lugar de darles instrucciones explícitas. Trátenlos y relaciónense con ellos como si fueran sus mejores amigos porque, de hecho, lo son. Trátenlos con respeto. Aprecien su existencia en su familia. Ayúdenlos a crear sus propias soluciones disciplinarias. Se quedarán asombrados, como padres, de las cosas que se les pueden ocurrir. Y denles opciones sobre todos los temas. Nunca les menosprecien, jamás. Estos son sólo unos consejos para la buena educación como padres. Si quisiéramos ser los padres perfectos, diríamos: «Ésta es la lista que voy a seguir». Así que simplemente

331

están diciendo: «Ahora es el momento, y podéis practicar cómo ser los padres perfectos. Ahora es el momento planetario para hacerlo».

Explíquenles siempre por qué les dan las instrucciones que les dan. No digan nunca: «Porque lo digo yo». En lugar de ello, digan: «Porque esto me será hoy de ayuda. Estoy un poco cansado. Necesito que me ayudes un poco», sabiendo que la sinceridad siempre funcionará con ellos, porque son intuitivos. Saben lo que está pasando mientras ustedes lo piensan.

Háganles copartícipes de su educación. Esto es *extremadamente* importante. Está relacionado con las opciones y la negociación. Conviértanles en colegas. Háganles saber que tienen siempre derecho a voto. Estén *presentes* con ellos. Y por supuesto, como amigos, como miembros adultos de la familia, siempre pedimos estar presentes cuando nos encontramos en alguna situación con otras personas. Lo que quiero decir es: «vive en el aquí y ahora». Eso es estar en el momento. Los metafísicos intuitivamente ya saben mucho de esto. Y explíquenselo todo a sus hijos, si creen que hay algo que no entienden. Sepan que *sí* lo entienden, en un nivel de alma. Y sabemos que podemos hablar con ellos antes de que nazcan. Empiecen enseguida, ¡que tal incluso antes de la concepción!

Si surgen problemas graves y sienten que les gustaría someterlos a un diagnóstico de un posible TDA o TDAH, no les diremos: «No vayan al médico». Lo que decimos en el libro es: «Busquen algunas alternativas. Por ejemplo dieta, suplementos alimenticios, nutrición, homeopatía, quiropráctica y repolarización». Consulten las posibilidades holísticas. Nosotros ofrecemos una larga lista de ellas, y también cómo contactar con autores y profesores alternativos a quienes pueden enviar sus dudas y preocupaciones vía e-mail.

Ofrezcan seguridad en su apoyo. Eviten las críticas negativas. Anímenlos en sus proyectos. Esto son cosas que ya sabemos. Un Índigo no es buen seguidor. Dejen que *ellos* decidan lo que les interesa y qué es lo que quieren hacer. Hablen *con* ellos, no *hacia* ellos. Ésta, básicamente, es la información que hemos recabado de terapeutas, de padres muy concienciados y del trabajo de Nancy, y es algo que realmente parece ayudar en la educación de los Índigo.

Ellos saben quiénes son. Nacen sintiendo y sabiendo quiénes son. No sirve de nada que intentemos meterlos en moldes para que sigan patrones que posiblemente nosotros tuvimos que aprender a romper, los mismos con los que nos educaron nuestros padres.

Hay una nueva manera de ser. Hay una nueva manera de ser padres, y trata de avanzar hacia el amor. El concepto básico es el amor: estar presentes, con amor y comprensión. En los meses y años que seguirán, vamos a ver aparecer nuevos sistemas escolares en que los padres y educadores trabajarán conjuntamente.

Estas almas vienen de la décima dimensión. Esta dimensión trata del sonido y del color e irradia una energía opalescente. Mientras piensan en ello, ¿no les sugiere un interesante paisaje de amor? Esto dice mucho de su portentosa energía y de volver a respetar el hemisferio derecho, las artes, los procesos intuitivos, y escuchar a los niños.

Dejen que fluya su conocimiento. Díganles que saben quiénes son, para que decidan quedarse. Creen un hogar sagrado y armonioso. Pueden conseguirlo quemando salvia, alcohol y sales de magnesio, así como ciertos tipos de incienso. Veneren su hogar como si fuera un templo, para que sus hijos puedan volver a casa y encontrarse con unos padres amorosos en un ambiente limpio y afectuoso.

Aunque estén cansados, explíquenles las cosas. Reserven un poco de tiempo especial exclusivamente para ellos, cuando ustedes puedan estar totalmente presentes. Háganles sentir siempre seguros, y dejen que vuelvan a casa con su mejor amigo: usted.

Martin: Al final del libro hay una información sobre el mensaje que traen los niños Índigo. ¿Podrías comentar un poco más el tema?

Tober: ¿A qué parte en concreto te refieres, Rick?

Martin: Al hecho de que traen un mensaje de amor.

Tober: ¡Ah, sí! El mensaje *es* de amor; es de honrar esa parte de nosotros. De nuevo mencionaré lo Divino Femenino, que llega y rinde honores al amor, a la compasión, al proceso intuitivo, todo ello piezas que tienen que juntarse para construir este Cielo en la Tierra; y esos niños están aquí para enseñárnoslo, de un modo u otro.

Martin: Te refieres a ellos como «rompedores de sistemas». ¿Qué significa exactamente esta expresión?

Tober: Nos dijeron, hace muchos años, que las primeras cosas que romperían serían las viejas instituciones y sistemas establecidos. ¿Lo recuerdas?

Martin: Sí.

Tober: Nos dijeron que, al ir abriéndonos camino por esta Nueva Era, esta Era Dorada, los viejos sistemas no iban a encajar con el nuevo molde. Así que ahí están los que van a romper, por ejemplo, el sistema educativo tal como ha funcionado desde hace más o menos cien años. No tolerarán ciertas cosas, simplemente porque así lo marque la tradición.

Así que, sabiendo que tenemos un grupo numeroso de entidades que están llegando al planeta y que son «rompedores de sistemas», creo que eso nos puede dar una buena representación de hacia dónde nos dirigimos.

En mi cabeza y en mi corazón lo percibo como algo impresionante. Es tan formidable saber que están aquí, trabajando con nosotros, ¡por fin!

Hace años yo les decía a mis amigos, cuando tenía los sueños sobre los niños: «Sabéis, aquellos de nosotros que somos conscientes formamos el «puente arco iris» de esta civilización, de este grupo de almas, al nuevo grupo de almas que está llegando. Para ellos somos el «puente arco iris». Eso llena mi corazón de gran esperanza y alegría.

Estamos viendo como ocurren cosas asombrosas, y nosotros, los que sabemos quienes son los Índigo, podemos ayudar a los padres que están teniendo dificultades y que no comprenden nada. Podemos compartir nuestro conocimiento con ellos, mientras estos pequeños van creciendo y hasta que tengan la edad suficiente para hablar por ellos mismos.

Martin: Hablemos de la utilización de los viejos trucos de culpabilidad y vergüenza como herramientas para dirigir la conducta de estos niños.

Tober: ¡No van a funcionar! Los Índigo saben quiénes son. Simplemente resultará frustrante y exasperante para los padres. Atraerán un campo de energía muy turbulento alrededor de los padres y del niño, que malogrará cualquier discusión, cualquier ayuda real. Simplemente no funcionarán.

Ellos *saben* quiénes son. Están aquí con una misión. Son conscientes de ello. Así que esto es un desafío, porque tenemos a toda una cultura que ha sido criada con cosas como: «¡Espera a que tu padre llegue a casa!». Estoy segura de que habréis oído esta frase unas cuantas veces. *Yo* sí la oí, ¡pero eso es algo que ahora no funcionaría!

335

Yo no tengo hijos. Tengo mucho contacto con niños, pero puedo reconocer por lo que los padres tienen que pasar cuando regresan al antiguo modus operandi y descubren que no consiguen nada. Estos niños les pondrán a prueba, para ver hasta dónde llegan.

No obstante, estos niños no son unos malcriados. Eso no está en su consciencia. Pondrán a prueba a los padres a este respecto, para ver cuáles son las normas de la casa. ¿Hasta dónde puedo llegar? ¿Qué puedo hacer? ¿Qué es lo que, realmente, es importante para mis padres? ¿Qué no lo es? Y van a aprender a cómo pueden negociar con sus padres. Así que si un padre apuesta por una disposición *negociadora*, se encontrarán en el mismo terreno.

Es realmente sorprendente verlos en acción. Es una experiencia gozosa verlos con padres concienciados, que vienen con amor, que realmente están integrados en cuerpo, mente y alma, mediante el amor.

Martin: Va a resultar interesante ver, en los próximos años, qué tipo de nuevas profesiones surgen como resultado de estos niños.

Tober: ¡Y también inventos, y nuevas formas de hacer las cosas!

Martin: Quiero decir, creo que la vieja lista de opciones: médico, abogado, bombero... será inaceptable. (Risas)

Tober: Así es. Y realmente nos hará avanzar hacia nuevas maneras de pensar y de ser.

Martin: ¿Has tenido contacto con muchos padres de niños Índigo que están realmente superados por la situación?

Tober: Hemos recibido mucho correo de padres que están encantadísimos cuando leen el libro y se dan cuenta de que sus hijos podrían ser Índigos. Y cuando empiezan a trabajar con los principios de los que hablamos, empiezan a tener éxito en su rol de padres.

Todos se están ayudando entre sí. Entran en la red, se conectan y se ofrecen mutuamente soluciones, ideas y alternativas.

Siento que ésta será la manera en que muchos de estos temas van a funcionar. Los padres tendrán que ponerse las pilas y crear grupos de apoyo en los que se puedan ayudar mutuamente, porque estamos haciendo el camino a medida que avanzamos.

Martin: Eso me parece muy sensato.

Tober: Sí.

Martin: ¿Has visto mucha concienciación entre terapeutas familiares?

Tober: Cuando respetan su proceso intuitivo, sí. Y, por supuesto, en este tema tenemos a un montón de personas que son consejeros y que respetan su hemisferio cerebral derecho, su parte intuitiva.

Martin: Hablemos de Kryon. ¿Cuál es el mensaje de Kryon?

Tober: El mensaje de Kryon es que creamos nuestra propia realidad. El mensaje de Kryon es que el amor lo es todo. Esto suena realmente «inusual» –apuesto a que nunca escuchaste antes estas cosas. (*Risas*)

Martin: Bueno... ¡quizás una o dos veces! (Risas)

Tober: El mensaje de Kryon, básicamente, es el de la Verdad Universal. Estamos inmersos en grandes cambios en el planeta. Gran parte del esfuerzo se dirigió a que pudiéramos alcanzar el umbral del año 2000 y a cambiar la consciencia sobre ese traspaso, porque había mucho miedo.

Martin: Mucho miedo.

Tober: Y teníamos que contraatacar honrando a nuestro propio poder, dado por Dios, reconociendo el poder de quienes somos en realidad, y darnos cuenta de que podemos crear una masa crítica que sea impulsada por el *amor.*

Suficientes personas lo oyeron, suficientes personas rezaron y rezan, suficientes personas meditan, suficientes personas visualizaron al planeta rodeado de Luz y Amor, para que éste pueda pasar por estos cambios con la mínima incomodidad.

Gran parte del trabajo de Kryon trata sobre realinear las rejillas magnéticas terrestres y prepararse para lo que llamamos ascensión. Se refiere al conocimiento de que estamos en este planeta para participar en la creación junto con el Espíritu. Somos grandes Ángeles Dorados y trabajamos en una Fantástica Obra Maestra.

Martin: Bueno, ¡nuestros lectores se pueden identificar fácilmente con este mensaje! Hablando de Kryon, ¿cómo ha sido por ejemplo la recepción que os han ofrecido en Naciones Unidas?

Tober: Nos han invitado a volver tres veces. Para nosotros fue muy sorprendente. Hablamos en una de las salas más pequeñas, para la Sociedad para la Iluminación y la Transformación (SEAT). Es una de las organizaciones institucionales creadas para miembros de la ONU que practican la meditación.

Así que se trata de un grupo reducido. Consta aproximadamente de unas 75 personas y siempre nos sorprende, cuando estamos con el grupo, que nos encontremos en una sala donde se han firmado importantes tratados entre países y líderes. Y ahí estamos nosotros, hablando de extraterrestres, reuniendo a un Consejo de Ancianos de pueblos indígenas de todo el mundo y hablando de lo que está ocurriendo con el HAARP [*Proyecto de Investigación de Alta Frecuencia de la Actividad de las Auroras Boreales*].

Martin: Sí, estamos muy familiarizados con eso.

Tober: Nos sentimos honrados y siempre hemos sido muy bien recibidos allí.

Martin: Bien, volvamos al tema de los Índigo. ¿Con qué te despedirías de nuestros lectores, con qué idea les dejarías con respecto a esta llegada de nueva energía en forma de estos niños?

Tober: Si llamaran a tu puerta, la abrieras y te encontraras con un gran Maestro o Maestra en el umbral, ¡te sentirías lleno de alegría y emoción! Y le invitarías a entrar. Después, probablemente os sentaríais, le darías las gracias por haber venido, y le dirías, esperanzadamente: «¿Qué quieres que sepa? ¿En qué puedo ayudarte y cómo puedo ayudar al planeta? ¿Qué sabio conocimiento quieres compartir conmigo?».

¡Esta es la manera de honrar a los Índigo!

Martin: Es un buen punto para terminar. Gracias por una entrevista reflexiva e «inspirada». Nuestros lectores realmente la disfrutarán, ¡y estoy seguro de que muchos de ellos se pondrán en contacto con vosotros!

> *El periódico THE SPECTRUM*
> *entrevista por Rick Martin*
> *Las Vegas, NV 89117*
> *(877) 280-2866*
> *página web:* www.spectrumnews10.com

Jan Tober es una de las organizadoras y participantes de los concurridos seminarios mensuales de Kryon. También canaliza a su opuesto polar, Tobías, miembro del grupo de acompañantes de Kryon y del consejo de los 33.

> *Jan Tober*
> The Kryon Writings, Inc.
> 1155 Camino Del Mar #422
> Del Mar, CA 92014
> *e-mail:* kryonemail@aol.com
> *página web:* http://www. kryon.com/jantober

Lo que tienen frente a ustedes es la energía espiritual más profunda y transformadora de la historia de la humanidad. Lo que tienen frente a ustedes es su capacidad para cambiar la propia esencia de su existencia: vivir una vida más larga, lograr una realización más serena y gozosa, y asumir el poder para cambiar la propia Tierra que pisan. Mientras lo hacen, aprenden incesantemente. Y también durante este proceso son amados sin mesura y empiezan a sentir a la *familia*, ya que está un paso más cerca de ustedes espiritualmente de lo que nunca estuvo antes. Estos *no* son los tiempos finales. ¡Son el principio de otros tiempos!

Kryon

Capítulo Decimocuarto

EN BUSCA
DE LA SABIDURÍA INDÍGENA

Marc Vallée & Woody Vaspra

«En busca de la sabiduría indígena»

Del autor...

Si leen el texto de la página 348 sobre lo que dijo Kryon en Naciones Unidas el año 1998, comprenderán de qué trata este capítulo. Mientras que muchas grandes ideas humanitarias parecen escurrirse por el desagüe o se quedan en ese lugar que dice: «Estupenda idea, pero dejemos que sean otros quienes la lleven a cabo», la idea de incluir a los pueblos indígenas de la Tierra como colaboradores en un mundo altamente tecnificado está siendo desarrollada eficazmente en estos mismos momentos.

Marc Vallée y su hermana Martine son los editores canadienses de los libros de Kryon en lengua francesa para todo el mundo. Ambos estaban presentes en la sala de Naciones Unidas cuando Kryon pronunció esas palabras. Marc se sintió profundamente conmovido y, como resultado de esa experiencia, ha fundado la *Convergence Foundation*. Se trata de una organización que justo está empezando, dedicada a construir una red de personas de elevada consciencia y propósito que puedan ofrecer mejores opciones a la sociedad, formando así una masa crítica que tendrá efectos positivos y duraderos sobre la política, economía y ecología de la tierra.

¿El método? Para empezar, el plan es contactar y conectar con las personas más sabias del planeta. La creencia de Marc (similar a la mía) es que estas personas se pueden encontrar entre los ancianos de los pueblos indígenas de la Tierra.

La misión es adquirir sabiduría de esos que nunca se han separado de la naturaleza. Hay un dicho que afirma que cuando el hombre se separa de la naturaleza también se separa de sí mismo. Por lo tanto, para ayudar en la siguiente fase evolutiva del hombre, Marc está buscando una evolución de la consciencia, guiado por aquellos que están más cercanos a la naturaleza.

No está solo. Más o menos por la misma época, pero independientemente de Marc, Woody y Catie Vaspra, de Colorado, decidieron dejar sus empleos y pasar todo su tiempo contactando con los ancianos indígenas de este planeta. ¿Su objetivo? Crear una fundación sin ánimo de lucro, la *World Council of Elders* (WCOE), o Consejo Mundial de Ancianos, que ayudaría en la misma misión que Marc tenía como objetivo: una masa crítica de consciencia elevada, que surgiría de aquellos que nunca la habían perdido.

Estas tres personas han viajado por todo el mundo en busca de los ancianos indígenas y estaban muy interesadas para ver cómo serían recibidas. La mayoría de mis lectores son estadounidenses y canadienses. ¿Qué creen que piensan de nosotros los indios de Estados Unidos y Canadá en estos países? ¿Cuál creen que puede ser la recepción cuando entremos en sus tierras para pedirles ayuda?

La respuesta debería hacer que su corazón diera un salto. Si han llegado hasta aquí, habrán leído los comentarios de Kryon sobre el perdón, sobre la nueva energía del planeta, y sobre que los pueblos indígenas de la Tierra tienen un «conocimiento» acerca del momento oportuno para todo ello.

Marc, Woody y Catie han informado de que cuando presentaron sus ideas ante los ancianos, éstos les dijeron: «Os esperábamos». No importa si se trata de Canadá, Estados Unidos, Perú, Costa de Marfil o los círculos internos de los pueblos indígenas de las islas de Hawaii, la respuesta ha sido: «Os esperábamos». Entre los auténticos ancianos sabios, prácticamente no queda nada del odio por lo que *les* hicimos y lo que *les* quitamos. Su sabiduría tiene que ver con cómo podemos colaborar para restablecer la conexión con la Madre Tierra que tanto necesita ahora la humanidad. ¡La sola energía de sentarse con los ancianos nos hace comprender por qué los necesitamos tanto!

Por el camino, Woody y Catie conocieron a Marc. Compartieron sus ideas y experiencias, y ahora trabajan juntos. ¿Lograrán su objetivo? Eso depende de ustedes.

Queridos lectores, deténganse un momento para examinar la labor de estas estupendas personas que contamos en las páginas siguientes. Quizás haya algunos de ustedes que tengan algo que añadir a la labor de Marc, Woody y Catie. Quizás hayan estado esperando eso precisamente, para poder colaborar de alguna forma personal. Si no es así, tal vez podrían incluirles en sus visualizaciones y meditaciones cuando envíen energía a la Madre Tierra y a la humanidad que la habita. Su energía y sus visualizaciones son mucho más valiosas de lo que creen.

Ellos son pioneros de la nueva energía. Son los exploradores de las selvas vírgenes de la consciencia. Ellos forjarán un puente que es preciso cruzar, tendido sobre el abismo entre lo viejo y lo nuevo, pero *nosotros* somos los que tenemos que cruzarlo.

Les presento a mis amigos Marc Vallée; y Woody y Catie Vaspra.

«Nunca ha habido un momento más oportuno para poner en marcha un Consejo de Sabiduría, un consejo sin derecho a voto de seres humanos indígenas de este planeta, que resida en este edificio. Y les estamos diciendo que la consciencia del edificio finalmente podrá sostenerlo. La consciencia de la gente lo sostendrá. La consciencia del planeta les está empujando hacia ello. Es el siguiente y lógico paso, y cuando lo presenten, preséntelo primero al público. Ellos harán el resto para ayudarles a ponerlo en marcha».

KRYON EN NACIONES UNIDAS – 1998

«AYUDAR EN EL DESPERTAR MUNDIAL»
Mediante la sabiduría indígena tradicional

por Marc Vallée

Como editor de libros espirituales en los últimos diez años, he disfrutado leyendo importantes enseñanzas relativas al potencial creativo que tienen los individuos para influir sobre los acontecimientos de su propia vida. Al igual que a muchos, esto me ha llevado a estudiar las implicaciones en un nivel colectivo, el potencial de escoger conscientemente el mundo en el que deseamos vivir.

Durante los dos últimos años he formado parte de un grupo conocido como *Convergence Foundation*, cuyo objetivo es enlazar varios grupos para formar una red de información a una escala significativa. Nuestro objetivo es desarrollar una acción coordinada de estos grupos para que una masa crítica de personas conscientes puedan tener una influencia real sobre las decisiones tomadas por nuestras sociedades.

Nos damos cuenta de que para esperar obtener resultados productivos en esta empresa tenemos que definir nuestras acciones, y así lo hemos hecho, guiados por la comprensión de la conexión fundamental del hombre con la naturaleza. Estamos hechos de la energía de la Madre Tierra. Los seres humanos, al intentar dominar la naturaleza, han cortado los lazos esenciales con los aspectos nutritivos de la Tierra, y ello a su vez ha afectado negativamente a la conexión con su propia parte espiritual y con sus congéneres. Nosotros creemos que renovando esta conexión esencial los seres humanos tendrán acceso a una sabiduría espiritual más elevada, que les inspirará para encontrar una mejor manera de resolver los problemas que tienen, ya sean de índole ecológica o de economía y política mundial. Creemos que la relación renovada del hombre con la naturaleza y la consciencia de ésta es una clave importante.

Actualmente el mundo occidental dominante parece haber perdido la facultad de hacer eco a esta comprensión y vivir realmente en armonía con el flujo vital prevalente en la naturaleza. Por otro lado, los pueblos indígenas, llamados ahora *Primeras Naciones*, han conservado este valioso talento y sabiduría a lo largo de toda su historia. Cuando leí por primera vez la canalización de Kryon en la ONU en el año 1998, diciendo que había llegado el tiempo de tener un Consejo de Ancianos de representantes indígenas en Naciones Unidas, me sentí realmente sintonizado con la idea. El trabajo para apoyar esta idea se ha ido desarrollando, a partir un pequeño proyecto dentro de la Convergence Foundation, hasta convertirse en nuestro objetivo principal. La idea es contar con la tradición y sabiduría indígenas para nuestras opciones sociales actuales. Necesitamos su ayuda. Los métodos occidentales han conducido a la humanidad a una forma de vida muy precaria, y realmente creemos que muchos de los valores indígenas son fundamentales para nuestra supervivencia. Nuestra fundación quisiera estudiar estos valores específicamente.

Mi propia y breve experiencia en África y en la selva amazónica de Perú me ha permitido comprender algunos valores básicos de las costumbres indígenas que nos podrían ser muy útiles en Occidente, por ejemplo:

La recepción de los forasteros suele ser muy cordial: Los pueblos indígenas consideran que el conocer a gente nueva es una oportunidad para el descubrimiento y el enriquecimiento en términos de ideas y crecimiento personal. Como no tienen tendencia a achacarles malas intenciones a los demás a primera vista, expresan de forma natural su calidez cuando te conocen y te hacen sentir bienvenido. No existe el temor «al otro» que es tan característico de las ciudades occidentales.

Un profundo sentido de responsabilidad hacia las generaciones futuras: Las culturas indígenas siempre han reconocido a los antepasados. En la misma línea está el reconocimiento hacia las nuevas generaciones. Debido a ello, se comportan con cuidado, conscientes de las repercusiones que su conducta puede tener sobre las generaciones futuras. Por este motivo, se asombran de ver las industrias occidentales explotar los recursos de la tierra con tan poca consideración hacia las consecuencias de estas acciones.

Educar a las generaciones más jóvenes: Ellos no enseñan explicando, sino guiando hacia una experiencia directa, llevando a los individuos hacia una relación íntima con la vida que todas las cosas contienen. Es por lo que no solamente reconocen la vida del ser humano, sino también la consciencia de árboles, ríos y nubes: porque están conectados con el flujo de la vida.

Percepción de la realidad: Estar en armonía con el flujo natural de la vida es una característica muy importante de los pueblos indígenas, y eso está bien. ¿Por qué debería alguien esperar menos? Cuando uno sintoniza mejor con la manera indígena de percibir la realidad, adquiere plena conciencia de cómo el pensamiento occidental ha ido clasificando mentalmente la realidad, con el objetivo de controlarla mejor. Al limitar la evidencia de que todo está interrelacionado, de que todo es fundamentalmente Uno, el pensamiento occidental ha generado mucho dolor para toda la vida existente en el planeta.

Existen propósitos y lecciones que podemos aprender allí, como en todas las cosas, y nadie está acusando a nadie. Pero cada vez más, el mundo occidental debe sintonizar con las formas en que los pueblos indígenas perciben el flujo natural de la vida, que es el fluir de lo Divino. Como parte de este mundo, debemos sentir que no podemos controlar la realidad para que ésta encaje en nuestro programa personal, sino simplemente aprender a sintonizar con las energías holísticas del momento actual.

El estudio de estos temas y de cómo se pueden aplicar en las opciones actuales de nuestra sociedad es el objetivo de Convergence Foundation. Nos gustaría participar en ser uno de los numerosos «puentes» que ahora se están construyendo entre la sabiduría indígena y la sociedad moderna.

Es por lo que el Consejo de Ancianos [mencionado por Kryon] nos ha interesado tanto. Recientemente hemos sabido que la Comisión de Derechos Humanos de Naciones Unidas ha aprobado la formación del «Foro Permanente de Pueblos Indígenas» con un estatus de alto nivel. En febrero de 2000, 315 delegados de 47 gobiernos, 3 agencias especializadas y 59 organizaciones indígenas y no gubernamentales establecieron las bases de este foro.

Aunque en el pasado se ha criticado a la ONU, y ésta sigue teniendo problemas por resolver, reconocemos que siguen haciendo una buena labor. Hasta que se vuelva evidente que éste no es el camino adecuado para nosotros, nuestra fundación ha decidido trabajar en colaboración con este cuerpo internacional, estudiando muy de cerca lo que se está realizando en este foro. También estamos actualmente implicados en el *Earth Charter Project (Proyecto de la Carta de la Tierra)*. (Para más información por favor consulten en Internet www.earthcharter.org.)

Como informar al público y a los medios de comunicación es un aspecto importante de esta labor, tenemos previstas varias actividades al respecto. Además, hemos estado contactando con otras asociaciones en Canadá, Estados Unidos y Europa que desde hace algunos años están trabajando con grupos indígenas, para que todos podamos apoyarnos mutuamente.

Para más información, por favor pónganse en contacto con nosotros en:

> *Convergence Foundation*
> 1209 Bernard Ave., Suite 110
> Outremont, Quebec, Canadá, H2V 1V7
> Teléfono en Canadá: (514) 276-3546
> E-mail: ariane@mlink.net

Las donaciones deberían ir a nombre de:
    Convergence Foundation

Marc Vallée

«UN VIAJE SAGRADO»
El Consejo Mundial de Ancianos

por Woody Vaspra

Prólogo: encuentro con el Primer Anciano

El 21 de agosto de 1999, mi mujer –Catie– y yo nos encontrábamos en una reunión de amigos en las montañas Rocosas, al norte de Woodland Park, Colorado. Estábamos saliendo de un tipi en el que habíamos participado en una ceremonia con tambores y una sesión de meditación a primera hora de la tarde. De repente me avisaron de la casa principal que tenía una llamada telefónica. El que llamaba era un nuevo amigo, parte hopi, parte shoshón y parte choctaw. Me dijo que acababa de sostener una conversación con un anciano hopi tradicional (*Abuelo*), y que había concertado un encuentro para el miércoles –cuatro días después. Inmediatamente respondí que estaríamos allí el martes. Al final de esta conversación, Catie y yo cogimos nuestras cosas y nos dirigimos de vuelta a Boulder, Colorado, para hacer el equipaje y salir de viaje.

Catie y yo habíamos conocido a nuestro amigo hopi en el mes de mayo de 1999, a través de una amiga que habíamos conocido un año antes en un retiro de Kryon sobre «El Viaje al hogar» en Breckenridge, Colorado. Fue gracias a esta amiga que yo descubrí que tenía un hermano espiritual hopi y supe que habíamos crecido juntos en una encarnación anterior. Había una energía muy especial entre nosotros, y ambos sabíamos que algo especial iba a ocurrir en un futuro cercano.

353

El lunes nos dirigimos hacia el oeste pasando por Grand Junction, Colorado, y nos internamos en la parte oriental de Utah. Entonces viajamos hacia el sur, hacia la parte nororiental del estado de Arizona. El día fue largo y caluroso, y decidimos acampar esa noche en el camping de Devil's Canyon en Blanding, Utah. Esa parada de una noche nos fue muy bien, porque nos dio la oportunidad de relajarnos, enraizarnos y conectar con la Madre Tierra. Los dos días anteriores habían sido caóticos debido a los preparativos del viaje.

Al día siguiente seguimos conduciendo hacia el sur hasta Arizona, y después pasamos a territorio hopi hasta Hotevilla. Al entrar en tierra hopi, seguimos minuciosamente las instrucciones que nos habían dado nuestros amigos. Después de despistarnos al tomar una carretera y tener que volver atrás, finalmente reconocimos su furgoneta por el número de matrícula. Nuestro alojamiento era en una modesta casa propiedad de una amiga. Era una casa típica de una parte del territorio hopi que no tenía agua corriente ni electricidad. El agua era el de la lluvia, que se recogía en barriles, y la electricidad la obtenían de las placas solares colocadas en el tejado. El servicio estaba situado en un cobertizo a unos noventa metros de la casa. Sin embargo, se respiraba algo especial en la zona. Se podía sentir la conexión con la Madre Tierra y con todas las personas del grupo. Nos sentimos honrados por estar en tierra hopi con nuestros amigos especiales.

Una vez instalados, empezamos a hablar sobre nuestro reciente viaje a Hawaii. Catie y yo habíamos asistido al Congreso Mundial de Pueblos Indígenas sobre Educación, en Hilo, Hawaii; habíamos visitado a mi madre y a la familia en Oahu; y habíamos participado en ceremonias hawaianas muy especiales en Pu'u Ko'hola Heiau, en Big Island. Nuestras charlas continuaron hasta bien avanzada la noche. Estábamos llenos de ilusión y emoción por nuestra visita del día siguiente al *Abuelo*, el anciano hopi.

A la mañana siguiente cogimos el coche hasta Hotevilla e hicimos los arreglos necesarios para encontrarnos a las dos de la tarde. Esto nos dio la oportunidad de poder visitar Prophecy

Rock y prepararnos para el encuentro. La visita a Prophecy Rock fue muy especial y el mensaje de la roca es muy claro. Dice que la humanidad puede optar por ir en dos direcciones: una es la autodestrucción; y la otra es vivir en paz, con armonía y amor. Éste es un lugar muy sagrado, con una energía espiritual que va más allá de cualquier descripción posible.

Sobre las dos de la tarde, el *Abuelo* vino a la casa, tal como se había previsto. Hicimos las ceremonias habituales que un mes antes me había enseñado un amigo hawaiano, y le ofrecimos regalos para presentar nuestros respetos al *Abuelo*. Entonces nos sentamos para empezar nuestra discusión sobre un viaje sagrado que iba a implicar a Ancianos de pueblos indígenas de todo el planeta. Presentamos al *Abuelo* una descripción muy breve del viaje para explicarle por qué estábamos allí reunidos. Después de que le tradujeran al idioma hopi mi mensaje, y que me tradujeran su respuesta al inglés, el mensaje era ¡que esta labor que yo estaba presentando ya estaba contemplada en las profecías! Al escuchar esta respuesta, experimenté una fantástica sensación de confirmación de que este viaje sagrado para formar un Consejo Mundial de Ancianos de pueblos indígenas era auténtico. Catie y yo nos miramos y ambos supimos que estábamos en el buen camino.

Durante las dos horas siguientes hablamos de los conceptos básicos para un Consejo Mundial de Ancianos (WCOE). En un punto concreto le preguntamos al *Abuelo* si estaría interesado en participar en el Consejo. Respondió con entusiasmo que deseaba formar parte de él, pero que necesitaba estar cerca de su tierra. Le preocupaba tener que viajar a grandes distancias porque eso le mantendría alejado de allí mucho tiempo. Durante toda la tarde la reunión se celebró en lengua hopi que después se traducía al inglés. Finalmente su yerno nos dijo que el *Abuelo* consideraba muy sagrado ese encuentro, así que tenía que llevarse a cabo en hopi. Cuando oímos eso, nos sentimos honrados por este acto espiritual. Después de una maravillosa conversación, intercambiamos saludos y dimos por terminado el encuentro. Nos despedimos y el *Abuelo* y su traductor se marcharon.

Los sentimientos que nos invadían iban más allá de cualquier cosa que hubiéramos experimentado antes. Todos nos sentíamos eufóricos, pero lo que es más importante, el encuentro produjo una verificación muy sólida de la labor que íbamos a comenzar. Todos sentimos al Gran Espíritu durante la reunión, y que íbamos a tener una confirmación de una forma u otra.

Mi hermano hopi salió al porche para tomar el aire, pero inmediatamente volvió a entrar disparado, haciendo gestos para que saliéramos a ver. Cuando salimos fuera, pudimos contemplar algo que jamás habíamos visto antes: había dos arco iris perfectamente formados, con colores brillantes, que se extendían de un horizonte al otro. Permanecieron así durante media hora completa. Supimos que el Gran Espíritu nos estaba enviando un mensaje de confirmación para este viaje tan sagrado.

A la mañana siguiente Catie y yo recogimos nuestras cosas, cargamos el vehículo y dijimos adiós a nuestros amigos, dándoles las gracias por esa experiencia tan maravillosa. Al salir del territorio hopi, la policía de la reserva navajo había montado una barricada en la carretera, lo que nos recordó que sigue habiendo luchas entre los pueblos indígenas y nuestro gobierno.

Qué esta ocurriendo y ¿por qué ahora?

¿Cuál fue el impulso que motivó ese encuentro con un Anciano hopi? ¿Qué fue lo que inspiró ese viaje sagrado?

Está habiendo un despertar en todo el planeta, tanto dentro de la sociedad moderna como entre pueblos indígenas. Están notando los importantes cambios energéticos que se están dando, no sólo en este planeta, sino en todo el universo. Los Ancianos Espirituales de los pueblos indígenas están sintiendo esta transformación intensamente, y están listos para pasar a la acción. Cuando les visitamos, muchos de ellos dicen, de forma enfática: «Ahora es el momento para que se reúnan los Ancianos, para que todos los pueblos se unan y para sanar a la Madre Tierra». Cada vez que escuchamos estas palabras senti-

356

mos un escalofrío, pero también es una confirmación de que las profecías y los canales están plenamente acertados.

Ya están teniendo lugar muchas actividades simultáneas entre Ancianos Espirituales indígenas, en muchos continentes. Muchas religiones se están empezando a reunir para resolver sus diferencias y empezar a trabajar juntas para el bien de la humanidad. Si lo observamos desde una perspectiva planetaria global, Jesús y los otros grandes maestros hicieron ese mismo tipo de labor para convencer a los seres humanos de que el amor es la herramienta más poderosa del universo.

Todos sabemos intuitivamente que estamos en una época especial, que tenemos una oportunidad prodigiosa para un enorme crecimiento personal y universal. Estamos experimentando los cambios en nuestro mundo y la frecuencia acelerada de acontecimientos sincrónicos en nuestras vidas. Cuando escuchamos con el corazón, somos conscientes de nuestra conexión con todas las entidades del universo. El velo se está alzando. Existe un nuevo despertar de la sabiduría que cada uno de nosotros lleva en su interior. Todo lo que no armoniza con lo que sabemos que es verdadero, está saliendo a la superficie y desmontándose. El tan esperado tiempo de transformación ya ha llegado. Los pueblos indígenas saben que todos somos uno con el Creador, y nosotros somos poderosos creadores. Los Ancianos nos pueden enseñar a recordar quiénes somos realmente y cuál es el papel de la humanidad en la Tierra. Éste es el momento y la energía de los que expresamos nuestra intención de formar parte. Éste es el momento de reunirse con la familia. *«Mitakuye oyasin»:* todos estamos emparentados.

El generar la paz mundial mediante nuestra propia sabiduría interior y la de los Ancianos, junto con el poder de la creación compartida, es un desafío formidable que requiere la intencionalidad pura de todo miembro de la familia humana. Cada uno de nosotros tiene que reconocer y ejercitar su don del libre albedrío. También es el momento adecuado para que todo ser humano reclame su potencial personal y aplique esas facultades. La acción emprendida debe surgir del corazón de cada ser humano. Es una misión espiritual, y todos tenemos la capacidad de crear una consciencia espiritual que influya sobre el planeta. Nunca antes ha existido un tiempo más apropiado para que todos los pueblos se unan en paz, con armonía y amor.

Comunicación espiritual a través de profecías y canalizaciones

Existieron muchos acontecimientos en la historia de la humanidad que sembraron las semillas para la reunión de Ancianos indígenas y la unificación de todos los pueblos. Ha habido canalizaciones y profecías recientes, además de aquellas que existen desde hace más de mil años, que confirman que éste es el tiempo para que pueda tener lugar esta reunión de Ancianos. Éste es el momento para formar consejos que traigan amor, armonía y paz a este mundo. Existe un sutil grito de ayuda en todo el planeta para revelar las verdades que han estado ocultas durante siglos. Los pueblos indígenas han estado en este planeta desde hace miles de años y saben cómo conectar y vivir armoniosamente con la Madre Tierra y mantener abierta la conexión con el Espíritu. El mundo occidental ha perdido esta conexión, pero muchas personas están llegando a la plena conciencia de que esto no puede durar mucho más tiempo. Debemos emprender alguna acción, porque la respuesta está en este planeta.

Muchos pueblos indígenas han conservado profecías y visiones a lo largo de los siglos que nos dicen que éste es el tiempo para la reunificación de todos los pueblos con sabiduría y armonía tanto con la Madre Tierra como entre ellos. Esta sabiduría pasó a la clandestinidad cuando el hombre blanco arribó a las costas de muchos países. Ahora es tiempo de que esta sabiduría salga a la luz y sea compartida entre los pueblos del planeta. Un hombre santo lakota (sioux) llamado Black Elk (Alce Negro) tuvo una visión épica a la edad de nueve años, donde vio la unificación de todos los pueblos de este planeta. Éste es un breve resumen de esa experiencia:

El sagrado aro de mi pueblo era uno de los muchos aros que formaban un círculo, tan ancho como la luz del día y de las estrellas, y en el centro crecía un inmenso árbol en flor para dar cobijo a todos los hijos de un padre y una madre.

Mirad el círculo del aro sagrado, porque los pueblos serán iguales en él; y si son iguales en él, tendrán poder, porque este aro no tiene fin y en el centro del aro estos crían a sus hijos.

(El aro sagrado significa que todos los continentes del mundo y pueblos de distintos colores estarán juntos como uno solo).

El mensaje del Anciano Espiritual trata del amor y de vivir desde el corazón, en paz y equilibrio entre los distintos pueblos y con la Madre Tierra. Trata del perdón y de no juzgar. Ahora es el momento para fusionar la sabiduría antigua con la tecnología, en un equilibrio armónico. Concretamente sabemos que los pueblos algonquines de Canadá han contado esta profecía de este tiempo especial de libre elección para la humanidad y el propio planeta. Los aborígenes australianos, los mayas, los celtas, los pueblos africanos, los tibetanos, los pueblos de Alaska, los hawaianos y los hebreos, así como muchos otros grupos indígenas, también poseen llaves para abrir la antigua sabiduría y sacar la verdad a la luz para que todos podamos compartirla.

Ellos han sido los fieles guardianes de la sabiduría. Ahora es el momento para que se reúnan entre ellos en un consejo tradicional, para compartir su sabiduría. De hecho, hemos sabido que los Ancianos de pueblos indígenas se han estado reuniendo en pequeños grupos de vez en cuando y creando redes con este mismo propósito. Además, los hopi, que muchos grupos indígenas consideran son los guardianes de la verdad en este momento especial de la historia de la tierra, también hace tiempo que hablan de profecías sobre los desafíos de esta época tan especial. Han ido cuatro veces para hablar en la «Casa de Mica», habitualmente conocida como Naciones Unidas.

Recientemente Lee Carroll, el canal de Kryon, fue invitado en tres ocasiones a Naciones Unidas, en la ciudad de Nueva York, para canalizar a Kryon. En dos de estas canalizaciones, Kryon mencionó la necesidad de pensar en formar un consejo asesor de pueblos indígenas, para que su sabiduría pudiera darse a conocer para el bien de la humanidad. A continuación encontrarán un breve resumen de la canalización que Kryon ofreció en noviembre de 1996 en la ONU.

Ahora tenemos una pregunta para ustedes: si tuvieran que construir una organización de naciones como ésta desde un buen principio, ¿tendría sentido para ustedes que en esta época, con el milenio tan cerca, pudieran contar con la sabiduría de los ancianos del planeta para sus planificaciones? ¿Podrían utilizar sus ideas colectivas, o tal vez sus secretos, antes escondidos? Creo que dirían: «¡Sí! Es una idea excelente».

Entonces, ¿por qué no existe un lugar en esta vasta organización para esa sabiduría en concreto? ¿Habían olvidado que estaba disponible? ¿Acaso no creen que resultaría valiosa? En este mismo continente existen antepasados nativos de los ancianos que todavía conservan el conocimiento de los antiguos caminos espirituales de la Tierra. Comprenden la naturaleza espiritual de la tierra y de la paz; la coexistencia con los elementos; y la energía del oeste, del este, del norte y del sur.

¡Esos ancianos que fundaron las islas tropicales de toda la Tierra comprendieron perfectamente su propio linaje estelar! Y sus antepasados humanos siguen enseñándolo hasta la fecha en un lenguaje no escrito, y saben cómo encaja todo con la energía de la Tierra.

¡Esos que ahora mismo se encuentran en las antípodas del planeta, encendiendo hogueras con leña para calentarse y reunirse a su alrededor de forma primitiva, son capaces de entender mejor que cualquier persona sabia de este edificio cómo funcionan realmente las cosas! Hay antepasados de ancianos en todos los continentes, y sus conocimientos concuerdan entre sí, ¿lo sabían? Porque la verdad nunca cambia en el planeta, pero las cosas básicas muchas veces se pierden para los contemporáneos.

Y sin embargo, ni uno de esos sabios está representado en este edificio, puesto que no son dueños de la tierra en que viven. Son portadores de la mayor sabiduría que el planeta puede ofrecer actualmente a la humanidad, pero como no son políticamente fuertes, se les ignora.

Así que nosotros decimos que es hora de considerar un Consejo de Ancianos, de los que son sabios espiritualmente, para que les aconsejen a todos ustedes, respaldados por su linaje planetario y no por sus credenciales gubernamentales. Si lo hacen así, realmente conseguirán buenos resultados, ¡para todos! No existe tiempo mejor para poner en marcha esta idea que el presente. Tal vez ahora eso ocurrirá —en la gran sala al otro lado del vestíbulo.

Lee fue invitado de nuevo a hablar en la ONU en noviembre de 1998; Kryon volvió a insistir en la necesidad de la sabiduría de los ancianos indígenas (página 348).

¿Por qué un Consejo Mundial de Ancianos?

El Consejo Mundial de Ancianos (WCOE) es un grupo en desarrollo de Ancianos indígenas o nativos de todo el mundo, que se reúnen para aconsejar y educar a la humanidad sobre la paz mundial. La misión del WCOE es refrescar la antigua sabiduría y los conocimientos sagrados, e integrarlos con las culturas y tecnologías modernas, para ayudar a la humanidad y a la Madre Tierra a materializar la unificación, armonía y una plena conciencia espiritual. Los pueblos indígenas que han seguido conectados con la Madre Tierra comprenden que cada uno de nosotros tiene un papel que jugar en esta reunificación. Consiguientemente, pueden aportar una clara visión espiritual y soluciones prácticas para corregir los problemas globales con los que actualmente se enfrenta la humanidad.

Una de las características de los Ancianos es que comparten una profunda conciencia y poder espirituales, una conexión con la Madre Tierra, simplicidad, humildad, dignidad y, por supuesto, sentido del humor. Los Ancianos también comparten unos conocimientos con un asombroso denominador común sobre quiénes somos, de dónde venimos y adónde podemos potencialmente ir cuando escuchemos a nuestros corazones y sigamos nuestro propio «conocimiento interior». Esta sabiduría ha sido mantenida a salvo, muchas veces escondida, y ha sido pasada de generación en generación por los pueblos indígenas hasta que pudiera ser compartida en la energía especial del momento actual.

Todos los días ellos pedían consejo al Gran Espíritu y a la Madre Tierra, para que les ayudaran a comprender los principios de la vida en este planeta. A partir de estas enseñanzas, esos Ancianos Espirituales comprendieron las energías y las vibraciones del planeta y su conexión con el universo. Este conocimiento ayudó a los pueblos indígenas a vivir en íntima colaboración con los elementos de la Tierra. Mantuvieron su vida simple y sencilla. Según podemos ver consultando la historia de la humanidad, cada vez que una sociedad se volvía demasiado compleja y perdía su conexión con el Gran Espíritu y la Madre Tierra, desembocaba en la autodestrucción o finalmente desaparecía.

Muchos pueblos indígenas se siguen gobernando mediante consejos de Ancianos, tal como lo han hecho desde hace milenios. Los pueblos indígenas respetan la sabiduría de sus Ancianos, que han acumulado experiencia y tienen un conocimiento interior que no pueden tener los jóvenes. Se han enfrentado a las dificultades y a las lecciones de la vida en este planeta. Los Ancianos poseen el conocimiento interior, que se tarda tiempo en adquirir, y lo transmiten a las generaciones más jóvenes. La historia confirma que los consejos estaban formados por Ancianos que gobernaban a su gente de manera sabia. Estos consejos se formaban para garantizar la paz y la armonía entre ellos y otros pueblos. Es la forma de gobierno más antigua del planeta.

Cómo empezó todo

Gracias a la divulgación pública de las profecías de los pueblos indígenas y las recientes canalizaciones de Kryon, se ha reconocido la necesidad y validez de un Consejo Mundial de Ancianos. La actual y continuada devastación de la Madre Tierra y la atroz conducta de unos seres humanos contra otros, está dejando muy claro que la vida en este planeta se sostiene con un precario equilibrio. Los pueblos indígenas de este planeta han experimentado estos dolorosos cambios y ahora saben que hay que actuar. Una manera de mitigar todo lo que ha tenido lugar es desarrollar este Consejo Mundial de Ancianos de pueblos indígenas.

En mi caso particular, unas voces interiores muy insistentes empezaron a despertar algo en mí, diciéndome que «es preciso hacer algo». Mi vida en este planeta implicaba el cumplimiento de cierta misión. Para ello mi vida me ha llevado a contactar en momentos concretos con muchas personas que se convirtieron en maestros y mentores. Su paciencia y comprensión me ayudó a desarrollar la fuerza para emprender esta labor. Me gustaría agradecerles a todos su apoyo durante este viaje.

En agosto de 1998, cuando hablé con Lee Carroll en el segundo retiro sobre «el Viaje a Casa» en Breckenridge, Colorado, surgió una clara visión sobre cómo emprender esta tarea. Nuestra conversación incluyó el hecho de que yo sentía intensamente que tenía una misión, pero no sabía en qué iba a consistir ni cuándo empezaría. Mencioné el hecho de que en noviembre de 1997 volví a mi casa en Hawaii para estar con mi familia. Durante mi estancia tuve varias experiencias espirituales personales, que me llevaron a buscar respuestas. A partir de esas experiencias supe que tenía que trabajar en algo relacionado con tribus indígenas, pero no conocía ningún detalle. Tuve la sensación de que Kryon y Lee lo sabían pero no me lo podían decir hasta que yo lo descubriera por mí mismo. Después de mi charla con Lee, me marché del retiro con una actitud más positiva de que algo se estaba cociendo y que era cosa mía averiguar de qué se trataba.

¡También conocí a Catie durante el retiro del «Viaje a Casa»! Inmediatamente nos hicimos amigos, sin darnos cuenta que nuestros caminos se volverían a cruzar en un futuro cercano (y que al cabo de un tiempo nos casaríamos). Durante los dos meses siguientes reflexioné sobre la conversación que había tenido con Lee. Entonces el viaje se hizo más evidente en octubre de 1998, en una reunión de las que llamamos *En casa con Kryon*, en Lakewood, Colorado. Lee habló específicamente sobre la canalización de Kryon en Naciones Unidas y comentó la necesidad de organizar un Consejo de Ancianos. Fue en ese momento en que tuve realmente claro que tenía que hacer algo relacionado con lo que se estaba diciendo en ese momento. Durante los tres meses siguientes leí y releí las canalizaciones de Kryon en la ONU y discutí con Catie la posibilidad de esta misión. En enero de 1999 le escribí una nota a Lee y le dije que finalmente necesitaba hacer algo sobre la organización de un Consejo de Ancianos de pueblos indígenas de todo el mundo.

Lee contestó rápidamente diciendo que debería ponerme en contacto con un hombre de Montreal que había tenido una visión parecida. Esta persona estaba formando una fundación dedicada al objetivo de conseguir la paz mundial. Así es como Marc Vallée y yo nos conocimos. Marc y su hermana Martine son los fundadores y propietarios de Ariane Editions, editores de todos los libros de Kryon, así como de muchas otras obras metafísicas en lengua francesa distribuidas a nivel mundial.

Marc y yo nos comunicábamos vía e-mail y por teléfono para comprobar que nuestros caminos eran semejantes. Decidimos que estaban lo bastante cerca, porque uno de los objetivos finales era conseguir la paz mundial. Así que teníamos que vernos cara a cara. El 1 de mayo de 1999, Marc y yo nos vimos en Montreal, durante el Congreso de Kryon ofrecido por Ariane Editions. Durante ese encuentro, descubrimos que ambos sabíamos en qué dirección teníamos que ir. Sin embargo, todo nos resultaba muy nuevo. Ambos acordamos empezar oficialmente con nuestros respectivos viajes. Marc iba a continuar con su apasionado deseo de descubrir una manera de conseguir la paz mundial, y yo iba a continuar con mis aspiraciones de organizar un Consejo de Ancianos. Mediante este acuerdo ambos sentimos que nos estábamos dando mutuamente permiso para cumplir con nuestros contratos, los de tener un efecto positivo sobre el planeta.

Antes del encuentro de Montreal, a finales de marzo de 1999, me reuní con Jennifer Borchers, que en esa época era presidenta de la SEAT (Sociedad para la Iluminación y la Transformación) de Naciones Unidas. Fue para ver si Jennifer tenía alguna información que me pudiera ayudar a formarme una imagen más útil de cómo un Consejo de Ancianos podría colaborar con la ONU. En una fecha tan reciente como noviembre de 1998, durante la presidencia de Jennifer, Kryon volvió a expresar durante una canalización en Naciones Unidas la necesidad de un Consejo de Ancianos. Fui a reunirme con Jennifer para ver si ella tenía alguna idea más clara sobre los desafíos a los que estaba a punto de enfrentarme. Tras explicarle mis intenciones con respecto al Consejo, su respuesta fue de asombro maravillado. Dijo que era una tarea considerable, y que tendría que superar enormes obstáculos. El propio organismo de Naciones Unidas sería uno de ellos. Jennifer no podía hablar por toda la ONU, pero, como su presidenta, la empresa contaría con el apoyo de la Sociedad para la Iluminación (SEAT). Ambos estuvimos de acuerdo en apoyarnos mutuamente tanto como nos fuera posible. Todavía queda mucho por hacer en la ONU, y un Consejo de Ancianos puede hacer una enorme contribución a su lucha cuesta arriba por la paz, armonía y unidad en todo el planeta.

¿Quiénes son los Ancianos?

A medida que avanza nuestra labor, estamos descubriendo que existen dos tipos de Ancianos. El primero es el del Anciano de más edad, normalmente entre 70 y 120 años. Han aprendido la sabiduría de sus antepasados mediante lecciones y experiencias.

La mayoría de ellos fueron elegidos a una edad temprana para ser lo que son. Sienten una fuerte conexión con la Madre Tierra a través de la tierra, del agua, del cielo y del fuego, y viven su espiritualidad a cada minuto, durante todo el día. Están conectados con las energías que emanan de su entorno local. Es por lo que estos Ancianos sienten de manera intensa la necesidad de conservar sus tierras sagradas. El conocer esas energías y cómo relacionarse con ellas es algo muy importante para conservar el equilibrio con la Madre Tierra. Es un vínculo muy fuerte que les cuesta mucho romper, aun cuando sólo tengan que dejar su territorio por un tiempo breve.

Muchos de estos Ancianos llevan las antiguas profecías de sus antepasados en su interior. Saben que es hora de que estas profecías se den a conocer a las gentes de este planeta, y muchas de ellas están relacionadas con la época actual. Algunas tienen un tono apocalíptico, y algunas de esas parecen apropiadas cuando vemos cómo el planeta está siendo profanado en extremo. Se están extrayendo gran parte de los recursos de la Madre Tierra sin ningún tipo de compensación para reequilibrarlo. Los Ancianos llaman *pago* a la reparación. El actual mundo occidental no está haciendo suficientes *pagos* para compensar lo que están utilizando para combustible de esta moderna sociedad. De hecho, la mayoría de los occidentales están supuestamente desconectados de su propia naturaleza y de cómo funcionan las cosas, y no son conscientes de los desequilibrios ocasionados.

Los *pagos* también tienen relación con cada ser humano del planeta. Los Ancianos creen firmemente que para nosotros es un privilegio vivir en la Tierra. Por cada vida que pasamos en este planeta, asumimos una responsabilidad hacia su bienestar. Hacemos honor a esta responsabilidad respetando a la Madre Tierra por lo que nos ofrece durante nuestra vida aquí. Lo hacemos mediante un *pago*, garantizando que devolvemos aquello que consumimos al vivir en el planeta. También debemos pasar un cierto tiempo agradeciéndole a la Madre Tierra este privilegio. La importancia de una gratitud sincera es otra lección que los Ancianos nos enseñan.

Muchos de estos Ancianos han vivido el tiempo suficiente para haber experimentado las numerosas y extremadas pruebas que sus pueblos han tenido que soportar. La pérdida de sus tierras sagradas y el odio hacia aquellos que las tomaron sigue existiendo en el fondo de sus corazones. No obstante, muchos de ellos están abriendo el camino al perdón por todo lo que se ha hecho en el planeta. Creen que hay cosas más importantes que hacer, como estar en armonía y equilibrio con la Madre Tierra, y conseguir la unidad y la paz entre todos los pueblos. Y aun más importante es la íntima conexión con el Gran Creador. Muchos Ancianos hablan de la libertad que otorga el perdón. Este «soltar» energía vieja y abrir el corazón permite la libre circulación del amor y de la guía del Espíritu que nos une a todos.

El otro tipo de Anciano es más joven, entre los 40 y los 70 años de edad. Muchos de ellos se encuentran todavía en proceso de aprender y experimentar. Son los que fueron enviados a las escuelas para que se educaran según las costumbres occidentales. Muchos de estos Ancianos modernos intentaron y consiguieron vivir en la sociedad moderna, pero pronto sintieron un vacío y la separación del Espíritu y de la Madre Tierra. A la larga regresaron a sus hogares para volver a sus raíces, porque es en esa tierra donde se sentían vivos y completos. A medida que estos Ancianos modernos regresaban a sus tierras, iniciaron el proceso de aprender la antigua sabiduría y espiritualidad de los Ancianos de mayor edad. Algunos de ellos se convirtieron en portadores de las antiguas profecías. Saben hablar varios idiomas y cómo funcionar en el mundo moderno.

No obstante, a medida que su aprendizaje progresaba, los ancianos más jóvenes pronto descubrieron que los antiguos métodos y conocimientos tenían tanta validez como las tecnologías modernas. Algunos científicos modernos se están percatando por fin de este hecho, mientras el antiguo conocimiento poco a poco va retornando a la superficie. De hecho, gran parte de la tecnología del mundo occidental debe su existencia a los pueblos indígenas, que descubrieron y utilizaron con diligencia los recursos naturales que les ofrecía la Madre Tierra. Los científicos modernos utilizaron los elementos de este conocimiento indígena para construir gran parte del entramado que hace funcionar nuestra sociedad actual.

Algunos de estos Ancianos modernos también han asumido la responsabilidad de compartir su sabiduría espiritual con el mundo. Comparten entre ellos sus ceremonias para crear un fuerte vínculo energético para sanar el planeta y a la humanidad, y también sienten que es hora de que todos los pueblos compartan sus conocimientos con todo el planeta y ayuden a otros a recuperar los poderes individuales que les fueron arrebatados o a los que tuvieron que renunciar en un momento determinado. Todos los seres humanos pueden recuperar su sabiduría interior y espiritualidad. Algunos de estos Ancianos a quien hemos visitado se autodenominan «Puentes». Pueden relacionarse con ambos mundos y han aceptado la responsabilidad de ayudar al nuevo mundo a regresar a un estado de paz, armonía y amor. Estos Ancianos, al igual que muchos otros individuos que están despertando, se ven a sí mismos como puentes entre la antigua sabiduría y el tiempo de integración del «ahora».

¿Cómo reconocer que alguien es un Anciano?

Existen muchas maneras diferentes para poder reconocer que una persona es un Anciano. La práctica más común es que es su propia gente quien le reconoce. Existen otros métodos legítimos, como la nominación por parte de otros Ancianos, la formación para llegar a ocupar la posición, y el derecho de nacimiento. Es una condición que se tiene que ganar, no un puesto al que se es elegido. Hay que ir con cuidado con el Anciano autodesignado y que deja que el ego se entrometa. La mayoría de Ancianos sienten que el reconocimiento por parte de su gente es muy importante. Las personas sienten que el Anciano escogido debe estar adecuadamente preparado para la tarea, ser respetado y que siga el camino correcto. No todos ellos tienen que seguir el camino espiritual para convertirse en Ancianos. El trabajo que realizan abarca distintos ámbitos. Están aquellos que sanan, rezan, arbitran, gobiernan, comercian, cultivan, enseñan, etcétera. No obstante, los individuos que se necesitan para el trabajo del WCOE son los Ancianos Espirituales.

Un Anciano no *exige* respeto, lo recibe serenamente. A un Anciano se le puede *sentir*. Siempre hay niños a su alrededor, porque instintivamente saben que esa persona emana sabiduría. El Anciano sabe lo importantes que son los niños, porque estos chicos serán los que continuarán con las enseñanzas, las tradiciones, la cultura, la lengua, la historia y la sabiduría intemporal de nuestros pueblos.

Encuentros con Ancianos

En cuanto se expresó la intencionalidad de coordinar un Consejo Mundial de Ancianos, empezaron a darse sincronicidades, que siguen ocurriendo. En julio de 1999 se realizó una presentación oficial durante el congreso del solsticio de verano en Santa Fe, Nuevo México. Ante nuestra sorpresa, la respuesta fue muy emotiva. Muchas de las gentes indígenas que asistieron al congreso se hicieron eco de lo que se estaba presentado. Se derramaron muchas lágrimas porque este trabajo sale del corazón y ese día todo el mundo lo sintió.

Al poco tiempo del congreso, Catie y yo fuimos a Hawaii para asistir al Congreso Mundial de Pueblos Indígenas sobre Educación celebrado en Hilo. Nos reunimos con Ancianos de varios lugares de la costa del Pacífico. También ellos reconocieron que era hora de iniciar esta labor. En varias ocasiones en que me acerqué a los Ancianos, ellos ya sabían cuál iba a ser el tema de conversación. Estábamos hablando de corazón a corazón incluso antes de conocernos. Cuando finalmente abría la boca para hablar, me detenían y decían: «Ya sabemos que ahora es el momento de establecer un Consejo Planetario de Ancianos». El viaje a Hawaii confirmó que nos encontrábamos en el camino correcto. Después de Hawaii visitamos a los hopi, tal como conté al principio del capítulo.

A mediados de septiembre de 1999 tuvo lugar nuestro siguiente encuentro en Boulder, Colorado, donde Catie y yo estábamos viviendo entonces. De nuevo gracias a la sincronicidad supimos que un chamán de los Andes de Ecuador iba a visitar una universidad local para hablar de una profecía que su pueblo conocía desde hacía milenios. Catie y yo nos enteramos de que la profecía que el chamán revelaba era muy similar a otra hopi: «Aquellos del Centro nos hacen unir el Águila del Norte con el Cóndor del Sur. Nos encontraremos con nuestros parientes porque somos Uno».

Establecimos comunicación con este chamán andino y le explicamos la labor del WCOE. Inmediatamente comprendió de qué se trataba y nos invitó a visitarle, a él y a los demás Ancianos de su región. No obstante, ante nuestra gran sorpresa, el cumplimiento de la profecía se iba a cumplir en cuestión de meses. Iba a convertirse en otro perfecto ejemplo de sincronicidad y de la madurez y la aceleración de los tiempos presentes.

Unas semanas más tarde, Catie y yo volamos a Washington, D.C., para asistir a la Viligia de Oración para la Tierra en el centro comercial cercano al monumento a Washington. De nuevo volvimos a encontrar a los Ancianos de Estados Unidos y Canadá. Representan a las tribus algonquinas, choctaw, cherokee, delaware, lakota, mohaw, ojibwe, oneida y shawnee, y a muchas otras de todas partes del mundo. De nuevo obtuvimos la misma serena respuesta de que todos sabían que el momento adecuado era el presente. Mediante estas presentaciones y discusiones todos supimos que se trataba sólo del principio y que nos volveríamos a encontrar en numerosas ocasiones.

Unas semanas después de este encuentro, me dirigí a Massachusetts para conocer a unos Ancianos mayas de Guatemala. Dos personas de distinto origen se pusieron en contacto con Catie y conmigo para decirnos que deberíamos hacer un esfuerzo por comunicarnos con esta gente. Fue un encuentro que iba a tener un fuerte impacto y a reforzar el trabajo del WCOE.

Por la mañana asistí por primera vez a una ceremonia del fuego. La energía que despedían las llamas iba mucho más allá de cualquier experiencia que hubiera tenido hasta entonces. Podía sentir la elevación espiritual que estaba teniendo lugar. Fue durante esta ceremonia tan especial que sentí un fuerte vínculo con los Ancianos mayas. Después de la ceremonia del fuego les visité y les expliqué por qué me encontraba allí. Durante esos momentos tan especiales supe que había encontrado a un hermano y a una hermana. Tras la sesión de la tarde de nuevo me reuní con los mayas para hablar de trabajo. Ambos eran conscientes de la importancia de lo que estaba ocurriendo y sugirieron que Catie y yo asistiéramos a un encuentro especial que tendría lugar en Guatemala en febrero de 2000. Esa reunión iba a cambiar las vidas de todos los asistentes.

En noviembre de 1999, Catie y yo emprendimos un viaje de cinco semanas por la parte septentrional de Estados Unidos para visitar a Ancianos de varias naciones nativoamericanas. La mayoría de esos Ancianos eran de los más jóvenes, y todos ellos se referían también a ellos mismos como «puentes». Un par de esos Ancianos había escrito libros para presentar su espiritualidad nativa. Tenían como mentores a conocidos Ancianos Espirituales y habían aceptado la responsabilidad de escribir esas obras. Algunos de estos Ancianos están trabajando con nosotros para promocionar el WCOE por todo el país. Pertenecían a las naciones hunkpapa, oglala, teton, micmac, abenaki y cherokee.

Un par de semanas después, justo antes de Navidad, Catie y yo nos dirigimos a la ciudad de Quebec, en Canadá. Fue allí donde conocimos a un Anciano Espiritual hurón que estaba trabajando en un consejo con su gente para desarrollar los medios (con documentos que lo apoyaban) para que su pueblo se gobernara a sí mismo según la manera tradicional. El gobierno canadiense estaba trabajando con ellos para que pudieran convertirse en autónomos. Era una buena oportunidad para reconsiderar volver a los métodos tradicionales del autogobierno. Estaban creando consejos a partir de los niveles más tradicionales del pueblo.

Estos consejos iban a consistir en Ancianos Espirituales, que supervisarían a otro Anciano que actuaría como enlace político con el gobierno canadiense. Ésa era una manera de mantener la política lo más alejada posible. El propósito de estos consejos es preservar la cultura, las costumbres, la historia y la lengua. El principal objetivo era transmitir este conocimiento a los niños. Se trataba de un avance significativo para Canadá y en especial para los hurones. Se trataba del último pueblo hurón que existía y ésa era su última oportunidad de salvaguardar su identidad como Primera Nación. A partir de este primer encuentro se estableció una relación duradera.

En febrero de 2000 tuvo lugar un importantísimo encuentro de Ancianos de América del Norte, Central y del Sur, en varios lugares sagrados para los mayas, promovido por Gerardo Barrios, Carlos Barrios, Mercedes Barrios y Mariano. Son originarios de la tribu mam, que son los Guardianes del Conocimiento. Los Ancianos se reunieron para celebrar el Año Nuevo maya y la última fase del calendario sagrado maya, que concluye en el 2012, y también para llevar a cabo ceremonias para que el Cóndor pudiera volar con el Águila. El Año Nuevo maya fue la primera de dos celebraciones de año nuevo que tendrán lugar este año. Esto ocurre porque según el calendario sagrado maya, el año tiene 260 días y cabe la posibilidad de que haya dos Años Nuevos mayas dentro de un año del calendario gregoriano.

Nos dijeron que según el calendario sagrado de los mayas, el 21 de diciembre de 2012 señala el punto de inflexión de tres de los calendarios mayas: el del ciclo de 3.600 años, el de 5.200 años y el de 67.600 años. Con el final del calendario sagrado en el 2012, los mayas no necesariamente imaginan una escena apocalíptica. Consideran que el fin de estos ciclos es el inicio de un nuevo principio, en el cual la raza humana tendrá nuevas oportunidades para hacer las cosas bien en este planeta.

Además de las celebraciones, se llevaron a cabo ceremonias dirigidas por los Ancianos de las distintas Américas, para facilitar las profecías tanto del norte como del sur, que hablaban de la unión del Cóndor con el Águila. Según la profecía maya, ellos son quienes tienen que hacer posible que los sudamericanos se encuentren con los norteamericanos. Las dos aves mencionadas en las profecías tienen rasgos diferentes. El Águila es agresiva y va en busca de su presa. También representa la energía del Norte, que tiende a ser de naturaleza más mental, mientras que el Cóndor es paciente y espera a que se cierre el ciclo de la vida. El Cóndor también representa la energía del Sur, que tiende a estar más orientada hacia el corazón. Cuando estas dos aves se encuentren y vuelen juntas en armonía, crearán un equilibrio. Esta unificación de energías es necesaria para establecer el equilibrio de la Madre Tierra y también entre sus gentes. También hay otros grupos de Ancianos que se reúnen para ayudar a que se cumpla esta profecía. Existe una suave pero firme urgencia para terminar esta labor.

Aparte de las ceremonias también se celebraron reuniones entre Ancianos. De estas reuniones salió una corta lista de prioridades:

1) Los Ancianos sintieron que la sanación de la Madre Tierra era una prioridad inmediata. Está sufriendo y esto se puede ver en muchas partes del mundo. Se puede observar mediante los cambios climáticos que afectan a la superficie del planeta, haciendo que zonas fértiles se deserticen y que las temperaturas suban por encima de lo normal en muchos lugares. Para el mundo occidental esto se conoce como calentamiento global, que es causado tanto por la intervención humana como por los ciclos naturales de la Tierra. La intervención humana puede que esté acelerando estos cambios. Por eso los Ancianos creen que la sanación de la Madre Tierra es tan importante.

2) Otra prioridad expresada por los Ancianos es la conservación de los territorios sagrados. Muchas de estas tierras son sagradas porque contienen las energías de la Madre Tierra. Si no se las cuida adecuadamente y se

les arranca sus recursos naturales, los cambios que se dan en las energías de esa zona crean un desequilibrio que a la larga afecta a todo el planeta. Hay que cuidar y respetar esas zonas. Los Ancianos que están conectados con ellas saben cómo sanarlas, y nos pueden enseñar a cómo vivir en armonía con nuestra Madre Tierra, en cuanto estemos dispuestos a escucharles.

3) Una tercera e importante prioridad es la sanación de los puntos de entrada donde las sociedades dominantes llegaron a los continentes del hemisferio occidental. Los Ancianos creen que todos debemos curarnos y perdonar. Es hora de que todos los pueblos se reconcilien y dejen a un lado sus diferencias. Debemos detener las guerras y la explotación. El genocidio de razas debe cesar inmediatamente. Éste es un tiempo de unificación y de paz. Todos debemos trabajar juntos para sanar a la Madre Tierra y prepararnos para el período espiritual que ha sido profetizado por muchas personas de todo el planeta. Los Ancianos tienen fuertes sentimientos acerca de estas prioridades. Se están llevando a cabo muchas tareas de unificación, pero estas tres prioridades son las más importantes para la supervivencia del planeta y sus habitantes en estos momentos.

Los Ancianos Espirituales creen que es esencial sanar las heridas de la Madre Tierra y reequilibrar primero las energías, en preparación de la nueva época que se está acercando rápidamente. Los Ancianos saben que una vez este trabajo de sanación esté lo suficientemente avanzado, las energías estarán en su lugar y las sincronicidades podrán aparecer para apoyar la obra que surgirá como resultado natural de todo ello. Puede que el WCOE se convierta en un cuerpo asesor para Naciones Unidas o para otros gobiernos mundiales. No obstante, esto sólo podrá ocurrir después de un período de cambios en la mentalidad de aquellos que gobiernan estas instituciones de la cultura moderna. El trabajo resultante implicará también programas educativos y experimentales dirigidos por los Ancianos. Éstos están especialmente interesados en la educación de los niños, especialmente esos niños especiales que están naciendo ahora, que tienen más creatividad, receptividad y otras facultades para poder integrar la antigua sabiduría con la tecnología moderna. Con la sabiduría de los Ancianos, estos niños estarán equipados para manifestar el auténtico potencial de la humanidad en la «era del ahora».

El viaje de la serpiente emplumada

Hace más de veinte años, Gerardo Barrios, un Anciano maya, emprendió una investigación para validar y comprender los calendarios sagrados mayas. Viajó a diferentes pueblos de América Central, en busca de los Ancianos mayas más tradicionales, en zonas muy remotas. Quería saber si todos utilizaban los mismos calendarios. Excepto por alguna variación de los nombres y pequeñas diferencias del idioma, prácticamente todos encajaban. Como parte de esta investigación, en 1988 él y otros nueve indígenas viajaron a un pueblo muy remoto donde los mayas tradicionales han dedicado sus vidas a custodiar el fuego del templo desde hace más de mil años. Los mayas mantienen encendido ese fuego las veinticuatro horas del día como plegaria por la paz en la Tierra. Tras una caminata de cinco días por la espesa jungla, Gerardo y su equipo finalmente llegaron a esa aldea. Los Ancianos ya sabían, gracias a sus propias visiones, que ese grupo iba a llegar. Los diez mayas fueron sometidos a sesiones adivinatorias y sólo se permitió a cinco entrar en el templo sagrado. Gerardo fue uno de ellos.

Una vez dentro del templo, uno de los Ancianos se llevó a Gerardo a un lado para hablarle en privado. El Anciano empezó a contarle la historia de la *serpiente emplumada* Kukulkán, una energía telúrica sagrada de forma serpentina que se mueve por toda la tierra. Tuvo que realizar dos visitas más a ese pueblo antes de que terminara el relato. Los Ancianos mayas del lugar le explicaron cómo esta energía se manifiesta periódicamente y le mostraron en el mapa que había traído consigo dónde y cuándo había aparecido. Más adelante, cuando Gerardo empezó a revisar la historia, descubrió en el camino de la serpiente acontecimientos como el gran despertar espiritual en el Tíbet de los años cincuenta, el movimiento en contra de la guerra del Vietnam de los años sesenta y a líderes como Martin Luther King.

Estos Ancianos le dijeron que esta *serpiente emplumada* tiene la intención de dirigirse América abajo por la columna vertebral de la Madre Tierra hasta el lago Titicaca, en los Andes, para estar allí en el año 2012. Si alguien abriera un mapa del hemisferio occidental y siguiera el camino de las cordilleras desde Alaska hasta Chile, vería que se extienden en una línea continua de norte a sur. Ésta es la columna vertebral de la Madre Tierra a la que se referían.

Este movimiento de energías debe ser completado para mantener el equilibrio de la Madre Tierra. La energía también tiene un ciclo que debe seguir y completar para crear el equilibrio necesario para que todo mantenga su armonía en este planeta. No obstante, este movimiento ha encontrado una barrera que le ha detenido el paso. Se trata del canal de Panamá, para el que se excavó la tierra y se forzó a una corriente de agua para que atravesara la columna vertebral de los continentes. Cuando esta energía está bloqueada puede tener efectos desastrosos, de la misma manera que una lesión medular puede afectar al funcionamiento de todo el organismo. A Gerardo le dijeron que hay que celebrar ceremonias espirituales para ayudar al flujo natural y armonioso de esta *serpiente emplumada*. Cuando Gerardo expresó su preocupación por la magnitud de la tarea, los Ancianos le dijeron que no se preocupara por cómo se llevaría a cabo, porque vendrían ayudantes. Estos ayudantes empezaron a aparecer en Guatemala en noviembre de 1995.

La sanación de la Madre Tierra

Otros pueblos también han expresado su preocupación por la sanación de la Madre Tierra. La tribu witoto de Sudamérica ha seguido sintonizada con la energía de la *serpiente emplumada*, y han estado realizando ceremonias para celebrarlo. Creen firmemente que debe completar su movimiento para poder reequilibrar todo el planeta.

Los pueblos tairona, que viven en la Sierra Nevada de Santa Marta, en Colombia, consisten en los grupos kogi, arahuaco, arsario y cancuamo. Estos pueblos sólo se han dado a conocer recientemente, y han descendido de las montañas de la Sierra Nevada de Santa Marta para transmitir convincentes mensajes acerca de la devastación del medio ambiente de la Madre Tierra. Esto lo pudimos ver en un documental de la BBC realizado por Alan Ereira en 1993, titulado *Desde el Corazón del Mundo: el aviso de nuestros Hermanos Mayores*. Los pueblos tairona se autodenominan «los Hermanos Mayores», y llaman a los occidentales «el Hermano Menor». Creen que es su deber cuidar de la montaña que ellos llaman «el Corazón del Mundo». Están muy preocupados porque consideran que el Hermano Menor está destruyendo el equilibro del planeta. Su misión de mantener el equilibrio del planeta está resultando cada vez más difícil debido a toda la destrucción. Pueden ver que algo no va bien con su montaña, el Corazón del Mundo. Los ríos de la montaña han dejado de fluir y hay zonas donde la vegetación se está agostando, donde antes era muy verde y fértil. Cuando la montaña enferma, todo el mundo tiene problemas.

Aunque se le golpee con la verdad en la cabeza, el Hermano Menor sigue sin entender lo que está haciendo. De muchas maneras diferentes, las sociedades actuales no están progresando, sino retrocediendo. Sólo hay que echar una ojeada a nuestro alrededor. Pensemos en las guerras, las atrocidades, la ambición, la opresión, la dominación, el odio, la discriminación racial, los abusos cometidos contra la Madre Tierra, etcétera. Todo ello conforma una imagen de desolación.

Pero existe una corriente subterránea que se está abriendo paso entre muchas personas, tanto del mundo moderno como del indígena. Muchos creen ahora que es su deber cuidar de la montaña que ellos llaman «el Corazón del Mundo». Están empezando a darse cuenta de lo que está ocurriendo y quieren hacer una contribución positiva. Todavía se sigue haciendo mucho bien en este planeta. Es tiempo de pasar a la acción.

El viaje colectivo continúa

El viaje para establecer el WCOE es uno muy sagrado. Es un viaje espiritual que ha estado en marcha durante miles de años, y del que todos y cada uno de nosotros somos responsables de que llegue a buen fin. Es hora de reunir a los Ancianos indígenas espirituales de todos los continentes del planeta para que salgan a la luz las verdades universales de las que son custodios. Es hora de encontrar ese lugar tranquilo en nuestro interior para simplemente escuchar a lo que sabemos que es auténtico dentro de nuestro corazón. Es hora de recordar quiénes somos, por qué estamos aquí, y poner las enseñanzas inmemoriales en práctica para restablecer el equilibrio, la armonía y la paz en la humanidad y en nuestra querida Madre Tierra.

Muchas personas de todo el mundo están despertando y empezando a hacerse eco del cambio que se está dando en esta época extraordinaria. La humanidad ha «cruzado el umbral», y el mar de fondo de esperanza y energía positiva y amorosa está creciendo de forma exponencial. A diferencia de épocas anteriores, ahora es el momento de que cada uno de nosotros reclamemos nuestro poder y ejercitemos el libre albedrío para apoyar la amorosa y rehabilitadora labor de los Ancianos. Ahora es el momento de que la humanidad y la Madre Tierra ocupen el lugar que les pertenece como compañeros espirituales conscientes con el universo de toda la creación.

Lo que ustedes pueden hacer

Nos sentimos muy agradecidos por las generosas contribuciones de tiempo, energía y financiación de aquellos hermosos y valientes seres humanos que tienen la amplitud de miras de dar un paso para apoyar al WCOE. Por supuesto, la inmensa tarea que tenemos delante requiere el amor, las plegarias, la intencionalidad pura, el compromiso de corazón y el apoyo económico de muchas personas iluminadas. Se ha creado una organización sin ánimo de lucro para gestionar los fondos, así como la logística de reunir a los Ancianos y facilitar la transmisión de su sabiduría.

Por favor no duden en contactar con Catie o conmigo para más información con respecto a la labor del WCEO. Se trata de un viaje del corazón y está impulsado por la energía de acontecimientos y contactos sincronísticos con personas como ustedes. Nos encantaría recibir noticias suyas y, por supuesto, sus contribuciones económicas son bienvenidas y muy apreciadas.

Para más información, pueden contactar con:

World Council of Elders
P.O. Box 5640
Woodland Park, CO 80866
Buzón de voz y fax (gratuitos): (877) 750-4162
E-mail: wcoe4peace@earthlink.net

Las donaciones son deducibles de impuestos y deberían hacerse a nombre de: *World Council of Elders*. Asimismo, estén atentos a nuestra próxima página web: www.worldcouncilofelders.org.

Woody Vaspra

Postdata de Lee:

A las doce del mediodía del 16 de julio de 2000, en Santa Fe, Nuevo México, Jan y yo tuvimos el honor de participar en la ceremonia de unir a Catie Johnson y a Woody Vaspra en matrimonio. La boda se celebró frente a los asistentes del congreso anual de luz que Kryon impartió durante el solsticio de verano.

Capítulo Decimoquinto

CIENCIA

Dice Lee Carroll

Como pueden ver por el título, éste es el apartado correspondiente a la ciencia en este libro de Kryon. Al igual que otros temas, se trata de una breve discusión sobre lo ocurrido en el campo de la ciencia desde la publicación del último libro, lo cual corrobora las posibilidades de las que Kryon ha hablado. Como dije antes, yo no soy científico, así que las exposiciones que doy a continuación no están escritas en el lenguaje de la ciencia, que es el que les resulta más cómodo a los que tienen una mentalidad orientada en esa dirección. Se trata simplemente de un intento de mostrar la relación que existe entre lo que Kryon transmite en sus canalizaciones y lo que está ocurriendo en el mundo real que nos rodea. Siempre me ha encantado la sincronicidad entre ambas cosas, y en este año pasado la distancia entre las palabras de Kryon y las confirmaciones científicas se ha acortado espectacularmente, pasando muchas veces a ser sólo cuestión de meses en lugar de años.

Si han leído los libros anteriores de Kryon, sabrán que algunas de las reveladoras canalizaciones referentes a potenciales científicos concretos dadas a principio de la década de los noventa, han quedado oficialmente convalidadas en estas páginas. Entre algunas de ellas podemos mencionar: los *gemelos* más rápidos que la luz (Libro VI de Kryon, p. 407); el descubrimiento de la *deinococcus radiodurans*, la bacteria que fagocita residuos nucleares (Libro VI de Kryon, p. 372); los comentarios de Kryon con respecto al Big Bang [que no existió] (Libro VI de Kryon, p. 412); los continuos indicios de la actividad de los rayos gamma y lo que ello significa (Libros VI, pag. 403, y VII,

p. 143); la manera en que funciona la enfermedad (Libro VI de Kryon, p. 415); y las matemáticas de los círculos de las cosechas (Libro VI de Kryon, p. 403). Desde hace ya once años, Kryon nos ha informado repetidamente sobre «cómo funcionan las cosas», y nos ha invitado a descubrirlo.

Éstas son algunas de las últimas informaciones aparecidas desde la última publicación de Kryon. Creo que los lectores estarán especialmente interesados en tres temas:

1) El ADN.
2) La física y la rejilla cósmica.
3) Antropología.
4) Cosas totalmente estrambóticas que han pasado a ser oficialmente científicas (mi favorito).

Este libro de Kryon contiene más citas de fuentes científicas fidedignas que cualquier otro anterior, lo que demuestra que, ciertamente, ¡lo extravagante se está volviendo más científico cada día que pasa!

La búsqueda del ADN magnético

El ADN (ácido desoxiribonucleico) es una molécula formada por una doble cadena de hebras de compuestos químicos llamados nucleótidos. Estas cadenas están dispuestas en forma de escalera retorcida, configurando una doble hélice (espiral).

Los cromosomas están casi por entero compuestos de proteína y ácidos nucleicos y en el año 1944, el bacteriólogo canadiense Oswald Theodore Avery demostró que el ADN es la sustancia que determina la herencia genética. En 1953, el genetista americano James Watson y el genetista británico Francis Crick calcularon la estructura del ADN. Descubrieron que la molécula de ADN está formada por dos largas hebras en forma de doble hélice, parecida un poco a una larga escalera de mano de forma espiral. Para hacer una copia idéntica de la molécula de ADN, las dos hebras se despliegan y se separan. Entonces se forman nuevos filamentos a imagen de cada hebra separada. El ADN en realidad fue descubierto por Rosalind Elsie Franklin, que lo fotografió a principios de los años cincuenta.*

Este paradigma del ADN ha estado en vigor desde su descubrimiento inicial y ha sido bien recibido y aceptado por biólogos y bioquímicos durante casi 50 años. Ahora sabemos que dentro del ADN químico hay «instrucciones para la vida», y que en el año 2000 finalmente hemos dibujado el mapa del genoma humano, y estamos descubriendo el funcionamiento y códigos internos de este maravilloso rompecabezas. Pero Kryon dice que dentro de esta estructura hay mucho más que cromosomas y códigos de vida genética.

Hace once años, ¡Kryon nos dijo que el campo magnético de la Tierra en cierto modo «hablaba» con el ADN! En libros subsiguientes nos ha dado parte de la mecánica de esta transferencia y ha indicado que el ADN es un tipo de motor magnético, muy sensible a influencias magnéticas del exterior. Después indicó que es posible dar profundas instrucciones magnéticas al ADN, literalmente despertando potenciales ocultos que «descansan» allí, listos para ser activados. En 1994 incluso nos informó de cómo llevamos a cabo ciertas manipulaciones magnéticas en épocas antiguas, como por ejemplo en el Templo del Rejuvenecimiento en la Atlántida, con las que alargábamos la vida, todo ello utilizando el magnetismo y el ADN (Libro VI de Kryon: *Asociación con Dios*).

En esa época la información fue recibida con risotadas por los científicos, y también dio pie a ataques y mensajes basados en el miedo por parte de metafísicos anclados en la vieja energía. Cuando el Libro I de Kryon salió al mercado en 1993, fue como si tanto Kryon como yo nos hubiéramos ganado instantáneamente enemigos en ambos lados de la valla: la ciencia oficial y la

---

* Encarta® 98 Desk Encyclopedia© & 1996-1997 Microsoft Corporation.

metafísica oficial. Como ya he escrito anteriormente, me esperaba el ridículo por parte de los científicos, pero no esperaba ser
atacado por otros trabajadores de la luz simplemente porque
Kryon hablaba de magnetismo en relación con el ADN.

Hasta la fecha siguen existiendo enseñanzas basadas en
el miedo que dicen que la naturaleza de la rejilla magnética de
la tierra es algo maléfico. Cada vez que me encuentro con esta
información, me pregunto si también creen que el aire es el
alimento del diablo, que la suciedad es algo satánico o que
la ionosfera del planeta es una trama maligna contra la humanidad. En otras palabras, para mí estas cosas son componen-
tes básicos del planeta, que nos han sido dadas de forma natural para nuestra existencia continuada y equilibrada. No las
considero resultado de ninguna batalla ni fábula mística que
creara el planeta.

En mi opinión, el imaginar hipótesis oscuras utilizando los
elementos básicos de la Tierra es menospreciar a la propia Gaia,
y también un insulto a los pueblos indígenas del planeta que
regularmente honraban y celebraban el magnetismo de la Tierra: los puntos cardinales. Kryon nos dice que la rejilla magnética fue creada para nosotros, y que ayuda a sostener tanto la dualidad como nuestra iluminación, y que incluso sostiene el
funcionamiento de los atributos astrológicos. Yo considero la naturaleza como algo que nos ha sido dado con mucha solicitud
y cariño. Pero para algunos, como Kryon habla de la rejilla magnética, por fuerza él tiene que ser el mal cósmico [suspiro].

La ciencia fue mucho más amable con Kryon: simplemente ignoró todo lo que decía. Éste sigue siendo el caso hoy en día,
y es la reacción que esperábamos por parte de fuentes científicas fidedignas. Al fin y al cabo, la canalización es algo raro y
misterioso, ¿no es cierto? No está basada en ningún hecho. Ni
en la ciencia. Aun cuando parte de la información que se nos
dio hace tiempo está empezando a convertirse en realidad, todavía no es prudente para los biólogos, físicos ni médicos publicar
cualquier cosa que pudiera relacionarlos con el nombre de
Kryon. Realmente lo comprendo, y lo acepto.

Lo que resulta interesante de nuestro trabajo en estos momentos ¡es que ahora atraemos a muchos médicos y científicos hacia los seminarios de Kryon, en todas partes del mundo! También ellos son trabajadores de la luz, saben, lo que ocurre es que muchos no se lo pueden contar a sus colegas. Muchos de estos profesionales disfrutan con los libros de Kryon tanto como ustedes. Sé de buena tinta que existen libros de Kryon ocultos en cajones de la Comandancia de Misiles de Estados Unidos en Huntsville, Alabama; en el Laboratorio Livermore de California; y en incontables hospitales y laboratorios de investigación de toda la nación. ¿El motivo? Muchos de los propietarios de esos libros han asistido a seminarios de Kryon y me lo han dicho, y la mayoría de ellos ocupan cargos impresionantes.

Antes de que les comente algunos de los descubrimientos recientes sobre el ADN, quiero ponerles al día sobre algunos consejos básicos de Kryon: 1) Manténganse alejados de los campos magnéticos incontrolados que pudiera haber cerca de su casa o de su lugar de trabajo, y 2) tengan cuidado con las mantas eléctricas (Libro I de Kryon – *Los tiempos finales*).

Cuando nos dio estos dos consejos en 1989, la comunidad científica no estaba convencida de que ninguna de estas dos cosas representara un problema. Como ya he escrito anteriormente, ambos consejos son una simplificación breve de lo que Kryon ha dicho con referencia al magnetismo. No todos los campos magnéticos son perjudiciales para el ser humano, pero como mínimo deberíamos conocer y poder elegir aquellos cerca de los cuales dormimos o vivimos. Existen muchas clases de campos magnéticos y muchos detalles a tener en cuenta.

Decir que los campos magnéticos son perjudiciales es como decir que lo es el agua. Lo es, claro, si uno se está ahogando, o bebe agua llena de bacterias. Pero también nos puede sanar, o como mínimo hidratar el cuerpo y calmar la sed. Los campos magnéticos son algo parecido. No se puede generalizar y decir: «los campos magnéticos son perjudiciales». ¿Son campos activos o pasivos? ¿Fuertes o débiles? ¿Casuales o intencionales?

Los tendidos eléctricos pueden resultar nefastos para la persona o no afectarla en absoluto, dependiendo de su propia corriente y de las pautas, de cómo se combinan ambos campos en el lugar donde viven o trabajan. Cada caso es distinto, pero en general, nos advierten sobre el caso de los campos activos que generan otros campos alrededor del ser humano lo suficientemente intensos para hacer oscilar la brújula.

En el año 1989 la ciencia también sospechaba de esta información de Kryon, y muchos de ustedes tuvieron dificultades para encontrar algo que la corroborara. No existía experimentación científica con respecto a las sabias palabras de Kryon. Esto ha cambiado ahora. Les traigo pruebas de lo que la ciencia está investigando en la actualidad. Tanto David A. Savitz, un epidemiólogo de la Universidad de North Carolina, como Antonio Sastre, del Instituto de Investigación del Midwest de Kansas City, han publicado libros sobre un estudio muy interesante:

> Los dos investigadores y su equipo dicen ahora que comparándolos con hombres que trabajaron en empleos donde los campos electromagnéticos (CEM) eran débiles, los hombres con empleos expuestos a fuertes CEM, como los trabajadores del tendido eléctrico y de plantas eléctricas, tenían más posibilidades de haber fallecido por ataques al corazón o dolencias cardíacas relacionadas con ritmos anormales o arritmias.
>
> Además, el riesgo de fallecimiento por estas dolencias se incrementa a medida que la exposición a los CEM normales aumenta. Savitz destaca que los hombres pertenecientes al grupo de riesgo más elevado tendían a haber trabajado en CEM como mínimo dos veces más fuertes que los que las personas tienen habitualmente en sus hogares.
>
> Juntando los dos casos, estos «sugieren una posible asociación entre campos magnéticos del entorno laboral y arritmias relacionadas con dolencias cardíacas», con-

cluyen los investigadores en el *American Journal of Epidemiology* 1 del 15 de enero.[1]

¿Recuerdan el consejo de Kryon sobre las mantas eléctricas? Aunque todavía no existen evidencias científicas sólidas que confirmen que pueden ser perjudiciales, los fabricantes no quieren arriesgarse. A continuación cito algo aparecido en *Science News* como respuesta a la cuestión: «*Los efectos biológicos de los campos eléctricos y magnéticos siguen siendo cuestionables. ¿Hay alguien que haya comprobado concretamente las mantas eléctricas?*».

> Varios equipos de investigación han estudiado los riesgos que pudieran generarse por pasar largos períodos cubiertos con mantas eléctricas. Informamos de que los fabricantes estaban rediseñando el entramado eléctrico de las mantas para reducir la exposición del durmiente a los campos eléctricos y magnéticos.[2]

Así pues, ¿puede el magnetismo afectar a nuestra estructura celular? Parece que así es, a juzgar por algunos de los artículos científicos que se están publicando. Llevo ya diez años ignorando esta formidable cuestión del ADN. Simplemente no existían pruebas en un nivel molecular de que el magnetismo pudiera formar parte del ADN. Pero el año pasado el corazón me dio un vuelvo al saber de dos descubrimientos distintos que aparecieron en la prensa. Estos descubrimientos por fin abrieron la puerta para que los principios científicos conocidos puedan explicar cómo el ADN podría tener un componente magnético, o como mínimo las propiedades para poder hacer de receptor magnético. (Kryon así lo dijo, incluso en este mismo libro).

---

1. *Science News*: Janet Raloff; núm. 155; 30 de enero de 1999; «Electromagnetic fields may damage hearts», página 70.
2. *Science News:* Janet Raloff; núm. 156; 28 de agosto de 1999; «No blanket answer on EMF's»; página 131.

He descubierto que no estoy solo en mi búsqueda. La ciencia también anda detrás de un mecanismo biológico que pudiera ayudar a explicar cómo afecta el magnetismo a las células:

> Aunque los datos que relacionan los campos eléctricos y magnéticos con el cáncer u otras enfermedades no tienen mucho peso, una nueva opinión federal concluye que la exposición a estos campos «no puede ser considerada totalmente segura».
>
> Hace siete años, el Congreso puso en marcha un Programa de Investigación y Divulgación de Información Pública sobre los Campos Electromagnéticos, con el fin de descubrir mecanismos biológicos que pudieran explicar la relación epidemiológica de los CEM con el cáncer.
>
> En general, según el informe, los estudios realizados sobre poblaciones humanas expuestas a fuertes CEM han demostrado una «pauta bastante consistente de un pequeño y más elevado riesgo con exposiciones más prolongadas» tanto en el caso de la leucemia infantil como en el de la leucemia crónica linfática en adultos.[3]

Lo que a continuación descubrí ¡había estado oculto desde 1998! Los científicos se han mostrado muy escépticos sobre el posible efecto nocivo de los CEM sobre el ADN. Tener cáncer debido a una exposición a CEM era algo simplemente inaceptable. Ello era debido a que los científicos no podían creer que los campos pudieran *afectar negativamente a las células* a distancia, con esa energía tan baja (gauss). Ahora por fin se están dando cuenta de lo que Kryon ha dicho siempre. El magnetismo (los CEM) ¡no está *dañando a las células*! Los CEM están dando instrucciones a las células en un nivel bajo, a través del ADN, y estas instrucciones podrían ser perjudiciales. Esto ya

---

3. *Science News:* Janet Raloff; núm. 156; 3 de julio de 1999; «EMFs doubts linger over possible risks», página 12.

son noticias antiguas para los lectores de Kryon, pero de repente la ciencia se muestra de acuerdo con ellas.

Durante unos seis años, el oncólogo infantil Faith M. Uckun, del Wayne Hughes Institute de St. Paul, Minn., estuvo revisando propuestas de investigación sobre el tema de los CEM por parte de personas que pedían subvenciones a los Institutos Nacionales de la Salud. Sin un mecanismo que justificara los supuestos riesgos de los CEM, dice: «Me sonaba a vudú».

Pero comenta que últimamente está empezando a revisar esa opinión. Sus últimos estudios en tubos de ensayo demuestran que los campos magnéticos con una frecuencia de 60 hertzios y una fuerza de 1 gauss desencadenan un torrente de acciones impulsadas por enzimas que mandan señales a las células. Estas comunicaciones de corta distancia sirven como vehículo mediante el cual las células pueden transmitir instrucciones operativas a su ADN. [4]

¿Puede estar más claro? Este artículo describe exactamente lo que Kryon ha estado diciendo desde el principio. ¿Acciones que mandan señales a las células? ¿Instrucciones operativas al ADN? Esto no es un *daño* causado por los CEM. ¡Es *comunicación*! (Véase p. 419 – Nueva información para la 2ª edición de este libro).

Permítanme que les explique brevemente lo que de hecho he estado buscando, y hasta cierto punto también qué es lo que están diciendo las investigaciones que les he citado. Yo siempre he querido descubrir el «motor» magnético dentro de la estructura del ADN. Necesitaba demostrar la posibilidad de «inductancia» (como dijo Kryon). Como ingeniero de sonido, yo entiendo sobre inductancia dentro del campo de los circuitos eléctricos.

---

4. *Science News*; Janet Raloff; núm. 153; 21 de febrero de 1998; «Electromagnetic fields may trigger enzimes»; página 119.

Déjenme que me explique y lo simplifique. Cuando tenemos dos campos magnéticos que se cruzan, obtenemos una situación única en que los atributos eléctricos se pueden transferir a través del campo magnético sin que ningún cable se toque. Dos bobinas situadas una al lado de la otra pueden pasarse corriente sin ningún contacto físico. Este proceso se llama inductancia. Tampoco es muy esotérico, porque hay transformadores de todo tipo y tamaño colocados en millones de aparatos que lo hacen todos los días en todas las partes del mundo. Es algo muy conocido, y probablemente está presente en todos los aparatos que ustedes poseen, desde la tostadora hasta el ordenador.

Últimamente la ciencia ha ido dando más y más crédito al magnetismo, y también a las propiedades eléctricas del cuerpo humano. De repente la ciencia también se ha subido al carro de la sanación magnética (¡aunque por alguna razón no admiten que el magnetismo incontrolado sea perjudicial para ustedes!). Estoy buscando minuciosamente evidencias científicas de inductancia, ¡y ya las he descubierto en varios lugares!

La mayor parte de informes sobre los CEM se han centrado en las irradiaciones de tendidos eléctricos, instalaciones eléctricas de los edificios y electrodomésticos. Han registrado la continua polémica de si estos campos tienen efectos nocivos para la salud, como alteraciones del sueño o del ritmo cardíaco, y cáncer. No obstante, a pesar de que estos riesgos aparecieran en los titulares, los CEM se han ido dirigiendo sigilosamente hacia la medicina.

Durante los últimos veinte años, la FDA* ha aprobado generadores de CEM para dos usos médicos. Los aparatos se utilizan con frecuencia para tratar fracturas de huesos que han dejado de curarse, y también se aplica cada vez más un tratamiento con CEM para fusionar las vértebras de las per-

---

*   *N. de la T.:* Food and Drug Administration (Dirección de Alimentos y Medicinas). Organismo encargado, entre muchas otras cosas, de regular la aparición de nuevos fármacos en el mercado estadounidense.

sonas que sufren de dolor de espalda para el que no existe tratamiento.

Técnicas más recientes permiten que se transmitan campos sin que los electrodos toquen el cuerpo. «Éste es el avance terapéutico más importante de los últimos años», dice Arthur A. Pilla, un biofísico de la Facultad de Medicina del hospital Mount Sinai, de la ciudad de Nueva York. Explica que los aparatos más modernos transmiten la energía de un campo al cuerpo a partir de unos cables que rodean, sin llegar a tocar, la zona dañada. [5]

¿Qué? ¿Sin tocar el cuerpo? ¡Qué raro!... ¡Llamen al cura y al exorcista! Vaya, no importa... ahora ya se trata de ciencia. (Sólo me estoy divirtiendo un poco... no me manden cartas por esto). Eso es exactamente lo que yo ando buscando: ¿un cable que rodea la zona dañada? ¡Eso es inductancia! Y tengo que preguntar: «Entonces, ¿cómo recibe el cuerpo esta sanación?». Es imprescindible que exista algo molecular que haga de receptor para la información de la bobina situada en el exterior del cuerpo. ¿Alguno de ustedes está relacionando este potencial de inductancia (acabado de corroborar en el artículo anterior) con la muy misteriosa (según la ciencia) acción del trabajo energético metafísico? La próxima vez que lo vean, lo hagan o se lo hagan, recuerden la técnica de sanación científica que acabo de mencionar, ¡en la que se trabaja con campos electromagnéticos en un laboratorio *sin tocar* al ser humano! ¿Y esos son los que dijeron que *nosotros* éramos raros?

Mientras investigaba la inductancia en la estructura celular del cuerpo humano, ¡también tropecé con un fenómeno biológico conocido que me dejó boquiabierto! ¡Nunca me había fijado en el detalle de que la base de la sinapsis del interior del cerebro depende de la inductancia! Tenemos en nuestra cabeza

5. *Science News;* Janet Raloff; núm. 156; 13 de noviembre de 1999; «Medicinal EMFs»; página 316.

el ordenador más potente del mundo, ¡y ahora comprendemos que los «cables» (los nervios cerebrales) de esa gran computadora no están conectados entre sí! Las terminaciones nerviosas que transportan nuestro pensamiento y memoria —llamadas sinapsis— corren por nuestro cerebro llevando decenas de millones de juegos de instrucciones todos los días, sin tocarse entre sí. ¡Simplemente se acercan unas a otras!

Ya conocemos las características eléctricas del cerebro. Esto es algo bien reconocido y que incluso se puede medir con un aparato de EEG. Así que (presten atención), aquí tenemos al cerebro humano, un ordenador que utiliza corriente eléctrica, y cuyos «cables» no se tocan. Éste es un ejemplo maravilloso de inductancia dentro del sistema biológico humano. Resulta evidente que una sinapsis es un tipo de «información» transferida entre los nervios por medio de la inductancia. Esto también indica que cada terminación nerviosa debe de estar rodeada por un campo magnético. Eso concuerda con las reglas básicas de la electricidad, y resulta lógico. Además, también nos ayuda a comprender cómo nuestros cerebros muchas veces se pueden «volver a conectar» en casos de lesiones o traumas. Muchas veces el cerebro se vuelve a dar instrucciones a sí mismo sobre cómo utilizar otras partes cuando alguna ha resultado dañada. Como no tiene una conexión «por cable» (con los nervios conectados), puede así desviar las rutas eléctricas, ¡y efectivamente lo hace!

Traigo a colación este tema para que puedan entender que ahora existe un precedente oficial de eso mismo que yo he estado buscando dentro del ADN, en forma de una parte conocida del funcionamiento del cuerpo humano. Por tanto, después de todo no es tan extraño que quiera encontrar este proceso en otras áreas de nuestra composición química. Pero los nervios transmiten energía eléctrica. Es comprensible imaginar que podrían tener un campo magnético. El ADN no es conocido por sus propiedades eléctricas, así que todavía me queda cierto camino por recorrer para encontrar mi motor magnético en el ADN.

De todos modos me encontré con un comentario general que había estado esperando desde hacía años: un reconocimiento de la importancia de las características eléctricas en TODA la biología en general (eso incluye el ADN):

> EL PEGAMENTO DE LA EXISTENCIA MOLECULAR FINALMENTE DESVELADO: De los aproximadamente 20 millones de sustancias químicas que los científicos han catalogado, desde las simples como el agua a gigantescos complejos como el ADN, casi todas son configuraciones de átomos unidos por lazos electrónicos. La búsqueda para comprender estos minúsculos lazos –el mismísimo «pegamento» de la existencia material– es el corazón de la ciencia química. [6]

Mi búsqueda como persona no científica para encontrar una propiedad magnética en el ADN se vio un poco recompensada al leer esta conclusión. ¡Los científicos están empezando a hablar como Kryon! Pero todavía me faltan algunas cosas esenciales para siquiera empezar a postular algo tan estrambótico como un ADN magnético. Necesito demostrar la posibilidad de una corriente eléctrica natural dentro del ADN. ¡Esto es difícil! En primer lugar, para obtener corriente se precisa un bucle. En segundo lugar, es un hecho conocido que los cromosomas son muy malos conductores de electricidad, ¡si es que transmiten alguna! Durante diez años parecía que nunca iba a descubrir la información potencial que buscaba; hasta ahora. En el pasado mes de abril (1999), alguien me envió por e-mail la primera línea de un sugerente artículo científico que me dejó conmocionado:

> El ADN es un componente de la vida, pero también podría ser un componente básico para aparatos electrónicos de tamaño diminuto. Ésta es la sugerente posibilidad plantea-

---

6. *The New York Times;* Malcolm W. Browne; 7 de septiembre de 1999; «The Glue of Molecular Existence is Finally Unveiled»; Science Desk.

da por una nueva investigación que demuestra que el ADN es conductor de electricidad.[7]

¡No podía creer lo que estaba leyendo! Localicé el artículo completo en mi ordenador y lo imprimí. Cito un poco más:

El estudio descubrió que aunque el ADN nunca podrá sustituir al hilo de cobre, sí transmite electricidad de forma tan eficaz como un buen semiconductor.

¿Un semiconductor? Eso es lo que forma el núcleo de prácticamente cualquier cosa electrónica que ustedes o yo podamos tener (vale, de acuerdo, quizá no la tostadora). Investigué y encontré más cosas sobre el tema:

«El ADN transporta corriente eléctrica de una forma muy parecida a la del material semiconductor», dice el físico Hans-Werner Fink y Christian Schoenberger del Instituto de Física de la Universidad de Basilea, Suiza. «Se consigue no sólo una versión a escala reducida de un cable, sino también propiedades muy diferentes», asegura Fink. «En el caso del ADN, la anchura del conductor es comparable a la longitud de onda del electrón. Podríamos estar hablando de transporte balístico de electrones. Balístico significa que no se produce ninguna dispersión por la desaceleración de los electrones». Esto podría significar conexiones más rápidas libres de las impurezas que se encuentran incluso en los mejores semiconductores.[8]

---

7. *The New York Times;* Henry Fountain; 13 de abril de 1999; «Observatory»; Science Desk.
8. *Popular Science;* Hank Schlesinger; agosto de 1999; «DNA Conductors»; apartado de electrónica.

¿Transporte balístico de electrones? De repente, después de todo este tiempo, el ADN es conductor de electricidad... ¡y de un modo antes desconocido! ¡Lo que resulta extraño es que los cromosomas no lo sean! Por lo tanto, las partes no, ¡pero el todo sí! Imaginen. Pero todavía nos falta el círculo. Se necesita un camino circular para que los electrones avancen por una vía continua para generar corriente. Pero, por desgracia, los cromosomas y el ADN tienen forma de hebra, no de bucle, ¿o sí? Después de cincuenta años, ¿podría realmente existir algo espectacular con respecto a la forma de algo tan bien documentado como el ADN? ¡Sí! Lo descubrí sólo un mes después del artículo que hablaba de la conductividad del ADN.

> Es casi tan sorprendente como descubrir un nuevo hueso en el cuerpo humano. Los biólogos han informado que los cromosomas –las moléculas alargadas de ADN que transportan nuestras instrucciones genéticas– terminan en bucles limpiamente anudados. Los biólogos deben de haber observado miles de veces a través de sus microscopios los 46 cromosomas que contiene el núcleo de toda célula humana normal, sin percibir lo que ahora han descubierto: los extremos de los cromosomas –las moléculas de ADN inmensamente largas que contienen la información genética– están atados en grandes bucles, firmemente anudados.
>
> Los bucles ofrecen la respuesta que nadie había adivinado: los cromosomas normales no tienen fin, sólo el perfecto continuo topológico de un círculo. [9]

Science News también publicó lo siguiente y aportó más detalles sobre los telómeros:

9. *The New York Times;* Nicholas Wade; 14 de mayo de 1999; «Chromosomes End in Tied Loops, Study Finds»; National Desk.

Los científicos habían pensado que los telómeros consistían en una molécula lineal de ADN, con una de las hebras —normalmente emparejadas— del ADN ligeramente más larga que la otra. Este saliente telomérico planteaba un dilema: las células no toleran ADN de una sola hebra. ¿Por qué los biólogos no han observado antes los «bucles teloméricos»? Los telómeros son sólo una pequeña porción del cromosoma de un ADN. «A menos que alguien hubiera estado buscando un bucle a propósito, sería fácil que pasaran desapercibidos», dice (Jack D.) Griffith. [10]

¡Ahora tengo mi motor eléctrico de ADN! Con pocos meses de diferencia, investigaciones distintas han demostrado que el ADN es conductor de electricidad y que termina en bucles que forman un círculo. Sí, de acuerdo, nadie ha dicho que el ADN fuera magnético, y todavía nadie ha descubierto ningún tipo de corriente escondida en un bucle de ADN.

Pero permítanme utilizar los comentarios científicos expuestos para formular mi futura pregunta y parafrasear la respuesta: «¿Por qué los biólogos no han observado antes el *campo magnético*? A menos que alguien hubiera estado buscando un *campo magnético* a propósito, sería fácil que pasara desapercibido». Si a la ciencia se le puede haber escapado un bucle que ha estado a la vista durante cuarenta años, ¿quién sabe qué otras cosas puede que no haya detectado? Al ritmo que vamos, podríamos formular la pregunta citada este mismo año... o para cuando este libro salga al mercado.

Mi teoría es que se está demostrando que el ADN contiene el potencial de transportar corriente eléctrica de forma muy parecida a la del cerebro. ¿Tal vez existe un diminuto campo magnético alrededor de cada cromosoma? Quién sabe, pero yo creo firmemente que nuestra propia ciencia corroborará total-

---

10. *Science News;* J. Travis; núm. 155, 22 de mayo de 1999; «Closing the loop on the end of a chromosome»; página 326.

mente, en poco tiempo, lo que afirma Kryon, y entonces el atrevido postulado que dice que el ADN es magnético se convertirá en ciencia.

Cuando lo haga, explicará por qué los tendidos eléctricos y las mantas eléctricas para la cama nos podrían afectar, igual que los colchones y sillas magnéticos... y, por supuesto, cómo algo llamado el campo magnético de la Tierra podría «hablarle» a la estructura celular del ADN humano. Lo que ayer era estrambótico hoy está empezando a convertirse en hechos.

La física y la rejilla cósmica

No espero que los físicos o los astrónomos descubran algún día energía oculta en la oscuridad del espacio y la llamen la «Rejilla Cósmica». Éste es el nombre que Kryon le da a una energía minuciosamente equilibrada que impregna el espacio, y que fue explicada y publicada en el Libro VII de Kryon –*Cartas desde el hogar*.

Lo que sí busco son descubrimientos científicos que puedan encajar con lo que Kryon ha descrito. Sin volver a hacer un repaso demasiado exhaustivo de la Rejilla Cósmica, será suficiente decir que estoy esperando a que la ciencia descubra lo que Kryon ha definido como la única y huidiza «constante cosmológica» que representa la Rejilla Cósmica. Además, cualquier energía oculta o campo magnético en el espacio abierto sería también una pista maravillosa.

¡Una vez más tengo que decirles que encontré ambos conceptos en artículos científicos escritos en los años 1999 y 2000! Tendrían que comprender el alcance global de mi búsqueda. He estado esperando cualquier cosa de este tipo durante largo tiempo, y de repente aparece por todas partes, con sólo meses de diferencia, en el 1999 y el 2000. ¿Coincidencia? ¿O es que nos están dando una nueva y maravillosa energía para realizar descubrimientos, en un momento en que también nos estamos liberando del lastre de la frase «el fin de los días»?

En el número correspondiente a octubre de 1999 de la revista *Astronomy* se publicó un maravilloso y extenso artículo de James Glanz, con respecto a la constante cosmológica y a un nuevo descubrimiento sobre energía que no se encuentra. Está muy bien escrito y merece la pena buscarlo si desean leerlo entero. ¿Recuerdan la constante cosmológica original? Albert Einstein la postuló en 1917 como su «factor de encaje falso», un *añadido* a su Teoría de la Relatividad. Por supuesto esta teoría no encajaba para cosas tan grandes como el universo entero, pero aplicando esta constante cosmológica, conseguía que todo pareciera estar equilibrado. Más tarde llamó a esta idea su «metedura de pata más grande», y pidió disculpas.

Lo que el señor Glanz dice es que Einstein tenía razón, y que actualmente se está volviendo a descubrir la constante cosmológica. Lo que se ha descubierto tiene tanto a los astrónomos como a los físicos en estado de choque. Y, según el artículo de Glanz, es algo que no ha resultado fácil de aceptar. El descubrimiento es simple: ¡el universo en expansión se está expandiendo más allá del potencial de la energía que lo creó! En otras palabras, la gravedad debería estar actuando como un freno con el tiempo, poco a poco haciendo disminuir la aceleración y la expansión, y a la larga haciendo que se detengan del todo (eso es lo que hace la gravedad, saben). El descubrimiento dice que, en lugar de ello, ¡está acelerando! Para poder tener un cosmos en aceleración, tiene que haber alguna energía oculta que esté contrarrestando el efecto de la gravedad, y éste es el tema de *«uno de los descubrimientos más importantes en cualquier campo de la ciencia del siglo XX,»*[11] dice Glanz.

«Sería un descubrimiento mágico», dijo (Michael) Turner [que predijo que se descubriría la constante cosmológica]. «Lo que significa es que existe algún tipo de energía que no comprendemos». [11]

---

11. *Astronomy;* James Glanz; octubre de 1999; «Accelerating the Cosmos —Cosmologists have discovered a new kind of energy that is speeding up the universe's expansion»; página 44.

El famoso científico Stephen Hawking, el cosmólogo de la Universidad de Cambridge, dijo al principio que los descubrimientos sobre la constante cosmológica eran «*demasiado preliminares para ser tomados en serio*». [12]

Actuamente, Glanz comenta que Hawking dice: «*He tenido más tiempo ahora para considerar las observaciones; en estos momentos creo que es muy razonable decir que debería existir una constante cosmológica*». [13]

Glanz resume su artículo con esta afirmación:

¿Qué energía física es responsable de la constante? Nadie lo sabe. La así llamada «energía chocante» podría ser cualquier cosa, desde las partículas evanescentes que la mecánica cuántica dice que aparecen y desaparecen de la existencia, hasta una sustancia extraña, como un fluido, llamada quintaesencia. Resulta curioso que ahora que los teóricos de partículas han empezado a pensar en esta nueva y extraña sustancia, sus cálculos estén produciendo en exceso en lugar de demasiado poco». [14]

Me encanta el término «energía chocante». ¡Es mucho mejor que el nombre de Kryon, la Rejilla Cósmica! Eh, Kryon, ¿por qué no lo llamaste «energía chocante»? Otro de los temas interesantes con relación a lo que ahora se está descubriendo en el espacio, con aparatos cada vez mejores, discurre por el mismo camino que la Rejilla Cósmica de Kryon. Kryon habló de fuerzas electromagnéticas que mantienen la energía en un equilibrio cero, o lo que él denominó «estado nulo». También se refirió a cierto desequilibrio regular de la Rejilla que podríamos ver, incluyendo el hecho de que los agujeros negros forman parte del todo. Si éste es el caso, deberíamos esperar ver una energía magnética fuera

---

12. *Véase* nota 11.
13. *Véase* nota 11.
14. *Véase* nota 11.

del radio de influencia de las galaxias o de otra materia física «visible». Esto ayudaría a demostrar el funcionamiento de algún tipo de fuerza electromagnética no relacionada con la de la gravedad. En mayo de 2000 se publicó lo siguiente:

> En su búsqueda de energía magnética en el espacio intergaláctico, los investigadores han descubierto un inesperado filón. Tanto en las brechas entre las agrupaciones de galaxias como en los confines más solitarios fuera de esas agrupaciones, los campos magnéticos son notablemente fuertes, según informa un equipo científico.
>
> «Esto es la evidencia de una tremenda fuente de energía que los astrónomos no han sabido ver», comenta el teórico Stirling A. Colgate del Laboratorio Nacional de Los Álamos, Nuevo México.
>
> «Eso nos dice que existe energía significativa en el espacio contenido en los campos magnéticos [intergalácticos]», dice Philipp P. Kronberg de la Universidad de Toronto, responsable de la investigación que ha durado una década.
>
> «Estoy sorprendido, muy sorprendido», dice Russel M. Kulsrud, de la Universidad de Princeton, y añade que alberga algunas dudas de que las fuerzas sean tan elevadas como afirma Kronberg, «pero aun cuando los campos de fuerza fueran algo más pequeños», añade, «siguen siendo muy difíciles de explicar». [15]

Así que parece que la ciencia está encontrando fragmentos de los antes estrambóticos e inaceptables atributos de la Rejilla Cósmica. Casi todos estos informes están llenos de las palabras *inesperado* o *sorprendente*. (Yo sigo prefiriendo lo de «energía chocante»).

Otra revelación muy sorprendente por parte de la física ha aparecido también en las noticias y está corroborando la información

---

15. *Science News*; Peter Weiss; núm. 157, 6 de mayo de 2000; «Intergalactic Magnetism Runs Deep and Wide»; página 294.

que nos dio Kryon casi desde un principio con relación a los debates sobre la esencia del átomo. Kryon nos ha enseñado muchas veces (en canalizaciones) acerca de la interdimensionalidad de la materia. Nos dijo que gran parte de ella está oculta, y que, igual que el ADN, hay cosas que simplemente están funcionando, pero que no se ven.

La mera idea de que algo sea interdimensional ha sido un concepto que siempre se ha relegado a la ciencia ficción o a la gente rara. El considerar la materia normal o biológica como una sustancia interdimensional es algo que está empezando a asomar la cabeza «allí fuera» (algo así como lo de la «energía chocante»... ja, ja). Por lo tanto, cuando leí acerca del tema en una revista científica en el mes de febrero de 2000, ¡me quedé estupefacto!

Hace sólo dos años, la idea de las dimensiones extra habitaba una región nebulosa, situada en algún punto entre la física y la ciencia ficción. Muchos físicos ya habían empezado a ver la prometedora teoría de las cuerdas como el siguiente paso importante para la física teórica. Según esa teoría, todo lo que hay en el universo está compuesto por diminutos bucles o cuerdas de energía que vibran en un espacio-tiempo que tiene seis o siete dimensiones extra de espacio y una de tiempo. Estas dimensiones extra se compactan —como dicen los físicos—, se amontonan en un espacio tan pequeño que no puede ser observado.

La idea de que las dimensiones extra pudieran ser más grandes, quizá detectables, era algo de lo que los científicos solían hablar «a una hora avanzada de la noche, después de haber bebido suficiente vino, dice Gordon L. Kane, un teórico de la Universidad de Michigan, en Ann Arbor. Kane por tanto sintió que estaba caminando por una senda prohibida y peligrosa cuando redactó un artículo ficticio para la prensa sobre unos físicos experimentales que habían descubierto unas dimensiones extra.

Pero para cuando este artículo se publicó, las posibilidades ya no parecían tan sorprendentes como lo habían sido en el momento de escribirlo, unos meses antes. Entre la entrega de la historia [ficticia] de Kane y su publicación, habían aparecido dos estudios teóricos que de repente colocaban toda la idea de dimensiones extra relativamente grandes bajo el foco de atención. [16]

El artículo prosigue diciendo que dos estudios han demostrado este descubrimiento inesperado. Uno de ellos fue llevado a cabo en el CERN, el Laboratorio Europeo de Partículas Físicas situado en Ginebra, y el otro fue una colaboración entre la Universidad de Stanford y el Centro Internacional de Física Teórica Abdus Salam (ICTP) en Trieste, Italia.

Actualmente equipos de físicos experimentales, tanto en Estados Unidos como en Europa, están buscando las huellas de dimensiones extras. Esta búsqueda indica «ciertamente una de las mejores probabilidades de realizar un descubrimiento muy espectacular en los próximos dos años», dice Joseph Lykken, del Laboratorio Nacional de Aceleración Fermi, en Batavia, Illinois. [17]

Así que ahora hemos dado la vuelta al círculo y volvemos al principio de este libro, donde intenté explicar la interdimensionalidad de la vida en el Capítulo 1 titulado «Conceptos difíciles». Después, por supuesto, Kryon da más información sobre ello en sus canalizaciones de los capítulos 2 y 3 titulados «Tiempo y realidad». Ahora estamos aquí, en el final del libro, ¡ofreciéndoles información sobre el hecho de que la ciencia está empezando a hacer lo mismo». También quiero mencionar la página 114 del presente libro, donde el Papa Juan Pablo II habla de las «realidades finales del Cielo y del Infierno», y cómo estos no son como originalmente nos habían contado. Todo ello apunta a que esta-

---

16. *Science News;* Peter Weiss; núm. 157; 19 de febrero de 2000; «Hunting for Higher Dimensions»; página 122.
17. *Véase* nota 16.

mos empezando a comprender que *nosotros* somos criaturas interdimensionales en un mundo interdimensional. ¡Simplemente no me esperaba que tanto la religión como la física oficiales lo dijeran al mismo tiempo! (Véase página 418).

Han sido dos años punteros en cuanto a descubrimientos sobre el ADN y la física por lo que se refiere a la validación de las enseñanzas de Kryon, pero realmente no me esperaba lo que sigue a continuación. Ahora les voy a hablar de antropología: el estudio del origen de la especie humana.

¡Los humanos actuales no son producto de una evolución normal!

Echen un vistazo a la canalización del Capítulo Séptimo, empezando por la página 173. La canalización tuvo lugar en California en el mes de diciembre de 1999, y Kryon está hablando sobre un plan para la humanidad. El tema es «Pasadas intervenciones en la biología humana». Haciendo un repaso vemos que Kryon nos dijo que nosotros, como seres humanos, representábamos sólo un «tipo» de humanos, y que esto realmente iba contra todo aquello que sabíamos sobre la selección natural y el proceso aceptado de la evolución en la Tierra.

Esto es lo que dijo Kryon:

Por primera vez abordamos un tema que no hemos tocado antes. Queridos seres humanos que estáis en la cúspide de la cadena evolutiva, ¿por qué razón sólo existe un tipo de humano? Pueden preguntar: «Kryon, ¿qué quieres decir? Existen muchas diferencias entre los humanos». Escuchen: queremos que se fijen en TODOS los tipos de sistemas biológicos de su planeta. Observen todos los órdenes, especies y tipos. Ustedes están en la cima de la cadena, pero existen muchos tipos de mamíferos, muchos tipos de ballenas, muchos tipos de primates. Cada familia tiene numerosas clases, hasta que llegamos al ser humano. Entonces se da una anomalía antropológica: ¡sólo colocaron a un tipo de humano arriba de todo! [18]

En algún lugar debería existir alguna evidencia de esta anomalía evolutiva, y yo me preguntaba si alguien se daría cuenta alguna vez, o comprendería de verdad lo que estaba diciendo Kryon. Después de todo, es algo de lo que resulta muy raro hablar. Estamos muy acostumbrados a ser el único tipo de humano... y la mayoría de nosotros ni tan siquiera hemos pensado en ello.

Nunca antes he tenido una corroboración tan rápida de lo que canalizó Kryon, y sobre un tema que nunca antes había abordado. A principios de año vi la portada del número de enero de 2000 de la revista *Scientific American*[19] en un aeropuerto (¿y dónde si no?), y el artículo al que se refería la portada me dejó estupefacto. ¡Miren lo que está diciendo esta revista científica!

NO ESTÁBAMOS SOLOS. NUESTRA ESPECIE TENÍA COMO MÍNIMO 15 PRIMOS. SÓLO QUEDAMOS NOSOTROS. ¿POR QUÉ?

Actualmente damos por sentado que el Homo sapiens es el único homínido de la Tierra. Y sin embargo durante como mínimo cuatro millones de años hubo muchas especies de homínidos compartiendo el planeta. ¿Qué nos hace diferentes?

El Homo sapiens ha tenido la Tierra para él solo durante los últimos 25.000 años aproximadamente, libre y sin ningún tipo de competencia por parte de otros miembros de la familia de los homínidos. Está claro que este

---

18. Kryon hablando del plan para la humanidad; capítulo 7 del presente libro, página 173.
19. *Scientific American*, Ian Tattersall; volumen 282, núm. 1; enero de 2000; «Once We Were Not Alone»; página 56.

período ha sido lo suficientemente largo para que hayamos desarrollado una profunda sensación de que estar solos en el mundo es un estado natural y apropiado de las cosas.

Scientific American; volumen 282, núm. 1; enero de 2000.

A pesar de nuestra rica historia, durante la cual las especies de homínidos se desarrollaron, vivieron juntas y compitieron entre sí, nacieron y murieron, el Homo sapiens a la larga fue el que emergió como único homínido. Las razones para ello en general no las podemos saber... [20]

Ahora también me doy cuenta (y eso va para los seguidores de Kryon que tienen todos los libros), que Kryon nos dio un «avance» sobre este mismo hecho en el Libro II de Kryon: *No piense como un humano*. Éstas son las palabras de Kryon hablando en 1994 de exactamente lo que acabamos de descubrir...

---

20. *Véase* nota 19.

Los límites de la historia humana en la Tierra: ¡Cuentan con una espléndida estirpe en el planeta! Su estirpe se remonta a más de 300.000 años. Les advertimos, sin embargo (si es que tienen que estudiar la historia para saber quiénes fueron), que se limiten únicamente a la información sobre los últimos 100.000 años. ¿Por qué razón? Si se quieren dedicar a agotar sus fuerzas en busca del conocimiento y la información que representa un período más prolongado, se encontrarán estudiando a humanos que no son como ustedes, pues se produjo un notable cambio en ese período (hace 100.000 años). Los humanos que les rodean ahora, a quienes conocen, se ajustan sólo a los de hace 100.000 años. Antes de eso hubo un escenario muy diferente, un escenario que quizá tenga interés, pero del que no se hablará aquí esta noche. En el pasado ya hemos hablado de su historia antes de la glaciación (en canalizaciones anteriores), y de la biología seminal de su especie. La diferencia está en el ADN. Así es como saben que se trata de su tipo humano específico. [21]

Parece que Kryon ya nos estaba hablando de todo eso en 1994. ¿Y cómo encaja el marco temporal que apuntó Kryon con el reciente artículo de *Scientific American*? De nuevo quisiera citar al señor Tattersall:

Aunque el origen del Homo sapiens como entidad física es incierto, la mayoría de evidencias apuntan hacia una procedencia africana, quizás entre 150.000 y 200.000 años atrás. Los patrones de conducta actuales no surgieron hasta mucho tiempo después. La mejor prueba procede de Israel y territorios vecinos, donde

---

21. Libro II de Kryon: *¡No piense como un humano*; 1994 (ed. española 1997); Lee Carroll; La historia humana limita a la Tierra; capítulo 11, página 166.

habitaban neandertales hace 200.000 años o tal vez más. Hace aproximadamente 100.000 años, a estos se les había unido el Homo sapiens, anatómicamente moderno...[22]

El marco temporal es muy parecido, según el artículo, y todas las piezas empiezan a encajar una vez más... con lo que ya nos dieron hace muchos años en una canalización.

Así que aquí estamos, en el nuevo milenio, empezando a saber más sobre nuestra historia gracias a fuentes científicas que estamos empezando a encajar con los escritos de Kryon. ¿Y creen que eso es importante? Pues esperen a ver lo que Kryon nos dio en este libro con respecto al mapa biológico humano. ¿Recuerdan la canalización del capítulo 6 del presente libro (página 156)? Habla de revelaciones relativas al genoma humano. Es cierto que completamos el genoma este año (2000), pero eso no es un mapa descodificado. Todavía tenemos que descodificar la información. Es como finalmente descubrir el texto completo de una obra escrita en un lenguaje extraño. Ahora tenemos que comprender qué significan las palabras. Kryon nos dice que habrá algunas sorpresas, algunas que podrán apuntar hacia una intervención, o como mínimo alguna curiosidad relativa a la lógica de la evolución. ¿Quizás en el próximo libro podré citar ya de algunas fuentes científicas?

Lo extraño y lo portentoso convertido en ciencia

Voy a ser breve... porque esta sección es nueva, aunque tengo total confianza en que crecerá con el tiempo. Creo que lo voy a

---

22. *Véase* nota 19.

llamar el apartado «*Eso de alzar las cejas* se acaba aquí*» de los libros de Kryon. A continuación incluyo algunos artículos que encontré en revistas de amplia difusión, tanto científicas como de interés general, y que hacen referencia a temas que antes hicieron «alzar las cejas» a la mayoría.

¿Cuánto tiempo hace que Kryon (y la mayoría de otras entidades metafísicas) ha estado diciendo a la humanidad que la concentración en el yo interior produce sanación y una vida más larga? De hecho, Kryon nos lo ha venido diciendo desde el principio. Una de las notas clave del mensaje de Kryon es que podemos tener una vida mucho más larga si encontramos la paz de saber quiénes somos en realidad. El resultado será el fin de las preocupaciones, la reducción del estrés y el equilibrio del ser, junto con cambios e influencias directamente biológicos. Lean lo que ahora está «descubriendo» la ciencia... todo ello en el año 2000.

MANTRA MÉDICO

Aunque no es ninguna sorpresa que la meditación trascendental reduce el estrés, los investigadores han demostrado ahora que si ésta se utiliza para alcanzar un estado de consciencia más elevado, resultará de ayuda para desatascar las arterias. Un grupo de afroamericanos con presión sanguínea alta, que practicaron la meditación durante seis meses, consiguieron una disminución de 0,098 mm de la acumulación grasa de las paredes arteriales, comparado con un aumento de 0,054 mm de otras personas que simplemente intentaron cambiar su dieta y estilo de vida. Para conseguir resultados se requiere cierto esfuerzo. Primero hay que aprender a meditar, cosa que puede tardar horas, y después

---

* Se «alzan las cejas» cuando nos encontramos con algo en que no creemos, que resulta inconcebible, impensable, inimaginable, abrumador y que asociamos con las canalizaciones y otras cosas raras.

hay que practicar 20 minutos por la mañana y otros tantos por la noche. [23]

¿Qué les parece? ¿La página dedicada a la salud de la revista *Time* está hablando en favor de la meditación para desatascar arterias (cejas alzadas, por favor)? ¡Es cierto! ¿Y qué tal eso de vivir más tiempo utilizando la espiritualidad como guía? ¿Les parece que alguna vez será considerado un tema científico? Respuesta incorrecta...

EL COMPROMISO RELIGIOSO SE RELACIONA CON UNA VIDA MÁS LONGEVA

La práctica regular de actividades religiosas va de la mano con una mejora de la salud física y con una vida más larga, según un análisis estadístico de 42 estudios independientes publicados desde 1977 referentes al tema.

«Los científicos tienen que examinar ahora el apremiante tema de cuál es el factor de conexión entre la actividad religiosa y la mortalidad», afirma un equipo dirigido por el psicólogo Michael E. McCollough del Instituto Nacional para la Investigación de la Salud de Rockville, MD.

«Se trata de un fenómeno que merece mucha más atención de la que tradicionalmente se le ha prestado», dice McCullough». [24]

¿Pueden creer lo que están ustedes leyendo? ¡Se publicó en una de las principales revistas científicas! ¿Una relación entre la actividad espiritual y el tiempo de vida? Bien, de acuerdo, quiero ser justo. En el mismo artículo, aun cuando 42 estudios independientes rea-

---

23. Revista *Time;* Your Health– «Good News – Medical Mantra»; 13 de marzo de 2000; página 98.
24. *Science News;* B. Bower; núm. 157, 3 de junio, 2000; «Religious commitment linked to longer life»; página 359.

lizados a lo largo de 23 años demostraban una correlación científica... eso resultó demasiado atrevido para George Kaplan, un epidemiólogo social de la Universidad de Michigan, Ann Arbor. Él dice: «*No existe ninguna base en absoluto para recomendar la religiosidad como estrategia preventiva para el cuidado de la salud*». [25]

Vale, George (ya puedes bajar las cejas). Nadie te va a forzar a ser raro ni espiritual si tú no quieres. A pesar de todo, este científico, igual que muchos otros, debe de odiar esta tendencia hacia la verificación de lo antes ridiculizable, viendo como se está infiltrando en sus vidas y sus publicaciones profesionales. Puedo ponerme en su lugar (aunque parezca extraño), y también siento que es parte del mensaje de la canalización del presente libro. Me acuerdo de cuando, tras ser un ingeniero con algo más de veinte años de experiencia, me resistía a la idea de que la consciencia humana pudiera contener energía. Ahora sí lo creo, y eso ha expandido mi forma de pensar. No tuve que renunciar a nada en mi transición, y sigo conservando mi mente de ingeniero hasta la fecha. Simplemente es un poco más amplia en lo referente a qué es lo que el universo puede contener, dentro de ese taller de elementos que componen el cuadro general.

Con respecto a aquellos que no quieren cambiar de opinión: ¿seguirán negando la evidencia hasta el final, o investigarán con honradez? Sólo el tiempo lo dirá y, según Kryon, tendrán que tomar la decisión de alzar o dejar de alzar las cejas. Todo ello forma parte del «No más indecisiones» mencionado en el capítulo 10 del presente libro.

¿Están listos para algo que pensaron que nunca verían en su vida? ¿Recuerdan el programa de televisión *20/20* de hace algunos años, en el que se «demostró» que la idea de la sanación por imposición de manos era un fraude? ¿Y qué hay de ese trabajo llamado científico que llegó a los titulares nacionales, presentado por un joven que también «demostró» que esa técnica tan estrambótica no era viable?

---

25. *Véase* nota 24.

Ambos ejemplos, tomados de los medios de comunicación de ámbito nacional, y referentes a la capacidad de un ser humano para influir sobre otro con trabajo energético de algún tipo, resultaron sospechosos. Los detalles y procedimientos de los «estudios» fueron criticados por muchos. Pero, al parecer, el daño ya estaba hecho, y algunos de nosotros pensamos que este tema, capaz de hacer alzar las cejas al público en general, estaba condenado a seguir así... con su reputación manchada y devaluada, aun cuando la «imposición de manos» es algo que se practica tanto dentro del marco de las principales religiones como en círculos metafísicos de todo el mundo (también los indígenas). Y ahora llega esto:

ATRAVESAR LA DISTANCIA

Es suficiente con hacer un gesto escéptico. Tras analizar los resultados de dos docenas de pruebas, los investigadores dicen que puede que exista algo de valor en el arte alternativo de «sanación a distancia», que implica rezar por el bienestar de alguien, y el «toque terapéutico», que consiste en que los sanadores pasan las manos por encima (sin tocarlo) del cuerpo del paciente. En el 57 por 100 de los estudios, estas prácticas parecieron acelerar la recuperación o paliar el dolor. En cuanto a cómo puede funcionar la sanación a distancia, eso es algo que tendría que explicar alguien con mayores conocimientos. [26]

Creo que ahora voy a tomar una profunda respiración...

¿Qué puedo decir? Finalmente alguien que no tiene miedo de comprobar científicamente algunas de las ideas más extrañas, temas que antes se relegaban a áreas no científicas, o como

---

26. Revista *Time*; Your Health– «Goods News – Going the Distance»; 19 de junio, 2000; página 145.

mínimo a aquello que muchos llaman pseudo-ciencia. ¡Pues vaya! Tal vez debería existir un espacio aparte para estas cosas, pero tendría que ser uno que fuera respetado igual que cualquier otro, y uno en que las personas que lo estudian no necesiten seguir escondiendo los libros que leen ni los experimentos que realizan... y que no debería llamarse paranormal. Es *absolutamente* normal. Ésta es la cuestión, ¿no?

Por último, les haré esta pregunta: ¿Es sobrenatural? No. ¿Es asombroso? Creo que sí, por lo menos para mí. Durante muchos años hemos intentado atravesar el muro formado por el modo de pensar que era tan reverenciado que incluso por afirmar que no tenía por qué serlo ya nos metíamos en problemas. Ahora están empezando a aflorar las cosas a la superficie. Ya era hora, y yo respeto el valor de aquellos valientes que dan un paso adelante y lo dicen en voz alta. Hay muchas cosas que Kryon nos ha dicho acerca del universo y de la física. Algunas siguen provocando gestos de escepticismo, pero existe una que es el «santo Grial» del pensamiento científico.

La velocidad de la luz es algo tan aceptado como velocidad absoluta de cualquier cosa existente en el universo, que medimos las distancias universales con ella. Ha sido incorporada a fórmulas físicas y matemáticas, y ha interpretado el papel del «patrón normativo» durante tantos años que corre el peligro de convertirse en sagrada. Ha conformado nuestra manera de pensar y ha puesto límites a aquello que es posible.

Kryon nos dijo hace ya tiempo que la velocidad de la luz no era la velocidad absoluta, para nada. Él nos dice que la Rejilla Cósmica tiene una transmisión de vibraciones que excede con mucho cualquier cosa que podamos imaginar.

Éste es otro ejemplo de una creencia existente que se está empezando a desmoronar a medida que las posibilidades físicas vencen a la tradición, de forma muy parecida a aquellos que ahora nos dicen de la estructura atómica es interdimensional (a ver esas cejas...). ¡Mi respeto hacia aquellos que nos traen esa información!

Ese chico, Einstein, que listo, ¿no? Pues ahí va un enigma, a ver si lo soluciona: la pasada semana, dos grupos independientes de investigadores, uno de Estados Unidos y otro de Italia, afirmaron haber descubierto, cada uno por su lado, una manera de conseguir que la luz se traslade más rápido que su velocidad de crucero de 300.000 kilómetros por segundo. Según la teoría de la relatividad, eso es algo «verboten»*; se supone que la velocidad de la luz es la velocidad cósmica límite, que nada puede sobrepasar. No obstante, un físico, Lijun Wang, del Instituto de Investigación NEC de Princeton, N.J., dice haber conseguido acelerar un rayo de luz hasta 300 veces su velocidad normal, utilizando una cámara especial llena de gas cesio. Ahora vamos a ver cómo lo demuestra. [27]

¿Trescientas veces la velocidad de la luz? Con dos investigadores que afirman la misma cosa, yo creo que ahí hay algo. Incluso podría ser el inicio de algún avance importante. Así lo espero. No lo deseo sólo para corroborar lo que dice Kryon, ¡lo deseo para la ciencia! Me encantaría que pudiéramos llegar a ese punto en que la ciencia no tenga que competir con la espiritualidad por tener su espacio. Creo firmemente que podemos –y deberíamos– complementarnos los unos a los otros, de una forma que hiciera sentirse bien incómodas a muchas personas que viven en la vieja energía. (Véase página ...).

¿Interdimensionalidad? ¿Vivir más tiempo gracias a actividades espirituales? ¿Confirmación de la sanación a distancia y por imposición de manos? ¿ADN magnético? ¿Y qué vendrá a continuación? ¿Preparen el dispositivo de teletransportación...?

---

* «Prohibido, tabú». En alemán en el original.
27. Revista *Time*; Your Technology– «Warp Speed»; 12 de junio, 2000; página 94.

Sí, posiblemente incluso eso, a la larga. La ciencia responsable y la espiritualidad responsable, juntas, forman un equipo invencible. Lo mejor de ambas es la búsqueda de cómo funciona un universo que es mucho más vasto y espectacular de lo que nos han hecho creer. Podemos cambiar la realidad, cambiar nuestro tiempo de vida, tal vez incluso cambiar una consciencia que ha existido en la Tierra desde muy antiguo y transformarla en un estado de paz. Es un cambio de milenio como no ha habido otro, y personalmente me siento muy feliz de haber estado aquí para escribir este libro y una vez más poder presentar la amorosa e informativa canalización de Kryon.

Gracias, amigos, por su continuo apoyo y cariño.

Lee Carroll

P.D.: Éste es el primer libro en el que mis dos mascotas, *Mini*, mi siempre presente perro maltés, de poco más de 3 kilos de peso, y *Blondie*, mi cacatúa de cabeza amarilla, que también siempre está presente, posada sobre mi hombro, han participado a su manera. Entre las hojas de borrador manchadas, que destinaba a sus particulares inodoros, y los bordes mordisqueados de casi todos los papeles de investigación que tengo en la mesa, estos dos maravillosos seres han tenido su propia intervención en este libro de Kryon. ¡Querían que ustedes supieran que los animales también cuentan!

¡MÁS INFORMACIÓN SOBRE LA SUPERACIÓN DE LA VELOCIDAD DE LA LUZ!

(¿y quizás incluso la barrera del tiempo lineal?)

CIENCIA: Dos nuevos experimentos parecen sugerir que velocidades hasta 300 veces más rápidas son posibles.

Nada puede viajar más rápido que la velocidad de la luz, según los libros de texto. Si hubiera algo que lo hiciera, la teoría de la relatividad de Einstein se vendría abajo, y la física teórica entraría en el caos.

Sin embargo, utilizando una combinación de efectos atómicos y electromagnéticos, los investigadores han producido rayos de luz en el laboratorio que parecen trasladarse mucho más rápidamente que la velocidad normal de la luz. La teoría de Einstein resiste, dicen los físicos, pero están de acuerdo en que los resultados de los experimentos obligan a replantearse las bases.

En el más espectacular de los nuevos experimentos, una pulsación de luz que pasa a través de una cámara trasparente llena de gas cesio especialmente preparado, parece acelerarse hasta 300 veces la velocidad normal de la luz. Eso es algo tan rápido que, bajo estas peculiares circunstancias, la parte principal de la pulsación sale de la cámara antes de haber entrado en ella.

The New York Times
por James Glanz
30 de mayo, 2000

417

MENTE SOBRE MATERIA

[Algo] que está confundiendo a los físicos que trabajan con la teoría de las cuerdas: la idea de que la naturaleza entera es cantada por los armónicos de cuerdas que vibran con once dimensiones. Las matemáticas encajan tan bien que muchos físicos lo consideran algo cercano a la magia. Pero no saben por qué funciona. No saben por qué cuerdas, ni por qué once dimensiones, ni simplemente qué son esas cuerdas.

La ignorancia no es un punto débil de la ciencia, sino su punto más fuerte. Es más, la ignorancia total es algo sorprendentemente común, especialmente en el caso de los científicos que trabajan en la vanguardia del conocimiento.

«La verdad es que la investigación carece casi siempre de comprensión», dice el físico Johann Refelski de la Universidad de Arizona, cuya especialidad es la física del vacío.

«La física no precisa de alguien inteligente. Precisa de alguien que no dé por supuesto nada de lo que está pasando a nuestro alrededor».

Los Angeles Times
por K.C. Cole
8 de julio, 1999

MÁS INFORMACIÓN SOBRE
EL CÁNCER Y LOS CAMPOS MAGNÉTICOS
(¿Por fin un reconocimiento de lo evidente?)

LAS CÉLULAS PROLIFERAN EN LOS CAMPOS MAGNÉTICOS

Los campos electromagnéticos de una intensidad como la que se registra a corta distancia de los cables del tendido eléctrico en campo abierto, podrían provocar que algunas células ya vulnerables frente al cáncer se comportaran como aquellas que después se convierten en tumores, según un nuevo estudio de laboratorio. Los hallazgos de la nueva investigación se contradicen con los experimentos previos sobre este polémico tema, que decían que tales campos no tenían efecto alguno sobre las células en el laboratorio.

«Estamos casi convencidos de que los campos electromagnéticos pueden provocar un efecto biológico» relevante con el desarrollo del cáncer, dice James E. Trosko, de la Universidad del Estado de Michigan (MSU).

Si los resultados se mantienen, podrían demostrar que los campos electromagnéticos suponen un peligro real para la salud, dice Larry E. Anderson del laboratorio Pacific Northwest National de Richland, Washington.

Science News
L. Sivitz
núm. 158 - 23 de septiembre, 2000

Capítulo Decimosexto

NOTICIAS
Y
PRODUCTOS DE KRYON

¡KRYON EN LAS NACIONES UNIDAS!

En noviembre de 1995, noviembre de 1996 y de nuevo en noviembre de 1998, Kryon habló en la S.E.A.T. (Sociedad para la Iluminación y la Transformación) en la sede de Naciones Unidas de la ciudad de Nueva York. Jan y Lee fueron invitados a llevar un espacio de lectura, harmonización, meditación y canalización a un grupo de élite de delegados e invitados de la ONU.

El Libro VI de Kryon, *Asociación con Dios*, contenía las transcripciones completas de las dos primeras intervenciones de Kryon... algunas de ellas han sido ahora corroboradas por la comunidad científica. El Libro VII de Kryon, *Cartas desde el Hogar*, contiene la reunión de 1998 (página 315). Estas tres transcripciones están en la página web [www.kryon.com].

Nuestro sincero agradecimiento a Mohamad Ramadan en 1995, Cristine Arismendy en 1996, y Jennifer Borchers en 1998, los presidentes de ese punto de luz de Naciones Unidas. Les damos las gracias por la invitación y por su labor espiritual que ilumina nuestro planeta.

KRYON EN INTERNET

(www.kryon.com)

La página web de Kryon ofrece montones de cosas interesantes, pero lo mejor es la revista *on-line* llamada *In The Spirit*. Es gratuita, tiene un bello diseño y está llena de artículos esclarecedores. También pueden consultar la programación de los seminarios de Kryon, diariamente actualizada, y algunas de las últimas canalizaciones (incluyendo todas las transcripciones de la ONU y la última canalización de Kryon en Israel). Consulten qué productos de Kryon hay disponibles, infórmense sobre las traducciones de los libros de Kryon y de sus páginas web en otros idiomas, y lean las reseñas de los últimos libros de Kryon.

Reciba «mensajes breves» escogidos personalmente y enviados diariamente a su dirección electrónica. Contacte con personas de su entorno cercano que estén en su misma onda de consciencia. Desde los productos hasta la revista *on-line*, nuestra página web es un lugar «para la familia», cálido y confortable, lleno de amor y alegría.

Director de la web: **Gary Liljegren**

¿TE GUSTARÍA ESTAR EN LA LISTA DE ENVÍOS DE KRYON?

Esta lista se utiliza para informar a las personas interesadas en los talleres de Kryon cercanos a su domicilio, en nuevas publicaciones y en noticias sobre Kryon en general. No vendemos ni distribuimos nuestras listas a nadie.

Si desean ser incluidos, por favor envíennos una postal con la palabra «LIST», y anoten su nombre y dirección con letras claras de molde.

The Kryon Writings, Inc.
\# 422
1155 Camino del Mar
Del Mar, California 92014
EE.UU.

EN CASA CON KRYON

Reúnanse para pasar una velada con Kryon y Lee Carroll... en la comodidad de un acogedor salón o centro comunitario, con un grupo reducido de dedicados trabajadores de la luz. Los llamamos *En casa con Kryon*, la propuesta más reciente para unirse a la energía de Kryon. Estas reuniones especiales empiezan con una introducción y exposición a cargo de Lee Carroll sobre temas actuales de la Nueva Era, y después siguen con preguntas y respuestas individuales formuladas por miembros del grupo. ¡A continuación viene una canalización de Kryon! Los grupos suelen ser de 50 o 60 personas. Muchas veces duran hasta cinco horas, ¡y es algo que no olvidarán!

Para tener un encuentro *En casa con Kryon* en su propio domicilio, por favor pónganse en contacto con la oficina de Kryon: tel. 858/792-2990, fax 858/759-2499, o e-mail kryonmeet@aol.com. Para una lista de los próximos lugares donde se celebrarán este tipo de encuentros, consulten nuestra página web: http://www.kryon.com.

Los seres humanos funcionan en cuatro dimensiones alrededor del 90 % del tiempo. ¡Pero nosotros les pedimos que estén en cinco, seis e incluso siete dimensiones a medida que vibran en niveles más elevados! Cuando se sitúen en el «ahora», lograrán este cambio interdimensional.

Como ya se ha dicho, éste es en verdad el tema de esta transmisión: vivir más allá de su dimensión aparente, vivir en el «ahora». Ya se ha dicho antes que este concepto del «ahora» es algo que es necesario que ustedes, como trabajadores de la luz, como seres humanos ascendidos, comprendan. Esto les ayudará a llevar a cabo la transición hacia una nueva energía, una energía que en realidad ya está con ustedes en este mismo momento.

Kryon

ÍNDICE ANALÍTICO

ESCUCHEN: Es importante que sepan esto:

¡EL PODER ESTÁ EN SUS MANOS!

No hay ninguno de los presentes que tenga que volver aquí para experimentar eso. Nadie tiene que volver a leer estas palabras si decide no hacerlo. Ningún ser humano tiene que apuntarse a nada ni profesar ningún sistema de creencias para descubrir la naturaleza divina en su interior. ¡El Tercer Lenguaje es su guía! Todos nosotros estamos disponibles, todos metidos en ese armario, por decirlo de algún modo. ¡TODOS USTEDES son Dios!

Y es por eso que la nueva energía del planeta llena este espacio y les da la sabiduría de Dios. Y es por eso que hoy han solicitado, y recibido, instrucciones acerca de los potenciales del planeta y de quienes son en realidad.

Y así es.

Kryon

Así pues, querida familia, con un poco de pena nos retiramos de esta sala y de su zona de lectura. Una vez más les decimos esto: ¡Nunca están solos! La energía que hoy han sentido pueden recuperarla siempre que quieran. Pueden venir con nosotros a este lugar circular. ¿Se sienten estancados en su camino? Celébrenlo mientras la sincronicidad se acerca a ustedes. ¿Sienten que están varados, sin ningún rumbo aparente? Celebren el conocimiento de que todo es relativo y de que están parados para que otros puedan alcanzarles o aparecer por el frente o por un lado, o incluso desde atrás (el pasado) cuando sea el momento. Celebren el hecho de que todo está en movimiento, pero que su linealidad les hace creer que están detenidos. En realidad, la familia está en continuo movimiento alrededor de ustedes, al igual que el increíble amor que sentimos por ustedes no se detiene jamás.

Y así es.

Kryon

ÍNDICE GENERAL